U0961028

"十二五"江苏省高等学校重点教材(编号：2013－1－076)
21世纪全国高等院校财经管理系列实用规划教材

财政学（第2版）

主　编　盖　锐
副主编　倪翔南　赵淑杰　熊发礼

北京大学出版社
PEKING UNIVERSITY PRESS

内容简介

本书是根据普通高等学校应用型特色规划教材编写计划，按照教育部应用型本科的教学要求而编写的。 全书共分12章，分别从公共产品与财政职能、财政支出、消费性支出、投资性支出、转移性支出、财政收入、税收原理、税收制度、赤字与公债、政府预算、财政政策等方面介绍了财政学的基本理论和基本知识。

本书紧扣应用型人才的培养目标，既突出了实践教学环节及特点，又吸收了国内外的最新研究成果，具有覆盖面全、内容新颖、难易适度、实用性强、案例丰富等特点，能够满足应用型本科院校经济和管理类专业的教学需要，也可作为其他相关专业和从事财政工作人员的培训教材。

图书在版编目(CIP)数据

财政学/盖锐主编．—2版．—北京：北京大学出版社，2015.6

（21世纪全国高等院校财经管理系列实用规划教材）

ISBN 978-7-301-25914-6

Ⅰ.①财… Ⅱ.①盖… Ⅲ.①财政学—高等学校—教材 Ⅳ.①F810

中国版本图书馆CIP数据核字（2015）第121091号

书　　名　财政学（第2版）

著作责任者　盖　锐　主编

责 任 编 辑　王显超

标 准 书 号　ISBN 978-7-301-25914-6

出 版 发 行　北京大学出版社

地　　址　北京市海淀区成府路205号　100871

网　　址　http://www.pup.cn　新浪微博：@北京大学出版社

电 子 信 箱　pup_6@163.com

电　　话　邮购部62752015　发行部62750672　编辑部62750667

印 刷 者　北京鑫海金澳胶印有限公司

经 销 者　新华书店

787毫米×1092毫米　16开本　19印张　434千字

2007年9月第1版

2015年6月第2版　2017年6月第3次印刷

定　　价　39.00元

21世纪全国高等院校财经管理系列实用规划教材

专家编审委员会

丛　书　序

我国越来越多的高等院校设置了经济管理类学科专业，这是一个包括理论经济学、应用经济学、管理科学与工程、工商管理、公共管理、农林经济管理、图书馆、情报与档案管理7个一级学科门类和31个专业的庞大学科体系。2006年教育部的数据表明，在全国普通高校中，经济类专业布点1518个，管理类专业布点4328个。其中除少量院校设置的经济管理专业偏重理论教学外，绝大部分属于应用型专业。经济管理类应用型专业主要着眼于培养社会主义国民经济发展所需要的德智体全面发展的高素质专门人才，要求既具有比较扎实的理论功底和良好的发展后劲，又具有较强的职业技能，并且又要求具有较好的创新精神和实践能力。

在当前开拓新型工业化道路，推进全面小康社会建设的新时期，进一步加强经济管理人才的培养，注重经济理论的系统化学习，特别是现代财经管理理论的学习，提高学生的专业理论素质和应用实践能力，培养出一大批高水平、高素质的经济管理人才，越来越成为提升我国经济竞争力、保证国民经济持续健康发展的重要前提。这就要求高等财经教育要更加注重依据国内外社会经济条件的变化，适时变革和调整教育目标和教学内容；要求经济管理学科专业更加注重应用、注重实践、注重规范、注重国际交流；要求经济管理学科专业与其他学科专业相互交融与协调发展；要求高等财经教育培养的人才具有更加丰富的社会知识和较强的人文素质及创新精神。要完成上述任务，各所高等院校需要进行深入的教学改革和创新，特别是要搞好有较高质量的教材的编写和创新工作。

出版社的领导和编辑通过对国内大学经济管理学科教材实际情况的调研，在与众多专家学者讨论的基础上，决定编写和出版一套面向经济管理学科专业的应用型系列教材，这是一项有利于促进高校教学改革发展的重要措施。

本系列教材是按照高等学校经济类和管理类学科本科专业规范、培养方案，以及课程教学大纲的要求，合理定位，由长期在教学第一线从事教学工作的教师编写，立足于21世纪经济管理类学科发展的需要，深入分析经济管理类专业本科学生现状及存在的问题，探索经济管理类专业本科学生综合素质培养的途径，以科学性、先进性、系统性和实用性为目标，其编写的特色主要体现在以下几个方面：

（1）关注经济管理学科发展的大背景，拓宽理论基础和专业知识，着眼于增强教学内容与实际的联系和应用性，突出创造能力和创新意识。

（2）体系完整、严密。系列涵盖经济类、管理类相关专业以及与经管相关的部分法律类课程，并把握相关课程之间的关系，整个系列丛书形成一套完整、严密的知识结构体系。

（3）内容新颖。借鉴国外最新的教材，融会当前有关经济管理学科的最新理论和实践经验，用最新知识充实教材内容。

（4）合作交流的成果。本系列教材是由全国上百所高校教师共同编写而成，在相互进行学术交流、经验借鉴、取长补短、集思广益的基础上，形成编写大纲。最终融合了各地特点，具有较强的适应性。

（5）案例教学。教材融入了大量案例研究分析内容，让学生在学习过程中理论联系实际，特别列举了我国经济管理工作中的大量实际案例，这可大大增强学生的实际操作能力。

（6）注重能力培养。力求做到不断强化自我学习能力、思维能力、创造性解决问题的能力以及不断自我更新知识的能力，促进学生向着富有鲜明个性的方向发展。

作为高要求，经济管理类教材应在基本理论上做到以马克思主义为指导，结合我国财经工作的新实践，充分汲取中华民族优秀文化和西方科学管理思想，形成具有中国特色的创新教材。这一目标不可能一蹴而就，需要作者通过长期艰苦的学术劳动和不断地进行教材内容的更新才能达成。我希望这一系列教材的编写，将是我国拥有较高质量的高校财经管理学科应用型教材建设工程的新尝试和新起点。

我要感谢参加本系列教材编写和审稿的各位老师所付出的大量卓有成效的辛勤劳动。由于编写时间紧、相互协调难度大等原因，本系列教材肯定还存在一些不足和错漏。我相信，在各位老师的关心和帮助下，本系列教材一定能不断地改进和完善，并在我国大学经济管理类学科专业的教学改革和课程体系建设中起到应有的促进作用。

劉詩白

刘诗白　任西南财经大学名誉校长、教授，博士生导师，四川省社会科学联合会主席，《经济学家》杂志主编，全国高等财经院校《资本论》研究会会长，学术团体“新知研究院”院长。

第 2 版前言

《财政学》自 2007 年出版以来，已在教学实践中运用 7 年多，先后在多所高等院校的财政学、金融学、国际经济与贸易等专业的各年级本科学生中使用，由于定位准确、理念新颖、富有特色，受到高校师生的关注和支持，实际使用效果较好，并于 2013 年被评为“十二五”江苏省高等学校重点教材。随着国内经济形势的发展和变化，随着国家财政政策的改革和高等教育发展的需要，社会对经济学应用型人才培养的需求也有了新的要求。为了更好地帮助高校财经类专业学生掌握财政学科的基本理论、基本知识，了解国内外财政学研究的最新成果和发展趋势，熟悉国家有关财政、税收的方针、政策和法规，提高分析和处理财政税收业务的基本能力，更好地适应财政体制改革和发展的需要，本书按照江苏省高等学校重点教材建设实施方案，在教学实践的基础上，进行了必要的修订。

本书在教学实践的基础上，对框架体系和具体内容进行了一些修订，使结构更加合理，阐述更加准确，内容更加新颖。修订后的教材共 12 章，主要修订特色体现在以下几个方面：

一是追踪财政理论研究最新成果与我国最新财政政策，注重知识点的更新，密切关注国家财政税收体制及政策的最新变化，将最新形式的理论共识、体制改革引起的政策或制度的调整等内容纳入教材之中，努力反映财政领域中的新进展和新成果，让学生了解财政发展的新动向，把握财政改革的新趋势。

二是注重理论与实践相结合，在阐述财政理论的同时，加大案例教学的内容，辅以生动、贴近现实的案例，有效激发学生学习的兴趣和动力，促使学生为探询案例解答而进一步延伸理论知识的思考。同时成为集理论与实务为一体的教材。通过案例教学，调动学生学习的积极性，培养学生的创新能力、分析能力和解决实际问题的能力。

三是加强对学生思考能力的训练，既注重知识的介绍，又重视技能和方法的培养，使学生通过每章的“阅读资料”、“案例分析”和各种类型复习思考题的训练，更加扎实地掌握财政学基本理论和基本知识。

本书修订工作由金陵科技学院、天津农学院、河南理工大学、北京防灾科技学院等院校共同完成，具体分工为：第 1 章(高彦彬、盖锐)，第 2、3 章(倪翔南)，第 4 章(盖锐)，第 5 章(赵淑杰)，第 6 章(熊发礼)，第 7 章(梁慰、李士华)，第 8 章(盖锐)，第 9 章(赵淑杰)，第 10 章(李冲、贺群)，第 11 章(盖锐)，第 12 章(盖锐)。全书由盖锐总纂和最后定稿。

在本书的修订过程中，参阅和借鉴了大量文献资料，并得到有关部门和专家、学者的大力支持，在此一并表示感谢！

编　者

2015 年 3 月

第 1 版前言

财政学作为一门应用性经济学科，早在 20 世纪 80 年代即被确定为我国高等学校财经类专业的核心课程之一。财政学作为一门专业理论课程，其知识内容具有综合性强，涉及面广，理论体系完整，严谨的特点。财政学在经济学学科体系中起着衔接一般经济理论课和财政业务课的作用。它是联系一般经济理论与具体财政制度和政策的桥梁，并使一般经济理论具体化，同时，它又是具体财政制度与政策制定和实施的基础。随着我国社会主义市场经济制度的不断发展和社会经济活动的日趋复杂，需要通过财政学研究来解决越来越多的理论与实践问题。财政学的内容与框架也不断地充实与完善，使得财政学教材的编写与财政学的教学方式也面临新的选择。

本书紧扣应用型人才培养目标，按照“宽口径”的特点，系统阐述财政学的基本原理和内容，揭示财政运动的客观规律；贴近市场经济与中国现实，广泛吸收国内外财政理论发展与财政制度及创新的最新成果；坚持理论联系实际的原则，认真总结我国财政的历史经验，探讨新时期财政发展的基本方向；注重财政学基本理论、基本知识的介绍和基本技能的训练。本书力求突出以下特色：一是系统性，既反映财政学的已有成果，又立足于继承和发展；二是务实性，尽量克服理论与实际脱节的缺陷，注重联系我国现阶段的实际；三是新颖性，较多地纳入国内、国外最新的被实践检验能够成立的理论观点；四是适度性，在内容的深度、广度以及分量上注意符合本科层次的教学要求。

本书内容可分为四大部分：一是财政基础理论，包括财政的一般概念、财政学的形成与发展、财政学的性质、财政学的研究对象和研究方法等；二是财政支出，包括财政支出规模及其控制、消费性支出、投资性支出、转移性支出；三是财政收入，主要包括财政收入的规模分析、税收原则与税收效应、税收制度、赤字与公债等；四是财政学专题，包括政府预算、财政政策、政府间财政关系等。与以往财政学教材相比，本书每章前都设有“教学目标”“教学要求”和“引例”，每章后设有“本章小结”“阅读资料”和“复习思考题”。其中，“复习思考题”包括概念题、选择题、简答题、论述题和案例分析题等，并附有参考答案，还制作了配套电子课件。通过本书的学习，可以培养学生学会使用理论联系实际的方法分析问题和解决问题，同时为财经类专业学生的一些后续课程学习打下坚实的理论基础。

本书可供高等院校财经类专业学生作为核心教材使用，也可作为其他专业学生的基础课教材，还可以作为财经从业人员和其他经济管理部门工作人员的培训教材。

本书主编为盖锐、高彦彬，副主编为李冲、赵淑杰、倪翔南。编写分工是：高彦彬编写第 1 章，倪翔南编写第 2、3 章，王红萍编写第 4 章，赵淑杰编写第 5、9 章，熊发礼编写第 6 章，梁慰编写第 7 章，盖锐编写第 8 章，李冲编写第 10、11 章，王学信编写第 12 章，张志刚编写第 13 章。本书由盖锐负责拟定提纲、总纂全书和最后定稿。

在本书的编写过程中，参阅和借鉴了大量文献资料，并得到有关部门和专家、学者的大力支持，在此一并表示感谢！

教材中存在的一些缺点和不足，恳请专家和读者给予批评和指正。

编　者

2007 年 7 月

目　　录

第1章

导　论

教学目标

通过本章的学习，对财政的概念、财政的本质与特征、财政学的形成与发展、财政学的研究对象与方法有基本的了解和认识。

教学要求

知识要点	能力要求	相关知识
财政的概念与特征	(1) 能够掌握财政的概念 (2) 能够掌握财政的特征	(1) 以国家为主体的分配关系的含义 (2) 公共性的内容
财政学的形成与发展	(1) 能够掌握财政学的形成过程 (2) 能够掌握财政学的发展历史	(1) 经济自由的概念 (2) 财政的经济绩效 (3) 公共部门与公共产品的含义
财政学的研究对象及其方法	(1) 能够掌握财政学的性质 (2) 能够掌握财政学的研究对象 (3) 能够了解财政学的主要研究方法	(1) 市场机制与政府机制的含义 (2) 实证分析与规范分析的特点

引　例

请关注以下与财政有关的现象：

（1）根据经济社会发展的客观需要，我国适时调整了财政政策的取向和力度，由积极的财政政策转向稳健的财政政策。

（2）中国政府近五年来加快推进了农村税费改革，实施了“三减免、三补贴”等一系列财政支农政策措施，以期减轻农民负担。

（3）中国调整和完善了出口退税政策，建立了中央和地方共同、合理负担的出口退税新机制。

（4）未来五年，中国财税改革的重点之一是规范政府间财政关系，进一步界定各级政府的财政支出责任，完善中央和省级政府的财政转移支付制度，按照财权与事权相匹配的原则，理顺省级以下财政管理体制。

（5）中国政府拟将增值税由生产型转为消费型，适时开征燃油税；统一各类企业税收制度，实行综合和分类相结合的个人所得税制度。

所有这些活动，都表现为政府安排各种支出和取得各项收入，都是国家或政府分配活动的具体表现。

财政对整个社会都有深远的影响，财政活动与人们的日常生活息息相关。例如，不少人是在财政资助的公立医院中出生的；长大之后大部分人上的是财政提供经费的公办学校，享受的是财政支持的义务教育；大部分人所上的大学是主要靠财政拨款的公办大学；大学毕业之后，许多人的工作单位是靠财政拨款维持的；一旦失业，可以由政府提供的救济金维持生活；进入退休年龄的时候，人们可以依靠政府参与提供的养老保障和医疗保障安度晚年。所有这些都离不开政府和财政的服务。很难想象，离开了财政，人们的现实生活会是什么样的。

政府还承担许多政治和社会职能，包括行政、国防、治安、基础科研、公共卫生和公共设施等。就城市公共设施建设来说，城市里商店鳞次栉比，商品琳琅满目，为居民的生活和工作提供了诸多便利；然而，没有任何一家商店给居民提供公共设施和公共服务。城市的交通、通信、供水、供气、供暖、排水、排污等是居民日常生活不可或缺的需求，这些公共需求理所当然属于政府的职责范围。再比如，政府要承担涉及国计民生和战略性的重大工程建设任务，如三峡水利枢纽工程、南水北调工程、西气东输工程、青藏铁路建设以及规模宏大的电站、油田、钢铁厂，横跨江河的桥梁，贯通全国的铁路、公路网，大型农业水利工程、灌溉系统等。所有这些只能在由政府财政拨付资本金的前提下采取多渠道筹资的方式来兴建。

1.1　财政的概念与特征

1.1.1　国家、政府与财政

恩格斯认为，国家是经济上占统治地位的阶级进行阶级统治的政治权力机构。总之，是一个成长于社会之中而又凌驾于社会之上的、以暴力或合法性为基础的、带有相当抽象性的权力机构(参见《马克思恩格斯选集》，2版，第4卷，116页，北京，人民出版社，1995)。

国家在建立政权以后，为维护社会秩序的稳定，必然要介入社会经济领域，参与社会经济管理活动，国家的运转需要财力保证。

政府是国家职能的执行机构，政府不但承担着拉动内需、保持经济发展等经济职能，而且还承担着市场不可能承担的诸多政治和社会职能，包括外交、国防、社会秩序、教育、基础设施建设、社会保障、环境保护等。

国家的存在及稳定、政府实现国家职能都需要财力保障，但国家并不从事物质资料的生产，政府作为公共权力和公共服务机构，本身也没有收入来源，为了维持政府部门的正常运转和弥补购买各种产品和资源的支出，政府会通过税收等形式从公众那里取得收入，因此"税收是一个国家的血液"。财力的供给(收入)和运用(支出)就是为保证国家的运转提供必要的财力保证，而这一活动作为一个客观范畴，所呈现出来的现象就是财政现象。

1.1.2 财政的概念

财政是人们最熟悉的经济社会现象之一，现在每个国家的中央政府都有财政部(名称有所不同，比如日本叫作大藏省)，就是主管财政的部门，财政部长是最重要的内阁成员之一。在我国古代较长的历史时期里，中央一级政府部门是一种"九卿六部"的制度结构。六部即吏部、户部、礼部、兵部、刑部、工部，其中户部就是如今的财政部。各国议会开会的重要议题之一，就是讨论批准财政预算方案。因为，在一个民主制度下，政府花了多少钱，以及把钱花在什么地方，是必须公开的信息。

依中文的字面意思，财政是关于"财"的"政"，也就是政府如何管理财务。但是，有必要指出，"财政"一词并非中国人的创造。过去，中国人把今日的财政称为"度支"、"国用"、"岁计"、"国计"、"国用"等，现在意义上的"财政"一词是从日文中演化而来的。

财政的英文为 public finance，finance 一词来源于拉丁语中的 fintio。13～14 世纪时意大利使用这个词表示按期义务缴款，public finance 字面的含义是公共财务或公共财政，是与 private finance 相对的概念，后者为私人财务或企业财务。公共财务的主体是国家或者政府，企业财务的主体是企业或者个人、家庭。

所谓财政，就是国家或政府为了实现其职能，以国家或政府为主体，凭借其公共权力对一部分社会产品的分配活动。财政的本质就是以国家或政府为主体的分配关系。在现实经济生活中，财政活动表现为政府的一系列收支活动，包括政府向公民征收个人所得税、财产税、遗产税，向企业征收企业所得税，对基础设施、环境保护、义务教育、科学研究、国防等拨款，以转移支付形式向公民发放生活补贴、社会保障等。分析财政概念有必要首先明确以下三个方面内容。

1. 国家是财政分配活动的主体

财政具有独特而重要的地位，亚当·斯密在《国富论》中将财政视为"庶政之母"。所谓国家为主体是指国家在财政分配中居于主导地位，国家决定了财政分配的对象、方式、分配的范围和数量，并形成国家与其他分配主体之间的分配关系。财政是伴随国家的产生而产生的，历史发展到今天，没有任何财政不是以国家为主体的分配活动，也没有任何以国家为主体的分配活动不属于财政的范围。但从根本上来说，财政由经济决定，财政应该在市场发挥资源配置决定性作用的前提下，发挥积极作用。

2. 一部分社会产品是财政分配的对象

在现代市场经济条件下，企业是国民经济运行的起点和基础，主要由企业生产和提供社会产品，所以社会总产品首先要在物质生产部门和企业进行初次分配，而后政府通过税收等再分配形式将一部分社会资源转移到公共部门形成财政收入。

3. 满足国家实现其职能的需要是财政分配的目的

在市场经济条件下，财政分配的目的是为满足社会公共需要、实现国家职能。如前所述，国家不从事物质资料的生产活动，要实现国家的经济管理和社会管理等职能，必须要有一定的财力作保证，因此各种财政收支活动就为国家实现其职能提供了必要的财力保证。

同时也应该明确，财政首先是作为经济范畴加以研究的，但经济和政治本来就是不可分的，而财政这种经济现象的一个重要特点，是它与政治的关系更为紧密，主要原因就在于财政是以国家为主体的经济活动，是履行政府职能、实现社会管理的重要物质手段和机制保障。财政中对政府决策特殊规律的分析，已经超出了经济范畴，进入到政治研究领域。

1.1.3 财政的特征

1. 公共性

统治阶级的政治统治是以执行某种社会职能为前提的，在市场经济中，政府作为社会管理者，对社会公共事务进行管理，在组织收入和安排支出时都是以宏观经济和社会发展为目标，不仅要考虑财政收支自身效益，而且要考虑其对整个国民经济的影响，这就要求财政必须以公共性为突出特征。

财政的公共性不是市场经济条件下才存在的，不同的经济社会发展阶段，社会公共需要的内涵和范围不同，财政的公共性的内涵和外延也不尽相同。在市场经济中，财政的构建要以公共性为标准，有进有退，以实现国家职能、满足社会公共需要为职责范围。凡不属于或不能纳入社会公共需要领域的事项，财政原则上不去介入；凡属于社会公共领域的事项，而市场无法解决或解决不好的，财政必须介入。

2. 强制性

财政的强制性是指财政这种经济行为及其运行是凭借国家政治权力，通过颁布法令来实施的。当国家产生以后，对社会产品占有的过程中存在两种不同的权力：所有者权力和国家政治权力，前者依据对生产资料和劳动力的所有权占有，后者则凭借政治权力占有。例如，政府对公民征税，就意味着政治权力凌驾于所有权之上，依法强行征收，任何形式的抗税都是一种违法行为。恩格斯在谈到征税时曾指出："纳税原则本质上是纯共产主义的原则，因为一切国家的征税的权利都是从所谓国家所有制来的。的确，或者是私有制神圣不可侵犯，这样就没有什么国家所有制，而国家也就无权征税；或者是国家有这种权利，这样私有制就不是神圣不可侵犯的，国家所有制就高于私有制，而国家也就成了真正的主人。”（参见《马克思恩格斯全集》，1 版，第 2 卷，615 页，北京，人民出版社，1957)同样，财政支出也具有强制性特征。在财政支出规模和用途的安排中，众多的公民可能有这样和那样的不同意见，有的要求建一条公路，有的则可能要求建一个公园，但公共支出不能按某一公民的意见做出决策，而是通过一定的政治程序做出决策并依法强制实施。在民主政治下，财政的强制性体现为财政的民主化和法制化。

3. 非直接偿还性

财政的非直接偿还性是和它的强制性相一致的。例如，国家征税之后，税款即归国家所有，对纳税人不需要付出任何代价，也不需要偿还。当然，从财政收支的整体过程来看，我国的税收是“取之于民，用之于民”，就这个意义上说，税收具有间接的偿还性。但是，每一个纳税人都无权要求从公共支出中享受与他的纳税额等值的福利，也就是说，对每一个纳税人来说，他的付出和所得是不对称的，这是财政运行的一个重要特点，即非直接偿还性。

4. 收入和支出的对称性

财政收入和支出贯穿财政运行的全过程，我国历来就有以收定支和以支定收的争论，不管是谁决定谁，这种争论说明收入和支出是财政运行过程中相互制约的两方，收支是否对称或平衡构成财政运行的主要矛盾。收支是否平衡反映政府和企业与居民之间的关系，反映各阶级阶层间的利益关系，反映中央与地方、各地区以及政府各部门之间的利益关系，因而收支平衡也成为制定财政政策的轴心。

收支的绝对平衡是不存在的，有时收大于支，有时支大于收。收大于支意味着有结余，但常年形成大量结余则说明政府没有充分利用资源，会抑制社会经济的发展；支大于收意味着出现赤字，则说明财政运行失控，影响市场经济效率，甚至最终导致通货膨胀。因此，必须围绕收支平衡这个轴心，合理安排支出规模和结构并提高使用效率，依据政治经济形势的发展及时调整财政政策。

1.2 财政学的形成与发展

财政学是研究政府收支活动及其影响的经济学分支。它主要研究国家如何从社会生产成果中分得一定份额，以满足实现国家职能的需要，包括财政资金的取得、使用、管理及由此而反映的经济关系。财政学从早期对政府收支的简单描述发展到完整的学科体系经历了漫长的历史过程。

1.2.1 财政学的形成

古代欧洲最早的财政思想的表现者是古希腊的色诺芬。在《雅典的收入》一书中，他讨论了希腊雅典的财政收入问题，并建议由国家购买奴隶，并将他们出租以增加国家的收入。在柏拉图和亚里士多德的一些著作中，也有过关于财产与收益之间应以何者为课税标准，以及强制征税的公平原则之类的论述。在古罗马，有关于罗马税制以及专门讨论赋税负担的著作。

在中国春秋战国时期的《国语·齐语》中，管仲提出了“相地而衰征，则民不移”的财政政策，主张按土地好坏征收差额赋税，不要征收同等的赋税，以鼓励农民的生产积极性，防止农民逃亡。此外，他还提出了一系列财政措施，如轻税、食盐专卖及铁矿合营等；商鞅在秦国推行变法时，提出“为田开阡陌封疆，而赋税平”，“改帝王之制，除井田，民得买卖”的主张，即摧毁旧封建主的土地世袭占有制，允许土地自由买卖，并按田亩征收赋税。这种主张反映了国家财政由过去的封建地方割据财政改革成为统一的郡县国家财政的要求。唐朝的刘晏、宋朝的王安石等也都有过关于理财的论述。

随着西方古典经济学的形成和发展，财政学作为政治经济学的一个分支逐步形成和发展起来。威廉·配第的《赋税论》被誉为西方最早的财政学专著。此书是在重商主义向古典经济学派过渡阶段，随着资本主义商品生产、货币关系扩大，为满足新兴资产阶级政治经济斗争的需要而出现的。德国官房学派讨论了财产税以及财政收入、财政支出和财政管理；重农学派提出只有土地提供纯生产，主张对土地纯生产征收单一税。

第一个从理论上系统阐述财政理论的经济学家是英国古典经济学派代表人物亚当·斯密。1776年，其代表作《国民财富的性质和原因的研究》(简称《国富论》)对国家财政进行了深入系统的专题研究，该书的出版标志着系统财政理论体系的创立。在这本巨著专论财政的第五篇“论君主或国家的收入”中，他分支出、收入和公债3章系统地论述了财政理论，创立了财政学体系。亚当·斯密积极宣扬经济自由、发展自由的资本主义市场经济，主张国家职能越小越好，政府只要能起着“城市警察”的作用就足够了。国家财政支出必须限制在国防、司法、公共工程建设和维护公共机关的需要方面。国家财政收入来自君主或国家财产收入和赋税收入两个方面，并以地租、利润和工资三种收入作为课税划分依据，提出了公平、确实、便利、节约的赋税四原则。《国富论》的问世使西方财政理论开始发展成为完整而庞大的体系，对财政理论的发展产生了广泛而深远的影响。

1.2.2 财政学的发展

1776—1929年，亚当·斯密的财政理论基本上占据主导地位，西方财政理论几乎没有什么变动。1929—1933年的大萧条，说明古典经济学和亚当·斯密的财政理论面临危机。为消除失业和经济危机，加强垄断资本的统治，垄断资产阶级迫切需要一套新的理论。凯恩斯的财政理论在这种背景下应运而生，并在西方经济学体系中占据了显赫地位。1936年出版的《就业、利息和货币通论》一书是形成凯恩斯财政学说的理论基础。他认为，资本主义社会存在的失业和萧条，根源于纯粹市场机制下心理作用所造成的有效需求不足，危机的爆发主要是投资者对投资未来的收益缺乏信心引起的资本边际效率的“突然崩溃”。因此，他反对亚当·斯密的节俭理论和平衡理论，主张扩大政府职能和加强政府对经济的干预，认为只要政府通过税收、公债、利息等财政政策以及财政手段来调节消费倾向，用通货膨胀、增加工资、扩大预算赤字等办法来增加公共投资，就可以刺激消费，提高社会有效需求，实现充分就业，最终解决经济危机。

凯恩斯财政学说给西方财政学带来了巨大的变化。财政学的研究范围由以微观为主转变为以宏观为主，由静态变为动态，由消极变为积极。财政学的内涵不但讨论满足政府职能的公共需要，而且注重财政的经济绩效，把财政作为调节经济、稳定经济、促进经济增长的重要手段。大批经济学家如汉森、萨缪尔森、托宾等致力于凯恩斯财政理论的阐述和发展，凯恩斯财政理论得到进一步的发展和完善。

凯恩斯财政理论在西方广为流传，也在拯救资本主义经济危机中发挥了重要作用，因此成为西方的主流理论。但是，20世纪70年代初，当通货膨胀和失业率同时居高不下时，人们对该理论产生了怀疑。以米尔顿·弗里德曼为代表的一批经济学家借此发动了一场对凯恩斯传统的“反革命”。但是，凯恩斯主义的反对者并没有建立起一套足以与凯恩斯主义相抗衡的财政学说。事实上，他们仍然在凯恩斯所建立的理论框架内活动，区别只在于他们力图在这个框架内恢复古典学派的传统。他们反对政府对经济的大规模干预，认为正是政府干预窒息了市场经济的活力，造成了“滞胀”。“财政最重要”的政策主张也受到攻击，代之以“货币最重要”的政策。供给问题重新受到重视，甚至形成了“供给学派”。供给学派的政策主张是放松政府干预，促进市场调节，降低税率，刺激供给。

当人们围绕着凯恩斯理论展开无休止的争论时，以布坎南和塔洛克为首的一批经济学家在财政学的一个重要领域取得了重大的理论进展。他们将财政作为公共部门经济，集中研究社会公共需要及满足这一需要的产品——公共产品问题，分析了决定公共产品生产和提供的过程，以及配置公共产品的机器——政府的组织和机构。布坎南等用经济分析方法研究政治问题，形成了“公共选择理论”，促进了现代财政学向公共经济学的转变。公共经济学就是当代财政学。当代财政学的研究范围已经超过了政府经济活动，还包括非政府公共部门的经济活动。当代财政学还出现了微观化的倾向，较多地涉及微观经济问题。

公共财政学的新转向形成了现代公共财政学。其标志是1966年出版了以公共经济学命名的现代公共财政学杂志，即《公共经济学杂志》(Journal of Public Economics)。近几年来，信息经济学、经济博弈论的广泛发展和深化，促进了现代微观与宏观经济学的发展，经济学家从信息不确定、不完全以及市场非均衡等观点出发，重新解释政府与市场、政府与企业、政府与居民个人以及各级政府之间的分配关系，对财政支出制度以及税收制度的有效性做了深入的探讨。面对世界经济全球化的发展趋势，政府如何有效地防范金融风险、保持国民经济稳定增长，如何保证政府各项宏观经济政策的有效性和履行政府职能等一系列重大问题，再度引起经济学家们的反思，形成了西方以新凯恩斯主义为主流的理论和政策格局。

1949年之后，有一定中国特色的财政理论逐渐在中国形成。财政学流派有“国家分配论”“货币关系论”“剩余产品决定论”“再生产论”及“社会共同需要论”等。这些理论的区别主要在于对财政本质的认识不同。在很长一段时间内，“国家分配论”占据了主流地位。“国家分配论”认为，财政是国家为了实现其职能(包括满足社会公共需要)，运用政治权力对一部分社会产品所进行的分配。

提出建立社会主义市场经济的目标之后，“公共财政论”成为我国的主流财政理论。理论界在结合中国的具体国情、借鉴西方公共财政理论与实践的有益经验方面，在市场经济必然要求公共财政，并强调市场在资源配置中起基础性作用，正确界定政府与市场的关系等重大问题上基本取得了共识。许多学者强调，在我国建立公共财政对政府职能的界定应体现具体的国情特点；公共财政不仅要矫正“市场失灵”，同时还要培育市场、弥补

“市场失灵”，建立完整的市场体系；不仅在收入领域通过相应的经济和法律手段调节收入分配、解决社会分配不公问题，还要在生产领域加大对基础产业和基础设施的投入，提高国有企业的经济效率，同时运用财政政策进行宏观调控，保持国民经济持续、稳定、健康地发展。

1.3 财政学的性质、研究对象与研究方法

财政学研究政府如何通过收支活动和管制措施实现其职能，是研究政府经济行为的经济学。正因为财政学是经济学的一个分支，所以，它是利用经济学的理论和方法，考察和解释政府活动和政策对国民经济的影响。

1.3.1 财政学的性质

财政学是经济学的重要分支之一。资源配置问题是经济学的核心问题，在现代混合经济社会，私人经济部门(企业和家庭)与公共经济部门(政府)是国民经济中基本的两大部门，相应地，资源配置也有两种机制，即市场机制和政府机制，它们分别是私人经济部门和公共经济部门配置资源的机制。市场机制以价格和竞争机制为特点，政府机制主要是通过公共部门的预算收支活动来配置资源，有时还要借助于法律、行政等手段。随着经济体制逐步从传统的计划经济体制向社会主义市场经济体制转变，我国应当充分发挥市场机制在资源配置中的基础性作用。但现代市场经济是要求政府干预的市场经济，在现代市场经济体制下如何确立政府与市场的分工，政府经济作用的范围和程度，政府机制在配置资源、收入分配及经济稳定和增长等宏观调控活动中的功能和作用等问题正是财政学要完成的任务。

由于财政是一个兼具经济和政治双重属性的范畴，所以财政学科的体系框架同时贯穿着经济学和管理学两个方面的线索，覆盖了经济学和管理学两大学科领域的内容，是兼容两大学科研究对象的综合性学科。特别是诞生于20世纪初期，至今不过近百年历史的公共管理学科，其研究对象的定位是政府部门或公共部门为满足社会公共需要而从事的各种管理活动。政府部门产生、存在和运转的唯一理由在于它要生产或提供通过市场解决不了或可解决但不能令人满意的公共产品或服务。要满足社会公共需要，要生产或提供公共产品或服务，要从事任何形式的公共管理活动，必然需要相应的资金支出，必然需要资金的筹集。这种支出和收入活动便是政府部门或公共部门所从事的公共管理活动的一个领域。美国经济学家阿图·埃克斯坦曾说：“如果你想了解联邦政府在过去的一年里都干了些什么，或者在未来的一年里将要干些什么，那么，你只要看一下联邦政府财政预算就足够了。”这既是财政学揭示的一个规律，也是财政收支活动与其他公共管理活动之间关系的一个极好概括。可见，在公共管理学科和财政学科之间存在着一种融合的趋势。

由于财政是政府的经济行为，与政府的经济职能、经济目标有内在联系，所以财政学又是介于经济学和政治学之间的一门边缘科学。财政学涉及面很广，与其关系密切的学科包括：经济学、会计学、政治学、行政管理学、社会学、统计学及货币银行学等。比如，研究财政收支，涉及资源配置和收入分配问题；税收制度的制定和实施涉及企业的经济核

算和财务核算；税收的转移和归宿，涉及价格和供求关系问题；公债的发行和管理，涉及货币供应和利率问题；中央与地方财政管理体制的制定，涉及各级政府事权的划分问题；财政政策的制定，关系到通货膨胀、失业、经济增长、国际收支及与货币政策配合问题等。因此，财政学具有综合性、整体性很强的特点。

1.3.2 财政学的研究对象

从现代经济的角度看，财政学应该是一门应用的理论科学，它的研究对象不能只局限于抽象的理论规范研究。因为财政是政府的经济行为，在现代市场经济中，国家对经济的职能主要通过财政来体现，通过财政的支出和收入，利用支出和收入政策的变化来促进经济的发展，而一定的财政收支活动也必须在一定的法规和制度的规范下进行。

财政学以公共部门(核心是政府)的经济行为作为研究对象，它对政府经济行为的研究主要集中在政府与预算有关的收支活动，诸如税收、政府支出、公债等经济活动方面。虽然财政学的研究对象和范围在不断扩展，但它仍然以政府的收支活动为研究主线，围绕其收支活动展开。财政学的研究范围应包括以下几个具体方面：

(1) 财政的基本理论。即财政是什么，财政作为政府的经济行为，财政与政府、政府与市场之间关系如何。

(2) 财政收支。财政学是关于政府财政活动的科学，政府的财政活动要具体化为财政的收入和支出。财政学首先要研究的是政府如何取得收入、如何安排支出以及财政收支有哪些规律，在收支过程中对经济运行产生什么样的影响，或者说怎样通过收支来影响经济运行，达到政府既定的经济目标和社会目标。

(3) 财政政策。现代经济运行中，政府的宏观调控作用进一步加强，财政作为政府的经济行为，政府的经济政策主张必定要通过财政收支活动来贯彻到经济运行之中去。同样的道理，一定的财政收支活动也必然要体现政府的政策意图，从现代国家的宏观经济政策来说，财政政策和货币政策是其两大支柱，财政政策的选择和实施、财政政策与货币政策之间的关系已成为现代财政理论的重要组成部分。因此，财政政策目标是什么，传导机制如何，以及政策工具、政策效果都包括在财政学的研究范围之内。

(4) 财政制度。市场经济是法制经济，财政进行收支活动时，必然要在一定的法律规范和制度的框架下进行，所以，研究财政收支活动离不开财政制度的研究。例如：税率的高低、税种的设置要通过税收制度来确定；财政收支安排要通过预算制度来规定，并通过一定的审计程序来给予审定；中央和地方财政的支出划分，要通过一定的财政管理制度来规定；公债的发行、管理及市场活动都要通过相应的制度来规范。财政制度的确定和执行是政府财政活动的一项重要内容，同时，也是财政学的研究内容。

1.3.3 财政学的研究方法

财政学的任务是阐明财政的基本知识、基本理论和基本管理技能。在现实经济生活中，人们经常接触的一般是具体的财政现象，财政学的研究不仅要着眼于财政现象，从财政现象入手，更为重要的是作为应用理论学科，它的研究不能囿于现象层面，而是要透过现象，探索本质，揭示财政现象背后内在的规律性。财政学的研究方法有以下几种。

1. 理论分析与计量研究

财政学研究经常进行理论分析，或借助于比较研究和逻辑演绎，或借助于数理方法。理论研究方法不局限于数理方法，但在西方学术界，理论研究已经基本上等同于用数理方法。现实中，除了极少数的经济学大师以外，已经鲜见散文笔法的理论研究。当然，理论研究更加注重其中的经济学思想，而非纯数学工具本身，这也是经济学不同于数学的地方；计量经济学的研究方法现在已得到广泛的运用。理论研究得出的模型是否成立，往往要经过计量经济学方法的检验。财政学研究中，计量经济学方法普及的原因有两个：一是计量经济学理论的发展，数据处理水平的提高；二是现在经济学家可以获得比以往更系统的经济数据。

2. 实证分析和规范分析

在本书中，马克思主义的科学研究方法具体化为实证分析与规范分析的统一。所谓实证分析，就是按事物的本来面目描述事物，说明研究对象“是什么”，它着重刻画经济现象的来龙去脉，概括出若干可以通过经验证明正确或不正确的基本结论。实证分析法运用于财政学，就是要按照财政活动的原貌，勾勒出从财政取得收入直至安排支出的全过程及其产生或可能产生的经济影响，说明财政活动同整个国民经济活动的相互作用，以及组织财政活动所建立的机构、制度和各种政策安排。规范分析要回答的问题是“应当是什么”，即确定若干准则，并据以判断研究对象目前所具有的状态是否符合这些准则，如果存在偏离，应当如何调整。规范分析运用于财政学，就是要根据社会主义市场经济这一制度前提，根据公平与效率这两大基本社会准则，来判断目前的财政制度是否与上述前提和准则相一致，并探讨财政制度的改革问题。

在现代财政学中，规范分析和实证分析都非常有用，而且这两种方法实际上是相互依存的。倘若规范分析的结果表明政府应当采取某项特殊政策，以增加某些人的收入，那么就必须预测这种措施对生产和消费的刺激性。如果不考虑这些措施对经济刺激的影响，这种好心的政策最终也许会产生让人不满意的结果。

3. 案例分析

新制度经济学的许多成果就是通过案例研究得出的。财政学的研究在运用新制度经济学的方法时，也可以采用该种方法。案例分析对于财政学这样的社会科学来说是非常重要的，自然科学可以通过实验室来重复某一自然过程和规律，而社会科学面对的是社会生活过程中发生的事件，它一旦发生就成为过去，不具有自然科学事件那样的重复性。而社会科学也是追求真理的，虽然这些真理十分复杂，也是不易获得和理解的，但是人们可以通过各种途径和方法来接近真理，案例分析方法无疑是一种极其重要的方法。

一般来说，财政学案例是运用某种方法所选择的特定的典型事例，它是对公共部门经济活动过程中的某种具体情景的真实描述。这样的案例分析要按一定程序进行，比如，问题是什么？事实和原因在哪里？对策是什么？可见，案例分析不仅是研究财政学的重要方法，也是财政学教学的一种重要方法。通过它可以提高学生解决问题的能力和判断力，其重点放在解决问题的过程上。所使用的案例应该是现实发生的相当复杂的财政问题，以主观的当事人的立场来分析，参加者要把自己当做案例中的领导者或参与者，身临其境地进行分析和决策。正如小劳伦斯·E. 列恩在《公共管理案例教学指南》一书中所说，大学专业教育中案例分析是"一个描述或基于真实事件和情景而创作的故事，它有明确的教学目的，学习者经过认真的研究和分析后会从中有所收获"。

本章小结

本章阐述的是财政的一般概念、财政学的研究对象和研究方法。财政既是一个经济范畴，又是一个历史范畴，它是社会生产力发展到一定程度，出现了剩余产品，产生了私有制，产生了阶级，继而伴随国家的出现而产生的。

财政是国家为了实现其职能的需要，凭借公共权力直接参与社会剩余产品分配的活动。在现代社会中，财政分配以价值形式为主。

财政的本质是以国家为主体的分配关系，包括个人、企业与国家之间的分配关系和各级政府之间的分配关系。

财政具有四个基本特征，即公共性、强制性、非直接偿还性、收入和支出的对称性。亚当·斯密首创了财政学，但财政学经历了一个漫长的发展过程，现代财政学已不限于财政收支管理，更不能限于货币资金管理，而要结合到资源的配置、收入的分配、经济的稳定，从政府与市场的相互作用、从宏观和微观的角度进行研究。

财政学以公共部门的经济行为作为研究对象，包括国家参与社会剩余产品分配与再分配所进行的一系列经济活动中存在的分配关系及其发展规律。

财政学的研究方法主要是理论分析与计量研究法、实证分析和规范分析法。

阅读资料

绝对主义国家与现代财政的起源

在16世纪，西方出现了绝对主义国家。法国、英国和西班牙集权化君主政体是与金字塔式的四分五裂君主制及其领地制、封臣制这一整套中世纪社会结构的决裂。绝对主义国家与此前等级君主制国家的主要区别是：君主享有极大的统治权力，王权不再受到封建贵族的明确制约；君主通过一个新发展起来的官僚行政体系直接对整个国家进行统一管理，同时自己供养一支专业化的常备军，取代了原来的封建军役制；各绝对君主国为争夺欧洲的政治霸权，相互间进行了连续的大规模战争。

这个时代特定的历史条件，决定了财政制度恰好处在各领域变化的中轴位置上——它们往往是通过财政体制相互联系起来，而财政问题的解决方式也反过来推动着这些领域的制度变迁。

(1) 绝对君主国常常受到封建军事贵族传统的影响，为了争夺王位及掠夺财富而发动对外战争。因此，国际武装冲突的持久性是绝对主义时期国际气候的主要标志。在西方绝对主义居首要地位的几个世纪中，和平简直如同气象学上的偶然现象。在整个16世纪，欧洲只有25年未发生过大规模军事行动。而17世纪，只有7年没有发生国家间的大战。为了在军事竞争中尽可能取得优势地位，绝对主义国家相继创设了职业化军队。职业军队本来不一定导致军费剧增，但欧洲早期的职业军队大都是外国雇佣军(因为不通本国语言的军人可以更加有效地进行国内镇压)，这使得欧洲职业化军队从一开始就与货币化的财政体制密不可分。虽然这些战争往往以取得权力和财富为目的，但正如伏尔泰所言："我从未听说哪个国家能够通过战争致富"，这种征战活动的后果反而是使绝对主义国家经常陷于财政危机。于是，如何有效地筹措战争经费就成为这个时代最为紧迫的“国家问题”。

另一个对现代财政制度形成产生决定性影响的变化是官僚制度的出现。绝对主义国家区别于封建王国的一个典型特征，就是君主通过一个阶梯形的官僚体系来对整个国家进行行政管理。在官僚体制下，政府官员全靠君主提供的薪俸养活，而不像以往的封建贵族那样有自己的经济来源。显然，由于新官僚制在经济上依赖于君主，操作上比较专业化，非常有利于实现一种中央集权型的统治模式。但是，实行官僚制的前提是确立一个稳定、有效的国家税收和支出制度。反过来，这样一种税收制度又只有依靠一个成熟的官僚体制才能很好地管理。所以，绝对主义国家的中央集权化、官僚化，与新财政制度的形成是相互促进的。

在绝对主义时期，财政制度的变化首先表现在税收方面，全国性恒定征收的国税取代了原先混乱不稳定的封建贡赋。为了提高税款进入国库的速度，欧洲各国又广泛实行了所谓“包税人”制度，即由一些地方官员或大商人承包一定地区的税收(实际上是一种纵向的短期融资)。在当时，一笔税款正常情况下从征收到进入国库往往需要两年以上。包税制的出现大大提高了中央政府的财政能力，也催化了现代地方财政制度的产生。

(2) 在政府信贷融资方面，为了应付战争等紧急支出，各国王室开始以税收为抵押向私人融资，逐渐形成了近代意义上的国债制度及相应的金融市场。与此同时各国政府为了向在海外作战的军队提供补给和军饷，必须借助跨国的私人金融体系传递资金。这种活动大大促进了近代国际金融体系的成长，并催生了现代中央银行制度。英、法两国的中央银行都在这一时期为解决政府的财政支付问题而诞生。

(3) 重商主义成为这个时期经济上的主导原则，出现了多种类型的“国有”企业。在这个时期，国家既是重商主义经济政策的主体又是其目标。其最有典型意义的建树是法国的皇家工厂、受国家管制的行会以及英国的特许公司。法王路易十四著名的财政大臣科尔贝曾对他说：皇家工厂是他的经济军团，商业公司是他的财源。在这一体制下，政府积累了通过国有经济取得财政收入的各种经验，而最早使用“债转股”方法解决政府负债问题的尝试也是出自这一时期。

（资料来源：赵鹏．绝对主义与现代财政的起源．山东社会科学，2005(1)：114-117)

复习思考题

一、概念题

财政　财政学　实证分析法　规范分析法

二、单项选择题

1. 财政的分配主体是(　　)。

A. 企业　B. 国家　C. 家庭　D. 社会团体

2. 在经济上实现国家政治权力的形式是(　　)。

A. 公债　B. 国有资产收益

C. 税收　D. 工资

3. 财政分配属于社会再生产的(　　)环节。

A. 生产　B. 分配　C. 交换　D. 消费

4. 财政分配的主要对象是(　　)。

A. 社会产品　B. 国民收入

C. 剩余产品
D. 国内生产总值

5. 财政分配的目的是(　　)。
A. 经济建设
B. 配置资源
C. 公平分配
D. 实现国家职能

6. 财政学研究的对象是(　　)。
A. 剩余产品的分配
B. 生产关系
C. 分配关系
D. 公共部门的经济行为

三、多项选择题

1. 财政的特征是(　　)。
A. 公共性
B. 强制性
C. 非直接偿还性
D. 收入和支出的对称性
E. 多样性

2. 财政产生必须具备的条件是(　　)。
A. 剩余产品的产生
B. 经常性的公共需要
C. 家庭、独立经济利益主体和私有制的产生
D. 国家强制性的公共权力产生
E. 赋税的出现

3. 下列属于财政学研究范围的有(　　)。
A. 财政政策
B. 财政史
C. 财政收支
D. 财政的基本理论
E. 财政制度

4. 下列属于财政范畴的有(　　)。
A. 税收
B. 公共支出
C. 公债
D. 政府预算
E. 政策制度

5. 财政与信用、价格的性质差异主要表现为(　　)。
A. 国家主体性
B. 计划性
C. 固定性
D. 无偿性
E. 强制性

6. 研究财政学的具体方法有(　　)。
A. 实证分析法
B. 规范分析法
C. 辩证法
D. 抽象法
E. 实证分析与规范分析统一法

四、简答题

1. 财政的基本特征是什么?
2. 举例说明财政为什么与现代生活关系密切。
3. 简要论述研究财政学的基本方法。

五、论述题

阐述财政学的形成及其沿革历程。

六、案例分析题

1. 案例资料：

据《圣经》记载，公元前1030年，以色列部落一直没有建立中央政府。以色列人要求先知撒母耳“创设给我们以仲裁的国王，像其他国家那样”。撒母耳为打消以色列的念头，描述了独裁者统治下的生活，“国王会这样君临你等：他要夺走你等的儿子，安排在他的身边，做他战车的马童，跑在战车的前面；他要夺走你等的女儿，给他洒香水、备餐、烤面包；他要抢占你等的土地、葡萄园(即使是你等最好的园地)，赏赐给他的仆人；他要强征你等十分之一的畜群，你等将沦为他的奴仆。你等在那里要为自己有了国王而悔恨。”以色列人没有被这令人泄气的告诫吓住，人们不听撒母耳的劝告，说：“不，我们需要国王，这样我们才能和其他国家一样。国王给我们以仲裁，走在我们前面，带领我们战斗。”

（资料来源：《撒母耳记》，第9章）

2. 分析问题：

联系上述材料，分析国家、政府、财政的关系。

第2章

公共产品与财政职能

教学目标

通过本章的学习，了解市场并不是万能的，市场经济运行中所产生的无效率以及不公平都需要政府从多方面介入社会经济运行。其中财政手段，即通过政府本身的收支活动来纠正市场失灵，是相当重要、不可或缺的手段之一。与市场失灵的主要表现相对应，财政具有资源配置、收入分配和稳定与增长三大职能。

教学要求

知识要点	能力要求	相关知识
市场失灵	能够辨析市场失灵及其表现形式	(1) 帕累托效率 (2) 完全竞争市场的深层含义
公共产品	(1) 能够熟练描述公共产品的定义以及特征 (2) 能够表述公共产品不同分类方法及公共产品的提供方式	公共产品的相关理论
财政的职能	(1) 能够理解财政通过对资源的合理配置就是运用有限的资源形成一定的资产结构、产业结构以及技术结构和地区结构，达到优化资源结构的目标 (2) 能够理解财政通过对国民收入的分配，可以将一定时期内社会创造的国民收入，在国家、企业、个人之间进行分割，形成合理公平的比例或份额 (3) 能够理解财政的自动稳定器功能以及财政实现稳定和发展职能的机制和手段	(1) 财政职能的主要执行工具：财政支出、税收、公债、转移支付制度等 (2) 财政三大职能之间的关系

引　例

现实生活中我们常会发现：

(1) 城市中的水、电、气等行业处于垄断地位，他们说涨价就涨价，居民只能被动接受，无选择权利。

(2) 房地产开发商与购房者所掌握的信息常常不对称，购房者往往是弱者。

(3) 一些地方的政府常常热衷于政绩工程，不惜造成大量的社会资源浪费。

(4) 前任市长种树来绿化环境，但无法使市内道路通畅；后任市长砍树来拓宽马路，但又毁坏了城市绿化。

市场和政府都可以对资源进行配置，而市场在资源配置中起基础性作用，政府是弥补市场失灵的重要手段。本章阐述了市场与政府在对经济进行调控中所处的不同地位，对财政在社会资源配置中的职能作用进行了分析。

2.1　市场与市场失灵

2.1.1　理想的市场

1. 帕累托效率

人类的生存和发展离不开各种资源，而社会资源的数量是相对有限的，即资源存在着稀缺性。正是由于稀缺性的存在，人们不得不考虑如何能够利用有限的资源来满足人类无穷的欲望，因此，效率问题成为人类社会的一个永恒主题。我们用帕累托效率来衡量资源配置的最佳状态。经济学家帕累托认为，如果有某种资源配置状态，任何可行的调整都无法使得调整之后的一些人的境况变好，而其他任何人的境况至少不变坏，这种状态就是最好的。我们把这种资源配置状态称为帕累托最优或者帕累托效率。如果有某种资源配置状态，通过一定的调整能使一些人的境况得到改善，而其他人的境况至少不变坏，我们就可以肯定地说，调整后的状态优于调整前的状态。我们把符合这一性质的调整称为帕累托改进。能够进行帕累托改进的状态肯定不符合帕累托最优，帕累托最优是无法进行帕累托改进的资源配置状态。

要衡量资源配置是否达到帕累托效率，我们通常通过一般均衡分析和局部均衡分析的方法分析。在一般均衡分析中，我们使用三个标准，即是否同时满足生产效率、交换效率和产品组合效率。其中，生产效率是指在现有资源和技术条件的限制下，如何将各种资源用于不同产品的生产才能使产出最大；交换效率指在产出给定的条件下，不同的产品应怎样被个人所利用才最为理想；产品组合效率是指在产出给定的条件下，什么样的产品组合才能最大程度地满足社会的要求和愿望。从局部均衡分析的角度考察，实现资源配置的帕累托效率的条件是每一种产品的社会边际收益等于其社会边际成本。

2. 完全竞争市场

完全竞争市场是指一种竞争不受任何阻碍和干扰的市场结构，在市场中，每一个人不论是消费者还是生产者，都谋求自身利益的最大化。完全竞争市场需要具备的基本条件如下所述：

(1) 有大量的卖者和买者。市场上有大量的买者和卖者，因此，经济权力是分散的，每个买者的需求数量和每个厂商的供给数量都只占很小的市场份额，任何一个卖者或买者都无法单独影响价格。

(2) 产品同质无差异。所有厂商都只向消费者提供一种标准化的产品，任何厂商如果把价格提高到市场价格之上，就必然丧失市场。

(3) 要素自由流动。厂商可以自由进入市场，也可以无障碍地退出市场，要素具有完全的流动性。

(4) 信息完备充分。参与市场活动的双方都可以自由地得到相关信息，买者和卖者对偏好、收入，以及产品的价格、质量、性能、成本和技术等相关信息完全了解和清楚。

(5) 生产者和消费者的行为是理性的。在完全竞争市场中，消费者和生产者都一致地追求效用的最大化，各经济主体的行为都是理性的。

(6) 经济利益可分，所有权确定。产品可以分为许多能够购买的单位，物品的所有权具有确定性，从而保证产品的经济利益和成本能以价格来计算。

由于完全竞争市场具备了上述条件，我们可以通过对完全竞争市场进行一般均衡分析和局部均衡分析，以考察资源配置效率是否达到了帕累托最优。通过分析，我们可以发现，完全竞争市场体系中的产品生产和资源配置满足生产效率、交换效率和产品组合效率，社会从某种产品消费中得到的边际受益与产出这种产品所付出的边际成本相等，即这种市场体系符合帕累托效率的标准，因此完全竞争市场是一种理想的市场，在这个体系中，市场机制这只“看不见的手”可以发挥出完美的作用。

2.1.2　市场失灵及其主要表现

市场调节是一种有效率的运行机制，但现实的市场经济运行中存在着本身固有的缺陷和不足，经济学上称之为市场失灵。

在西方经济学中，引发资源无效率配置的因素(包括市场过少以及非完全竞争)被概括进 market failure 一词当中，这可以说是与假想的市场成功概念相对立的范畴。我国对 market failure 一词并无统一的译法，常见的有市场失灵、市场失败、市场缺陷等，但在使用时，往往用这个词概括市场的资源配置失效、分配不公以及宏观经济不稳定的三种现象。在这个意义上说，所谓市场失灵是指在市场充分发挥其资源配置基础性作用的基础上，市场天然无法有效配置资源，而引起的收入分配不公平及经济社会不稳定的态势。市场失灵的主要表现可以概括为以下几个方面的内容。

1. 资源配置失效

(1) 信息不充分也不对称。完全竞争市场要求消费者和厂商享有充分的信息，但是现实生活中信息不对称现象在产品市场、劳动力市场以及资本市场中普遍存在。在信息稀缺的情况下，投机的冲动使信息垄断者不会按竞争规则行事，市场参与者也不可能做出符合实际的最大化决策，因此资源不能被最有效地利用。为了保证竞争规则不被违反，政府也只能根据事后的判断，利用法律措施对违反规则者进行惩罚，规范信息市场，以信息公开来增大其来源，但也不可能完全消除这个市场的不完全性，因此，信息问题是阻碍现实经济生活中实现资源最优配置的根本性原因之一。

（2）竞争失灵。现实的市场中的每一种商品都是有差异的，所以每一个厂商都具有某些垄断因素。在规模报酬递增而扩大生产经营规模受到障碍的条件下，市场竞争者减少。如果市场上无论卖者或买者只有一家，则就产生卖方或买方的完全垄断；如果市场上仍然存在多家卖者或买者，这种市场被称为垄断竞争市场。在现实生活中，多数市场接近于这种类型，即市场竞争是不充分的，市场是不完全竞争的市场。

垄断与不完全竞争存在以下几方面的效率损失：①产量受到限制，产品的消费使用者的福利受到额外损失；②垄断行业由于存在垄断利润，缺乏尽可能降低成本的竞争压力；③垄断者可能不那么积极地推动技术进步；④垄断者追求超额收入的寻租活动本身会造成资源浪费。

对不完全竞争造成的市场失灵，政府可以根据不同的原因来采取相应的对策，例如，对自然垄断行业实行国有化、管制和定价措施等；对垄断竞争行业实行反托拉斯政策，利用反垄断法来促进竞争；为了鼓励技术创新，政府可以颁布专利法等，这些也是西方许多国家长期以来采用的措施。

（3）外部性。外部性是指某一个体的经济行为影响了其他个体，却没有为之承担应有的成本或没有获得应有报酬的现象。换言之，外部性是指某一个体的经济行为以市场价格以外的方式影响他人福利的情形。外部性的存在使得人们进行经济决策时所依据的价格无法准确反映经济交易全部的边际社会收益或边际社会成本，由此将导致价格信号失真。依据失真的价格信号所做出的经济决策，将使资源配置无法达到有效状态。

外部性有正外部性和负外部性之分。产生正外部性的经济活动会给他人产生积极的影响，无偿给他人带来利益。比如，对某种传染病的免疫接种产生了正外部性，那些接受免疫接种的人由于降低了感染传染病的概率，他们也为那些没有接受免疫接种的人群带来了收益，减少了后者感染疾病的可能性。相反，产生负外部性的经济活动则给他人带来消极的影响，对他人施加了成本，但并不因此而付出代价。例如，化工厂释放的污染物给附近居民的生活带来了负面的影响，但这些居民却未获得任何补偿。

一般来说，纠正外部性问题有三种设想：①通过重新分配产权由私人交易自行解决，其根据是科斯定理，只要财产权的交易费用为零，那么不论财产权开始时分配格局是怎样的，市场机制所导致的均衡会最终符合最有效率的状态。这一过程受到两方面的局限，一方面交易费用为零的假设不大符合现实，财产权的重新分配会大大增加交易费用；另一方面，即使是交易费用为零，由于制度、心理以及信息方面的原因，也并不一定会产生竞争性均衡。②合并与外部性影响有关的企业，由这个大企业来规划总产出，使外部效应内部化。③使用税收和补贴计划，国家对造成外部负效应的企业征税，征收数额等于该企业所造成的损害，以便使私人成本等于社会成本。不难看出，上述设想的背后，都有政府行为以及计划调节的色彩。

（4）偏好不合理。个人偏好的合理性是保证市场竞争结果合理的前提。但在现实的市场中，人们的各种愿望和要求并非在任何场合都是合理的，即使是在信息完全的情况下，人们也会由于疏忽或缺乏远见等原因做出不明智的选择。某种东西能给人带来较大的利益，但消费者本人却没有意识到这一点，只给予它较低的评价，例如教育、高雅的艺术等。而某些东西给人们带来的好处并不大，甚至是有害无益，但消费者却给予它较高的评价，例如香烟、毒品等。我们把消费者的评价低于合理评价的产品称为优值品，把消费者的评价高于合理评价的产品称为劣值品。显然，“优值”或“劣值”都不是对产品本身自然属性的评价，它只是表明消费者的偏好存在问题，需要加以纠正。

2. 收入分配不公平

在完全竞争的市场经济中，厂商应用各种生产要素，必须使其边际产品价值在所有用途上都相等，才能使资源达到最优配置，此时的要素收入由最优状态下的要素价格决定。个人的收入分配则取决于初始的要素禀赋分配，而这种初始禀赋的分配状况并不公平，长期累积的结果则更不公平。而且，在现实经济中，由于不完全竞争和垄断的存在，以及家庭关系、社会地位、性别及种族等因素的差异，使得个人收入并不完全取决于完全竞争条件下的要素价格。因此，政府必须担当起收入再分配的重任，从一定的合理的社会公平准则出发，通过较大规模的收入与支出途径来实现再分配政策。

3. 市场经济的宏观不稳定性

20 世纪 30 年代经济大萧条以前，主流经济学家相信完全竞争相当完善地描述了经济运行状态。因此古典经济学家的政策处方可以归结为法文 laissez-faire，意思是自由放任，即政府干预应尽量予以避免，市场力量会引导经济正常运行。

然而，经济周期的变化是不以人们的意志为转移的，大萧条的深度、广度及时间上的长度，动摇了人们对古典经济理论观点的信心，事实说明市场不是万能的。在边际消费倾向递减、资本的边际效率递减和流动性陷阱的共同作用下，将产生有效需求不足，使总需求小于充分就业状态下的总供给，导致存货积压、价格下降、产出减少。

通过对市场失灵的三个主要表现的分析可以看出，在理论上承认市场经济有效性的同时，也必须承认市场缺陷普遍存在，所以政府的经济职能仅仅是市场缺陷的逻辑延伸。从一定意义上说，为了弥补市场缺陷和纠正市场失灵，现代市场经济国家的政府在社会经济生活中扮演着公共产品的提供者、负的外部性的消除者、收入和财富的再分配者、市场秩序的维护者和宏观经济的调控者等角色。

2.2　公 共 产 品

公共产品理论在财政学中占有相当重要的地位，对公共产品问题的研究，是现代财政理论的核心内容之一。

2.2.1　公共产品的特征

在市场经济中，人们活动的对象并不仅限于私人产品，在私人产品之外，还存在另一类型的产品，即公共产品。所谓公共产品是指具有社会共同需要性质的产品和服务，与私人产品具有排他性和竞争性的特征相对应，公共产品具有非排他性和非竞争性。

1. 非排他性

非排他性是指在产品消费中，很难将其他消费者排斥在该产品的消费利益之外。公共产品具有非排他性，即无法排除他人从公共产品获得利益。公共产品的非排他性主要是由两个方面的原因决定的：一是公共产品大都是在技术上不易排斥众多受益者的产品，即意味着所有的消费者都可以不费任何代价、不受任何限制地获得该产品的消费权，例如国防、防洪堤坝等；二是某些公共产品虽然在技术上可以排他，但排他的成本十分昂贵，以致在经济上不可行。

2. 非竞争性

非竞争性是指消费者消费某产品时并不影响其他消费者从该产品中获得利益。每一个消费者均可以从该产品中获得利益，在自己获得利益的同时，并不妨碍他人从中获得利益，消费者之间不存在利益上的冲突。也就是说，消费者的增加不引起生产成本的增加，即多一个消费者引起的社会边际成本为零，或者说，一定量的公共产品按零边际成本为消费者提供利益或服务。公共产品的非竞争性主要是由两个方面的原因决定的：一是公共产品一般都具有不可分割性，因而在稀缺之前，每增加一个消费者的边际成本等于零。当一种公共产品还未达到充分消费之前，每增加一个消费者不必相应增加生产的可变成本。二是当一种公共产品产生消费竞争时，就必须采取某种限制消费人数的措施，如收费，那么这种产品也就不是纯粹的公共产品了，例如，当草原上有很多的人放牧时，就会在消费上发生竞争关系，从而该草原就不再是一种纯公共产品，而是变成了一种需要限制使用的公共资源。

我们在理解公共产品的特征时，需要注意以下两点：

（1）一种产品的非排他性不是绝对的。随着科学的进步、技术的变革，在过去不可排他的产品，在今天或在未来某个时期可能是排他的。

（2）不同的个人消费等量的公共产品并不一定获得等量的受益。不同的消费者虽然消费同一种公共产品，但是，由于各人的偏好不同，因而对公共产品的评价可能会有所不同。

2.2.2 公共产品的分类

根据公共产品的定义，典型意义上的公共产品具有非排他性与非竞争性，而现实生活中还有诸多产品介于典型意义上的公共产品与私人产品之间，这些产品可以被称为准公共产品或混合产品。识别公共产品与私人产品、纯公共产品与准公共产品的标准如图 2.1 所示。

从图 2.1 中可以看出识别公共产品的第一个步骤是看产品消费中是否存在竞争性，有竞争性那就肯定不属于纯公共产品的范畴；反之则相反。对公共产品的进一步识别则要看该产品在消费中是否能够排他，如不能排他，或虽可排他但排他成本很高，则有可能成为公共产品；反之，则成为私人产品。

根据以上两步识别，我们大致可以区分出以下四种不同类型的产品：

（1）同时具有排他性与竞争性的纯私人产品。

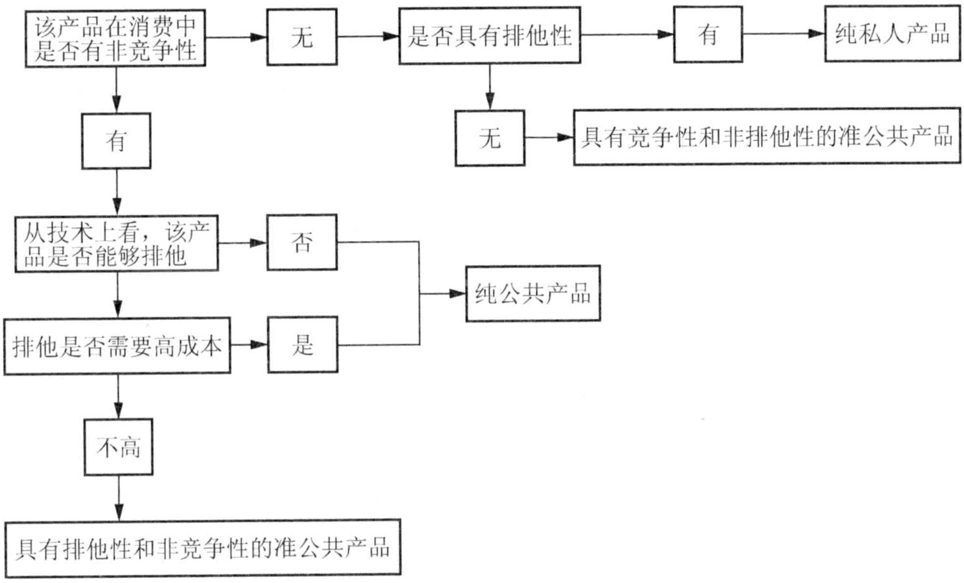

图 2.1　纯私人产品、纯公共产品与准公共产品的识别标准

(2) 同时具有非排他性与非竞争性的纯公共产品。

(3) 具有非排他性与竞争性的准公共产品，如森林、渔场、草原等公共资源。这类准公共产品的共同特点是具有较强的非排他性，同时，在消费上具有一定的竞争性，当然，其消费竞争性又弱于私人产品。

(4) 具有排他性与非竞争性的准公共产品，如收费的公园、博物馆、图书馆、学校、不拥挤的收费道路等。这类准公共产品的共同特点是具有消费上的非竞争性，同时，具有一定的消费排他性，即以较低的排他成本不让某些消费者消费这种产品，从技术上来说是完全可行的。这类产品都有一个饱和界限，在产品还未达到饱和状态时，产品的消费具有非竞争性，增加一个消费者并不会减少其他消费者从该产品中获得的利益，不会因此而增加产品的成本。但是，当产品趋于饱和状态时，再增加消费者就会影响其他消费者对该产品的消费，因而，这类产品的非竞争性是局限在一定范围之内的。

2.2.3　公共产品的提供

一般来说，私人产品主要由市场来提供，而公共产品主要由政府来提供。这是由市场运行机制和政府运行机制的不同决定的。

市场是通过买卖提供产品和服务的。在市场上，谁有钱就可以购买商品或享用服务，钱多多买，钱少少买，无钱就不能买。总之，市场买卖要求利益边界的精确性。

由于公共产品具有非排他性和非竞争性的特征，它的需要或消费是公共的或集合的，如果由市场提供，每个消费者都不会自愿掏钱去购买，而是等着他人去购买自己顺便享用它所带来的利益，经济学称之为“免费搭车”现象。从一定意义上说，由于“免费搭车”问题的存在，便需要政府来提供公共产品。

政府主要是通过无偿征税来提供公共产品。但是，征税是可以精确计量的，如按税率征收或定额征收，而公共产品的享用一般是不可以分割的，无法量化，因而每个人的纳税额与他对公共产品的享用量是不对称的。不能说多纳税就可以多享用，少纳税就少享用，不纳税就不能享用。也就是说，相对于市场买卖中利益边界的精确性而言，纳税人负担与公共产品享用之间的关系缺乏精确的经济依据。

由以上分析可以得到结论：市场只适于提供私人产品和服务，对提供公共产品是失效的，而提供公共产品恰恰是政府活动的领域，是政府的首要职责。

由于公共产品可以分为纯公共产品和准公共产品，所以公共产品的提供方式也是有区别的。纯公共产品一般同时具备非排他性和非竞争性，其主要提供者应为政府；而对于介于纯私人产品和纯公共产品之间的准公共产品，因为非竞争性和非竞争性的不完全而导致了采用市场提供的方式也会存在一定的效率损失。因此，准公共产品也应该成为财政支出的一个组成部分。当然，与纯公共产品不同，准公共产品由于具有排斥性或具有较大的内部效益，对于部分准公共产品，可考虑采用市场提供与政府提供相结合的方式(即部分公共提供的方式)。其中，政府提供的份额应该建立在成本一效益分析的基础之上，从而既能较好地避免市场提供可能造成的消费不足的效率损失，又能有效地防止政府提供可能造成的消费过度而带来的效率损失。

2.3 财政职能

现代市场经济条件下的财政职能与市场失灵有着直接联系。正是由于市场机制存在着种种失灵的现象，才使得政府通过本身的收支活动介入经济生活具有必要性，因此，财政职能可以看作是市场失灵的逻辑延伸。与市场失灵的主要表现相对应，财政具有资源配置、收入分配和经济稳定与增长三大职能。在资源配置方面，政府必须从私人部门将部分资源转移出来提供公共产品，运用税收或补贴纠正外部效应；在收入分配方面，政府必须运用税收和支出对市场的初次分配进行再调节；在经济稳定与增长方面，政府必须采用财政手段来控制宏观经济的周期性波动，保证经济的稳定与持续增长。

2.3.1 财政职能的基本界定

职能是指某事物客观具有的功能。财政职能即财政经济职能，它是指财政内在的、客观具有的经济功能。财政职能是由财政本质决定的，它是不以人的意志为转移而客观存在的。财政职能的定位取决于政府职能的定位。在市场经济条件下，政府职责的基本领域是满足通过市场机制满足不了或满足不好的社会公共需要。财政作为一种政府分配行为，应以市场经济下资源配置的市场方式与财政方式合理分工为依据，以维护市场合理性和纠正市场偏差、克服市场消极作用为前提，为满足社会公共需要和促进市场体系完善服务，重点是克服市场失灵，凡是市场机制能够发挥作用的领域，财政应该尽量少介入。与市场失灵的主要表现相对应，财政职能可以归结为三个方面：①资源配置职能；②收入分配职能；③经济稳定与增长职能。

所谓资源配置职能是指通过财政收支活动以及相应财政政策、税收政策的制定、调整和实施，可以实现对社会现有人力、物力、财力等社会资源结构与流向进行调整与选择。

政府通过财政资源配置职能的运用，可以达到合理配置社会资源、实现资源结构合理化、资源运用效率较高、经济与社会效益最大化目标。资源配置问题是经济学中的核心问题。经济学所要讨论的问题归结起来就是资源的使用效率问题。资源的使用效率有两个方面：一是资源的充分利用。能否做到资源充分利用决定了一国的实际产出和物质福利。二是被充分利用的资源是否真正被用得恰到好处，即是否达到最优配置。在市场经济体制下，市场在资源配置中起基础性作用，在具备充分竞争条件下的市场，会通过价格与产量的均衡自发地形成一种资源配置最佳状态。但由于存在市场失灵，市场自发形成的配置不可能实现最优的效率状态，因而需要政府介入和干预。财政资源配置职能的作用是通过财政收支活动引导资源的流向，弥补市场的资源配置失效，最终实现全社会资源配置的最优效率状态。

所谓收入分配职能是指财政的经济职能中对参与收入分配的各主体利益关系的调节，达到收入公平合理分配的目标。政府必须行使财政分配职能的主要原因是社会经济在没有政府参与的情况下，不能实现收入与财富的公平合理分配。收入分配的目标是实现公平分配，而对公平的理解包括经济公平和社会公平。经济公平是市场经济的内在要求，强调的是要素投入和要素收入相对称，它是在公平竞争的环境下由等价交换来实现的。在个人消费品的分配上，按劳分配，即个人的劳动投入与劳动报酬相对称，既是效率原则，又是公平原则。但在市场经济条件下，由于个人所提供的生产要素不同、资源的稀缺程度不同以及各种非竞争因素的干扰，各经济主体获得的收入会出现较大的差距，甚至和要素投入不相对称，而过分的悬殊将涉及社会公平问题。社会公平是指将收入差距维持在现阶段社会各阶层居民所能接受的合理范围内。而财政关注的主要是社会公平，将社会公平作为收入分配的目标。

所谓经济稳定与增长职能是指通过财政政策的制定、实施与调整，使整个社会保持较高的就业率，以达到充分就业，实现物价稳定、国际收支平衡以及经济稳定增长等政策目标。经济学意义上的稳定通常包括多方面的含义：①充分就业。充分就业是指一个国家中有能力工作、愿意工作的劳动人口都能找到工作。由于经济结构不断调整，就业结构也在不断变化，在任一时点上，总会有一部分人暂时脱离工作岗位处于失业状态，因而，许多经济学家认为，95%左右的就业率就应当属于理想的就业率。②物价稳定。物价水平稳定的理想指标为物价涨幅为零。然而，在绝大多数国家中，这个指标是可望不可及的，因此，经济学家一般认为，稳定物价水平就是指在一个时期内社会可以忍受的物价波动水平。许多人认为 3%～5%的年度物价上涨幅度一般来说是可以忍受的，因而这个幅度被视为物价水平稳定的一个界线。③国际收支平衡。国际收支平衡是指一国在国际经济往来中维持经常性项目收支(进出口收支、劳务收支和无偿转移收支)的大体平衡。④保持经济持续增长。这也是财政需要实现的重要宏观经济目标。一国的经济实力和经济成就最终是以国民产出水平和增长速度为标志的。实际国民产出的高水平和稳定增长是一国在经济产出方面追求的宏观经济目标。财政稳定职能的客观必要性也是主要来自市场机制的缺陷。在市场经济中，充分就业和物价稳定不能自动出现，客观上，需要政府通过运用财政手段调节社会需求水平，以实现经济稳定增长的目标。

2.3.2 资源配置职能

资源配置，广义的理解是指社会总产品的配置，狭义的理解是指生产要素的配置。资源配置就是通过对现有的社会资源(人力、物力、财力)的合理配置，实现资产结构、产业结构、地区结构、技术结构的合理化，使社会资源得到最有效的利用，获得最大的经济和社会效益。资源配置所要解决的是稀缺资源用来生产什么、生产多少以及怎样生产的问题。高效率地配置资源是所有国家头等重要的经济问题，资源配置要符合效率原则。市场经济下，市场在资源配置中起基础性作用，在没有政府干预的条件下，市场会通过价格与产量的均衡自发地形成一种资源配置状态。但由于存在市场失灵和缺陷，市场自发形成的资源配置状态，不可能实现最优的效率结构。许多公共需要和公共产品，如国防、司法、公安、外交及行政等是市场无法提供的；而且市场对资源的配置有一定的盲目性，各个经济主体容易从自身的当前利益出发，易于形成短期行为，而市场提供的虚假信息又会把经济主体引入歧途。这都会影响资源的合理配置和有效使用。

财政的资源配置职能是由政府介入或干预所产生的，它的特点和作用是政府通过本身的收支活动为社会提供公共物品，引导资源的流向，弥补市场的失灵和缺陷，最终实现全社会资源配置的最优效率状态。

财政资源配置职能的机制和手段主要有以下几个方面的内容：

（1）确定社会公共需要的基本范围，确定财政收支占 GDP 的合理比重。根据社会主义市场经济条件下的政府职能，确定社会公共需要的基本范围，确定财政收支占 GDP 的合理比例，从而符合高效的资源配置原则。财政收入占 GDP 的比例，表明政府对国民经济的控制程度，比例应该适度。比例太高，会加重企业和个人的负担，不利于经济的持续发展；比例太低，政府取得的财政收入不足，会出现大量的财政赤字，造成财政运行风险。财政支出占 GDP 的比例，取决于政府必须对公共需要的满足程度，比例太高，则超出财政的承受能力，加大财政压力；比例太低，市场上就会出现公共需要和公共产品的短缺，影响社会福利水平的满足和提高。

（2）优化财政支出结构，提高资源配置的结构效率的资源配置应该实现调整产业结构和促进产业升级、协调地区发展等目标。财政支出结构是财政资源内部的配置比例，支出结构表明财政对资源的不同配置状态。

① 调节资源在不同产业部门之间的配置。合理的产业结构对提高宏观经济效果、促进国民经济的良性循环有重要作用。如生产性支出与非生产性支出比例、购买性支出与转移性支出比例。前一个比例表明资本品和消费品的配置结构，而购买性支出的比重表明财政配置功能的大小，它对社会资源的配置状态起着重要作用。具体体现在：首先，调节投资结构，进行增量结构调整。如增加对某产业的投资以加快其发展，或减少对某产业的投资以延缓其发展。其次，改变现有企业的生产方向，即进行存量结构调整。如通过不同的税率、折旧率，促使企业之间的兼并与联合。

② 调节资源在地区之间的配置。地区经济发展不均衡是一种比较普遍的现象，在我国尤其严重。单靠市场自身是难以解决地区经济失衡的，甚至还会出现逆向调节使资源从落后地区向发达地区流动，不利于整体经济的均衡发展。政府可以通过转移支付、财政补

贴、投资优惠、税收等政策，引导和调节社会资源从经济发达地区向经济落后地区流动。如我国政府为了吸引资源来发展相对落后的西部地区，在投资、税收等方面提供了大量的优惠政策。

此外，政府可以通过政府投资、税收和补贴等财政手段，合理安排政府投资的规模、结构，保证国家的重点建设。政府投资规模主要指政府投资在社会总投资中所占的比重，表明政府对社会总投资的调节力度。而政府投资结构的合理安排在保证重点建设、调整产业结构中起着重要作用，也能够起到调节社会投资方向、提高社会投资整体效率的作用。

（3）提高财政配置本身的效率。资源配置的核心是效率问题。因此，在财政的资源配置中，对于生产性投资要进行成本一效益分析，对于难以准确计量投资收益的项目要力求耗费最少。严格政府各部门预算的编制和审核，扩大政府采购的范围，实施集中支付制度和“收支两条线”管理，加强税收征管、严防税收流失等，都可以在不同程度上提高财政资源配置的效率。

2.3.3　收入分配职能

在市场经济体制下，GDP 分配的起始阶段是由市场价格形成的要素分配，即各种收入首先是以要素投入为依据，由市场价格决定，要素收入与要素投入要相对称。我国明确实行按劳分配与按要素分配相结合的分配原则，各阶层居民的收入分为劳动收入与非劳动收入。劳动收入包括工资、薪金、奖金及津贴等；非劳动收入包括财产收入、租金、利息、红利和企业留利等。我国依法保护法人和居民的一切合法收入和财产，鼓励城乡居民储蓄和投资，允许属于个人的资本等生产要素参与收入分配。

收入分配的核心问题是实现公平分配，因而财政的收入分配职能所要研究的问题，主要是确定显示公平分配的标准和财政调节收入分配的特殊机制和手段。当前各国一般采取由洛伦兹曲线计算基尼系数来显示公平分配的程度。根据国际惯例，基尼系数处于 0.3～0.4 之间被认为是合理的区间。我国目前的基尼系数接近 0.5，说明收入差距已经较大，因此缩小收入分配差距是我国的一项重要经济政策。

财政的收入公平分配包括经济公平和社会公平两个层次。经济公平是市场经济的内在要求，强调的是要素投入和要素收入相对称，它是在平等竞争的环境下由等价交换来实现的。在市场经济条件下，由于各经济主体或个人所提供的生产要素不同，资源的稀缺程度不同以及各种非竞争因素的干扰，各经济主体或个人获得的收入会出现较大的差距，甚至同要素及劳动投入不相对称，由此导致的收入悬殊将涉及社会公平问题。社会公平是指将收入差距维持在现阶段社会各阶层居民所能接受的合理范围内，包括横向公平和纵向公平。

财政收入分配职能的主要内容包括：调节企业的利润水平，通过调节使企业的利润水平能够反映企业的经营管理水平和主观努力状况；调节居民的个人收入水平，通过税收进行调节，如通过征收个人所得税、社会保障税缩小个人收入之间的差距，通过征收财产税、遗产税、赠与税调节个人财产分布等。同时通过转移支付进行调节，如社会保障支出、救济支出、补贴等，以维持居民最低生活水平和福利水平；完善社会福利制度，国家举办公共福利设施、社会服务等，提高广大社会公民的生活质量。

财政实现收入分配职能的机制和手段主要有以下几方面：

（1）划清市场分配与财政分配的界限和范围。原则上属于市场分配的范围，财政不能越俎代庖；凡属于财政分配的范围，财政应切实履行职责。如应由市场形成企业职工工资、企业利润、租金收入、财产收入及股息收入等，财政的职能仅仅是通过再分配进行调节。而医疗保健、社会福利、社会保障等，则应改变目前“企业办社会”的状况，由财政集中分配，实行社会化。

（2）规范工资制度。对于由国家预算拨款的公务员的工资制度以及相似的事业单位职工的工资制度要严格规范。凡应纳入工资范围的收入都应纳入工资总额，取消各种明补和暗补，提高工资的透明度；实现个人收入分配的货币化；适当提高工资水平，建立以工资收入为主、工资外收入为辅的收入制度。

（3）加强税收调节。税收是调节收入分配的主要手段：通过间接税调节各类商品的相对价格，从而调节各经济主体的要素分配；通过企业所得税调节企业的利润水平；通过个人所得税调节个人的劳动收入和非劳动收入，使之维持在一个合理的差距范围内；通过资源税调节由于资源条件和地理条件而形成的级差收入；通过遗产税、赠与税调节个人财产分布等。

（4）提高转移性支出。公平既包括对高收入者的调节，也包括对低收入者的补助。政府要通过各种转移性支出来提高贫困阶层的收入、保障其基本生活水准。如政府可以通过社会保障支出、救济支出、财政补贴等，使每个社会成员维持起码的生活水平和福利水平。

2.3.4 经济稳定与发展职能

经济稳定包含充分就业、物价稳定和国际收支平衡多重含义。

充分就业并非指可就业人口百分之百的就业。由于经济结构不断调整，就业结构也在不断变化，在任一时点上，总会有一部分人暂时脱离工作岗位处于待业状态，经过一段时间培训后重新走上工作岗位。因而充分就业是指可就业人口的就业率达到了由该国当时社会经济状况所能承受的最大比率。物价稳定也不意味着物价冻结、物价上涨率为零，即使在经济运行正常时期，物价的轻度上升也是一个必须接受的事实。所以物价稳定是指物价上涨幅度维持在不至于影响社会经济正常运行的范围内，不发生物价大幅度的上升或下降，维持一种动态的平衡。国际收支平衡指的是一国在国际经济往来中维持经常性项目收支(进出口收支、劳务收支和无偿转移收支)的大体平衡，因为国际收支与国内收支是密切联系的，国际收支不平衡同时意味着国内收支不平衡。

发展和增长是两个不同的概念，增长是指一个国家产品和劳务的数量的增加，一般用国民生产总值(GNP)或国内生产总值(GDP)来衡量。而发展不仅仅包括产出的经济增长，还包括随着产出增长而带来的产出与收入结构的变化，政治条件、文化条件的改善。发展表现为在国民生产总值中农业比重下降，制造业、公用事业、金融贸易、建筑业等的比重相应上升，劳动就业结构发生变化，教育程度和人才培训水平逐步提高，消除环境污染、贫困、失业、文盲、疾病，解决收入分配不公，满足人们不断增长的基本需要。

财政实现稳定和发展职能的机制和手段主要有以下几方面：

（1）经济稳定的目标集中体现为社会总供给和社会总需求的大体平衡。如果社会总供求保持了平衡，物价水平就是基本稳定的，经济增长率也是适度的，而充分就业和国际收支平衡也是不难实现的。财政政策是维系总供求大体平衡的重要手段。当总需求超过总供给时，财政可以实行紧缩政策，减少支出或增加税收或两者并举，一旦出现总需求小于总供给的情况，财政可以实行适度放松政策，增加支出或减少税收或两者并举，由此扩大总需求。在这个过程中，财政收支发生不平衡是可能的而且是允许的。

（2）在财政实践中，还可以通过一种制度性安排，发挥某种“自动”稳定作用；在财政制度中，通过累进税制度、失业救济金制度等发挥财政政策的自动稳定作用。

（3）加快产业结构的调整。通过投资、补贴和税收等多方面安排，加快农业、能源、交通运输、邮电通信等公共设施的发展，消除经济增长中的“瓶颈”，并支持第三产业的兴起，加快产业结构的转换，保证国民经济稳定增长。

（4）财政应切实保证前面提到的那些非生产性的社会公共需要，为经济和社会发展提供和平和安定的环境。提高治理污染、保护生态环境以及文教、卫生支出的增长速度，同时完善社会福利和社会保障制度，使增长与发展相互促进、相互协调，避免出现某些发展中国家曾经出现的“有增长而无发展”或“没有发展的增长”的现象。

本章小结

市场存在着固有的缺陷，即市场失灵。市场失灵是指在市场充分发挥其资源配置基础性作用的基础上，市场天然无法有效配置资源，并引起收入分配不公平及经济社会不稳定的态势。

公共产品是指具有社会共同需要性质的产品和服务。纯公共产品具有非排他性与非竞争性。

市场只适于提供私人产品和服务，对提供公共产品是失效的，而提供公共产品恰恰是政府活动的领域，是政府的首要职责。纯公共产品的提供者应为政府，而准公共产品通常要由私人部门和政府部门合作提供。

与市场失灵的主要表现相对应，财政具有资源配置、收入分配和经济稳定与增长三大职能。所谓资源配置职能是指通过财政收支活动以及相应财政政策、税收政策的制定、调整和实施，可以实现对社会现有人力、物力、财力等社会资源结构与流向进行调整与选择。所谓收入分配职能是指财政的经济职能中对参与收入分配的各主体利益关系的调节，达到收入公平合理分配的目标。所谓经济稳定与增长职能是指通过财政政策的制定、实施与调整，使整个社会保持较高的就业率，以达到充分就业，实现物价稳定、国际收支平衡以及经济稳定增长等政策目标。

阅读资料

略论宏观调控法对市场失灵的矫正

易杨，李皓

（一）市场作为主要资源配置方式的可能性及必然性

市场与计划是两种基本的经济资源配置形式，而它们的作用机制是截然相反的。计划是一种主观的资源组织形式，人的功利心以及对权威和权力的服从是计划体制的动力。传统的社会主义国家实行完全的国家控制主义，不仅从宏观上全面控制国家的经济生活，也从微观上控制企业乃至公民个人的经济生活。这种经济体制存在着“两个根本性的缺陷：即缺乏激励机制与不通信息”，“这种制度已经被证明对工业不利，对农业也不利”。

市场这种资源组织形式的特点在于客观性，在资源配置过程中并不存在主观性的问题。相比较计划而言，市场更合乎人的本性，能更积极的激励市场，更具有信息优势，从而产生出更高的效率。目前世界上多数国家都以市场为资源配置的基本形式。

资本主义在历史上经过了自由资本主义、私人垄断资本主义和国家垄断资本主义三个阶段。从16世纪到19世纪70年代的自由资本主义时期，自由竞争是经济活动的主导方式。经济学家亚当·斯密是这一时期主流理论的代表，主张国家实行宽松放任的经济制度，鼓励市场机制和竞争，不主张国家对经济生活的干预：“假如竞争是自由的，相互竞争会迫使每个人努力把自己的工作做得相当正确。”亚当·斯密极力反对国家对经济活动的干预，认为国家在经济领域的活动应该仅仅限制于兴办非营利性的公共事业及公共设施，明确反对国家指导和监督私人产业。

（二）市场不可克服的缺陷——市场失灵

然而市场也只是相对满意的资源配置形式，市场在运行过程中也存在着一些非效率，这在经济学中被称为市场失灵。

资本主义初期生产关系比较简单，放任的自由主义市场能够自发有序地运行，依靠市场内在的调节可以自动恢复市场运行过程中产生的不协调状态。但自19世纪末期开始，伴随着社会化大生产的日益发展，社会分工日益复杂，经济的商品化程度不断提高，市场经济的弊端日渐暴露出来。实际上此时国家权力已经开始直接干预市场，维护市场秩序。20世纪30年代，资本主义世界爆发了空前的经济危机，市场机制这只“看不见的手”面对危机一筹莫展。“大萧条不仅是经济衰退的结果，而且是政治崩溃的结果”。世界经济步入了国家与市场相结合的现代市场经济阶段。

以萨缪尔森的“公共支出的纯理论”一文发表为标志，市场失灵理论经过几十年的发展，逐步走向成熟和有相对固定的研究内容和发展的新阶段。归纳至今为止主要的市场失灵理论观点，市场失灵的表现主要集中在以下几个方面。

1. 无效率的垄断(市场不完全)

没有竞争就没有市场的繁荣，竞争的充分性和有效性程度决定了和有效性程度。但是如果竞争违背了自己的意愿，市场将会产生垄断。理性的经济人从自己利益的角度考虑尝试通过垄断的方式实现利益最大化，但是可能忽视垄断的缺陷，即资源分配和使用效率的低下，以及损害消费者的福利。

2. 市场的不普遍

市场的资源配置功能通过价格机制发挥作用，市场不普遍之处通常都是价格机制不存在之处。例如部分环境资源领域和自然资源领域，由于市场缺位导致的低价或“无价”状态，激励了环境的破坏和资源的滥用。

市场不普遍表现为价格机制的缺位，但其背后深层次的原因是界定所有权困难。由于公共所有权边界不清或者根本无法确立所有权，自利的经济人将引起非理性行为，导致资源的滥用和破坏。

3. 信息不完全

信息不完全指的是信息在量上以及分布上的不均匀。对每一个市场主体来说，决策所依赖的信息是不充分的，因此难以作出最佳经济决策。不同主体之间，信息初始分布不均衡，加之信息优势主体为了影响信息劣势主体，使其作出有利于优势主体的选择和决策进行不同形式的信息垄断，导致不均衡的状态得以维持及巩固。

4. 外部性

外部性又称为溢出效应、外部影响或外差效应，指一个人或一群人的决策和行动使另一个人或一群人受损或受益的情况。外部性有以下几个特征：

（1）非市场性。这是外部性最重要的特征。由于市场机制无力对产生外部性的厂商给予奖励和惩罚，外部性的影响无法通过市场发挥作用。

(2) 决策的伴生性。生产的私人成本和私人利润动机构成个人决策的基础。当社会成本大于边际私人成本时外部性的产生便会超过最优水平，反之亦然。外部性不是厂商决策的动机，而是生产过程的伴随物。

(3) 关联性。关联性指外部性与受损者之间具有某种关联，这种关联必须具有某种正的或负的福利意义。

(4) 强制性。即外部性强加在承受者身上，不能通过市场机制来解决。

5. 公共品

公共品意指一个人对某些物品或劳务的消费并未减少其他人同样消费或享受利益，如国防、路灯、无线电广播等。公共品具有不可分割性、非竞争性和非排他性。不可分割性是指公共品的消费是在保持其完整性的前提下，由众多的消费者共同享用的。非竞争性意味着对某一公共品的消费并不影响别人对该公共品的消费。非排他性是指某些产品在投入消费领域时，任何人都不能独占专用，所有者想将其他人排斥在该产品的消费之外，不允许他享受该产品的利益，是不可能的。如果有人一定要这样办，则要付出高昂的费用，所以不能阻止任何人享受这类产品。例如在保护环境的过程中，雾霾、噪声等污染被清除，人们得以享受新鲜的空气和安静的环境，如果要排斥同一区域的某些人享受新鲜的空气和安静的环境是不可能的，在技术上讲具有非排他性。

6. 经济周期

经济周期也称商业周期、景气循环，是市场失灵中最具破坏力的形式。经济周期的存在最典型地说明了是个人理性导致了集体非理性。经济周期的产生与市场的基本结构有关。在市场体制中，市场好比是一个没有大脑和心脏的机体，每一个市场主体都力求追求自身利益的最大化，而没有任何一个主体去考虑是否需要为市场的宏观效率负责，因此运行过程中方向的迷失在所难免。因而，经济周期实际上是各种非理性市场因素共同作用的最终、最严重的后果。

从上述分析可知，市场失灵的产生与市场效率的获得具有相同的原因。经济人最大化自身利益的行为推动了市场对资源的有效配置，市场的成功正是利用了自利这种世界上最不稀缺的资源。但是，也正是由于经济人自利的特性，导致了市场失灵。自利的经济人在逐利的过程中，如果缺乏有效的经济与法律制度规制，往往会不择手段，当不能实现收入的最大化时，就会力图实现成本的最小化。市场失灵的本质在于市场本身固有的缺陷以及经济人利益的失衡。

(三) 市场失灵的克服

在解决市场失灵问题上，一直存在着政府与市场两条思路的对峙。主张政府干预的一方认为应该引入政府的管制机制，对市场的缺陷加以矫正，使资源配置达到最优；主张市场自身完善的另一方则遵循科斯所开创的理论，认为市场失灵的根本原因在于市场本身的不完善，因此只有通过市场的深化发展才能解决。坚持政府干预思路的学者认为，市场不是万能的，市场自身无法克服本身的缺陷，必须借助市场以外的力量，因此需要政府管制和调节。而坚持市场思路的学者则认为，价格在资源配置中发挥着重要的信息作用，如果没有价格的存在，资源配置将是无效率的。

实际上，在解决市场失灵的问题上，单纯的计划或市场都不能推动经济持续、稳定、健康地发展，许多国家已经成功地在基本正确的宏观经济环境中持续实施以市场为导向的政策。世界银行认为这“一向是成功的至关重要的因素”，并认为“政府主导的干预措施主要针对市场失灵，从而使政府在纠正这些失灵中发挥中心作用”。为了避免政府失灵，政府的宏观调控行为必须在严密的经济法体系的框架下进行。下面即从经济法的角度对宏观调控问题作初步的探讨。

二、宏观调控法矫正市场失灵的作用机制

现代国家对经济的宏观调控大多形成以“国家计划一经济政策一调节手段”为轴线的系统工程，因此宏观调控法的体系从内容构成上看，包括了经济政策法、计划法和关于各种调节手段运用的法律，它们以计划法为中心，以各项经济政策法为主体，以各种调节手段的法律为启动机制，组成统一有机体系。

（一）计划法

经济计划是指宏观调控主体制定的预期将要实现的宏观调控目标以及围绕该目标制定的方针和政策的总称。计划规定了经济发展的任务和目标，体现了国家经济调节的总意图。经济计划作为宏观调控主体规制市场的行为方式之一，具有各种经济政策的目标、标准的作用，对市场主体的影响和诱导效果极大。计划法的目标就在于保障计划编制的合理、科学及其实施的有效性。合理有效的经济计划可以从根本上克服市场的自发和无序状态，在国家对市场的宏观调控中居于中心位置，广义地说，一切克服市场失灵的国家行为都自计划而始。相应地，计划法也就成为宏观调控法的核心。

（二）经济政策法

经济政策是连接国家经济计划与各种调节手段的中介。经济政策分解各种宏观经济总量指标和计划所规定的经济发展总任务，形成各个方面的行为准则和方针，使得各种调节手段能直接发挥作用。

经济政策不等同于法律，二者在调节经济秩序中发挥的作用各有侧重。但是各国政府通常在贯彻各项基本经济政策时制定相应的法律，赋予政策内容法律效力，使其更加规范化，以保障更好地实施。“法规可以通过促进创新和竞争以及预防滥用垄断权力而使市场的运行更具有效率”。所谓经济政策法，就是以国家基本经济政策为实体性内容的各种法律规范。这类法律是国家宏观调控法体系中的主体部分。经济政策法通常包括物价调控法、产业调节法、财政税收法、货币金融法、投资法等。有的国家还制定了内容更加全面综合的国民经济基本政策法。相比较来说，这些法律提供给相应的职能主体更为灵活的权限和手段，使其能够根据市场变化及时作出合理的反应，以克服市场失灵。以物价调控法为例，为刺激生产，保护特定行业或产业的发展，政府在必要的时候可以动用国家财政订购或采购一定的产品，如棉花、粮食等；同时为了平抑物价，防止市场投机，必要时政府可以调拨自己掌握的物资批量投放市场，满足市场需求，力求从宏观上保持供求总量平衡。

宏观调控法通过计划法用计划手段对国民经济做出一个长期性的、计划性的安排，克服经济发展的盲目性、无序性及滞后性；通过各种经济政策法和调节手段法对经济运行进行间接的影响，使经济向着有利于整个社会的方向良性发展。宏观调控法所追求的不是个体的、局部的效益而是全局的效益，不是个体间的、局部的公平而是全体的公平。

（资料来源：云南社会主义学院学报，2014.01）

复习思考题

一、概念题

市场失灵　外部效应　公共产品　财政资源配置职能　财政分配职能
财政经济稳定职能

二、单项选择题

1. 以下不属于公共需要的是（　　）。

A. 国防　　B. 卫生保健
C. 生态环境保护　　D. 住房

2. 根据国际惯例，基尼系数的合理区间是（　　）。

A. 0.1～0.2　　B. 0.2～0.3
C. 0.3～0.4　　D. 0.4～0.5

3. 财政职能是指财政作为一个(　　)所固有的功能。

A. 经济范畴　　B. 政治范畴　　C. 社会范畴　　D. 法律范畴

4. 狭义的资源配置可以理解为(　　)的配置。

A. 社会总产品　　B. 生产要素

C. 国民收入　　D. 国民生产总值

5. 由政府出资(即由预算拨款)兴办的所有权归政府所有的工商企业和单位，属于政府介入和干预市场的(　　)手段。

A. 行政　　B. 法律手段

C. 组织公共生产　　D. 财政手段

6. 运用有限的资源形成一定的资产结构、产业结构以及技术结构和地区结构，达到优化资源结构的目标，属于财政职能中的(　　)。

A. 资源合理配置　　B. 收入公平分配

C. 经济均衡稳定　　D. 物价稳定

7. 市场经济的内在要求，强调的是要素投入和要素收入相对称，在平等竞争的环境下由等价交换来实现的，指的是收入公平分配中的(　　)。

A. 经济公平　　B. 政治公平　　C. 法律公平　　D. 社会公平

8. 资源配置广义的理解是指(　　)的配置。

A. 社会总产品　　B. 生产要素　　C. 国民收入　　D. 国民生产总值

9. 以税收等形式筹集收入，又通过投资公共支出等形式支出并通过财政政策调节经济的运行，属于政府介入和干预市场的(　　)手段。

A. 行政　　B. 法律手段

C. 组织公共生产　　D. 财政手段

10. 财政是一种(　　)的经济行为。

A. 政府　　B. 公共组织　　C. 企业　　D. 集体

11. 当经济运行达到了高效率时，一部分人改善处境必须以另一些人处境恶化为代价，这种状态被称为(　　)。

A. “帕累托最优”　　B. 完全竞争

C. 市场失灵　　D. 外部效应问题

12. 公共产品不能由市场有效提供而必须由政府提供，如果由市场提供，每个消费者都不会自愿掏钱去购买，而希望由别人来提供自己免费使用，此即所谓(　　)现象。

A. 竞争失效　　B. 偏好不合理

C. 免费搭车　　D. 分配不公问题

13. 政府经济活动范围是(　　)。

A. 提供公共产品或劳务　　B. 提供私人产品和劳务

C. 限制人口　　D. 对外移民

14. 财政稳定经济职能的存在，是由于市场失效或失灵的(　　)的存在而形成的。

A. 分配不公问题　　B. 信息不充分问题

C. 外部效应问题　　D. 宏观经济失衡问题

15. 运用财政的某些制度性安排起到经济“自动”稳定功能，从收入制度看，主要是指(　　)。

A. 失业救济金制度　　B. 政府采购制度
C. 税收制度　　D. 公债制度

16. 公共产品提供后，在其效用覆盖区域内任何消费者对公共产品的消费都不影响他人的利益，也不影响整个社会的利益，这即是(　)。

A. 非排他性　　B. 非对抗性　　C. 固定性　　D. 强制性

17. 公共经济的主体是(　　)。

A. 各级政府　　B. 国有企业　　C. 公安机关　　D. 公共部门

18. 行政部门、法院、道路等主要采取(　　)。

A. 公共生产和公共提供　　B. 私人生产，公共提供
C. 混合生产，混合提供　　D. 私人生产，私人提供

19. 电视台播放的由制片商制作的电视片等主要采取（　　）。

A. 公共生产和公共提供　　B. 私人生产，公共提供
C. 混合生产，混合提供　　D. 私人生产，私人提供

20. 公共选择理论始于第二次世界大战后的(　　)。

A. 苏联　　B. 西方　　C. 中国　　D. 拉美

三、多项选择题

1. 市场失灵主要表现在(　　)。

A. 垄断　　B. 信息充分
C. 外部效应与公共物品　　D. 收入分配不公
E. 经济均衡稳定

2. 政府干预手段可以概括为(　　)。

A. 立法手段　　B. 组织公共生产
C. 财政手段　　D. 行政手段
E. 提供公共物品

3. 以下属于公共物品的是(　　)。

A. 国防　　B. 公安　　C. 道路
D. 教育　　E. 衣服

4. 财政的职能包括(　　)。

A. 资源合理配置　　B. 收入公平分配
C. 经济均衡稳定　　D. 公平与效率
E. 提高物质文化水平

5. 公共物品的特征有(　　)。

A. 非排他性　　B. 排他性　　C. 非竞争性
D. 竞争性　　E. 非盈利性

6. 垄断与不完全竞争存在的效率损失有(　　)。

A. 产量受到限制　　B. 缺乏降低成本的竞争压力
C. 阻碍技术进步　　D. 造成资源浪费
E. 破坏法律公平

7. 完全竞争市场需要具备的基本条件有(　　)。

A. 有大量的卖者和买者　　B. 产品同质无差异
C. 要素自由流动　　D. 信息完备充分
E. 生产者和消费者的行为是理性的

8. 准公共产品一般包括(　　)。

A. 国防　　B. 教育　　C. 医疗
D. 环保　　E. 外交

9. 财政的职能有(　　)。

A. 资源配置职能　　B. 收入分配职能
C. 稳定经济职能　　D. 国有资本金管理职能
E. 国际收支平衡职能

10. 所谓稳定经济，是指政府运用宏观经济政策有意识地影响经济、调控经济，实现(　　)。

A. 充分就业　　B. 物价稳定
C. 经济适度增长　　D. 国际收支平衡
E. 信贷收支平衡

四、简答题

1. 简述市场失灵的表现。
2. 简述政府干预失效的原因和表现。
3. 为什么市场在提供公共产品方面不能实现资源最优配置?
4. 如何理解市场机制在垄断领域的失灵?
5. 为什么纯公共产品必须由政府提供?
6. 准公共产品提供方式应如何选择?

五、论述题

1. 试分析财政资源优化配置的职能。
2. 试分析财政收入公平分配的职能。
3. 试分析财政经济稳定、经济发展的职能。
4. 论述财政在我国的作用。

六、案例分析题

帕累托改进

1. 案例资料：

20 世纪，美国的航空公司为了让飞机满座起飞，往往售出的机票多于航班的最大容量。这样有时就有旅客因为没有座位而不得不改变行程，这显然有损顾客的利益。但若按航班的最大容量来售票又可能出现另一个问题：当有旅客因故不能搭乘航班时，飞机就要带着空座位起飞，资源不能得到充分利用。为了解决这一问题，美国一位经济学家于1968年提出了一个建议，即航空公司在售票的时候，让旅客们填写他们可以接受的推迟行程的最低赔偿金额。一旦航班出现超员，公司就选择赔偿金出价最低的旅客给予补偿，并优先售给下一航班的机票。这样航空公司和乘客都有可能获得额外的利益，至少没有人会因此受损。现在许多航空公司采用的超额售票方法与这位经济学家提出的方案很相似，区别只在于通常以免费的或者大比例打折的机票来代替现金补偿。这种方式使得资源利用的效率比原先提高了。

2. 分析问题：

实现帕累托改进的最优方法是什么？

第3章 财政支出概论

教学目标

通过本章的学习，了解财政支出是国家财政分配活动的重要组成部分，是指国家财政将筹集起来的资金进行分配使用，以满足经济建设和各项事业的需要。换言之，财政支出是对集中起来的一部分社会产品价值的再分配，通过财政支出为实现国家职能服务。财政支出是实现国家职能的主要途径，是具体提供物质保证的过程。

教学要求

知识要点	能力要求	相关知识
财政支出的原则	能够理解财政支出的三个原则	(1) 量入为出 (2) 优化支出结构 (3) 兼顾公平与效率
财政支出的分类	能够表述财政支出的不同分类方法及对经济运行产生的不同影响	(1) 财政支出结构 (2) 马克思主义经济理论 (3) 国家的职能
财政支出规模的分析	(1) 能够理解衡量财政支出规模的绝对指标和相对指标 (2) 能够理解认识财政支出规模的变动趋势 (3) 能够理解影响财政支出规模的因素	(1) 瓦格纳的“财政支出不断增长法则” (2) 皮考克和威斯曼的“梯度渐进增长理论” (3) 马斯格雷夫和罗斯托的财政支出增长发展模型

续表

知识要点	能力要求	相关知识
财政支出效益的分析	能够熟悉衡量财政支出效益的一般方法	(1) 成本效益分析法 (2) 最低费用选择法 (3) 公共定价法
政府采购	(1) 能够了解政府采购的内涵特点及运行机制 (2) 能够认识我国政府采购的现状及存在的问题	(1) 政府采购法 (2) 公共选择理论

引　　例

下列问题都曾引起过我们的思索：

(1) 为什么发达国家的社会保障比我国完善？

(2) 为什么我国行政支出在不断增长，而政府的效率却提高缓慢？

(3) 政府采购有哪些内涵？如何运用？

读完本章的财政支出规模分析和政府采购等内容或许能找到答案。

如果说财政收入是财政支出的基础，是财政活动的第一阶段，那么财政支出就是财政收入的归宿，是财政活动的第二阶段。

3.1　财政支出的原则和分类

3.1.1　财政支出的原则

财政支出的原则就是在安排财政支出过程中应当遵循的基本原则。财政支出是财政分配的重要环节，财政支出规模是否合理、财政支出结构是否平衡、财政资金使用效益的高低等问题，直接影响到政府各项职能的履行。为保证财政资金的合理分配与有效使用，使财政支出在国民经济运行中发挥更重要的作用，在安排和组织财政支出时应遵循以下原则。

1. 量入为出原则

量入为出，是指在财政收入总额既定的前提下，按照财政收入的规模确定财政支出的规模，支出总量不能超过收入总量。即以收定支、量力而行。量入为出原则，是我国历史上长期为众多理财家所推崇和提倡的财政支出原则，也是新中国成立后我国长期坚持的财政原则。坚持量入为出原则时应注意：根据财政收入安排财政支出，一是应使财政支出总量不超过财政收入总量。安排预算时，做到财政收支平衡，略有节余，不搞赤字预算，不留缺口。要根据财力的可能，对要办的事情区分轻重缓急，有计划地进行，不能超过客观上资金供应的可能去办力所不能及的事情。二是应当根据财政收入增长安排支出增长。随着社会主义市场经济的发展和财政收入的增长，为财政支出的增长提供了可能。但是，支出的增长必须受收入增长的制约，应把支出增长的总量控制在收入增长的总量范围之内。此外，财政收入的各项指标应稳妥可靠，财政支出不留缺口，在预算中留有适当的后备。

2. 优化支出结构原则

在财政支出中，应当正确安排财政支出中的各种比例，使之实现结构的最佳组合，要正确处理积累性支出与消费性支出、生产性支出与非生产性支出、简单再生产与扩大再生产、不同地区的投资及其比例关系，促进经济的协调、均衡、可持续发展。政府必须合理安排和不断调整和优化财政支出结构，以克服和减轻市场经济造成的缺陷。通过财政支出的合理安排，为改进全国资源的有效开发利用，引导全社会资金、技术、人才、劳动力的流向，实现全国生产力的合理布局服务。

3. 兼顾公平与效率原则

财政支出的过程实际上就是政府配置资源的过程，政府配置资源的活动和其他一切经济活动一样，应当从公平和效率两个方面进行评价。在财政支出过程中，实现公平与效率的统一，是政府要努力实现的重要目标之一。公平分配是提高效率的前提，效率是公平分配的归宿。

在社会主义市场经济体制下市场配置起着主导作用。但这并不排斥财政配置，由于存在市场失灵和市场缺陷，只有市场配置与财政配置相配合，才能达到整个社会资源优化配置的目标。财政机制可以通过工资制度和转移支付制度，贯彻“按劳分配”原则并保证每个居民的最低生活需要和社会福利水平。同时，通过市场机制提供一个公平的竞争环境，使每个居民有展示自己才能的机会，只要多付出劳动，多为社会做出贡献，就可以得到更多的物质利益。在资源配置方面，有相当大的部分集中由国家支配，所以财政在积累的形成和资源的配置方面，应发挥重要的支柱作用和调节作用。在过去长期的经济建设中，由于受种种因素影响，我国在处理公平与效率两者的关系上，对公平考虑过多，忽视效率。一方面造成了吃财政“大锅饭”；另一方面财政资金紧张，财政资金使用效率低下，反过来，又使公平难以保证。因此，在国家财力并不十分充裕的情况下，安排财政支出时应当坚持效率与公平兼顾的原则，并将效率放在第一位。

3.1.2　财政支出分类

按照不同的标准，可以对财政支出进行不同的分类，财政支出的不同分类就形成了不同的财政支出结构，不同的支出结构对经济运行产生的影响存在极大差异。财政支出结构是指各类财政支出占总支出的比重或构成。从社会资源配置角度来看，财政支出的结构直接关系到政府动员社会资源的程度；而一个国家财政支出结构的现状及变化，表明政府正在履行的政府重点职能及其变化趋势。

1. 按支出用途分类

依据马克思主义经济理论，社会总产品在价值构成上由三部分组成：生产过程中已经消耗掉的生产资料的价值(C)、物质生产部门的劳动者所创造的必要产品的价值(V)、物质生产部门的劳动者所创造的剩余产品的价值(M)。在经过初次分配之后，社会总产品相应地转化为补偿基金、消费基金、积累基金。剩余产品并不是都转化为积累基金，有一部分转化为社会消费基金，用于扩大再生产和提高人民群众的物质文化生活水平。当然，补偿基金也并不是全部用于补偿消耗掉的生产资料，因为在固定资产投资规模不断扩大的情况下，在全社会的固定资产折旧价值中，有一部分可以用于积累性的投资。同样，消费基金也不会全部被消费掉，其中的一部分会以储蓄的形式沉淀下来，用于新增投资。一般而言，积累基金都用于新增投资。

我国财政支出，按照用途分类，主要包括：基本建设支出、增拨企业流动资金、企业挖潜改造资金、科技三项费用、地质勘探费、工业交通商业等部门的事业费、支援农业生产支出和各项农业事业费、农林水利气象等部门的事业费、文教卫生事业费、抚恤和社会福利救济费、国防费、行政管理费及价格补贴支出等。按照社会总产品的价值构成归类，其中企业挖潜改造资金属于补偿性支出；基本建设支出、增拨企业流动资金、科技三项费用、地质勘探费、工业交通商业等部门的事业费、支援农业生产支出、农林水利气象等部门的事业费、文教卫生事业费等支出中增加固定资产的部分，属于积累性支出；抚恤和社会福利救济费、行政管理费、国防费、价格补贴以及科技三项费用、地质勘探费、工业交通商业等部门的事业费、农林水利气象等部门的事业费、文教卫生事业费等支出中非增加固定资产的部分，属于消费性支出。

2. 按费用类别(国家职能)分类

按照财政支出的费用类别分类即按照国家职能进行的分类。一般把政府的职能划分为经济管理职能和社会管理职能，则国家的财政支出也分为经济管理支出和社会管理支出，前者主要是经济建设费，后者有社会文教费、国防费、行政管理费和其他支出。

我国的财政支出按照费用类别划分，分为经济建设费、社会文教费、国防费、行政管理费、其他支出五大类。其中，经济建设费包括：基本建设拨款支出，国有企业挖潜改造资金，科学技术三项费用(新产品试制费、中间试验费、重要科学研究补助费)，简易建筑费支出，地质勘探费，增拨国有企业流动资金，支援农村生产支出，工业、交通、商业等部门的事业费支出，城市维护费支出，国家物资储备支出，城镇青年就业经费支出及抚恤和社会福利救济费支出等。社会文教费，包括用于文化、教育、科学、卫生、出版、通信、广播、文物、体育、地震、海洋及计划生育等方面的经费、研究费和补助费等。国防费包括各种武器和军事设备支出，军事人员给养支出，有关军事的科研支出，对外军事援助支出，民兵建设事业费支出，用于实行兵役制的公安、边防、武装警察部队和消防队伍的各种经费及防空经费等。行政管理费包括用于国家行政机关、事业单位、公安机关、司法机关、检察机关、驻外机构的各种经费、业务费、干部培训费等。

按国家职能对财政支出进行分类，能够明白地揭示国家执行了哪些职能。通过对一个国家的支出结构作时间序列分析，便能够揭示该国的国家职能发生了怎样的演变；对若干国家在同一时期的支出结构作横向分析，则可以揭示各国国家职能的差别。

3. 按经济性质分类

各种财政支出无一例外地表现为资金从政府手中的流出，但不同性质的财政支出对国民经济的影响却存在着差异。以财政支出是否与商品和服务相交换为标准，可将财政支出分为购买性支出与转移性支出两类。

购买性支出是指政府向企业和个人购买产品和劳务的支出。政府的购买性支出与市场经济中企业和个人的购买支出没有性质上的差别，都是等价交换，一手付出资金，一手相应购得商品和服务。政府可以运用所购买的商品和服务，实现国家的职能。购买性支出直接表现为政府购买商品和服务的活动，包括购买进行日常政务活动所需的或用于国家投资所需的商品和服务的支出。前者如政府各部门的事业经费，后者如政府各部门的投资拨款。购买性支出所体现的是政府的市场性再分配活动。

转移性支出是政府调节收入分配的重要手段，直接表现为资金无偿的、单方面的转移。转移性支出包括补助支出、捐赠支出、债务利息支出等。在这种支出活动中，政府也支出了资金，但却不导致政府拥有的社会资源增加。转移性支出体现的是政府的非市场性再分配活动。

两种支出的差异体现在以下几个方面：第一，购买性支出通过支出使政府掌握的资金与微观经济主体提供的商品和服务相交换，政府直接以商品和服务的购买者身份出现在市场上，对社会的生产和就业有直接的影响，并间接影响收入分配。转移性支出是通过支出使政府所有的资金转移到受益者手中，是资金使用权的转移，微观经济主体获得这笔资金以后，是否用于购买商品和服务、购买哪些商品和服务，均已脱离开了政府的控制，因此，此类支出直接影响收入分配，而对生产和就业的影响是间接的。第二，在安排购买性支出时，政府必须遵循等价交换的原则，此时的财政活动对政府形成较强的效益约束。在安排转移性支出时，政府并没有十分明确的原则可以遵循，且财政支出效益难以衡量。因此，此时的财政活动对政府的效益是软约束。第三，由于微观经济主体在同政府的购买性支出发生联系时必须遵循等价交换原则，向政府提供商品和服务的企业的收益大小，取决于市场供求状况及其销售收入同生产成本的对比关系。所以，对微观经济主体的预算是硬约束。而微观经济主体在同政府的转移性支出发生联系时，并无交换发生，它们收入的高低在很大程度上并不取决于自己的能力(或生产能力)，而取决于同政府讨价还价的能力，对微观经济主体的预算是软约束。

由此可知，在财政支出总额中，购买性支出所占的比重越大，政府所配置的资源规模就大，财政活动对生产和就业的直接影响就越大；反之，转移性支出所占的比重越大，财政活动对收入分配的直接影响就越大。联系财政的职能来看，购买性支出占较大比重的支出结构的财政活动，执行配置资源的职能较强；转移性支出占较大比重的支出结构的财政活动，则执行收入分配的职能较强。

改革开放前后，我国财政支出结构发生了明显的变化。在改革开放之前，购买性支出占绝对优势，1980 年以前平均占 96.6%，表现出财政具有极强的资源配置职能。改革开放之后，转移性支出所占的比重大幅度上升，并一直保持比较稳定的比例，说明财政的收入分配职能得到加强。

4. 国际分类方法

在国际上，财政支出的分类并不完全一致。根据分析的目的不同，国际上的分类方法大体上可以归为两类：一类是用于理论和经验分析的理论分类；另一类是用于编制国家预算的统计分类。从理论分类来看，根据分析的目的不同，又可按政府职能、支出目的、组织单位及支出利益等标准分类。例如，以财政支出的用途和去向为标准，财政支出可分为防务支出和民用支出两大类，前者包括国防、公安、司法等与防务有关的支出，后者包括除防务支出以外所有的其他各项支出。这种分类方法的目的在于分析一国财政支出的军事化程度或民用化程度。从统计分类来看，按照国际货币基金组织的分类方法，有职能分类法和经济分类法。按职能分类时，财政支出包括一般公共服务支出、国防支出、教育支出、保健支出、社会保障和福利支出、住房和社区生活支出、其他社区和社会服务支出、经济事务和服务支出及其他支出。按经济性质分类时，财政支出包括经常性支出、资本性支出和净贷款，见表3-1。

目前我国按支出的功能性质分类与国际货币基金组织的职能分类法比较接近。

表3-1　国际货币基金组织的财政支出分类

职能分类	经济分类
1. 一般公共服务	1. 经常性支出
2. 国防	(1) 商品和服务支出
3. 公共秩序和安全	① 工资和薪金
4. 教育	② 雇主缴款商品和服务的购买
5. 保健	③ 其他商品和服务的购买
6. 社会保障和福利	(2) 利息支出
7. 住房和社区生活设施	(3) 补贴和其他经常性支出
8. 娱乐、文化和宗教事务	① 补贴
9. 经济事务和服务	② 对下级政府的转让
(1) 燃料和能源	③ 对非营利机构和家庭的转让
(2) 农林牧渔业	④ 国外转让
(3) 采矿和矿石资源业、制造业、建筑业	2. 资本性支出
(4) 交通和通信业	(1) 固定资本资产的购置
(5) 其他经济事务和服务业	(2) 存货购买费
10. 其他支出	(3) 土地和无形资产的购买
	(4) 资本转让
	① 国内资本转让
	② 国外资本转让
	3. 净贷款

（资料来源：张素琴．财政学(第2版)．上海：立信会计出版社，2005）

3.2　财政支出的规模分析

财政支出作为社会总资源配置的有机组成部分，其支出总量占社会总资源配置的比重是否适当，不仅直接影响着政府职能的实现情况，更直接制约着社会资源配置的优化程度，关系到社会再生产能否持续高效发展的问题。因此，财政支出的规模研究，乃是财政支出研究的首要任务。

3.2.1　衡量财政支出的指标

1. 衡量财政支出规模的指标

衡量财政支出规模的指标通常为绝对指标和相对指标。

绝对指标是指以一国货币单位表示的财政支出的实际数额。使用绝对指标可以直观地反映某一财政年度内政府支配的社会资源的总量，但是，这一指标不能反映政府支配的社会资源在社会资源总量中所占的比重，因而不能充分反映政府在整个社会经济发展中的地位。绝对指标是以本国货币为单位，也不便于进行国际比较。此外，由于这一指标是以现价反映财政支出的数额，没有考虑通货膨胀因素对支出总量的影响，因而所反映的只是名义上的财政支出规模，与以前年度，特别是在币值变化比较大的年份的财政支出绝对额缺少可比性。

相对指标是指财政支出占 GDP(或 GNP)的比重。相对指标反映了一定时期内在全社会创造的财富中由政府直接支配和使用的数额，可以通过该指标全面衡量政府经济活动在整个国民经济活动中的重要性。由于是相对指标，因此便于进行国际比较，而且由于这种方法是通过计算财政支出占 GDP 的比重来衡量财政支出规模的，剔除了通货膨胀因素的影响，反映的是财政支出的实际规模，与以前年度的财政支出规模进行比较也具有可比性。两个指标各有所长，各有所短，一般是根据实际需要，采用不同的标准。在分析、研究财政支出规模时，通常是以相对指标作为衡量财政支出规模的主要指标。

2. 衡量财政支出增长的指标

财政支出增长是财政支出规模扩大的另外一种表述，衡量财政支出增长通常用政府财政支出规模变化的动态指标来分析。

与财政支出规模的衡量指标类似，衡量财政支出增长的指标也可以分为绝对量指标和相对量指标。同样，由于绝对量指标是以现价反映财政支出的数额，没有考虑通货膨胀因素对支出总量的影响，只有消除币值变动的影响，才能如实反映财政支出增长变化的情况，这里不再赘述。在相对量指标中，目前世界各国主要采用政府支出占 GDP(或 GNP)的比重以及政府财政支出对 GNP 的弹性等指标来衡量财政支出增长变化情况。

财政支出对国民生产总值的弹性指标表示由国民生产总值的增长所引起的财政支出增长幅度的大小，表现为财政支出增长幅度对国民生产总值增长幅度的比例，用公式表示为

$$财政支出弹性=财政支出增长率(\%)\div国民生产总值增长率(\%)$$

该公式计算结果的含义是：如果财政支出弹性大于 1，则说明财政支出增长幅度大于国民生产总值的增长幅度；反之，则说明财政支出增长幅度小于国民生产总值的增长幅度；如果财政支出弹性等于 1，则说明财政支出与国民生产总值处于同步增长状态。

3.2.2　财政支出规模的变动趋势

从世界各国财政支出的历史进程演变来看，财政支出规模总体上呈现出不断扩大的趋势。

1. 西方财政支出增长理论的主要观点

1）瓦格纳的“财政支出不断增长法则”

德国经济学家阿道夫·瓦格纳于1882年提出了“财政支出不断增长法则”，又称瓦格纳法则。他认为一国政府的支出与其经济增长之间，即政府职能的扩大与国家所得的增加之间存在着一种函数关系，随着国家职能的扩大和经济的发展，就要求保证行使这些国家职能的财政支出不断增加。但瓦格纳关于财政支出增长的含义究竟是指财政支出占GDP的比重上升，还是指它的绝对额增长，在当时还并不清楚。根据马斯格雷夫的解释，认为是指公共部门的相对增长，于是，瓦格纳法则可以表述为：随着人均收入的提高，财政支出的相对规模也随之提高。

瓦格纳的结论是建立在经验分析基础之上的，他对19世纪的许多欧洲国家和日本的公共部门的增长情况做了考察。他认为，现代工业的发展会引起社会进步的要求，社会进步必然导致国家活动的增长。他把导致政府支出增长的因素分为政治因素和经济因素。所谓政治因素是指随着经济的工业化，正在扩张的市场与这些市场中的当事人之间的关系会更加复杂，市场关系的复杂化引起了对商业法律和契约的需要，并要求建立司法组织执行这些法律，这样就需要把更多的资源用于提供治安和法律设施。所谓经济因素是指工业的发展推动了都市化的进程，人口的居住将密集化，由此将产生拥挤等外部性问题，这样也就需要政府进行管理与调节工作。此外，瓦格纳把对于教育、娱乐、文化、保健与福利服务的财政支出的增长归因于需求的收入弹性，即随着实际收入的上升，这些项目的财政支出的增长将会快于GDP的增长。

2）皮考克和威斯曼的“梯度渐进增长理论”

皮考克与威斯曼在瓦格纳分析的基础上，根据对1890—1955年英国的公共部门成长情况的研究，提出了导致财政支出增长的内在因素与外在因素，认为外在因素是说明财政支出增长超过GDP增长速度的主要原因。他们在分析中，假定政府喜欢多支出，公民不愿意多缴税，因此，当政府在决定预算支出规模时，应该密切注意公民关于赋税承受能力的反应，公民所容忍的税收水平是政府财政支出的约束条件。在正常条件下，经济发展，收入水平上升，以不变的税率所征得的税收也会增长，于是，政府支出增长会与GDP增长成线性关系，这是内在因素作用的结果。但一旦发生了外部冲突，比如战争，政府会被迫提高税率，而公众在危机时期也会接受提高了的税率。这就是所谓的替代效应，即在危机时期，财政支出会替代私人支出，财政支出的比重增加。但在危机时期过去以后，财政支出并不会退回到先前的水平。一般情况是，一个国家在结束战争之后，总有大量的公债，财政支出会持续很高。政府财政支出在和平与战争时期的模型如图3.1所示。

这一研究手法是继瓦格纳考察财政支出长期增长趋势之后的又一进步，就其理论包含的基本内容来看，已经初步融入公共选择学派的思想。例如，在他们的分析中，认为财政支出增长要受到纳税人对税收容忍水平的制约，因为在西方的民主政体中，纳税人的选票可以影响政治制度的投票结果。从某种意义上说，他们所认定的财政支出水平也是由政治制度中的多数同意原则所决定的水平——这一点与公共选择论的观点具有相似之处，从而在一定程度上把财政支出与政治过程结合起来了。

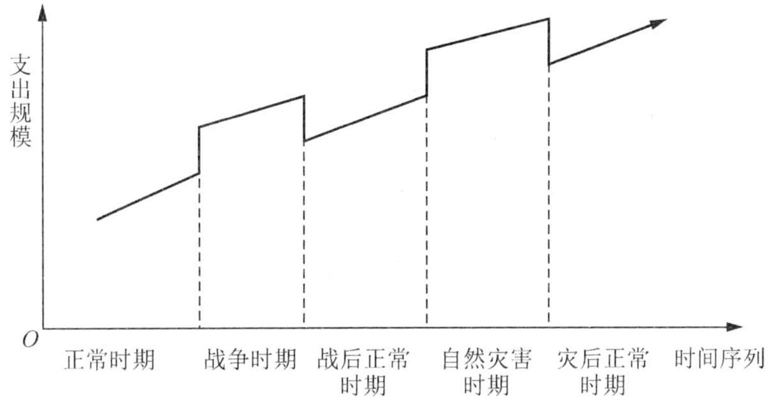

图 3.1　财政支出梯状发展趋势图

3）马斯格雷夫和罗斯托的财政支出增长发展模型

马斯格雷夫和罗斯托则用经济发展阶段论来解释财政支出增长的原因。他们认为，在经济发展的早期阶段，政府投资在社会总投资中占有较高的比重，公共部门为经济发展提供社会基础设施，如道路、运输系统、环境卫生系统、法律与秩序、健康与教育以及其他用于人力资本的投资等。这些投资，对处于经济与社会发展早期阶段的国家进入起飞以至进入发展的中期阶段是必不可少的。在发展的中期，政府投资还应继续进行，但这时政府投资只是对私人投资的补充。无论是在发展的早期还是在中期，都存在着市场缺陷，阻碍经济的发展。为了弥补市场缺陷，需要加强政府的干预。马斯格雷夫认为，在整个经济发展进程中，GDP 中总投资的比重是上升的，但政府投资占 GDP 的比重会趋于下降。罗斯托认为，一旦经济达到成熟阶段，财政支出将从基础设施支出转向不断增加的教育、保健与福利服务的支出，且这方面的支出增长将大大超过其他方面支出的增长，也会快于 GDP 的增长速度。

2. 世界各国财政支出规模的发展趋势

西方经济学者揭示的政府支出不断增长的发展趋势是符合财政实际的。从绝对规模上看，无论是在瓦格纳时代，还是此前和以后，世界各国政府支出几乎无一例外地不断增长着。以美国为例，1980—2008 年的 29 年间，美国政府支出从 5 857 亿美元增加到 30 943 亿美元，增长了 4.28 倍，见表 3－2。

表 3－2　1980—2009 年美国联邦政府总支出情况　　单位：亿美元

年　份	联邦政府总支出	年　份	联邦政府总支出
1980	5 857	1996	16 035
1990	12 535	1997	17 089
1993	14 960	1998	17 349
1994	15 331	1999	17 876
1995	15 938	2000	18 644

续表

年　　份	联邦政府总支出	年　　份	联邦政府总支出
2001	19 695	2005	25 586
2002	21 011	2006	27 116
2003	22 521	2007	28 805
2004	23 795	2008	30 943

（资料来源：美国财政部，http：//xxw3441. blog. 163. com/blog/static/7538362420095178389410/）

从相对规模看，美国联邦政府支出占国民生产总值的比重也呈逐年提高的态势，从1902年的8.3%提高到2008年的33.1%，见表3-3。

表3-3　美国联邦政府支出占GNP变动趋势

年　　份	政府支出占GNP的比重/%	年　　份	政府支出占GNP的比重/%
1902	8.3	1999	29.57
1927	12.6	2000	29.40
1980	30.21	2001	30.23
1990	32.27	2002	30.95
1993	33.32	2003	31.28
1994	32.39	2004	31.00
1995	32.41	2005	31.26
1996	31.88	2006	31.25
1997	30.93	2007	31.84
1998	30.11	2008	33.10

（资料来源：美国经济分析，http：//xxw3441. blog. 163. com/blog/static/7538362420095178389410/）

财政支出规模不断扩大是各国普遍存在的现象，由于各国国情不同，政府财政支出规模扩大的幅度也有所不同。根据《1997年世界发展报告》的统计资料，OECD国家的政府支出占GDP的比重，1970年为9%左右，1995年上升到48%左右。发展中国家政府支出占GDP的比重也呈较快的增长趋势，1960年，发展中国家中央政府支出占GDP的比重为15%左右，1990年这一比重已提高到28%左右。

需要说明的是，虽然从较长时期观察，各国的财政支出规模呈现出不断扩大的趋势，但这并不表明各国财政支出的规模将不断地扩大，无论从理论上分析，还是从实践来观察都是不可能的。一些国家压缩财政赤字、减少债务支出和一些福利国家控制了福利支出后，公共开支规模不再扩大，而保持在一个比较稳定的水平上，甚至有所下降，从这一情况来看，财政支出在达到一定水平后会基本稳定下来。

3. 我国财政支出规模变化的趋势

改革开放以后，我国财政支出在经济发展的基础上出现了较快的增长，但是由于受到财政收入总体规模的制约，财政支出占 GDP 的比重呈现出逐年下降的趋势，但近年来又有所回升。具体体现在财政支出绝对数快速增长。改革开放以来，随着经济发展和财政收入水平的提高，财政支出的绝对数增长较快，2013 年达到 139 744.10 亿元(见表 3－4)，比 1978 年的 1 122.09 亿元增加了 138 622.01 亿元，增长了 123.54 倍。这种变化与市场经济在中国的发展是相适应的。

表 3－4　2001—2013 年中国政府总支出情况　　单位：亿元

年　份	政府财政支出	年　份	政府财政支出
2001	18 902.58	2008	62 592.66
2002	22 053.15	2009	76 299.93
2003	24 649.95	2010	89 874.16
2004	28 486.89	2011	109 247.79
2005	33 930.28	2012	125 952.97
2006	40 422.73	2013	139 744.10
2007	49 781.35		

3.2.3　影响财政支出规模的因素

财政支出规模由多种因素决定，社会经济发展水平、经济体制、政府职能的变化、财政支出涉及领域或范围的调整及财政支出效率的高低等都会对支出规模产生重要影响。

1. 经济因素

经济因素对财政支出规模的影响体现在由于经济发展水平的提高引起的财政支出规模的增长。经济的发展为财政支出增长提供了可能性。从总体上来说，随着经济的发展，社会财富不断增加，人们维持最低生活需要的部分在社会财富中所占比重下降，可以由政府集中更多的社会财富用于满足社会公共需要的可能性不断提高。从具体情况来说，一是国内生产总值随经济发展不断增加，从而使税基不断扩大，财政收入增加，为财政支出规模的不断扩大提供了可能；二是由于作为政府取得财政收入主要手段的税收中的一些税种尤其是所得税具有累进性，因此在其他条件保持不变的情况下，政府通过税收取得的财政收入增长具有累进性，即政府财政收入的增长速度要快于经济发展增长速度，也使财政支出规模不断扩大成为可能；三是随着经济发展和社会财富的增加，私人财富增多，使政府通过发行公债方式筹资扩大支出成为可能。

2. 政治因素

政治因素对财政支出规模的影响主要体现在以下几个方面。

1）政府职能的扩大

政府职能不断扩大是导致各国政府财政支出不断增长的重要原因。在自由市场经济条件下，政府只履行着“守夜人”的角色，政府职能主要集中在维持政权机器运转、维护国家安全、防御外来入侵和维护司法公正等方面，对私人生产和私营企业的经营活动不加干涉。随着资本主义基本矛盾的激化和经济危机的周期性爆发，使人们认识到市场失灵的存在，认识到政府干预的重要性。20 世纪 30 年代资本主义世界普遍发生的经济危机更强化了人们关于政府应该干预经济的意识，政府逐渐加强了对经济的宏观调控。在第二次世界大战后，为了防止社会动荡，缓解社会矛盾，政府又不得不设法提高人民的生活水平并提供基本的社会保障，政府职能的扩大，导致了财政支出规模的扩大。随着社会的发展和人民生活水平的提高，社会对公共产品的要求越来越多，对其质量要求也越来越高。公共产品的社会需求不断提高，从而使政府提供的公共产品的范围扩大，又进一步推动了财政支出规模的不断增长。

2）不同的经济体制和制度会对财政支出规模产生较大影响

经济体制对财政支出的影响集中表现在“计划经济”和“市场经济”国家的财政支出规模的不同上。计划经济国家向经济建设领域延伸过多，政府职能范围也比市场经济国家政府的职能范围宽，因而财政支出占 GDP(或 GNP)的比重也比较高。即使经济体制相同，但由于实行不同福利制度上的差异，也会对财政支出规模产生影响。例如，同是市场经济体制的美国和瑞典，由于瑞典实行高福利政策，所以其政府支出占 GDP 的比重远远高于美国。

3）政局是否稳定和是否存在非正常事件

当一国政局不稳定，出现内乱或外部冲突等突发性事件时，财政支出的规模必然会超乎寻常扩大。如美国联邦政府支出，在南北战争时期，第一次突破 10 亿美元；在第一次世界大战的 1919 年，政府财政支出高达 185 亿美元；在第二次世界大战期间的 1944 年和 1945 年，联邦政府的支出超过 1 000 亿美元。二战后，联邦政府支出在 1947—1948 年下降到 360 亿美元。

4）政府机构设置及工作效率的高低

政府工作的效率对财政支出规模也有很大的影响，政府工作效率高，则设置较少的政府职能机构就能完成政府职能，较少的支出就能办较多的事，因而财政支出的规模也就相对会小一些；如果政府工作效率低下，机构臃肿、人浮于事，则办同样的事就需较多的支出，因而会加大财政支出的规模。

3. 社会与历史因素

社会因素，如人口状态、文化背景等也在一定程度上影响政府财政支出规模。在发展中国家，人口基数大，增长快，相应的教育、保健以及社会救济支出的压力较大；而在一些发达国家，人口老龄化问题较为严重，公众要求改善社会生活质量、提高社会福利等，也会对政府财政支出提出新的要求。世界银行的研究报告表明，随着经济的发展，政府以转移支付和补贴形式安排的支出呈现较快增长的势头，而且越是市场经济发达的国家，其用于转移支付和补贴的支出占政府总支出的比重就相对越大。在 OECD 国家中，政府总支出中的一半以上转移支付给了个人。

3.3　财政支出效益与绩效评价

3.3.1　财政支出效益的内涵

不论何种社会制度、何种所有制形式，其政府在配置资源过程中都力求以最少的耗费取得最满意的效果，即都讲求财政支出的效益最大化。所谓效益，从经济学的一般意义上讲，就是人们在有目的的实践活动中“所费”和“所得”的对比关系；所谓提高经济效益，就是“少花钱、多办事、办好事”。

对于微观经济主体来说，提高经济效益，有着十分明确且易于把握的标准。花了一笔钱，赚回了更多的钱，收益大于成本，这项活动便是有效益的。从原则上说，财政支出效益与微观经济主体的支出效益是一样的，但是，由于政府处于宏观调控主体的地位上，支出项目在性质上也千差万别，与微观经济主体支出的效益又存在重大差别。首先，两者计算的所费与所得的范围大相径庭。微观经济主体只需分析发生在自身范围内直接的和有形的所费与所得；政府则不仅要分析直接的和有形的所费与所得，还需要分析长期的、间接的和无形的所费与所得。其次，两者的选优标准不同，微观经济主体的目标一般是追求利润，绝不可能选择赔钱的方案；政府追求的则是整个社会的最大效益，为达到此目标，局部的亏损是可能的，也是必要的。所以，在提高财政支出使用效益的过程中，政府需要处理极为复杂的问题。

3.3.2　衡量财政支出效益的一般方法

这里阐述的三种方法主要应用在预算项目设计时，对财政支出方案的预期效益进行评估，从而选择出适合的方案。

1. 成本效益分析法

所谓成本效益分析法就是针对政府确定的建设目标，提出若干实现建设目标的方案，详细列出各种方案的全部预期成本和全部预期效益，通过分析比较，选择出最优的政府投资项目。

20 世纪 30 年代成本效益分析法产生于美国，目前已经在各国的水利电力工程、邮政和运输工程、文化娱乐设施工程等财政支出分析中得到了广泛的应用。但是，这种方法需要计算全部的预期成本和预期效益，而如社会保障之类的项目的成本和效益却很难准确计量，有的甚至根本无法衡量。

2. 最低费用选择法

对于不能运用成本效益分析法的财政支出项目，可以运用最低费用选择法进行分析，此法与成本效益分析法的主要区别是不用货币单位计算备选的财政支出项目的社会效益，只计算每项备选项目的有形成本，并以成本最低为择优的标准。西方学者也将此方法称为信息不完备情况下的成本效益分析，或称最小成本法。最低费用选择法适用于分析那些成本易于计算、效益不易衡量的财政支出效益，通过这类支出所提供的商品和劳务不可能以任何形式进入市场交换。

3. 公共定价法

在市场经济中，所有经济行为主体都采取能够使自己利益最大化的行动，价格成为行为信号，价格机制是实现最优资源配置的主要机制。由于政府也提供大量的满足社会公共需要的市场性产品，那么这些产品(包括服务)也涉及与其他商品和服务一样的问题，即价格的确定，这就是所谓的公共定价。

公共定价又分为纯公共定价和管制定价。前者是指由政府直接制定自然垄断行业(如能源、通信和交通等公用事业，煤、石油、原子能、钢铁等基本品行业)的价格；后者是指由政府规定竞争性管制行业(如金融、农业、教育和保健等行业)的价格。

公共定价法适用于分析那些成本易于衡量而效益难以计算，但通过支出提供的商品和劳务可以部分或全部地进行市场交易的项目。这种方法的核心是把市场价格机制引申到一部分公共产品和服务的提供和使用中去，通过制定和调整公共产品和服务的价格，使公共产品和服务得到最有效的使用。

3.4 政府采购

3.4.1 政府采购的内涵及特点

1. 政府采购的内涵

政府采购也称公共采购，是指各级政府及其所属机构为了开展日常政务活动或为公众提供公共服务的需要，在财政的监督下，以法定的形式、方法和程序，对货物、工程或服务的购买。政府采购不仅是指具体的采购过程，而且是采购政策、采购程序、采购过程及采购管理的总称，是一种对公共采购管理的制度。政府采购的合理运用可以提高购买性财政支出的效益。

2. 政府采购的特点

政府采购与个人采购、家庭采购、企业采购或团体采购相比，具有以下特点。

1）资金来源的公共性

政府采购资金来源于政府财政拨款，即公共资金。而私人采购资金来源于采购主体的私有资金。资金来源的不同，决定了政府采购与私人采购诸多方面的区别。

2）采购行为的非营利性

政府采购具有非商业性的特点，政府采购的目的不是为了营利，而是为了提高财政资金使用效益；而私人采购的目的和动机是为了营利。

3）采购规模巨大，采购对象广泛

政府始终是各国国内市场最大的消费者，政府采购规模在国民生产总值和财政支出中都占有相当大的比重。欧盟成员国政府采购的金额占 GDP 的 15%，美国政府采购支出约占联邦预算支出的 30%。政府采购对象也非常丰富，从办公用品到武器等无所不包。

4）公共管理性

由于采购部门使用公共资金进行采购，政府采购部门履行的是信托人的职能，因此政府采购具有明显的公共管理性，政府采购过程是一个受监管但却透明的过程，在严格的法律和管理限制下进行。

5）政策性

政府作为国内最大的购买者和消费者，政府采购的数量、品种、频率对整个国民经济有着直接的影响。政府采购作为财政支出政策的主要内容，在经济过热时，可以减少政府采购规模，即通过紧缩的财政政策实现经济的正常运行；当经济不景气时，可以增加政府采购规模，增加有效需求，即通过积极的财政政策实现总供求平衡，拉动经济增长。同时，它还可以保护民族工业，促进产业结构调整和优化。

6）公开性

政府采购一般通过招标、竞标方式进行交易，而公开、公平是招标方式的基本特征，从而使政府采购活动在透明度较高的环境中运作，采购的有关法律、采购过程、采购信息全是公开的，公共官员、管理者受到财政、审计、供应商和社会公众等全方位的监督。

3.4.2　政府采购制度的运行机制

政府采购制度是一项十分具体、庞杂的工程，涉及面广、事务多，要保证政府采购制度的顺利运转，必须建立完善的政府采购运行机制。从世界各国的情况来看，政府采购运行机制主要包括以下几个方面。

1. 政府采购的主管机构

政府采购按使用对象，可分为民用产品采购和军用产品采购，军用产品采购的主管机构为国防部门，而民用产品的主管机构一般都是财政部门，中央政府为财政部，地方政府为财政厅(局)。政府采购主管机构的主要职责因国而异，大致包括：编制采购预算，制定采购法规，对政府采购事务进行协调和管理，进行采购统计、分析和评估等。

2. 政府采购的法律体系

为了加强对政府采购的管理，各国都制定了一系列有关政府采购的法律和规章。各国的基本法规为《政府采购法》或《合同法》，如韩国的《政府采购合同法案》，美国的《联邦采购办公室法案》《联邦采购条例》《合同竞争法案》等，新加坡的《政府采购法案》，英国的《通用合同及商业法》等。除了基本法规外，各国还制定了大量的配套法规，如美国的近 20 个配套法规，新加坡的《政府采购指南》等。我国的《政府采购法》自 2003 年 1 月 1 日起施行，为我国的政府采购工作提供了基本的法律保障。

3. 政府采购模式

目前，国际上通行的政府采购模式有以下几种：

(1) 集中采购模式。由采购主体负责本级政府的所有采购，如韩国财政经济院的政府采购厅负责对中央政府以及中央政府驻地方机构的所有货物、工程和服务的采购、分配和管理。集中采购有以下优点：有利于专业化，因为允许采用专家并使专家的技术在不断的采购中得到提高；有利于明确责任，不易出现规避责任的情况；有利于降低成本，因为可以合并采购需求，降低采购价格，减少作业和管理费用，便于管理。

（2）分散采购模式。在遵守国家法令的前提下，由各需求单位自行采购。目前，完全实行分散化采购的国家不多。

（3）半集中半分散的采购模式。这是部分物品由一个部门统一采购，部分物品由各需求单位自行采购的模式，大多数国家都采用这种模式。政府究竟在多大程度上实现集中采购和分散采购并没有标准模式，采购实体的目标、资源和管理需求对采购的集中化和分散化起重要作用。

4. 采购官员管理

政府采购官员代表政府进行各种采购，手中拥有非常大的权力，但同时也要承担非常大的责任。为保证政府采购队伍的专业化和职业化，需要对采购官员进行培训和管理。负责大宗物品的采购或具有高风险的物品和服务采购的官员由中央政府培训，负责小额商品的采购官员由部门或地方培训，只有培训合格的官员才能上岗。采购官员分若干级别，签订合同时，不同级别的官员签订不同金额的合同。如此，权责对称，责任明确。另外，许多国家还制定了政府采购官员行为准则，同时对违法、违纪的采购官员及供应商进行严惩。

5. 质疑与申诉机制

供应商质疑与申诉是政府采购活动中经常遇到的问题，为妥善解决这些问题，世界贸易组织制定的政府采购协议以及许多国家的政府采购制度中都有对质疑和申诉问题的特殊规定，包括申诉程序、有效时间、负责处理此类问题的机构等。如美国政府采购质疑和申诉机构是美国服务管理总局合同上诉委员会，该委员会有类似法院的正式听证程序，上诉人和采购机构都有权力出席。该委员会的法官有权中止合同行为并且将相当大的诉讼费判给质疑方。

3.4.3 国外政府的绿色采购及经验

绿色采购是指政府采购在提高采购质量和效率的同时，着意选购那些无污染、有利于健康及循环经济发展的产品和服务，以促进经济可持续发展。

政府绿色采购制度是有关政府绿色采购的一系列法律规范、组织、管理体制的总称，目前已有 50 多个国家积极推行绿色采购制度。政府绿色采购得到重视，原因有三：一是环保效益。政府采购规模大，购买绿色产品或服务将产生显著的环保效益，鼓励厂商生产环保产品或服务。二是带动作用。政府采购的范围广，对涉及的很多行业发展起带动作用。三是示范效应，带动全社会对“绿色产品”的消费。我国推行政府采购制度比较晚，还处于起步阶段，需要借鉴国际经验，着力构建和完善服务于可持续发展的政府绿色采购制度。

1. 国外政府的绿色采购

1）美国

美国从 20 世纪 90 年代初以来已经先后制定并实施了采购循环产品计划、能源之星计划、生态农产品法案、环境友好产品采购计划等一系列绿色采购计划。

美国政府绿色采购的法律依据是联邦的各项法律法规及总统令。1991 年发布的总统令规定政府必须优先采购绿色产品。1993 年美国总统克林顿签署总统令，规定联邦政府机构必须采购“能源之星”标志产品，从而极大地促进了“能源之星”标志制度的发展，并使其成为国际节能基准。目前，美国 95%的监视器、80%的电脑均符合“能源之星”标准。1998 年发布的第 13101 号总统令规定，要“通过废弃物减量、资源回收及联邦采购来绿化政府行动”。该命令还授权美国国家环保局依据《美国资源保护与回收法》(RCRA)第 6002 条与第 13101 号总统令之规定，颁布采购含有可回收材料产品的名录。一旦某项产品列入国家环保局指定名录，联邦政府采购部门就必须尽可能地采购可回收比率较高的产品。目前，美国主要绿色采购对象包括建筑物、餐饮业、清洁产品、电脑、影印机、电力、家具、病虫害管理、旅馆、会议、办公室用品、油漆、印刷、车队等。采取的主要措施有：提出采购价格优惠办法，再生制品的价格可高于同等功能的非再生制品的 5%～15%；提出年度采购比例，明确每年采购再生制品的比例为 50%。

2）德国

德国自 1979 年起推行环保标志制度，国家规定政府机构优先采购环保标志产品，在 1994 年 9 月 27 日通过的循环经济法第 37 章中对政府采购循环经济产品作出了原则规定，明确规定联邦政府有关机关应拟定工作计划，进行采购、使用有关物品；拟定建设计划，采购和使用满足一定的耐用性、维修保证、可再利用性等规定的环境友好型产品和服务。

德国是世界上最早开展环境标志认证的国家，也是较早开展绿色采购的国家。德国于 1978 年开始推行蓝天使环保标志(Blue Angle Mark)制度，规定政府机构优先购买环保标志产品，采购的原则包括禁止浪费，产品必须具有耐久性、可回收、可维修、容易弃置处理等条件。到 1999 年底环境标志认证产品类别已经达到 100 个，涵盖了机动车辆、建筑材料、室内装修、IT 技术业、办公用品、园艺等多个领域。通过实施环境标志制度既对消费者购买绿色产品起到了引导作用、提高了公众的环保意识，也促进了企业自愿调整产品结构，提高了绿色产品的生产和消费的份额。到 2005 年，德国环境标志产品已达 7500 多种，占全国销售商品总数的 30%；德国绿色采购的原则为：杜绝浪费；鼓励购买环境友好型和有益于人类身体健康的产品；购买的产品应具有耐久性、可回收、可维修、易回收处置等特性。

3）奥地利

奥地利最早的绿色采购可追溯到 20 世纪 80 年代的一个议会决议。该决议要求联邦政府为公共采购制定指南，以给予生态友好和节能产品及系统在采购中的优先权。

1990 年，奥地利《废物管理法》要求联邦政府只能采购环境影响和废物产生量较小的产品，1997 年资助并创建了负责收集和发布绿色采购信息的中心，1998 年又通过了绿色采购的基本指导方针。此外，维也纳市政府在世界上第一个正式实行政府采购绿色标准，该市 1998 年发布有关规定，并开始全面制定和实施政府采购绿色标准，目前已完成并实施标准 48 个。

4）日本

日本被认为在绿色政府采购方面做出了很多有影响力的工作。1994 年日本滋贺县率先制订绿色采购方针，开始了日本有组织的绿色采购活动。1996 年日本政府与各产业团体联合成立了绿色采购网络(Green Purchasing Network，GPN)，标志着自主性的绿色采购活动在全国范围展开。该组织的活动内容主要包括颁布绿色采购指导原则、拟订采购纲要、出版环境信息手册等。日本政府于 2000 年颁布了《绿色采购法》，并于 2001 年 4 月 1 日起全面施行。《绿色采购法》的实施将日本的绿色采购推向了新的发展阶段。该法规定：国家机关必须率先采购环境负荷小的产品；必须拟定年度绿色采购计划、定期报告实际采购情况以及执行结果；鼓励地方政府及民间团体积极参与绿色采购活动。其目的是通过不断扩大对环保产品的需求来提高资源再生产品企业的知名度，以促进企业扩大生产量，降低成本、降低价格，最终形成资源再生产品的良性循环。2003 年 7 月，日本政府制定了“绿色采购调查共同化协议”（JGPSSI），建立了绿色采购的信息咨询、交流制度。

现在日本各行政机关均制定了绿色采购方针，有 166 种物品被定为政府优先选购物品，其中原料为 100％废纸、白色度不足 70％的复印纸被定为最优先购买物品。2001 年政府特定购买物品的采购比例已达到了 92.6％；再生复印纸在整个特定购买物品中所占的比例已经由 2000 年的 11.6％上升到 2001 年的 23.6％。

2004 年，在日本举行的第一次世界性国际绿色采购会议签署了《Sendai 绿色采购宣言》，强调了利用采购的影响力为低污染产品和供应商创建市场的重要性，鼓励各国政府机构积极实施绿色采购计划，提出要建设国际绿色采购网络，以便加强国际交流。截至 2008 年，全日本有 83％的公共和私人组织实施了绿色采购。

5）韩国

韩国政府 2004 年底颁布了《鼓励采购环境友好产品法》，其目的是防止资源浪费和环境污染，通过在国内经济活动中鼓励采购环境友好产品而为可持续发展做出贡献，并要求各级政府机构应努力推动鼓励采购生态产品，组织实施必要的计划、信息研究、教育和宣传及人力资源培养；商业机构应力求发展生产生态产品并改善其质量，使用环境友好的材料或原部件来制造生态产品；公民应该力求使用生态产品以促进环境友好产品的消费。鼓励采购生态产品委员会是绿色采购的主要管理机构，其主要职责包括：为支持采购生态产品提供必要的资料，选择目标项目并开发生态产品的相关标准，对相关产品是否满足与生态产品有关的标准进行认证性评估，推动生态产品的教育和公众活动等。

2. 国外政府绿色采购的经验

国外政府绿色采购政策的实施一定程度上缓解了严重的环境、资源压力，并通过其示范作用引导社会绿色消费，其带动作用的发挥更使得有利于环保、节能新技术的发展和相关产业的兴起。国外政府绿色采购政策的成功实施主要得益于完善的政府绿色采购法律制度。政府绿色采购的主管机关设置及其责任、政府绿色采购的具体措施以及政府绿色采购的配套机制等都在法律制度的保障下正常运行。具体而言，国外政府绿色采购的经验体现在以下几个方面：

（1）明确主管机关及其责任。政府绿色采购与传统政策有别，其实施必然会遭遇传统价值观念以及制度体系的藩篱。而明确政府绿色采购的主管机关和责任有利于冲破这些障碍，事实上，各国也确是这样做的。在美国，联邦政府建立包括预算管理办公室、环境保护署、综合服务局以及能源和农业部在内的主管机关，这些部门有权制定绿色采购政策、绿色采购标准，并提供人力、物力保证绿色采购政策的执行。其中环境保护署是联邦推动政府绿色采购最主要的部门，负责制定“全面性采购指导意见”，对包含回收材料的产品目录予以指定，并提出具体的意见指导对这些产品的采购，同时环保署还对联邦机构实施《资源保护和回收法案》以及第 13101 号行政命令的情况予以监督。在德国，联邦环境局主要承担向联邦政府报告环境问题以及增强民众环保意识等任务；在政府绿色采购方面，它主要考虑如何将采购纳入环保政策之中，在此过程中如何增强公众意识，辅之以信息平台，并对绿色产品提供科学背景和环保标签。日本的经验体现在“日本绿色采购网络组织”(GPN)的建立。这一绿色采购团体由政府、企业和社会团体共同组成，主要职责包括颁布绿色采购指导原则、拟定采购指导纲要、出版环境信息手册以及进行绿色采购推广活动等，从而负责政府绿色采购政策的实施。这种由政府和民间共同组成的机构能够将绿色采购理念向社会广泛传播，并为绿色采购信息的交流提供相应的平台。

(2) 制定科学的绿色采购标准。环保、节约的目标在政府绿色采购中能否实现，很大程度上取决于绿色采购标准的科学与否。美国建立了完整的政府绿色采购标准体系，联邦政府制定的标准重点关注产品是否含有可回收成分，对臭氧层保护、能源以及水的节约、燃料交通工具的替代、有毒物质替代的影响以及生物基产品是否有利环境等。同时这些标准在动态变化，体现了科学性。总的来看，各国根据本国政府的政策倾向，在政府绿色采购的实施过程中采用了不同的绿色产品标准：一是对产品的环境因素抽象为共性目标，如节能、废物减排、提高资源利用效率等；二是针对特定产品的物理或化学特性规定具体的指标性标准或范围，例如对产品中的可回收物质成分的规定，对有毒有害物质、重金属的含量规定等；三是直接引用现有的生态标志作为产品的绿色标准，如获得美国环保署“能源之星”的标志产品。目前世界上许多国家和地区进行了生态标志计划，如欧盟的“欧盟之花”标志、德国的“蓝色天使”标志以及北欧五国的“白天鹅”标志等。据全球环境标志网络组织(GEN)的调查，生态标志的认证过程较为公正，产品检测指标也能够量化，因此社会认可度较高、利益相关方的冲突较小，在进行政府绿色采购时直接采用生态标志的标准，政府采购人员能够更为方便快捷地识别绿色产品和服务，对政府绿色采购具有很强的示范和推进作用。

(3) 完备绿色采购清单。绿色采购清单是指政府及相关部门为了实现环保、节能的目标，同时为政府绿色采购提供指导意见而编制的政府采购产品或服务的清单。许多国家都有绿色采购清单制度。日本政府创立了采购商品的建议清单制度，在清单中包括明确的商品类别指南以指导绿色采购，同时各个类别的产品也列在其中。美国环保署针对环境友好型产品制定了采购指南，指南中的绿色产品是政府采购所必须选择的。韩国的生态产品清单也由多个政府部门共同敲定并公告执行。特别值得一提的是欧盟推动的环保标志计划，欧盟的绿色采购清单就以此为基础。该计划涵盖了除食物、饮料和药品之外的所有消费产品，目前欧盟环保标志计划的产品项目分为 10 大类 21 个子产品项目。环保标志计划为绿色采购产品的核查和审计提供了便利，环保标志产品也为政府绿色采购产品指南的制定提供了依据，因而，环保标志产品与政府绿色采购产品在欧盟内许多国家都是挂钩的。

(4) 开放绿色采购信息。提供绿色采购信息是许多政府部门的主要职责，信息对于政府绿色采购制度的意义在于为企业及消费者提供指引，引导绿色生产和消费的进行，同时还能提高政府采购的透明度，为政府绿色采购政策的实施提供监督机制和保障。但是信息作为一种产品并非无成本或完全真确，而是存在信息失灵现象。各国消除信息失灵的经验是由政府提供或主导提供绿色采购信息，重点在于绿色采购信息公开机制的建立。首先要明确信息提供的责任主体，例如美国环保署负责对列入 EPA 目录的产品予以及时公布，德国联邦环保局的重要职责之一就是绿色采购信息平台的提供。另外，信息公开范围应当满足公众的需要，例如美国政府的绿色采购标准都能在网络上获得，普通民众都可以在网上免费获取环保署制定的可回收产品采购指南、能源之星标志产品以及农业部制定的生物基产品目录信息等。日本对环境信息的规范和发布是政府绿色采购制度的重要环节，环境信息的获取、利用以及发布成为政府绿色采购的基本原则，有关采购产品生产和销售企业的环境信息也成为绿色采购实施和监督的基本依据。

国外关于政府绿色采购的一些先进制度和做法对于保护环境、节约资源起到重要的推动作用，对于我国谋求解决环境、资源困局以及实现经济社会与生态的和谐发展具有重要借鉴意义。通过对国外政府绿色采购立法的梳理，我们可以重点借鉴其政府绿色采购责任主体制度、绿色标准制度、绿色清单制度以及绿色采购信息公开制度等宝贵经验。

本章小结

财政支出是政府为履行其职能，以财政收入为来源而发生的提供公共产品和服务的资金耗费。财政支出是财政活动的一个重要方面，它反映了政府活动范围与方向。

财政支出按用途可分为补偿性支出、积累性支出和消耗性支出；按政府职能可分为经济建设费、社会文教费、国防费、行政管理费和其他支出；按经济性质可分为购买性支出和转移性支出；按支出方式可分为财政无偿拨款和财政性贷款；按支出级次可分为中央支出与地方支出。

财政支出规模是由多种因素决定的，社会经济发展水平、经济体制、政府职能的变化、财政支出涉及领域或范围的调整及财政支出效率的高低等都会对支出规模产生重要影响。

衡量财政支出效益的一般方法包括：成本效益分析法、最低费用选择法和公共定价法。

政府采购，也称公共采购，是指各级政府及其所属机构为了开展日常政务活动或为公众提供公共服务的需要，在财政的监督下，以法定的形式、方法和程序，对货物、工程或服务的购买。政府采购具有以下特点：资金来源的公共性，采购行为的非营利性，采购规模巨大、采购对象广泛，公共管理性，政策性，公开性。所谓财政支出绩效评价是指运用科学、规范的绩效评价方法，对照统一的评价标准，按照绩效的内在原则，对财政支出行为过程及其效果进行的科学、客观、公正的衡量比较和综合评判。

阅读资料

政府采购方式的演变

政府采购，也称公共采购，是指各级政府及其所属机构为了开展日常政务活动或为公众提供公共服务的需要，在财政的监督下，以法定的方式、方法和程序，对货物、工程或服务的购买。

政府采购是西方市场经济国家管理政府公共支出的一种基本手段，最早的法律规范是 1761 年美国的《联邦采购法》，至今已有 200 多年的历史。

当今各国政府采购的资金一般占 GDP 的 10%以上，而实行政府采购制度可节约资金 10%左右，因此政府采购制度被越来越多的国家所接受。随着各国政府采购的目标和内容的变化，政府采购的方式也在不断地改进和更新。

1. 政府采购方式的分类

政府采购的方式是多种多样的，一般要根据采购的目标、内容、规模和条件采用适当的方式来进行采购才能够达到希望的目标。

政府采购按照采购的范围分国际采购和国内采购；按采购的规模可分为小额采购、批量采购和大额采购。

具体常用的采购方法主要有公开招标采购、征求建议、谈判采购、两阶段招标、选择性招标、询价采购、单一来源采购及自营等。这些方式主要可以归为两大类：招标采购方式和非招标采购方式。

招标采购是指通过招标的方式，邀请符合条件的供应商参加投标，采购实体通过事先确定的并公开的标准选择供应商进行采购，招标采购按照招标范围又可分为公开招标采购、选择性招标采购和限制性招标采购。选择性招标采购的招标范围是通过采购实体资格审查的供应商，而限制性招标采购是直接邀请几家供应商参加招标。

非招标方式主要有谈判采购、询价采购、单一来源采购、自营等。

2. 美国政府采购方式的演变

美国是世界上最早实行政府采购的国家之一，早在 1761 年就颁布了《联邦采购法》，以立法的形式对政府采购进行规范化管理。

早期美国政府采用的是公开竞争的采购方式，要求采购要以密封投标的程序将合同授予满足政府采购要求的最低报价商。密封投标制是 19 世纪初引入的，当时引入该制度是为了防止国会议员为其资助者谋取政府合同，1809 年通过了第一部要求密封投标的法律，1861 年生效的一部法律使密封投标制成为政府授予合同的基本方式，在以后的 100 年里，公开竞争采购方式一直是美国政府采购的基本方式。

早期美国政府采购制度的设计者们认为投标制是保证政府采购的公平和高效以及减少公共支出中的官员腐败现象的最佳选择，因为该制度规定政府合同必须授予最低报价商，这就剥夺了政府官员的合同授予权，从而防止了合同授予中的偏袒、共谋或欺诈行为，使政府从公开、公平、广泛的竞争中获得利益。

然而美国政府采购管理历史大部分经历都反映了密封招标方式的理想与政府采购现实之间的不适应，最低报价决定原则过于死板，因为就是私人购买也会因为个人偏好和产品差异而不以价格作为唯一的决定标准，何况政府采购的情况要复杂得多。采购项目规格的复杂性和技术要求的不准确性使法律规定的达到采购要求这一概念显得十分模糊，政府有时也不能确定最低报价的供应商能否满足政府的采购要求，甚至政府采购实体有时对采购目标也不甚了解(例如武器采购、公共工程采购、这时不同报价所达到的要求显然是不同的)。因此在两次世界大战中的军事采购中，密封招标采购要求被取消了。

20 世纪初，竞争性建议的采购方式产生了，这是一种选择性招标采购方式，采购主体在了解了有关供应商的建议书和他们将如何履行合同以及价格后，选择几家进行招标。这实际上是对原有方式的一种改进，完全的公开招标方式实在费事、费力、缺乏弹性。但是这种替代方式引起了广泛的不安，采用此法实际上是授予了公共官员部分合同授予的决策权，这无疑增加了他们与供应商共谋的机会；其次，进行供应商选择时，公共资金的管理者们在多大程度上能做出正确的选择呢？政府对此法采取了谨慎的态度。1947 年国会在武装部队采购法中确认了密封招标的方式与军事采购现实之间的冲突，该法在确认优先采用密封投标制原则的情况下，列举了允许采用其他方式的例外条件，两年后，该做法被引入民用采购中。到 1949 年一个优先采用密封投标制但在例外情况可以采用其他方法的采购制度被确定了。1972 年国会第一次试探性地建议取消密封投标的优先地位，国会的政府采购委员会报告指出竞争性谈判应当被确认为一种正常有效的方法，在正式广告采购不适用的情况下优先使用，1972 年以美元计算，有 10%

～15%的合同是以公开竞争招标方式授予的。1984年通过的采购法中密封投标的优先地位消失了，密封投标和竞争谈判被定义为“完全和公开竞争的方法”。不过为了防止取消密封投标优先地位后，对非竞争性授予合同缺乏限制，政府加强了对采用非竞争性采购方式的例外条件的审查和监督管理。

从美国政府采购方式的演变可以看出，政府采购方式随着政府采购制度的发展不断地变化以适应采购的具体情况，具体程序越来越趋于合理和简洁以适应不断变化的市场。

（资料来源：http：//ww/ahhq. gov. cn/news _ view. asp？newsid=163）

复习思考题

一、概念题

财政支出效率准则　“成本—效益”分析法　最低费用选择法　公共生产

成本—效用分析法　因素分析法　公共定价法　平均成本定价法

二、单项选择题

1. 政府的公共支出(　　)。

A. 只能用于提供公共产品　　B. 主要用于提供混合产品

C. 主要用于提供公共产品和混合产品　　D. 只能用于提供部分私人产品

2. 混合产品的供给，应该由(　　)来提供。

A. 政府部门

B. 市场

C. 社会成员

D. 既可以由政府部门提供，也可以由私人部门通过市场

3. 消费政府提供的公共产品时，(　　)。

A. 社会成员都必须付出等价的代价　　B. 社会成员都不必付出任何代价

C. 需要社会成员付出一定的代价　　D. 社会成员都可以“免费搭车”

4. 由于公共物品具有非排他性和非竞争性的特征，它的需要或消费是公共的或集合的，如果由市场提供，每个消费者都不会自愿掏钱去购买，而是等着他人去购买而自己顺便享用它所带来的利益，这就是经济学所称的(　　)现象。

A. “搭便车”　　B. “免费乘车”

C. “免费租车”　　D. “免费开车”

5. 1974年(　　)的《经济学中的灯塔》是公共物品私人提供理论研究之开端。

A. 科斯　　B. 布坎南　　C. 林达尔　　D. 庇古

6. (　　)指出，人们支持政府干预的主要经济学论据，是市场不可能提供公共物品或无法解决外部性。但是，大多数人没有意识到，市场经常用我们变化多端的方式解决了公共物品问题。

A. 布坎南　　B. 泰勒·考恩　　C. 科斯　　D. 林达尔

7. 纯公共物品是由(　　)。

A. 公共生产　　B. 私人生产　　C. 公共提供　　D. 私人提供

8.(　　)是指政府直接制定自然垄断行业(如能源、通信和交通等公用事业和煤、石油、原子能、钢铁等基本品行业)的价格。

A. 纯公共定价　　B. 管制定价　　C. 价格管制　　D. 市场性定价

9. 社会经济福利中的(　　)是指如何生产出尽可能多的符合社会成员需要的物质财富。

A. 公平问题　　B. 效率问题　　C. 效益问题　　D. 配置问题

10. 资源在政府部门与民间部门这两大部门间合理配置的条件是(　　)。

A. 政府部门使用资源的边际效益＝民间部门的边际效益

B. 政府部门使用资源的边际效益＞民间部门的边际效益

C. 政府部门使用资源的边际效益≤民间部门的边际效益

D. 政府部门使用资源的边际效益≥民间部门的边际效益

11. 效率原则是公共财政支出的基本原则，是指通过财政支出使资源得到有效配置，实现(　　)最大化。

A. 收入差距　　B. 全社会的总效益

C. 国有资产保值增值　　D. 宏观经济效应

12. 瓦格纳认为，政府的公共支出与经济增长之间存在着函数关系，财政支出比率(财政支出占 GNP 或 GDP 的比率)呈上升趋势的最基本的原因是(　　)。

A. 战争　　B. 经济大萧条

C. 工业化　　D. 严重自然灾害

13. 皮考克和卫斯曼认为对政府财政支出的最高限额，应该是(　　)。

A. “负的税收”　　B. 税式支出

C. 债务依存度　　D. “可容忍的税收水平”

14. 马斯格雷夫认为，在整个发展阶段，GNP 中总投资的比重是上升的，政府公共投资占 GNP 的比重会(　)。

A. 上升　　B. 下降　　C. 持平　　D. 无关

15. 成本一效益分析法 是(　　)于 1936 年在一项防洪工程上首先采用的。

A. 中国　　B. 美国　　C. 德国　　D. 法国

16. 我国第一个经地方人大通过的政府采购的地方性法规是在(　　)。

A. 广州　　B. 上海　　C. 天津　　D. 深圳

三、多项选择题

1. 公共定价的一般方法有(　　)。

A. 平均成本定价法　　B. 二部定价方法

C. 负荷定价法　　D. “成本-效益”法

E. 最低费用选择法

2. 财政监督的方式有(　　)。

A. 日常监督检查　　B. 立法监督检查

C. 专项监督检查　　D. 行政监督检查

E. 个案检查

3. 能作为混合产品的社会产品通常是(　　)。
A. 具有拥挤性的公共产品
B. 公共产品与私人产品
C. 所有的公共产品
D. 在价格上不排他的私人产品
E. 在价格上排他的公共产品
4. 财政支出中的效益原则首先是指要实现(　　)。
A. 经济效益
B. 社会效益
C. 宏观经济效益
D. 企业效益
E. 财政部门效益
5. 财政学所关心的公共物品提供方式问题的核心是(　　)。
A. 政府提供公共物品与市场提供私人物品之间的恰当组合
B. 政府提供公共物品所花费的成本和代价
C. 合理地确定政府提供公共物品和财政支出的规模
D. 私人产品和服务的提供
E. 公共物品提供的政治决策程序
6. 财政支出按照国家职能进行分类，一般划分为(　　)。
A. 经济建设支出
B. 社会文教支出
C. 国防支出
D. 行政管理支出
E. 其他支出
7. 财政支出按经济性质分类，一般划分为(　　)。
A. 经济建设支出
B. 购买性支出
C. 国防支出
D. 转移性支出
E. 其他支出
8. 西方关于财政支出增长理论的主要代表观点是(　　)。
A. 帕累托效率
B. 梯度渐进增长理论
C. 马斯格雷夫和罗斯托的财政支出增长发展模型
D. 瓦格纳法则
E. 格雷欣法则
9. 政府采购主要包括(　　)。
A. 采购规模巨大
B. 采购行为的非营利性
C. 非公开性
D. 政策性
E. 商业性
10. 影响财政支出规模的政治因素主要有(　　)。
A. 社会财富的增加
B. 政府职能的扩大
C. 出现内乱或外部冲突等突发性事件
D. 人口老龄化
E. 福利政策

四、简答题

1. 简述衡量财政支出效益的方法。
2. 简述最低费用选择法及其实施步骤。
3. “成本一效益”分析法的实施步骤是什么？
4. 财政支出应怎样促进社会公平的实现？
5. 进行财政支出理论分析的基本价值判断标准是什么？
6. 简述财政支出效益与微观经济主体效益的区别。
7. 简述公共选择理论的基本内容。

五、论述题

1. 试论述财政支出中公平与效率的关系及协调机制。
2. 试对公共定价法进行评析。

六、案例分析题

某地区防洪工程的成本-效益分析

1. 案例资料：

某一地区洪水经常泛滥，给该地区造成了很大的损失。为了治理洪水，政府拟在该地区建立建设一种防洪设施。针对这个建设项目，专家们提出 4 个备选方案，各方案的成本与效益如表 3-4 所示。

表 3-4　各方案成本与效益表　　单位：万元

备选方案	成　本	平均年度损失	效益(减少损失)	净效益
没有防护设施	0	380	0	0
建防洪大堤	30	320	60	30
建小型水库	100	220	160	60
建中型水库	180	130	250	70
建人型水库	300	60	320	20

2. 分析问题：

试比较哪个方案是最优方案。

第4章

消费性支出

教学目标

通过本章的学习，了解行政支出、国防支出、文教科卫支出等社会消费性支出的基本构成内容及其规模变化，理解各类消费性支出的经济性质，明确应由公共财政负担的范畴，掌握分析各类消费性支出规模、结构变动的基本思维方法，掌握影响各类消费性支出规模的主要因素。

教学要求

知识要点	能力要求	相关知识
行政支出	(1) 能够理解行政支出的性质 (2) 能够利用相关经济指标对行政支出的规模变动进行分析 (3) 能够分析行政支出规模变动的原因 (4) 能够对我国行政支出的现状进行深入的分析	(1) 行政支出的概念 (2) 行政支出的内容 (3) 行政支出的规模
国防支出	(1) 能够理解国防支出的性质 (2) 能够对国防支出的规模和结构进行分析 (3) 能够分析国防支出规模变动的原因 (4) 能够分析国防支出对经济的影响	(1) 国防支出的概念 (2) 国防支出的内容 (3) 国防支出的规模 (4) 国防支出的经济效应
文教科卫支出	(1) 能够理解教育产品、科学研究、卫生服务和文化产品的经济性质 (2) 能够分析教育支出、科研支出、卫生支出和文化支出的规模和结构的变动	(1) 教育支出 (2) 科研支出 (3) 卫生支出 (4) 文化支出

引　　例

请关注以下与消费性支出有关的现象：

(1) 从改革开放初期以来，25 年间中国的行政支出增长了 87 倍，平均年增长 23%。

(2) 有不少地方财政收入仅仅够维持“吃饭财政”。

(3) 近年来，各国普遍大幅度增加军费，大部分国家军费支出已经达到冷战以来的最高点。

(4) 在高等教育阶段，政府可通过教育补贴等方式侧重于资助那些贫困的、有才能的学生。

(5) 鉴于科技进步对社会经济发展所起的重要作用，各国用于科学研究方面的政府支出日益增长。

(6) 全国近三成家庭因药价贵、看不起病而因病致贫。

(7) 2002 年上海人均公共文化支出只有 2.5 美元，相比伦敦的 84.7 美元、纽约的 75.7 美元或是新加坡的 15.63 美元、香港的 14.7 美元，相差甚远。

上述情形都涉及消费性支出，此类支出表现为政府直接在市场上购买并消耗商品和服务，是购买性支出的重要组成部分，是国家执行其政治和社会职能的财力保证。在国家财政支出项目中，属于社会消费性支出的有行政支出、国防支出、文教科卫支出等。消费性支出与投资性支出同属购买性支出，二者之间的区别在于前者是非生产性的消耗性支出，并不形成任何资产，但两者都是社会再生产正常运行所必需的。

4.1　行政支出

4.1.1　行政支出的性质与内容

1. 行政支出的性质

行政支出是国家财政用于国家各级权力机关、行政管理机关、司法检察机关和外事机构等行使其职能所需的费用支出。它是维持国家各级政权存在，保证各级国家管理机构正常运转所必需的费用，是纳税人所必须支付的成本，也是政府向社会公众提供公共服务的经济基础。

从性质上看，政府的社会管理活动属于典型的公共产品，因此只能由政府提供。作为政府公共管理活动的经济基础，与其他财政支出相比，行政支出具有以下特殊性。

1) 公共性

政府机关的社会管理活动是面向全社会的，为全体社会成员提供公共产品和劳务，目的在于社会效益，而非经济利益。所以，行政管理的资金应来源于国家财政，国家财政资金又主要通过税收形式取得。行政支出的公共性，体现为在使用方向上面向全体社会成员，尽可能为他们创造良好的社会秩序以及生产、生活环境。这就要求政府的公共管理机构有别于市场中的经济组织，更不能把它当作一种敛财组织，以提供公共产品的名义，大行圈钱之实。

2) 非生产性

从直接生产与消费社会财富的角度看，行政支出属于非生产性的社会消费性支出。对公共行政部门提供的经费一经使用，就会引起对社会物质产品的消耗，而不能实现其价值的补偿和增值。因此，在经济资源一定的条件下，政府用于行政管理的费用过多，就会直接增加纳税人的负担，从而降低微观经济主体的投资能力或消费能力，使公共产品与私人产品的资源配置发生扭曲。在政府财政收入一定的条件下，如果政府用于行政管理的费用过多，政府就不得压缩用于公共投资、教育、卫生等方面的支出，从而影响整个公共产品配置的效率。所以，在保证国家管理机构正常运转的条件下，该项支出占财政支出的比重越小越好。

3）稳定性

行政支出属于财政的基本性支出，直接关系到国家政权机关、各类行政机关的运转，是政府行使职能的重要保证。只要行政管理机关和国家权力机关存在，行使其职能，就需要连续不断的行政支出予以保证。政府职责在一定时期的稳定性决定了政府机关设置的稳定性。由于行政支出同政府履行职责、维护国家政权息息相关，因此，在保证合理增长趋势的条件下，行政支出应当具有相对的稳定性，不应大起大落。

2. 行政支出的内容

行政支出的内容有广义和狭义之分。广义行政支出的内容是由广义政府“三权分立”的构成内容所决定的。广义政府是由三个不同系列的权力组成的，每一系列权力都拥有其特定的职能：立法机构负责制定法律；行政机构负责执行法律；司法机构负责解释和应用法律。与此相对应，广义行政支出的内容包括立法机构支出、行政执行机构支出、司法机构支出等三个基本部分。而狭义的政府仅指公共权力链条中的执行机构，一般来说，狭义的行政支出的内容仅指行政执行机构支出。从世界各国的财政支出实践来看，行政支出的内容一般属于广义的支出。

中国的行政支出的内容基本上也属于广义的行政支出，我国的行政管理支出包括行政支出、公安支出、国家安全支出、司法检察支出和外交支出。其中：行政支出包括党政机关经费、行政业务费、干部培训费及其他行政费，公安支出包括各级公安机关经费、公安业务费、警察学校和公安干部训练学校经费及其他公安经费等，国家安全支出包括安全机关经费、安全业务费等，司法检察支出包括司法检察机关经费、司法检察业务费、司法学校与司法检察干部训练经费及其他司法检察费等，外交支出包括驻外机构经费、出国费、外宾招待费和国际组织会费等。

行政管理支出按其最终用途划分，可分为人员经费和公用经费两部分。人员经费是指用于保证行政人员正常行使其职责的费用支出，包括上述政府权力机构、行政机关和外事机构的工作人员的工资、津贴与离退休人员费用等；公用经费是指用于保证政府机构正常开展公务而花费的支出，包括公务费、修缮费、业务费和购置费等。

从 2007 年开始中国采用新统计口径取代原行政管理费，改由一般公共服务、外交外事和公共安全三项支出加总构成。新财政支出分类向 2001 年出台的新国际标准靠拢，“行政管理费”在中国的统计分类中消失。

4.1.2 行政支出的规模

1. 行政支出规模的变化

改革开放后，中国的行政管理支出的绝对规模迅速膨胀。1978 年以前，中国行政支出年平均增长率为 4.7%。在 1977—2004 年的 28 年间，中国行政支出由 45.2 亿元上升到 4 059.9 亿元，净增长 89.8 倍，年均增长率达 19.5%。从最近几年的数据来看，2001 年和 2002 年增速较高，分别是 22.93%和 35.58%，但 2003 年和 2004 年分别比上年增长 15.38%和 18.1%，增速有所减缓。采用新口径统计后，我国行政支出规模依然呈上升的趋势，据《全国公共财政支出决算表》统计数据，我国的一般公共服务支出，2009 年是9 164.21 亿元，2010 年是 9 337.16 亿元，2011 年是 10 987.78 亿元，2012 年是 12 700.46 亿元，2013 年是 13 755.13 亿元。呈现出以下三个特点：一是行政管理支出总量超越政府收入、支出水平超速增长；二是行政管理支出占政府支出的比重连年攀升；三是在各类政府支出中行政管理支出的增长速度最快。

表 4 - 1 反映了 1952 年以来中国行政支出规模的变化情况。从相对规模来看，中国行政支出占财政支出的比重从 1952 年的 8.45%逐渐下滑到 1978 年的 4.37%，降低了 4.08 个百分点。此后的趋势发生大幅度的逆转，除 1985 年外，基本呈快速上升的态势，从 1978 年的 4.37%，提高到 1996 年的 13.11%，提高了 8.74 个百分点。1997 年后该比重又开始逐年下降，2002 年后又有所回升。另外，从行政支出占 GDP 的比重来看，表 4 - 1 表明中国行政支出占 GDP 的比重在 1978—1999 年间变化不大，基本维持在 2%以下，在 2000 年开始超过 2%，此后略有上升。GDP 是行政支出增长的经济基础，行政支出占 GDP 的比重的上升说明中国对非经济费用支出的负荷能力和负担水平的提高。

表 4 - 1　1952—2004 年中国行政支出规模

年份	行政支出/亿元	行政支出增速/%	行政支出弹性	行政支出占财政支出的比重/%	行政支出占 GDP 的比重/%
1952	14.5			8.45	2.14
1978	49.1	238.62	0.43	4.37	1.35
1980	66.8	36.05	3.79	5.44	1.48
1985	130.6	95.51	1.51	6.52	1.46
1988	220.9	69.14	2.85	8.87	1.48
1990	303.1	37.21	1.56	9.83	1.63
1991	343.6	13.36	1.36	10.14	1.59
1992	424.6	23.57	2.25	11.35	1.59
1993	535.8	26.19	1.09	11.54	1.55
1994	729.4	36.13	1.46	12.59	1.56
1995	872.7	19.65	1.10	12.79	1.49
1996	1 040.8	19.26	1.18	13.11	1.53
1997	1 137.2	9.26	0.57	12.32	1.53
1998	1 326.8	16.67	0.98	12.29	1.69
1999	1 525.7	14.99	0.68	11.57	1.86

续表

年份	行政支出/亿元	行政支出增速/%	行政支出弹性	行政支出占财政支出的比重/%	行政支出占 GDP 的比重/%
2000	1 787.6	17.17	0.84	11.25	2.00
2001	2 197.5	22.93	1.21	11.63	2.26
2002	2 979.4	35.58	2.13	13.51	2.83
2003	3 437.7	15.38	1.30	13.95	2.93
2004	4 059.9	18.10	1.16	14.25	2.97

（资料来源：中国统计年鉴(2005)．北京：中国统计出版社，2005）

除了上述分析角度外，也可以利用行政支出弹性这一指标来从动态角度反映行政支出增长与财政支出增长之间的相对关系：

行政支出弹性=行政支出增长率/财政支出增长率

它表明财政支出每增加一个百分点时相应的行政支出增加的百分点数。一般来说该指标的理想取值范围应在 0～1 之间。中国改革开放以来各年行政支出弹性的变化情况为：1980—1996 年行政支出弹性的实际值在 1 以上，最低时为 1.09，最高时达到 3.79，即财政支出每增长 1 个百分点，行政支出至少增长 1.09 个百分点，甚至 3.79 个百分点。这表明 1980—1996 年间，中国财政支出增长的相当部分都被用于应对行政支出的急剧膨胀，这是一种极为不合理的财政分配格局。1997—2000 年，情况有所好转，行政支出的弹性值在 1 以下，表明行政支出膨胀的势头得到了较好的控制。但 2001 年以后，行政支出弹性值又开始突破理想值，上升到 1 以上，2002 年甚至达到 2.13，行政支出膨胀的势头再次抬头。

2. 行政支出规模的影响因素

行政支出的规模是由多种因素决定的，这里分别从宏观和微观两个角度进行分析。一般来讲，一定时期的行政支出通常受以下宏观因素的制约。

(1) 经济总体发展水平。随着社会经济的增长，行政支出会不断扩张，这是一个客观规律。德国经济学家瓦格纳曾经提出过行政经费膨胀法则，这个“法则”的基本内容是，政府的行政开支随着城市化进程加快而走高。当城市化进程进行到一定程度，或者是完成城市化之后，政府的行政费用开支就会下降。因为城市化的初期，城市管理的成本要远远高过农村的管理成本，这就会造成政府行政办公费用支出的绝对值和比例都开始迅速增大。

(2) 国家的财政收支水平。行政支出是通过对财政收入的再分配形成的，因此，国家财政收入状况是制约行政支出规模的首要因素。通常情况下，国家财政收入状况愈好，行政支出的规模就有可能愈大。另一方面，从财政支出的状况看，财政支出范围的扩张，意味着政府承担着越来越多的公共事务，那么行政支出规模就会相应增长，从这个角度来看，行政支出的增长是财政支出增长的动因，反过来，又会受到财政支出范围的影响。

(3) 物价指数水平。在经济发展的大多数年份里，特别是经济增长时期，一般都伴随着一定程度的通货膨胀。如果物价指数上扬，人员经费中的物价补贴支出就会增大，同时由于生活负担的加重，政府不得不提高工资水平，进一步导致人员经费的不断增加。另一方面，由于市场上商品和劳务价格水平攀升，导致公共经费方面的开支随之增加。

制约行政支出规模的微观因素主要有以下几方面：

(1) 国家各级行政机关的设置。国家各级行政管理机关的日常开支直接构成了行政管理支出的一部分主要内容。通常情况下是行政管理机关设置得越多，所需的行政管理开支也就越多。近几年，中国行政管理支出膨胀的一个重要原因就是机构臃肿、人员超编。因此，必须精简、改革国家机构，合理配备人员，提高工作效率。

(2) 各级行政服务标准。一般而言，行政支出与一定时期各种服务标准成正比。由于计算机信息网络技术的发展，政府部门在办公手段方面有了很大的改进，例如无纸化办公，电脑设备的购置等，办公现代化毫无疑问会增加行政办公费用开支。近年来，中国政府各种服务标准不断提高，是行政经费过快增长的又一重要原因。

(3) 行政成本观念。一个缺乏行政成本核算概念的政府往往重收入，轻效益；重收入，轻支出；重拨付，轻监督。其行为的最后结果必然是行政支出的膨胀。行政成本观念是造成中国行政管理费用激增的另外一个原因。比如鞭炮"禁改限"这个举措是好事，但是管理成本有多大？财政这笔钱花得到底值不值？诸如此类的问题很少有人考虑。与之相比，美国纽约也曾想通过法律允许放鞭炮，但是当时纽约市长并没有执行。原因是为了保证纽约的社会治安，需要动用大量警力和经费。由此可以看出他们的行政成本观念很强。

4.1.3　行政支出效率与行政支出改革

1. 行政支出效率

行政支出效率主要体现为政府行政效率。行政支出是政府行使其职能的过程中所耗费的社会资源，这是社会成员所必须负担的社会成本，如果将政府部门提供的服务看作其"产出"，此收益与产出之比即为政府的行政效率。在投入相等的社会资源条件下，政府提供的服务数量越多，质量越高，其行政效率也就越高。在政府所提供的服务数量和质量一定的条件下，行政支出的规模的大小可在一定程度上反映政府行政效率的高低。

在政府所提供的服务数量和质量一定的情况下，行政管理支出规模的大小可以在一定程度上衡量行政支出效率的高低。从我国的实际情况来看，目前行政支出的增长速度过快、总量过大，行政支出占财政支出的比重较高，行政支出弹性值突破理想值，说明我国政府的行政支出效率偏低。

2. 行政支出改革

一边是行政支出规模的膨胀，一边是行政效率的下降。造成这种现状的原因之一是行政支出增加往往与政府行政机构的增加相联系，而增加的行政机构未必会提供更多的公共服务。如果政府增加的机构提供的公共产品恰恰是社会公众所需要的，就会增加社会福利，由此而增加的行政支出是有效的。如果不是这样，而是将原来已经提供的服务由一个部门分解给几个部门，则不仅公共产品没有增加，反而会因行政机构运行中的相互摩擦而导致政府行政效率的下降。结果是公共服务机构越多，政府行政效率越低，这是一个事实。改革的目的之一就是要扭转这种状况。

中国从 20 世纪 80 年代以来进行了五次行政机构改革：第一次改革发生在 1982 年，其背景是 1979—1982 年的政府机构大膨胀，此次政府机构改革将国务院机构由 100 个减少到 61 个，机关工作人员由 5 万余人减少到 3.2 万人；第二次是 1988 年的改革，其背景是 1984—1986 年的又一轮机构膨胀，经过此轮改革，国务院机构由 72 个减少为 65 个，工作人员由 5.3 万人减少到 4.5 万人；第三次是 1993 年的改革，其背景是从 1989—1993 年的机构膨胀，改革后，国务院机构由改革前的 86 个减少为 59 个，机关工作人员由改革前的 3.7 万人减少为 2.9 万人；第四次是 1998 年的机构改革，此轮改革将国务院机构由 40 个减至 29 个，减量为 11 个，减幅为 27%，中央各部委办直属局公务员从 1997 年 3.4 万人减少到 1.7 万人，国务院人员编制总数减少了 47.5%，这是 1982 年以来政府机构改革中比例最高的一次；第五次是 2003 年的改革，改革后，国务院机构进一步减少到 28 个，工作人员从 3.2 万人减少到 1.6 万多人，政府部门越来越精简，职能越来越明晰。

总结改革开放以来政府机构的五次改革，可以看到，政府机构和人员的精简，虽然有精简—膨胀的循环，但是改革成就是不可抹杀的，机构数和人员数虽然在每一次改革之后都有回潮，但实际上回潮的幅度要小于改革的幅度，所以机构总数从长期来看是一直在下降的。政府规模的增长是必然的，但并不是随意的和无限制的，这种增长必须保持在一定的限度范围之内，与社会的需求大体相适应。否则，政府规模的过度增长就会损害到社会的公共利益，带来许多负面效应，如财政赤字和官僚主义问题、政府职能部门的分工和协调问题、政府权力的寻租行为等。

从目前来看，中国的行政支出改革，必须首先明确科学地界定政府的职能范围。只有职能转变了，政府才能够放弃那些不应该管的事务，缩减相应的机构和人员，从而使行政支出规模得到有效的控制。政府职能不转变，政府还要管理那些不该管、管不了、管不好的事务，自然也就需要相应设立许多机构，使用许多人员。因此，转变政府职能是财政支出改革目前所面临的最为迫切的任务，只有如此，行政支出规模才能从根本上得到合理有效的控制。要想从根本上处理好这个问题，结合目前中国社会发展和行政改革的实际状况，应当明确并加强政府在提供公共物品方面的职能，使政府在提供市场经济运行、政治运作和社会运行等所需要的规则并有效地实施这些规则方面发挥应有的作用。

其次，要提高政府工作人员的工作态度和工作技能。政府部门所提供的公共服务的质量不是由部门的多少和人员的多少决定的，而主要是由政府工作人员的态度和技能决定的。当然，在一定范围内增加政府工作会提高政府工作效率，但超过一定限度，人多事杂，各种“内耗”就会导致工作效率下降。因此政府部门内部应深化人事制度改革，合理设置岗位，清理冗员，引入竞争机制，完善公务员制度，塑造一个廉洁、勤政、务实、高效的政府形象。

再次，完善政府采购制度，增大采购支出比例。政府采购制度一方面可以节省大量的行政支出费用，另一方面又可以提高财政支出的透明度，提高政府的声誉。据有关资料分析，成熟市场经济国家的政府采购支出占财政支出的比例一般在 30%左右，而中国目前只占 10%左右，地方财政就更低了，大量的购买性支出游离于政府采购支出之外。所以，政府部门应认真落实政府采购制度，确保政府采购的“公开、公正、公平”。同时监督部门要加大对政府机关购买行为的监督，对故意逃避政府采购行为的责任人要追究责任，要做到有法必依，执法必严。

4.2 国防支出

4.2.1 国防支出的性质和内容

1. 国防支出的性质

国防支出是指一国政府用于国防建设以满足社会成员安全需要的支出。防御外敌入侵，保卫国家安全是政府的一项基本职能，所以国防支出也就是一项基本的财政支出。

按照公共产品理论，国防属于纯粹的公共产品，应由政府提供，其经费来源于税收。国防支出和行政支出都是实现国家政治职能的经济保障，行政支出的公共性和非生产性的特点，国防支出同样具备。除此之外，国防支出还具有波动性特点，即国防支出受一定技术条件的制约，且与国际国内局势变动密切相关。从一般意义上说，在国际国内局势紧张的情况下，需要的国防支出较多；反之，在国际国内局势缓和时，需要的国防开支较少。可见，国防费用开支在一定的技术经济条件的制约下，随国际国内局势的变动而呈波动性变化。

2. 国防支出的内容

按照支出的目的划分，国防支出包括维持费和投资费两大部分。前者主要用于维持军队的稳定和日常活动，提高军队的战备程度，是国防建设的重要物质基础。其内容主要包括军事人员经费、军事活动维持费、武器装备维修保养费及教育训练费等。后者主要用于提高军队的武器装备水平，是增强军队战斗力的重要保证，主要有武器装备的研制费、采购费、军事工程建设费等几个项目。

按照兵种划分，国防支出又可以分为国防部队支出、战略部队支出、陆军支出、海军支出、空军支出、武警部队支出和预备役、后备役部队支出。

按支出项目划分，中国的国防支出包括：人员生活支出，主要用于军官、士兵、文职干部和职工的工资、伙食、服装等；活动维持费，主要用于部队训练、工程设施建设和维护及日常消费性支出；装备支出，主要用于武器装备的科研、试验、采购、维修和储存等。三个部分的构成如表 4-2 所示，基本上是各占 1/3 的态势。

表 4-2　2000—2002 年中国国防支出构成

年份＼项目	人员生活支出/%	活动维持支出/%	装备支出/%	合计/亿元
2000	33.5	34.2	32.3	1 207.54
2001	32.0	33.7	34.3	1 442.04
2002	31.9	34.3	33.8	1 707.78

（资料来源：陈共．财政学．北京：中国人民大学出版社，2004：109）

中国的政府预算收支科目表(2002 年)中的国防支出科目主要有军费、国防科研事业费、民兵建设费、动员预编经费、招飞事业费及专项工程经费等，均属于中央支出专用科目。

4.2.2 国防支出的规模

1. 国防支出规模的变化

国防支出根据国际和国内形势的变化而变化，和平时期趋减，发生战争骤增，因而国防费规模及其占财政支出和 GDP 比重的变化有时平缓，有时又可能波动较大。20 世纪 50 年代，第二次世界大战虽已尘埃落定，战争的危险仍然存在，“热战”虽已停止，“冷战”则在紧锣密鼓地进行。处在这样紧张的国际环境中，各国都要做好准备，准备侵略也罢，准备反侵略也罢，总之都在磨刀霍霍地搞军备竞赛，军费支出自然居高不下。20 世纪 60 年代末期以后，虽然局部战争仍然存在，但战争的危险毕竟日趋减少，尤其是进入 20 世纪 80 年代以后，国际社会发起了几次规模较大的裁军活动，国际形势趋于缓和，因此，世界各国的军费支出大都相对减少。20 世纪 80 年代，我国国家建设的重点开始转移到经济建设上来，国防建设处于低投入和维持性状态。进入 20 世纪 90 年代，在经济建设发展的基础上，为维护国家主权和安全统一，适应世界新军事变革的发展，保持了国防支出的逐步增长。但是，这种增长仍属于弥补国防基础薄弱的补偿性增长。1979—1989 年期间，国防费年均增长 1.23%，与同期居民消费价格总指数年均上涨 7.49%相比，实际为年均负增长 5.83%。1990—2005 年期间，国防费年均增长 15.36%，扣除同期居民消费价格总指数年均上涨 5.22%的因素，实际年均增长为 9.64%。国防费占财政支出和 GDP 的比重，在 1995 年以前财政收入增长缓慢时期有所上升，随着财政收入增长的加快有所下降或相对稳定。按改革后政府收支科目计算，我国国防费 2009 年为 4 829.85 亿元，增长 17.8%，2010 年为 5182.2 亿元，增长 7.3%，增速有所下降，占财政支出的比重为 5.79%，占 GDP 的比重为 1.34%(见表 4-3)。

表 4-3 我国国防支出及其增长趋势

年份	国防支出/亿元	比上年增长/%	国防支出占财政支出的比重/%	国防支出占 GDP 的比重/%
1978	167.84	12.6	15.0	4.60
1980	193.84	−12.9	15.8	4.26
1985	191.53	6.0	9.6	2.12
1990	290.31	15.4	9.4	1.56
1995	636.72	15.6	9.3	1.04
2000	1 207.54	12.2	7.6	1.22
2001	1 442.04	19.4	7.6	1.32
2002	1 707.78	18.4	7.7	1.42

续表

年份	国防支出/亿元	比上年增长/%	国防支出占财政支出的比重/%	国防支出占 GDP 的比重/%
2003	1 907.87	11.7	7.7	1.40
2004	2 200.01	15.3	7.7	1.38
2005	2 474.96	12.5	7.3	1.36
2009	4 829.85	17.8	8	1.44
2010	5 182.20	7.3	5.79	1.34

（资料来源：中国财政年鉴(2011). 北京：中国财政杂志社，2011）

从国际上看，中国国防支出的总体水平在世界上相对较低(见表 4-4)。中国国防支出的低水平，不仅反映在国防费的绝对值上，也反映在国防费占国内生产总值(GDP)和国家财政支出的比重上。2005 年，中国国防费相当于美国的 6.19%，英国的 52.95%，法国的 71.46%，日本的 67.53%。特别是以军人人均数额相比，更明显偏低。2005 年中国军人人均国防费仅为 1.33 万美元，而美国为 35.66 万美元，日本为 18.85 万美元，中国是美国的 3.7%，日本的 7%。

表 4-4　2005 年部分国家国防支出规模比较

国　家	美　国	俄罗斯	英　国	法　国	德　国	日　本	中　国
国防费/亿美元	4953.3	186	578.8	428.9	311.4	453.9	306.5
占 GDP 的比重/%	4.03	2.45	2.71	1.93	1.07	0.89	1.35

（资料来源：《2006 年中国的国防》，载《经济日报》2006 年 12 月 30 日）

2. 国防支出规模的影响因素

国防支出相对规模的变化波动较大，没有一个一以贯之的增减趋势，显然影响因素较为复杂。一般而言，国防支出规模的大小，主要取决于以下因素：

(1) 经济发展水平。国防支出的经费来源于国家财政，通常情况下，国家财政的状况越好，国防支出规模就有可能扩大，而国家财政状况又最终受制于经济发展水平。所以，从根本上看，国防支出的规模是由该国的经济实力决定的。经济发展速度越快，效益越高，用于国防支出的资源就会更多一些。军费在 2004 年占全球总数近 2/3 的五大军事支出国是美国、英国、法国、日本和中国，其中大多数国家都是经济发达国家。

(2) 国际政治形势。国际局势对国防支出的影响是不言而喻的，在爆发军事战争或者处于军事对峙时期，国防开支会大幅上升；而在和平时期，国家周边外交政策比较成功时，国防支出规模会相应缩减。近年来，各国普遍大幅度增加军费，大部分国家军费支出已经达到冷战以来的最高点。这主要是因为当今世界并不太平，近几年来年均发生局部战争 10.7 场，并且包括恐怖活动在内的非传统安全威胁因素增多，各国所面临的威胁以及他们对威胁的理解正发生着变化，导致各国军费开支不断攀升。

(3) 军事战略。国防费的多与少，还与一国奉行的军事战略密切相关。奉行侵略扩张政策的国家，往往维持较高的国防费规模。长期以来，美国国防费稳坐世界第一把交椅，近几年国防费持续攀升，就是为了给其对外扩张提供物质基础。美国的军事开支在2004年增加了12%，达4 550亿美元，将近占全球总数的一半。这个数字还超过了排在美国之后的32国军事支出总和。

（4）军事的现代化程度。随着现代科学技术的不断发展进步，军队发展形态已经由人力密集型向科技密集型转变，科技密集型就意味着资金密集型。以美国为例，一架隐形轰炸机造价约5亿美元，一艘核动力航空母舰造价约40亿美元。所以，没有必要的资金投入是不可能实现军事现代化的。军事现代化程度的提高，要求国防支出的相应增长。

（5）兵役制度。兵役制度是国家关于公民参加军队和其他武装组织、承担军事任务或在军队外接受军事训练的一项重要的军事制度。兵役制度的种类很多，就其性质而言，基本上分为两种：一种是义务兵役制，又称征兵制，具有强制性；另一种是志愿兵役制，又称募兵制。两种制度对国防预算的影响不同。义务兵役制下，军人的工资通常低于劳动力市场均衡时的工资水平，有助于减少获得军事人员的成本，但国家需要更多地承担他们复员后的基本生活保障，从而增加社会保障方面的支出。志愿兵役制可以减少退伍军人的生活保障开支，但这一制度是通过市场机制实现兵力动员的，往往会增加直接的军费开支。中国目前实行的是义务兵役制和志愿兵相结合的兵役制度。

（6）地域因素。一国的领土面积越广，人口越多，国家用于保卫疆土的防护性开支就越多。中国是一个大国，有漫长的边境线，所以必须维持一定规模的国防支出，目前中国国防开支居于世界第五位。

3. 国防支出的合理规模

国防是一种典型的纯公共物品，对国防的消费具有高度的非竞争性和非排他性，因此只能由政府来提供。问题是合理的国防支出规模应该如何确定。假定社会由 f、q 两人组成，f 代表富人，q 代表穷人，全社会只生产两种产品 j 和 m，j 代表国防产品，m 代表民用品。国防支出的规模是变化的，在其他条件不变的情况下，f 和 q 都偏好更大规模的国防。在图4.1中，横轴表示每年的国防产品，纵轴表示国防产品的价格，MB_f、MB_q 分别表示 f 和 q 的边际收益曲线（即需求曲线），MB 表示社会边际收益曲线，由 MB_f 和 MB_q 垂直叠加而得，表明群体的支付意愿。假定国防产品能以固定成本增加，图中的水平线 MC 表示边际成本曲线（即供给曲线），当 $MB=MC$ 时，可以确定国防产品的有效供给量为 Q^*。

根据经济学原理，价格可以用边际替代率来解释。f对国防产品的边际支付意愿是他的边际替代率（MRS_{jm}^{f}），q 对国防产品的边际支付意愿是他的边际替代率（MRS_{jm}^{q}）。所以二者愿意支付的价格之和为

$$MRS_{jm}^{f}+MRS_{jm}^{q}$$

从生产的角度说，价格又代表边际转换率 MRT_{jm}。因此图4.1中的均衡条件也可以表示为

$$MRS_{jm}^{f}+MRS_{jm}^{q}=MRT_{jm}$$

即由于国防产品的非竞争性，每个人必须消费相同数量的国防产品，对该产品的有效提供

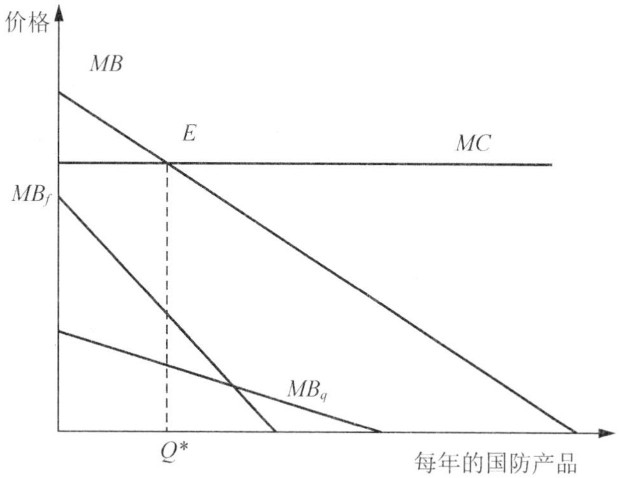

图 4.1　国防产品的有效提供

要求社会成员对最后一单位国防产品提供的总评价（*MRS* 之和）等于政府提供国防产品的增量成本（*MRT*）。

以上分析为确定国防支出的合理规模提供了一条重要的思路，但在现实中的应用很难，因为国防产品的需求曲线很难精确地描述出来。国防产品的消费具有非排他性，社会成员会产生“免费搭车”的动机，而不愿表达自己的真实意愿。就国防产品的非竞争性而言，即使人们消费该产品的数量一样，也不能保证所有人对这种产品的评价都相同，所以国防支出的总需求难以界定。

4.2.3　国防支出经济效应

国防支出经济效应即国防支出对经济的影响。关于国防支出经济效应的研究始于本诺伊特 1973 年出版的《发展中国家的国防与经济增长》一书。书中，作者通过建立数学模型研究了 70 多个国家军费与经济增长的关系，研究结果也表明，一些发展中国家军费开支与经济增长成正相关，而不是负相关，即在一定范围内，他们在国防上花费越多，发展得越快，其原因是发展中国家的非军费开支只有很小一部分用于生产投资，而且投资方向很有可能不当，而军费的使用则无意识地、间接地促进了生产的发展。此后，学术界开始出现大量关于国防支出如何影响经济增长和发展的研究文献。从目前来看，基本形成两种相反的观点，一种观点认为国防支出对经济增长和发展的影响是负面的，另一种观点则认为这一影响是正面的。

国防支出主要通过以下渠道对经济增长和发展产生负面影响：

（1）总投资效应。在社会总资源一定的情况下，消费性质的国防支出的增加会导致社会总投资的减少，而投资又是经济增长的主要动力之一，因而国防支出的增加可能会导致社会总投资的减少，降低经济增长率。

（2）总体排挤效应。在一国财政较为窘迫的情况下，增加国防支出会使预算赤字进一步增大。政府赤字支出增加所产生的挤出效应可能会导致民间支出的减少，同时可能会减少政府储蓄，降低国民储蓄率，最终影响经济增长率。

（3）预算排挤效应。政府的预算支出规模是有限的，增加国防支出意味着其他支出项目的减少，如果政府削减的是保健支出和教育支出，就必然会阻碍人力资本的形成。人力资本形成是现代经济增长的重要因素之一，如果一国人力资本得不到有效的积累和发展，也就失去了经济发展的最终基础。

（4）开放经济效应。在开放的经济背景下，一国增加国防支出，可能会导致军用商品进口的增加，而民用商品的进口就会减少。这意味着一国引入的外国储蓄（或外国直接投资）减少，那么经济增长就会受到不利影响。

国防支出也会对经济增长和发展产生很多正面影响，主要有以下表现：

（1）总需求效应。国防支出属于政府的购买性支出范畴，若政府扩大国防支出，就意味着政府购买的军事劳务、军事工程和武器等相应增加，从而直接增加社会总需求，这有助于充分利用原有的生产能力和扩展新的生产能力，促进相关产业和企业扩大生产规模，对经济增长具有推动作用。这一点在通货紧缩时期尤为明显，例如，2001 年“9·11 事件”发生后，美国增加了当年的国防支出预算用于“反恐”战争，在一定程度上拉动了内需。

（2）技术扩散效应。许多重要的技术的开发都是首先用作军事目的，而后才转为民用的，如核技术、空间技术、激光技术、生物工程技术以及集成电路、高速宽带通信、光学通信和数学信号处理等。20 世纪下半叶以来，军事科技进步为先导的科学技术迅猛发展，成为经济发展的助推器和催化剂。各国政府将大量国防费投入军事科研，除了加强国防建设之外，通过军事科研带动本国高新技术的快速发展并民用化，进而促进社会生产力，也是各国的重要意图之一。如美国的“星球大战计划”就曾极大地促进了其各项高新技术的快速发展，另如风靡于当今世界各个领域的 Internet 也起源于军事技术。

（3）提供就业机会，降低失业率。增加国防支出有助于拉动社会总需求，促进相关企业扩大生产规模，从而为社会创造更多的就业机会。在发达国家，国防费支出的就业乘数为 1.8，而投资于民用的就业乘数为 1.6，国防工业产业的关联性强于民用工业。据约翰·E. 林奇计算，美国每 10 亿美元军事采购可增加 35 000 个直接和间接的就业岗位，非军事采购为 25 000 个直接和间接的就业岗位。20 世纪 80 年代里根政府的 SDI 计划中仅 6 种核武器系统，就使这些地区的雇工人数占到全国雇员的 30%多。20 世纪 80 年代后期到 90 年代中期美国国防费的下降，使这些地区经济进入调整期，造成了许多社会问题。

4.3 文教科卫支出

文教科卫支出是指国家财政用于文化、教育、科学、卫生等事业发展的经费支出。此类支出具有较强的外部正效应，有助于整个社会文明程度的提高，有利于提升全体社会成员的素质，从而对经济的繁荣与发展具有决定作用，因而各国均对文教科卫事业给予较大程度的财力支持。我国财政支出结构中教育、科技支出和医疗卫生合计占总支出的比重，按改革前的政府收支分类科目计算，1978 年为 10%，2005 年上升为 18%，按新的科目分类计算，2008 年已上升为 22.1%，这种变化明显反映了财政支出中教育、科技支出和医疗卫生份额不断增大的趋势。

4.3.1　教育支出

所谓教育支出，是指政府用于教育事业方面的财政支出。在当今世界，一国教育的发达程度、全社会用于教育的投入水平，常常是衡量一个国家国民素质和文明程度的主要标准。因此，教育支出已经成为公共财政支出的最重要的部分之一。

1. 教育产品的性质

从经济性质看，教育服务产品首先具有私人性。因为每一个接受教育的人在接受教育后增加了知识，掌握了技术，从而提高了适应社会的能力和工作技能。相应来说，随着个人受教育程度的提高和能力的增强，用人单位获得了质量相对较高的劳动力，愿意支付较高的劳动报酬，受教育者就能够得到较高的内部收益。

同时，教育产品也具有公共产品的特征：非竞争性和非排他性。在一定范围内，增加一个人消费教育产品，并不会引起教育成本的增加，这就是非竞争性。教育产品的非排他性则表现为，在一定条件下，一个人对教育产品的消费也不会影响其他人的对该产品的消费。如在班级教学这种特定的教育模式下，增加一个听课学生，教育的边际成本为零，班级中的某一位同学听课也不会影响班级中其他同学听课。但教育产品并非纯粹的公共产品，其非竞争性和非排他性的产生是在一定的条件下的，是有限的。因为在原有的教学条件下，随着学生人数的增加，教师与学生之间面对面交流的机会减少，虽然每个学生对教育产品消费的数量相同，但消费的质量会下降，这就产生了排他性。为了保证教学效果，随着学生人数的增加，教师数量、教学设施等教学资源必须相应增加，最终促使教育总成本的增加，这时教育产品就会产生竞争性。

教育产品既具有私人产品的特点，又具有公共产品的特点，可以称之为准公共产品。外部性是准公共产品的一个突出特点，教育产品的外部效应表现在：教育产品的提供有助于提高整个国民的素质，有助于社会交流和经济发展，也有助于缩小贫富差距，促进社会的公平分配。按照教育层次的不同，教育产品可分为初等、中等和高等教育，越基础的教育其公共性越强，对于整个社会的利益与好处就越多。因此，政府应当在为全社会提供教育服务特别是基础教育服务方面起主要作用。

2. 财政教育支出方式的选择

教育产品是一种准公共产品，既可以由私人提供，也可以由政府提供。但政府的教育支出在方向上应与私人部门有很大的不同。一般来讲，政府部门安排教育支出，主要有三种方式可供选择，即对学生本人提供补助、对低收入家庭提供补助和对私立学校提供补助。

1）对学生本人提供补助

这一方式旨在普及义务教育。义务教育是国家根据社会和经济发展的需要以及公共财政所能提供的支持，规定公民有义务接受的一定程度的教育。义务教育阶段的经费主要由公共财政负担。这种支出方式能够明显增加每个公民对教育产品的消费量。在图 4.2 中，横轴表示学生对教育的消费，纵轴表示学生对其他物品的消费。AB 为预算约束线。学生在得到补助前，预算线与无差异曲线 I 相切于 E 点，个人最佳教育消费数量为 OD。得到补助后，学生的预算线由 AB 向右移至 ACF，其中 AC 部分表示政府的补助数额。新的预算线 ACF 与无差异曲线 I' 相切于 E' 点。个人教育消费数量由 OD 增加到 OD'。显然，由政府提供的免费义务教育增加了国民对教育的消费。

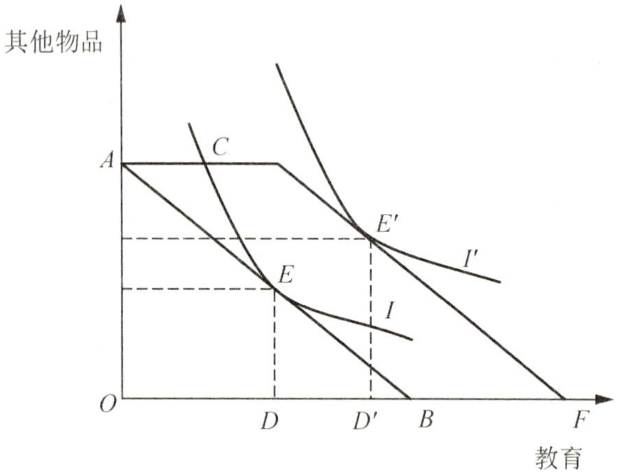

图 4.2　对学生本人补助后个人教育消费的变化

2）对低收入家庭提供补助

在这一方式中，政府试图通过补助，提高低收入家庭对教育消费的支付能力。教育作为一种人力资本投资，必然要受到家庭预算的限制。一般来讲，贫困家庭总是缺少这种投资来源，以至于他们的子女因为不能接受较高水平的教育而在人力资本市场上处于劣势。因此政府应对贫困家庭的子女给予教育资助，使社会成员均可享受到平等的教育机会。政府的资助能够在一定程度上增加低收入家庭子女对教育产品的消费。如图 4.3 所示，家庭在获得补助前，预算线 AB 与无差异曲线 I 相切于 E 点，对应的教育消费的数量为 OD。在得到补助后，家庭的预算线由 AB 向外移动到 CF，与无差异曲线 I' 相切于 E' 点，此时，家庭用于教育和其他物品的消费同时增加，其中教育消费由 OD 增加至 OD'。

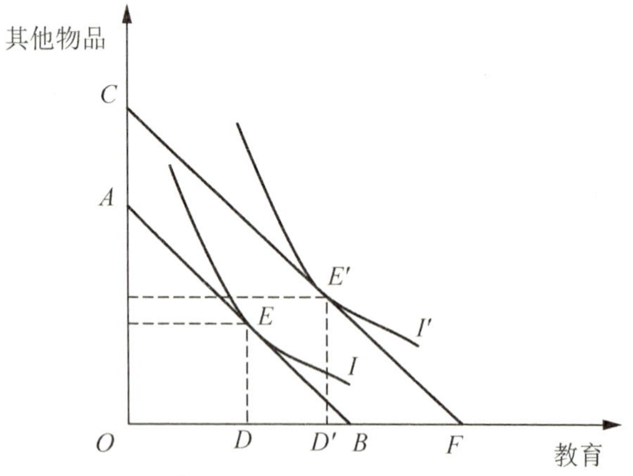

图 4.3　对低收入家庭补助后个人教育消费的变化

3）对私立学校提供补助

这一方式的补助对象不是学生本人，而是私立学校。政府企图通过对私立学校提供补助，降低私立学校向学生收取的学费标准，目的在于扶植私立学校。如图 4.4 所示，在政府提供补助之前，预算线 AB 与无差异曲线 I 相切于 E 点，个人的教育消费为 OD。在政府对私立学校提供补助后，学费标准降低，花费同样多的钱，可以消费更多的教育产品，个人的预算线以点 A 为轴向外移至 AC，新的预算线与无差异曲线 I' 相切于 E' 点，个人对教育的消费为 OD'，增加了 DD'。

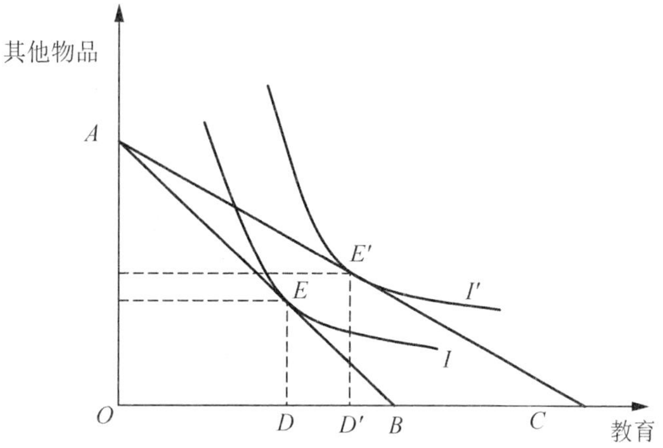

图 4.4 对私立学校补助后个人教育消费的变化

3. 教育支出规模与结构分析

教育支出的性质决定了政府，特别是发展中国家的政府在提供教育服务方面的主要作用。长期以来，中国的教育主要由政府承办，但对于中国这样一个地域辽阔的发展中国家而言，仅靠政府办教育是远远不够的。随着中国市场化改革的深化，教育也开始走向市场化、产业化，已经形成了投资主体多元化、投资形式多样化的格局。如表 4-5 所示，从教育经费来源来看，中国教育近年来学杂费呈上升趋势，学杂费占整个教育经费的比重由 1996 年的 11.54%上升到 2011 年的 13.9%，已经成为第二大经费来源。同时，还有来自社会团体和公民个人办学的教育投入，一个多渠道的教育经费的格局正在形成，这一变化适应了社会对教育产品的多样性需求。

表 4-5 1996—2011 年中国教育经费的规模和来源结构

年 份	合计/亿元	国家财政性教育经费/%	社会团体和公民个人办学/%	社会捐资和集资办学/%	学费和杂费/%	其他/%
1996	2 262.34	73.89	1.16	8.33	11.54	—
1997	2 531.73	73.75	1.19	6.74	12.88	—
1998	2 949.06	68.92	1.63	4.81	12.54	3.99
1999	3 349.04	68.30	1.86	3.76	13.84	3.68
2000	3 849.08	66.58	2.23	2.96	15.45	3.86

续表

年　份	合计/亿元	国家财政性教育经费/%	社会团体和公民个人办学/%	社会捐资和集资办学/%	学费和杂费/%	其他/%
2001	4 637.66	65.92	2.76	2.44	16.08	3.93
2002	5 480.03	63.71	3.15	2.32	16.84	4.16
2003	6 208.27	62.02	4.17	1.68	18.06	4.38
2004	7 242.60	61.66	4.80	1.30	18.59	4.47
2005	8 418.84	61.30	5.37	1.11	18.45	4.42
2006	9 815.31	64.68	5.59	0.92	15.82	4.29
2007	12 148.07	68.16	0.67	0.77	17.54	4.25
2008	14 500.74	72.06	0.48	0.71	16.20	3.53
2009	16 502.71	74.12	0.45	0.76	15.24	3.29
2010	19 561.85	74.99	0.54	0.55	15.42	2.93
2011	23 869.29	77.87	0.47	0.47	13.90	2.66

（资料来源：中国统计年鉴(2013). 北京：中国统计出版社，2013）

国家财政性教育经费占全部经费来源比重的降低并不意味着政府教育投入的减少。表 4－8 表明，自 20 世纪 90 年代以来，中国财政性教育支出的绝对数一直呈上升趋势，2003 年比 1992 年增长了 5.28 倍，平均增长率达 16.54%。中央财政也在不断加大对教育的投入，预算内教育经费的绝对规模不断扩大。1992 年国家公共财政预算教育经费为 538.74 亿元，到 2011 年已经增加到 16 804.56 亿元，增长了 30.19 倍。

表 4－6　1992—2011 年中国财政性教育支出的规模

年　份	全部教育经费/亿元	全部教育经费占GDP 的比例/%	财政性教育支出/亿元	财政性教育支出占 GDP 的比例/%
1992	867.07	3.22	728.75	2.70
1993	1 059.94	3.00	867.76	2.46
1994	1 488.78	3.09	1 174.74	2.44
1995	1 877.95	3.09	1 411.52	2.32
1996	2 262.34	3.18	1 671.70	2.35
1997	2 531.73	3.21	1 862.54	2.36
1998	2 949.06	3.49	2 032.45	2.41
1999	3 349.04	3.73	2 287.18	2.55
2000	3 849.08	3.88	2 562.61	2.58
2001	4 637.66	4.23	3 057.01	2.79

续表

年　份	全部教育经费/亿元	全部教育经费占GDP 的比例/%	财政性教育支出/亿元	财政性教育支出占 GDP 的比例/%
2002	5 480.03	4.55	3 491.40	2.90
2003	6 208.27	4.57	3 850.62	2.84
2004	7 242.60	4.53	4 465.86	2.79
2005	8 418.84	4.55	5 161.08	2.79
2006	9 815.31	4.54	6 348.36	2.93
2007	12 148.07	4.57	8 280.21	3.12
2008	14 500.74	4.62	10 449.62	3.33
2009	16 502.71	4.84	12 231.09	3.59
2010	19 561.85	4.87	14 670.07	3.65
2011	23 869.29	5.05	18 586.70	3.93

（资料来源：中国统计年鉴(2013)．北京：中国统计出版社，2013）

在总量增长的同时，国家财政性教育经费的支出水平仍旧相对较低。从表 4－6 来看，1992 年财政性教育支出占 GDP 的比重为 2.7%，此后这一比例虽然每年都有所上升，但上升速度很慢，到 2003 年仅为 2.84%，2011 年为 3.93%。而根据世界银行《2000/2001 年世界发展报告》的数据，政府教育投入占 GDP 的比重 1997 年全世界平均水平为 4.8%，低收入国家为 3.3%，中等收入国家为 4.8%，高收入国家为 5.4%，中国 2011 年的财政性教育投入水平，不仅低于 1997 年的全世界平均水平，甚至比中等收入国家 1997 年的投入水平还要低。

虽然中国财政性教育投入的绝对规模和相对规模都在逐步扩大，教育支出的结构却极不合理。20 年来，国际教育的发展趋势是加大对小学、初中的政府拨款，减少政府对大学的拨款，加大对大学生的收费比重。这是因为高等教育从受教育者的角度来看，是对未来的投资；从办学者角度看，是一种谋生的手段，所以一国政府不应为此花费太多的资源，而基础教育较之中等教育和高等教育具有更高的社会收益率。但在中国，教育投资的内部结构却极为不合理，政府对基础教育的投入不足，而对高等教育的投入偏高。表现为：一方面，中国一些贫困的农村地区适龄儿童失学情况极为严重，一些财政困难的地区拖欠中小学教师工资的情况较为普遍；另一方面，高等教育的市场化趋向仍然不够明显，政府负担太重，用较大的开支投入于高等教育，而培养的人才比例却不高。在中国目前教育经费相当紧张的情况下，这种不合理的教育支出结构有待于进一步改革。

4.3.2　科研支出

科研支出是指财政在科学技术研究方面的专项支出。按照中国财政支出的划分标准，科技支出包括科技三项费用、科学事业费、科研基建费以及其他科研事业费。科技三项费用即新产品试制费、中间试验费和重大科研项目补助费。科学事业费包括自然科学事业费、科协事业费、高技术研究专项经费和社会科学事业费。科研基建费是指科研事业单位基本建设工程及设备更新费。

1. 科学研究的性质

从研究性质上说，科学研究一般可分为两种类型，即基础科学研究和应用科学研究。基础科学研究主要针对某一领域或某一生产环节，研究成果在使得这一领域或这一生产环节的生产发生重大变化的同时，也可能改变人们甚至整个社会发展的进程，比如蒸汽机的发明、电子计算机的发明等。此类研究的投入较多、风险较大，科研成果的效用“外溢”程度高，而且往往不能直接为社会生产直接利用，其成本与收益不易通过市场交换对等起来，这就使得私人机构无力提供或不愿意提供。但是，这些研究项目，尤其是一些关系到国家发展和安全战略的重大基础科学研究，能够对整个社会的经济发展起到重要的基础作用或推动作用，具有纯公共物品特征，因此，此类科学研究所需经费就必须由政府财政负责提供。

应用科学研究与基础科学研究不同。应用科学研究能够直接转化为现实的生产力，其研究成果具有较强的排他性（如申请专利保护）和竞争性，因而更接近于私人产品，所以这部分科学研究所需要的经费基本上应由私人部门来承担。但有些应用型研究也具有较强的外部性，在实际中往往很难用商业化的方式进行提供，如农业科研中的种子改良，其研究成果一经推广，就会产生巨大的经济效益、社会效益，这种效益远远超过了研究者个人所实际得到的报酬，因此，对于这一类外部效应较强的应用科学研究也应由政府提供必要的支持和干预。

2. 科学研究支出的规模

科研支出与GDP总量之间存在着一定的正相关关系，科技作为一个特殊的非物质生产部门，在国民经济发展中发挥了巨大的作用。据统计，现代科技进步对经济增长的贡献，已经从20世纪初的5%～20%提高到20世纪50年代的60%～80%，全面超过劳动力增加和资本增加对经济增长的贡献。因此，各国政府用于科学研究方面的支出日益增长。改革开放以来，中国政府越来越充分认识到科技进步是国民经济发展的巨大动力。自国家提出科教兴国战略以来，中国财政性科学研究的支出的绝对规模在不断增加。表4-7表明，1996年财政用于科学研究方面的支出仅为348.6亿元，到2004年增加到1 168.6亿元，增加了3.35倍，到2012年增加到10 298.4亿元，增加了29.54倍。

表4-7　1996—2012年中国财政性科学研究支出的规模

年　份	科学研究支出/亿元	占财政支出的比重/%	占GDP的比重/%
1996	348.6	4.39	0.51
2000	575.6	3.62	0.64
2004	1 168.6	4.10	0.85
2008	4 616.0	7.37	1.47
2009	5 802.1	7.60	1.70

续表

年　　份	科学研究支出/亿元	占财政支出的比重/%	占 GDP 的比重/%
2010	7 062.6	7.86	1.76
2011	8 687.0	7.95	1.84
2012	10 298.4	8.18	1.98

（资料来源：中国统计年鉴(2013). 北京：中国统计出版社，2013）

从相对规模看，中国财政对科学研究的投入水平没有一个稳定的变化趋势。表 4－7 表明，1996—2000 年，财政性科学研究支出占财政支出的比重从 4.39%下降到 3.62%，2000 年后则出现逆转，到 2004 年上升到 4.10%。而财政性科学研究支出占 GDP 的比重基本呈上升趋势，但上升速度较为缓慢，1996 年为 0.51%，2004 年为 0.85%，只上升了 0.34 个百分点，造成这一问题的主要原因是由于财政收入占 GDP 比重偏低，导致财政支出占 GDP 比重也大幅度下降。到 2008 年以后，这一比例有所提高，2012 年达到了 8.18%。

4.3.3　卫生支出

卫生支出是指财政用于医疗、卫生、保健服务方面的支出。在中国，此类支出主要包括政府预算卫生支出、公费医疗经费、社会卫生支出等。其中，政府预算卫生支出包括卫生部和卫生地方部门的事业费等；公费医疗经费包括中央级公费医疗经费和地方公费医疗经费。

1. 卫生服务的性质

卫生服务可以分为医疗服务和公共卫生服务两部分，它们的经济性质有所区别。其中，医疗服务是指一般性疾病的治疗和享受性的保健服务，由于接受服务的对象是具体的个人，具有排他性，其利益又体现为私人化。因此，医疗服务具有私人产品的性质，可以遵循谁看病谁付费的原则，通过市场来提供，政府可以提供资金并参与这类服务，但并不一定要包揽。通常情况下，各国政府出于对人民健康问题的关注，以及实现社会分配公平、保持社会稳定的需要，往往通过多种形式特别是以医疗保险为主的社会保障制度，参与医疗服务的部分提供。

公共卫生服务与医疗服务不同。公共卫生服务主要是为社会提供公共服务，如社会性的卫生防疫、流行性疾病的预防、职业病的研究等。公共卫生服务涉及面广，资金需要量大，不以盈利为目的，其利益由社会公众无差别地享有，因而是具有很大外部效应的公共产品，私人一般不可能也不愿提供这类服务。因此，公共卫生服务所需要的经费主要应由政府财政提供。

2. 卫生支出的规模

健康和经济的发展是密切相关的，良好的健康可以促进人力资本的提高，从而提高劳动生产率，促进经济的发展，因此大多数国家都比较重视对医疗卫生领域，特别是公共卫生领域的投入。同时，这样做也可以在成本上避免很大的浪费。中国自新中国成立以来，一直推行“预防第一”的卫生战略，财政卫生支出的绝对规模不断扩大。表 4－8 表明，2000—2012 年间，中国卫生支出增长了 5.07 倍，呈现逐年上升的趋势。

表 4－8　2000—2012 年中国卫生支出的规模

年　份	卫生总费用/亿元	占 GDP 的比重/%	卫生总费用来源构成/%		
			政府预算	社会支出	居民个人
2000	4 586.6	4.62	15.47	25.55	58.98
2001	5 025.93	4.58	15.93	24.10	59.97
2002	5 790.03	4.81	15.69	26.59	57.72
2003	6 584.10	4.85	16.96	27.16	55.87
2004	7 590.29	4.75	17.04	29.32	53.64
2005	8 659.91	4.68	17.93	29.87	52.21
2006	9 843.34	4.55	18.07	32.62	49.31
2007	11 573.97	4.35	22.31	33.64	44.05
2008	14 535.40	4.63	24.73	34.85	40.42
2009	17 541.92	5.15	27.46	35.08	37.46
2010	19 980.39	4.98	28.69	36.02	35.29
2011	24 345.91	5.15	30.66	34.57	34.77
2012	27 846.84	5.36	30.04	35.61	34.35

说明：本表卫生总费用为测算数；社会支出是指政府预算外资金收入，主要表现为社会医疗保险。

（资料来源：《中国统计年鉴》（2013），表 21－21）

但是，从表 4－9 同其他国家的对比中，则可以明显看出，我国卫生医疗费用的投入仍然存在较大的差距，当前仍然处于世界的低水平档次。我国卫生总费用占 GDP 的比重仅与印度持平，均低于其他国家；政府卫生支出占卫生总费用的比重则显著低于表中的所有国家。

表 4－9　2003 年各国卫生支出规模比较　　单位：%

国　别	卫生总费占 GDP 比重	政府卫生支出占卫生总费用比重	政府卫生支出占财政支出比重
德国	11.1	78.8	18.5
瑞典	9.2	87.4	14.0
英国	7.7	83.4	14.6
美国	15.0	44.4	18.2
日本	7.9	81.5	16.9
韩国	5.6	49.4	9.0
印度	4.8	24.8	3.9
中国	4.9	17.0	4.5

（资料来源：外国数据根据 WHO(2004、2005、2006)、OECD(2003、2004、2005)有关数据计算）

4.3.4　文化支出

文化支出是指财政用于全体社会公众利益的文化事业开支。中国财政的文化支出包括文化事业费、出版事业费、广播电视事业费和文物事业费等。其中，文化事业费是指文化部门和地方文化部门的事业费；出版事业费是指新闻出版署和地方出版事业系统的事业费，包括出版经费、出版部门举办的中等专业学校的事业费等；文物事业费是指国家文物局和地方文物系统的经费等。

1. 文化产品的性质

就经济性质而言，文化产品根据其效用可分为私人物品、公共物品和准公共物品。具有私人性质的文化产品在提供和享受方面具有竞争性和排他性，如广播、电影、电视节目的制作、播放，文艺团体的演出、图书音像的出版等。此类文化产品所提供的利益并不能被全体社会公众无差别的享受，文化产品所产生的利益是内在化和私人化的，因此私人物品范畴的文化产品应当由市场解决，而不应由政府提供。

属于公共物品和准公共物品范畴的文化产品往往涉及全体社会公众利益，如公共图书馆、博物馆、文化馆、文物保护及知识产权保护等。此类文化产品的消费具有一定的非排他性和非竞争性，且具有极强的“外溢性”，能够深刻地影响人们的思想和行为，对社会的稳定和发展具有强大的原动力和冲击力，因此国家应将其纳入公共提供的范围，由财政资金进行支付。

2. 文化支出的规模

从绝对规模看，中国文化支出的规模在不断壮大。“九五”期间，全国文化、文物、广播电影电视和新闻出版事业财政投入经费大幅度增长。其中：文化事业费财政拨款年均增长14.96%，至2000年达到67.03亿元；文物事业财政拨款年均增长9.91%，至2000年达到11.70亿元；广播电影电视事业费财政拨款年均增长6.39%，至2000年达到49.57亿元；出版事业费财政拨款年均增长23.09%，至2000年达到3.39亿元。2002年，中央本级文化事业费年初预算比上年增长46.2%，文物事业费增长了523%。2008年，中央文化事业费(含体育与传媒，下同)支出252.81亿元，同比增长20%；2009年，中央文化事业费支出320.73亿元，同比增长26.9%；2010年，中央文化事业费支出316亿元；2012年，中央文化事业费支出494.68亿元，同比增长18.9%；2013年，中央文化事业费支出531.55亿元，同比增长7.5%。

虽然财政文化支出呈逐年递增之势，但从相对规模看，财政文化支出占财政支出的比重却逐步下降。1998年各级财政宣传文化经费支出占全国财政支出的比重为1.08%，而2002年则降低为0.85%，地方财政连续下降了0.31个百分点。1996年党的十四届六中全会通过的《中共中央关于加强社会主义精神文明建设若干重要问题的决议》中明确提出：切实解决目前宣传文化事业投入总量偏少、比例偏低的问题，中央和地方财政对宣传文化事业的投入，要随着经济的发展逐年增加，增加幅度不低于财政收入的增长幅度。但此项政策一直未得到落实，大部分地方达不到中央要求。

早在20世纪80年代初，邓小平就曾指出，教育、科技、文化、卫生的投入太少，在经济社会发展中不成比例。经过 20 多年的改革开放，中国的经济实力特别是财政收入有了显著增强，教、科、文、卫等社会发展领域的财政投入逐年加大，但同时又出现了新的“不成比例”。教育、科技作为“科教兴国”的战略重点，其财政投入不断加大，比例不断提高，卫生的投入随着国民健康水平的提高和卫生意识的增强，特别是经历了 2003 的“非典”疫情之后，也大为加强，位列教育之后。唯有文化投入，虽然总量上逐年有所增加，但比例却一再下降，在国家财政总支出中所占的份额少得可怜。所以，目前国家财政对文化事业的投入与其所承担的职责和任务极不相称，严重影响到文化事业的发展。

本章小结

政府的社会管理活动属于典型的公共产品，因此只能由政府提供。作为政府公共管理活动的经济基础，与其他财政支出相比，行政支出具有公共性、非生产性和稳定性。

行政支出的非生产性决定了行政支出应有一个合理的规模控制，影响行政支出规模的主要因素包括经济总体发展水平、国家财政收入水平、物价指数、国家各级行政机关的设置、各级行政服务标准和行政人员的行政成本观念等。

为解决中国行政支出的膨胀、行政效率的低下等问题，中国的行政支出改革，必须做到明确科学地界定政府的职能范围、提高政府工作人员的工作态度和工作技能、完善政府采购制度、增大采购支出比例、改进预算管理及强化监督机制等。

国防也属于纯粹的公共产品，应由政府提供。从理论上讲，国防产品的有效供给的条件是：社会成员对最后一单位国防产品提供的总评价（MRS 之和）等于政府提供国防产品的增量成本（MRT）。实际上，确定国防支出的规模应考虑经济发展水平、国际政治形势、军事战略、军事的现代化程度、兵役制度和地域因素等。

中国国防支出无论是绝对规模还是相对规模都是较低的。国防支出对一国经济既会产生负效应，也会产生正效应。

教育产品是一种准公共产品，既可以由私人提供，也可以由政府提供，政府可以通过不同的方式提供教育产品。中国政府的教育投入的绝对规模和相对规模都在逐步扩大，但教育支出的结构却极不合理。

科学研究一般可分为基础科学研究和应用科学研究，基础科学研究具有纯公共物品特征，所需经费必须由政府财政负责提供。自中国提出了科教兴国战略以来，政府财政性科学研究的支出的绝对规模在不断增加。

卫生服务可以分为医疗服务和公共卫生服务两部分，公共卫生服务是具有很大外部效应的公共产品，所需要的经费主要应由政府财政提供。中国自新中国成立以来，财政卫生支出的绝对规模不断扩大，但投入仍不足。

文化产品根据其效用可分为私人物品、公共物品和准公共物品。属于公共物品和准公共物品范畴的文化产品应纳入公共提供的范围，由财政资金进行支付。中国的财政文化支出呈逐年递增之势，但从相对规模看，财政文化支出占财政支出的比重却逐步下降。

阅读资料

中国财政教育支出优化的对策研究

摘要：优化教育财政支出是当今各国政府的共识和关注的热点问题。本文通过分析教育财政支出的必要性、中国与其他国家财政教育支出的比较，提出优化财政教育支出的对策和建议。

引言

随着社会经济和科学技术的发展，知识经济成为不可逆转的潮流。因此，重视教育事业发展，增加公共教育支出，合理配置政府教育资金，优化教育财政支出，已成为当今各国政府的共识和关注的热点问题。

一、教育财政支出的必要性

当今世界，知识成为经济的最基本资源和生产的最核心要素，教育对于国家综合国力的增强具有基础性的地位，呈现由经济社会边缘向经济社会中心发展的趋势；教育公平是实现社会公平、构建和谐社会的重要基础。加强国家财政对教育的支持力度，建立充足、公平、有效的教育财政制度，避免区域之间、城乡之间经济发展不平衡导致受教育机会的不公平，使每一个人都能获得基本均等的教育机会，避免因教育机会不均等所造成的贫富差距的进一步扩大，有利于实现社会公平。

二、中国与其他国家财政教育支出的比较

（一）财政教育支出规模比较

目前，国际上通常用财政教育支出占 GDP 的比例和财政教育支出占公共财政支出的比例两方面的指标考察一国财政教育支出水平。从整体水平上看，在其他国家教育财政支出占公共财政支出比重总体上呈稳定缓慢上升态势时，中国呈现明显下降的趋势，这充分说明在其他国家不断增大政府对教育投入的努力程度的同时，我国对教育的财政支持力度却在相对下降。因此加大对教育支出的财政支持力度、优化财政性教育、缩小与世界其他国家的差距是我国教育发展的重要目标。

（二）财政教育支出结构比较

财政教育支出的结构，即有限的教育资源如何在各级教育中分配。笔者就财政教育支出结构问题将中国与世界其他国家进行了比较研究，结论是：我国中央政府对教育财政支出的负担比例过低；我国在基础教育投资方面的力度明显落后于其他国家。各国间高等教育经费所占比例差距较大，最高的美国在25%以上，最低的韩国还不到15%。通过比较可以看出，目前我国财政教育拨款在三级教育中的分配与国际相比仍不够合理，仍然处在传统的“重高等教育、轻基础教育”的投资格局。

三、中国教育财政支出优化的对策和建议

（一）增加教育财政支出规模

提高财政教育支出水平，加强政府在教育财政支出上的主体地位和主导作用，稳定教育经费来源。对教育支出进行法律调控，从法律层次上保证、规范教育支出。转变政府职能，科学调整财政支出结构。加强对预算外资金的管理，不断探索新的管理方式，逐步将预算外资金纳入预算内管理，树立预算的严肃性和统一性，提高政府的透明度；另一方面，建立对省级政府的全省教育支出占 GDP 比重的考核机制。

（二）优化教育财政支出结构

进一步改革办学体制，彻底改革政府包揽办学的格局，扩大非政府投资规模，减轻政府的财政负担，将节约的财政经费投入社会效益更高的初等教育中。在合理界定中央和地方分配格局、充实中央财政的基础上，尽快理顺省以下财政体制，加快中央和地方各级义务教育尤其是农村教育经费机制改革，形成科学合理的经费保障机制；完善政府间的转移支付制度，纵向使中央财政从东部地区适当集中部分财力，向中西部进行转移支付，弥补贫困地区财政的教育收支缺口，横向建立省际之间、县际之间的教育转移支付框架，促进各地方政府教育提供能力的均等化。充分考虑到不同地区间在经济发展水平上的差异，对落后地区给予适当的照顾，平衡地区间的教育财政经费状况，促进地区间教育协调发展。

（三）强化多主体、多渠道的融资格局

在公共财政投入规模和性质有限的前提下，积极开拓非财政渠道进行补充，在政府办学的同时，鼓励具备条件的非政府主体如企业、社会团体及公民投资办学。对于高等教育某些部分可以适当实行产业化，如后勤保障、服务、科学研究与技术开发等，公共财政教育投入则在相关领域相应退出，用有限的财政资金去支持基础教育。

（四）改进教育财政预算管理体制

对财政性教育基金的管理必须集中化、公开化，以此来强化预算在教育方面的宏观调控能力。在预算中将教育事业费和教育基本建设支出相并，实行部门预算，实现教育经费预算单列，将其预算科目细化、级次升格。要建立财政本身的监督机构，稽核资金的拨付与使用状况、使用效果或效率。

结论

知识经济已经成为占主导地位的经济形态，而教育是提高劳动者素质、发展科学技术和培养专门人才的基础，在现代化建设中具有先导性、全局性作用。因此必须增加和优化财政教育支出，促进中国的教育事业更快、更强发展，必能使中国在21世纪的人才、知识的战争中立于不败之地！

（资料来源：付星宇：《中国财政教育支出优化的对策研究》，载《成功(教育版)》，2010(12)）

复习思考题

一、概念题

行政支出　行政支出弹性　国防支出　国防支出效应　文教科卫支出

二、单项选择题

1. 行政支出不包括(　　)履行职能所需的经费。

A. 政府各级权力机关　　B. 行政管理机关

C. 司法检察机关　　D. 企业的人力资源部门

2. 国防支出的相对规模以(　　)来衡量。

A. 国防支出与经济增长的比例

B. 国防支出占国内生产总值的比例

C. 国防支出占财政支出和国内生产总值的比例

D. 国防支出与经济建设支出的比例

3. 不属于国防支出外部效应的是(　　)。

A. 带动高新技术的发展　　B. 促进民用科技的提高

C. 拉动国内需求　　D. 推动军事人员教育的发展

4. 下列项目属于社会消费性支出的是(　　)。

A. 财政部对于西部大开发的资金支持

B. 国防科工委对于两个卫星测控中心某项新技术发明的资金拨款

C. 国家对东南亚海啸灾害的捐款

D. 国家发展与改革委员会为长江三峡工程的某项技术论证所提供的资金支持

5. 从经济性质看，义务教育属于(　　)。

A. 私人物品　　B. 准公共物品

C. 混合物品　　D. 纯公共物品

6. 社会消费性支出属于(　　)。

A. 购买性支出　　B. 转移性支出

C. 社会保障支出　　D. 专项支出

7. 用于基础性科学研究的经费应当由(　　)承担。

A. 银行　　B. 金融市场　　C. 政府　　D. 微观主体

8. 卫生服务应当主要由(　　)承担。

A. 福利机构　　B. 金融市场　　C. 政府　　D. 微观主体

三、多项选择题

1. 社会消费性支出主要包括(　　)。

A. 行政支出　　B. 国防支出

C. 文教科卫支出　　D. 社会保障支出

2. 行政支出包括(　　)。

A. 行政管理费　　B. 公检法经费

C. 武装警察部队经费　　D. 外交支出

3. 国防的提供方式可以是(　　)。

A. 公共生产、私人提供　　B. 公共生产、公共提供

C. 私人生产、公共提供　　D. 私人生产、私人提供

4. 文教科卫支出包括(　　)。

A. 教育支出　　B. 科学研究　　C. 卫生事业　　D. 外交支出

5. 教育产品可以由(　　)来提供。

A. 政府　　B. 社会团体　　C. 企业　　D. 学校

6. 医疗服务可以由(　　)来出资提供。

A. 社会公众　　B. 政府　　C. 金融市场　　D. 私人企业

7. 下列哪些属于公共卫生服务？(　　)

A. 医疗保险　　B. 艾滋病的预防

C. 职业病的研究　　D. 社会性的卫生防疫

8. 下列哪些文化产品应由政府提供？(　　)

A. 图书音像的出版　　B. 公共图书馆

C. 文物馆　　D. 文艺团体的演出

四、简答题

1. 试分析行政支出和国防支出的性质。

2. 影响行政支出规模的因素主要有哪些？

3. 影响国防支出的规模大小的因素主要包括哪些？

4. 简述政府提供教育服务的主要方式。
5. 简述中国文化支出的现状。

五、论述题

1. 试分析国防支出的经济效应。
2. 试从理论角度解释政府提供科教文卫支出的必要性。

六、案例分析题

义务教育：政府担当的职责

1. 案例资料：

自古上学须缴费，这个被中国农民祖祖辈辈认为天经地义的事，在2007年春天发生了历史性改变。

2005年12月，国务院印发《关于深化农村义务教育经费保障机制改革的通知》，自此，一项中国教育史上惠及人口最多的改革自西而东在神州大地迅速推进。2007年春季新学期，继我国西部和中部试点地区义务教育阶段免交学杂费之后，中东部地区农村学童也开始享受这一政策，至此，沿袭千年的历史在这里画上了一个圆满的句号。从此，农村孩子上学不缴费。

改革始于2006年。按照“明确各级责任、中央地方共担、加大财政收入、提高保障水平、分布组织实施”的基本原则，农村义务教育经费保障机制改革旨在逐步将农村义务教育全面纳入公共财政保障范围，建立起一个中央和地方分项目、按比例分担的新型经费保障机制。其主要内容包括：全部免除农村义务教育阶段学生的学杂费，对家庭贫困的孩子免费提供教科书；对家庭贫困的寄宿生提供生活费补助；在免除学杂费的同时同步提高农村中小学公用经费保障水平；建立农村中小学校舍维修长效机制；进一步巩固和完善农村中小学教师工资保障机制。

2. 分析问题：

(1) 政府是否应当承担义务教育的职责？

(2)“两免一补”分别体现的是政府对教育产品的哪种提供方式？意图何在？

（资料来源：光明日报）

第5章 投资性支出

教学目标

通过本章的学习，了解财政投资的概念、我国财政投资的现状和变化、基础产业投资的含义和特点、农业在国民经济中的地位，明确财政投资的必要性、财政投资的特点与范围、农业投资资金来源，掌握投资与经济增长的关系、财政投融资制度。

教学要求

知识要点	能力要求	相关知识
财政投资	(1) 能够明确财政投资的必要性 (2) 能够了解财政投资的构成和影响因素 (3) 能够分析投资与经济增长的关系	(1) 财政投资的概念 (2) 财政投资的特点与范围
基础产业投资	(1) 能够掌握基础产业投资的必要性 (2) 能够明确基础产业投资的方式	(1) 基础产业投资的含义和特点 (2) 财政投融资制度
农业投资	(1) 能够了解农业在国民经济中的地位 (2) 能够掌握财政农业投资的必要性 (3) 能够明确农业投资的范围与重点	农业投资资金来源

引　例

十二届全国人大一次会议开幕当天，被称为“国家账本”的《关于2012年中央和地方预算执行情况与2013年中央和地方预算草案的报告》下发到参会的人大代表手中，供他们审议。

国库里有多少钱？过去一年花了多少？今年钱将花在哪里？国家账本上记得清清楚楚。

预算报告显示，2013年中央公共财政划拨基建投资4 376亿元。其中，“三农”和重大水利设施建设资金1 409亿元，占比最大；保障性安居工程及城镇基础设施建设资金846亿元，排在第2位。

预算报告显示，2012年，我国住房保障支出2 601.6亿元，完成预算的122.9%，同比增长44.6%。超出预算较多主要是预算执行中增加了对城镇保障性安居工程和配套基础设施建设以及农村危房改造的补助。

农林水事务支出5 995.98亿元，完成预算的109.2%，同比增长25.3%。超过预算较多主要是预算执行中增加了农业生产救灾、特大防汛抗旱、重大水利工程和农田水利建设、小型病险水库和中小河流治理等方面的投入。

节能环保支出1 998.43亿元，完成预算的113%，同比增长23.1%。超出预算较多主要是预算执行中增加了节能产品和惠民工程、建筑节能、城镇污水设施配套管网建设等方面的投入。

交通运输支出3 969.22亿元，完成预算的111.3%，同比增长20.3%。超出预算较多主要是预算执行中增加了铁路建设投资。

预算报告显示，2013年全国公共财政收入预算12.663万亿元，较2012年执行数增长8%，这与2013年GDP7.5%的增幅也较为吻合；公共财政支出13.824 6万亿元，财政赤字达1.2万亿元，增加4 000亿元，较去年执行数增长了50%。与往年相比，各项支出中增长幅度最大的仍是交通、能源等重大基础设施投资，同比增长48%，达到357亿元。

以上投资，无论是安居工程、水利建设，还是节能环保、交通运输，都和财政有关。

在现代社会，向社会提供经济性服务是政府的一项重要职能，财政投资性支出也就成为政府支出的一个重要组成部分。在政府的各类支出中，财政投资支出与民间部门经济活动的联系最为密切，对社会资源的配置力度也是最大、最直接。故本章主要分析财政投资性支出的有关问题以及主要的财政投资性支出。

5.1 财政投资

5.1.1 财政投资的概念和必要性

在任何社会中，社会总投资都可以分为政府投资和非政府投资两大部分。一般而言，财政投资就是政府投资，是政府财政支出的重要组成部分，无论是从历史的角度还是从现实的角度考察，几乎所有国家的政府都是以重要投资者的身份参与各种投资活动，不同的只是投资的对象、规模、结构在不同的历史时期和不同的经济制度下有所差异。因此，财政投资的存在和发展有其客观必然性，明确这一点，对深入研究财政投资的发展方向和政策选择，有重要的指导意义。

1. 财政投资的概念

财政投资是社会总投资的一个特殊组成部分，是指政府为了实现其职能，作为特殊的投资主体，为促进国民经济各部门的协调发展，满足社会公共需要，实现经济和社会发展战略，利用公共支出对经济和社会发展中的一些特定部门和需要进行的投资活动。

财政投资作为社会投资的一个重要组成部分，从投资主体来看，随着社会主义市场经济体制的确立，我国投资领域出现了投资主体多元化的特点，政府财政只是作为投资主体的一个重要成员。

财政投资有广义和狭义之分。从广义上说，财政投资是指政府为实现其职能，将一部分集中性财政资金投入社会再生产过程各个环节中去的经济行为。因此，广义的财政投资，不仅包括政府对整个国民经济的投资，如基础产业投资、农业发展投资和国家物资储备投资等，而且还包括政府在社会发展总体和战略方面的投资，如智力投资、环境保护投资、健康投资及生态平衡投资等。从狭义上说，财政投资是指政府为保证社会再生产的顺利进行，对固定资产再生产和流动资金最低限额而投入资金的经济活动。在一般叙述中，以狭义意义上的固定资产投资作为主要的研究对象，但在涉及宏观投资问题时，则把视野拓宽到广义上的财政投资。

财政投资是财政分配活动的一个表现形式，它与财政分配有着密切的关系。财政投资是以政府为投资主体的，其投资来源是集中性的财政资金，即主要来源于税收和国有资产收益，是国民收入分配和再分配的结果。同时，财政投资作为财政支出的一部分，是国家财政资金运用于经济建设、社会基础设施、基础产业等方面的集中体现。从这个意义上说，财政投资是财政分配的一个重要的组成部分。

2. 财政投资的必要性

在市场经济体制下，社会生产主要是由私人部门来完成的，因此，与生产直接相关的投资也主要由私人部门来完成，企业投资在哪个行业，投资生产哪种产品，完全取决于市场的需求。然而，在市场经济体制下，政府仍需要担负起一定的投资职能。因为，私人部门投资具有一定的局限性，他们追求的是经济效益的最大化，很少考虑社会效益，而有些投资投资额大、经济效益低、工期长、见效慢，私人部门不愿投资或无力投资，在这种情况下就必须由政府来投资，政府投资主要集中在以下范围：微观经济效益低，但国民经济整体发展急需的建设项目；投资规模大，私人部门无力进行的投资项目；投资期长，见效慢，但社会效益高的建设项目。总之，在市场经济体制下，政府投资不应与私人部门争项目，凡是私人部门愿意投资的领域政府就不应去竞争，但政府投资也不是可有可无的，许多投资领域私人部门不愿涉足，而这正是政府必须投资的地方。

5.1.2　财政投资的特点

在市场经济条件下，经济发展主要依靠社会需求来决定，与此相对应的投资需求也主要靠市场投资来实现。但仅有市场主体的投资行为并不能满足经济和社会长期稳定发展和多层次的需求，这需要政府投资来补充，并使其成为政府对国民经济进行需求管理和宏观调控的重要手段之一。与私人部门投资相比，财政投资具有以下特点。

1. 财政投资目标的全局性和非营利性

私人部门从事的投资，它们的目标是追求盈利，而且，它们的盈利是根据自身所能受到的微观效益和微观成本计算的，就是说追求微观上的营利性，是私人部门投资的第一个特点；但财政投资着眼于国家社会的全局利益与长远利益，从社会效益和社会成本角度的考虑是财政投资的依据，其投资的实现，可以为整个国民经济的健康发展提供基本保障，因此，财政投资可以是微利甚至亏损。但是，财政投资的项目的建成，如社会基础设施，可以极大地提高国民经济的整体效益。

2. 财政投资补充私人投资的不足

私人投资局限于一行一业，不可能顾及非经济的社会效益，如果一个社会完全依靠私人投资，投资结构是很难优化的，由于政府的特殊地位，可以从事社会效益好而经济效益一般的投资。在市场经济条件下，财政投资通常不进入竞争性领域，有明显经济效益的投资项目都不是财政投资的对象，财政投资主要集中在那些“外部效应”较大的公用设施、能源、通信、交通、农业以及治理大江大河污染等有关国计民生的产业和领域，显然，财政投资只能是对私人投资行为的补充。在投资主体多元化的经济社会中如果财政不承担这些方面的投资或投资不足，就会导致经济结构失调，经济发展速度就会遇到“瓶颈”制约。

3. 财政投资项目通常是大型项目和长期项目

私人部门主要依靠自身积累和社会筹资来为投资提供资金，自身积累和社会筹资都受到限制，一般难以承担规模大的建设项目，而且私人投资追求盈利，一般主要从事周转快、见效快的短期投资。财政投资资金雄厚，而且资金来源多半是无偿的，可以投资于大型项目和长期项目。在发达国家，财政投资主要用于一些重要的公共工程，如大型水利枢纽工程、有重要战略意义且风险较大的新兴产业的初创；在发展中国家，财政投资除用于公共工程之外，还较多地投入国内的基础产业部门，同时，为保障国家对国民经济发展的有效调控，发展中国家还直接投资或垄断一些重要的产业部门。

4. 财政投资是国家调控经济的重要手段

财政投资作为一种特殊的投资方式，其意义不仅在于可产生一般投资都有的作用，更在于可以通过财政投资实现国家在一定时期内的政治经济目标，满足国家进行宏观调控的需要。通过财政投资的扩张和乘数作用，能引导、刺激社会投资和供给的成倍增长；减少财政投资则能抑制供给过度和通货膨胀，在调整财政投资的同时，还能有效地影响物价和就业水平，促进社会经济的稳定。因此，财政投资具有实现宏观调控效应的重要特征。

5.1.3 财政投资的构成

从财政支出项目分类来看，我国财政投资主要包括基本建设支出、挖潜改造资金和科技三项费用以及支援农村生产支出等。在这几项中，基本建设支出是最主要的部分，而其他各项支出占财政投资支出的比重小很多(见表 5-1)。我国基本建设支出始终是财政支出中的一个重要支出项目，基本建设支出规模每年都是增长的，增长率及其占财政支出的比重各年有所波动，但随着经济体制改革的深化和政府职能的转变，总的趋势是增长率逐年减缓，占财政支出的比重逐步下降(见表 5-2)。

表 5-1　我国财政投资支出项目构成情况　　　单位：亿元

年　　份	基本建设支出	挖潜改造资金和科技三项费用	支农支出
1990	547.39	753.91	221.76
1995	789.22	494.45	430.22
2000	2 094.89	865.24	766.89
2001	2 510.64	991.56	917.96
2002	3 142.98	968.38	1 102.70
2003	3 429.30	1 092.99	1 134.86
2004	3 437.50	1 243.94	1 693.79
2005	4 041.34	1 494.59	1 792.40
2006	4 390.38	1 744.56	2 161.35

（资料来源：中国统计年鉴(2007). 北京：中国统计出版社，2007）

表 5-2　我国基本建设支出增长率及其占财政支出的比重　　　单位：%

年　　份	比上年增长	占财政支出的比重
1990	20.5	17.8
1995	23.4	11.6
2000	−1.0	13.2
2001	19.9	13.3
2002	23.9	14.1
2003	9.1	13.9
2004	0.2	12.1
2005	17.6	11.9
2006	8.7	10.9

（资料来源：中国统计年鉴(2007). 北京：中国统计出版社，2007）

从财政投资行业分类来看，我国财政投资分布于公益性行业、基础性行业和竞争性行业。公益性行业包括科教文卫、福利、行政管理和国防安全等，这些行业所提供的产品和劳务，基本上属于公共物品或准公共物品。基础性行业，是为社会经济各部门提供共同生产条件，包括基础产业和基础设施等。竞争性行业提供的产品属于典型的私人产品，价格完全通过市场竞争形成，包括工业(不含能源)、建筑业和大部分第三产业。

根据上述三类产业的不同性质和特点，以及市场经济中政府投资和非政府投资的特点，财政投资范围应作如下划分：竞争性行业应以企业为投资主体，通过市场筹集建设资金，其中部分项目，政府可以有选择地加以支持，参与投资；基础性行业主要应由政府集中必要的资金进行建设，并引导社会资金、企业资金和外资参与投资；公益性行业主要由各级政府投资建设，但是有些公益性项目如教育投资，部分地吸引社会个人投资也是必要的。总之，财政投资应以公益性和一部分基础性行业作为重点。

5.1.4 影响财政投资的因素

财政投资在各国社会总投资中所占的比重不同，这一比重的大小取决于两个因素：一是经济管理体制。一般来说，实行市场经济体制，私人投资在社会投资总额中所占的比重较大，实行计划经济体制，则财政投资所占比重较大；二是经济发展阶段。一般来说，发达国家私人投资占社会总投资的比重较大，发展中国家财政投资所占的比重较大。

由于存在上述差异，财政投资和私人部门投资在一国投资活动中发挥的作用就不同，在市场经济下，属于市场活动的私人部门投资在资源配置中起基础性作用，而财政投资主要在基础设施、关系国计民生的基础产业、支柱产业和高新产业领域发挥作用。形成这种投资差异的原因，主要不在于财政投资规模的大小，而在于经济运行机制的不同。实行市场经济的国家，社会经济活动主要由千万独立的法人商品生产者去组织，投资当然也主要由他们去执行，政府的经济职能主要是根据宏观经济目标对非政府部门的经济活动进行调节。经济发达国家，市场机制已经走向完善和成熟，主要通过市场的充分竞争实现经济的有效运行，政府主要是通过间接手段进行宏观调控。而欠发达国家和仍处于经济体制转轨时期的国家，仍然需要政府通过政府投资等直接手段培育市场，调整经济活动，并维持适度的经济增长速度。

5.1.5 财政投资性支出的一般性分析

1. 投资与经济增长的双重关系

(1) 投资是经济增长的动力和基础，是促进经济增长的主要因素。无论是马克思主义经典作家，还是西方经济学家都有过相关的论述。马克思认为，货币资本的投入是经济增长的第一推动力。因为任何一项投资或生产活动首先要从货币资本的投入开始。在现代市场经济条件下，没有货币投资，任何其他投入都是不可能的。因为只有有了货币投资，才能购买生产资料和雇用劳动力，生产过程才能够开始，经济才能够增长。西方经济学家凯恩斯则利用乘数理论对投资对经济增长的作用做了定量分析。所谓投资乘数是指增加一元投资所导致国民收入增长的倍数，也叫投资倍数。从实际生活中可以看到投资与经济增长之间的关系。首先，投资可以增加社会总需求，刺激经济增长，因为社会需求是由消费、投资和出口三部分组成；其次，投资需要原材料、需要机器设备，因此投资可以带动原材料、机器设备的生产；再次，投资中的一部分将直接用于消费，所以增加投资又可以刺激消费品的增长。

投资对经济增长的推动作用主要表现在两个方面：一方面，投资可以增加社会有效需求，拉动经济增长。投资需要购买资本品(生产资料)，投资还需要雇用工人，总投资中大体有40%会转化为消费资金，这又会增加社会对消费品的需求。另一方面，投资可以增加社会有效供给，形成社会资产，成为经济增长的物质基础。

(2) 投资规模或投资结构不合理、投资效益低下，会引起经济波动和资源浪费，影响经济的正常增长。投资对经济能产生积极的作用是有条件的，在投资规模、结构和投资效益上都有内在的客观的要求。在投资规模上，要求投资要等于储蓄。如果投资小于储蓄，会造成资源闲置；如果投资大于储蓄，则容易引起通货膨胀，物价上升；只有投资等于储蓄，经济才能均衡发展。在投资结构上，要求投资结构要符合产业结构协调化和高级化的要求。反之，投资结构失调会导致产业结构失调，社会需要的产业或产品发展不足，不需要的产业或产品发展过多导致资源浪费和结构性物价上涨。

总之，要辩证地看待投资与经济增长之间的关系，投资并不总是对经济有利的。投资是一把双刃剑，运用得当，可以促进经济的增长，运用不当，则对经济增长带来多方面的负面影响。在投资的安排上一要注意投资的规模，二要注意投资的结构，三要注意投资的效益。

2. 政府对投资的调控

1）政府要调控投资的原因

政府调控投资意味着政府要在投资领域发挥作用或承担一定的责任。其原因在于：投资是一把双刃剑，如果投资规模、结构不合理的话，会影响经济的正常增长，而市场自发调节并不能实现投资规模的适度和投资结构的协调，或者说市场的自发调节的成本很高。

2）政府调控投资的目标

（1）投资总量：通过政府的调控使社会总投资等于社会总储蓄。

（2）投资结构：通过政府的调控使投资结构的协调和投资结构的高级化。

3）政府调控投资的方式

适应投资主体和投资格局的变化，政府对投资的宏观调控方式也将发生变化。如果说在计划经济体制下，政府对投资的宏观调控主要通过自身的投资而进行直接调控的话，那么，在市场经济体制下，政府对投资的宏观调控需要通过间接和直接两种方式进行。间接调控的对象是民间投资，通过产业政策的引导作用，通过财政投资的导向作用，并通过税收、财政补贴、折旧政策，来制约民间投资的条件，调控民间投资的方向、规模与结构。直接调控的对象是财政投资，政府根据宏观经济政策目标，结合民间投资的状态，安排政府自身投资的方向、规模与结构，从而使全社会的投资达到优化状态。显然，在市场经济体制下，政府对投资的宏观调控功能主要体现在两个方面：一是直接调节自身投资规模，间接调节民间投资规模，使两者加起来的总量与国民经济稳定增长所需求的投资总量相一致；二是调节自身投资结构，纠正民间投资结构的偏差，使全社会的投资结构符合国家产业政策的要求。

5.2　基础产业投资

5.2.1　基础产业的含义与特点

1. 基础产业的含义

狭义上的基础产业是指社会基础设施建设和基础工业部门，是对能为国民经济实现正常运行和持续发展提供基础性保障的特定经济部门的总称。基础设施建设包括交通运输、机场、港口、桥梁、通信、水利、城市供水、排水、供气、供电及供暖等设施建设；基础工业部门主要是指能源工业部门和基本原材料工业(包括建筑材料、钢材、石油化工材料等)部门。这些产业部门在国民经济的产业链中或居于“上游”环节，或为整个国民经济各部门提供“共同服务”，它们的存在和发展直接制约着其他国民经济部门的发展规模和发展速度。

广义上的基础产业除了基础设施建设和基础工业部门外，还有农林部门以及提供无形资产和服务的科学、文化、教育及卫生等部门。

2. 基础产业的特点

在社会经济活动中，与其他产业相比较，基础产业具有以下两个突出的特点。

(1) 基础设施为不同的生产者提供共同的生产条件，具有公共物品的性质。

马克思曾把生产条件区分为共同生产条件和特殊生产条件，与此相对应，他把固定资本也分为两类：一类是以机器的形式直接进入生产过程的那种固定资本；另一类是具有铁路、建筑物、农业改良、排水设备等形式的固定资本。马克思指出后一类固定资本的特点是：“作为生产资料来看，固定资本在这里与机器一类的东西不同，因为它同时被不同的资本当作它们共同的生产条件和流通条件来使用。固定资本不是表现为被包含在特殊生产过程中的东西，而是表现为各特殊资本的大量这类生产过程的联络动脉，它就是由这些特殊资本一部分一部分地消耗掉。因此，在这种场合，对于所有这类特殊资本及特殊生产过程来说，固定资本是一种特殊的同它们相分离的生产部门的产品，但是，另一个生产者也不能把它作为流动资本自身的形式才能出售”。马克思的话隐含下述意义：作为共同生产条件的固定资产，它不能被单个生产者单独使用，或被某一个生产者独自占领，它不是独占性地处在某个特殊的生产过程中，不能被卖者当作商品一次性地将整体出售给使用者。也就是说，它具有公用性、非独占性和不可分性，在一定程度上都说明基础产业具有非排他性，这些特性决定了它具有“公共物品”的一般特征。

(2) 基础产业一般属于资本密集型行业，需要的投资多、建设周期长。

基础产业特别是大型基础设施，大都属于资本密集型行业，需要大量的资本投入，而且它们的建设周期比较长，投资形成生产能力和回收投资的时间往往需要许多年，这些特点决定了基础产业很难由单个企业独立完成项目的建设，尤其在经济发展的初期阶段，没有政府的强有力支持，很难有效地推动基础产业的发展。在经济发展过程中各国政府均对基础产业实行强有力的干预政策，经济发达国家经历了工业化的发展过程，基础产业已有了相当的基础，因而政府的干预程度相对较弱。而经济欠发达国家在经济增长过程中常常经受“瓶颈”的困扰，由于私人部门的财力有限，政府只能通过财政集中动员一部分资源，以加快基础“瓶颈”部门的发展。实际上，发展中国家的财政，除具有一般弥补“市场失灵”的作用外，还部分地充当着社会资本原始积累的角色。在我国经济发展过程中，长时间内存在着结构性矛盾，基础产业的薄弱成为社会经济发展的主要制约因素，随着经济的快速增长，比如能源特别是电力供应长期不足，供给增长滞后于 GDP 的增长，“瓶颈”作用至今仍然存在。

5.2.2 财政基础产业投资的必要性

基础产业的上述特点表明基础产业是非政府部门不愿意投资或没有能力投资的项目，对基础产业投资是政府的职责。特别是发展中国家，由于正处于经济起飞时期，基础产业短缺是一个普遍的问题，也是制约经济发展的重要障碍，存在所谓“基础瓶颈”。这些国家大都十分重视对基础产业的投资。发达国家一般来讲由于经过了长期的工业化过程，基础产业比较发达和完善。虽然政府也重视对基础产业进行投资，但投资的力度相对要小一些。

5.2.3 财政基础产业投资的方式

在计划经济时期，财政对基础产业投资的方式是无偿拨款。即财政无偿地为建设单位提供资金，不需要偿还，资金用不好也不承担任何经济责任，是一种软约束。这种投资方式导致各地方、各部门纷纷向财政部门争资金，出现所谓“跑部钱进”的景象。而不注意项目的可行性研究，导致资金效益低下和大量浪费。因此，在市场经济条件下，财政要提高投资的效果，必须注意改革传统的对基础产业的投资方式。

与市场经济体制接轨的投资方式是财政投融资。市场经济国家如日本、韩国等采取这种方式发展基础产业都取得了比较好的成绩。

1. 财政投融资的概念

财政投融资是20世纪40年代后期产生于日本的一个新概念，是一个财政与金融有机融合的独特的经济范畴，并以其独特的作用受到世界各国政府的重视。按日本财政学家的解释，“以特定的财政资金，对指定的特别会计、政府关系机关和各种特殊法人进行投资和借贷，以促进社会资本的形成。”日本财务省出版的《财政投融资》一书，对财政投融资的定义是“财政投融资是以国家的制度、信用为基础，以邮政储蓄、年会等各种公共资金为来源，为实现国家的政策目标，并从国家整体的角度，对应由受益者负担的领域，有偿、统一、有效地分配资金的政府投融资活动”，也就是说，它是政府为实现一定的产业政策和其他政策目标，通过国家信用方式筹集资金，由财政统一掌握管理，并根据国民经济和社会发展规划，以出资人(入股)或融资(贷款)方式，将资金投向急需发展的部门、企业或事业的一种资金融通活动，所以它也被称为“政策性金融”。

2. 财政投融资的特点

1) 发展财政投融资的双重目标

第一目标是实现财政投资方式的改革，提高财政投资的效益。另一重要目标是为专业银行的商业化创造条件。传统的专业银行承担着双重职责，有双重业务，一是商业性的盈利职责，二是政策性的职责，为国家政策服务，专业银行改革的目标是商业化，成为真正的金融企业。为此目标，必须把其承担的政策性业务分离出去，需要注意的是，把政策性的业务从专业银行分离出去，并不意味着这些政策性业务不重要，而是这些业务不应由商业银行来承担。这样，就需要建立另外一个系统和机构来承担专业银行分离出去的这些政策性业务，这是建立财政投融资、组建政策性银行的目的和意义。

2）财政投融资政策性很强，范围有严格限制

这就是说，并不是任何产业项目都可以得到财政投融资的服务，只有那些具有公共物品特征的基础产业部门，包括农业才可享受政府投融资服务，一般产业部门只能到商业银行寻求融资服务。

3）财政投融资以市场参数作为配置资金的重要依据

虽然财政投融资计划性、政策性很强，但并不完全脱离市场，而是以市场参数作为配置资金的重要依据。政策性银行向什么行业或项目提供资金，要看市场即商业银行不愿意对哪些项目提供资金支持，政策性银行以什么样的条件提供资金，主要是利率的确定，也要看市场利率水平，要低于同时期的市场利率。

4）财政投融资的资金来源主要是财政资金

财政投融资的资金来源主要是政府通过信用的方式筹集的资金，如在国内发行公债券、国库券，向国外金融组织及国际金融组织借款等。除此之外，也可以采取其他方式吸收社会资金，如建立基金、通过收取使用费等进行筹资。

5.3 农业投资

5.3.1 农业在国民经济中的战略地位

农业是国民经济的基础，农业发展对于国民经济发展具有重要意义。首先，农业生产为我们提供了基本的生存条件，为其他生产活动提供了基础，这是基本的经济常识。其次，农业劳动生产率的提高是工业化的起点和基础，从世界各国的历史发展看，为了实现工业化，在大规模进行工业革命之前，必须有一个大规模的农业革命过程。从当前情况看，凡是农业生产率水平较高的地区，工业化都取得了成功；凡是农业生产率水平低的地区，工业化都遇到了问题。最后，稳定农业是使国民经济持续稳定发展的重要因素，“无粮不稳”，这已经成为人们的共识。

1. 农业生产为社会提供基本的生存条件

“衣、食、住、行”是社会生存和发展的基本条件，其中，衣食是根本。社会只有在解决了吃饭、穿衣这些最原始、最低层次的需求以后，才能存在，才能发展。而农业是人类社会的衣食之源、生存之本，在国民经济中，农业是关系国计民生的物质生产部门，主要提供人们生活所必需的最基本的生活资料。

2. 农业的发展是工业化的起点和基础

一个国家要走向富强，必须走工业化的道路。而要实现工业化，必须以农业的发展为基础。因为工业的发展对农业有一定的依赖。资金问题、原材料问题、市场问题的解决，都离不开农业的发展。在原材料问题上，我国曾一度发生棉花大战、桑蚕大战等，加大工业成本，影响工业的盈利水平，导致成本推动型的通胀。目前，农业发展不足对工业的制约表现在对工业品的需求不足。

3. 稳定农业是实现国民经济稳定发展的重要因素

农业是一个特殊的生产部门，它有一个特殊的供求关系。从供给看，由于农业主要是一个自然加工过程，受自然条件影响较大，供给波动较大。而农产品的需求是相对稳定的，这导致农产品价格的波动，进而影响整个经济的稳定。为此，需要改善农业生产条件，提高农业抵御自然灾害的能力，稳定农业供给，从而为经济的稳定发展奠定基础。

由此可见，农业问题，不单单是农民问题和农村问题，它和整个国民经济的发展都密切相关，我们应该从这样的战略高度来认识农业问题，才能真正制定出促进农业发展的政策、措施，并落到实处。

5.3.2 农业投资的资金来源

资金投入对发展农业具有十分重要的作用。从农业发展的一般规律看，当农业还处于粗放经营阶段时，其主要的生产要素是劳动力和土地，只需要较少的资金投入。但是随着技术的进步和农业经营集约化程度的提高，活劳动投入对农产品增长的贡献则呈明显下降趋势，而以资金为载体的物质投入对农产品增长的贡献则呈明显上升的趋势。因此，增加资金投入对农业发展越来越重要。从我国的现实情况看，我国的农业正处于向集约化经济方向的转换过程之中，我国农产品的增长无疑会越来越依赖资金的投入。同时，从农业发展的条件看，我国农业发展的资源约束矛盾日益尖锐，人口不断增加，耕地在逐渐减少。而且，从一定意义上讲，人口、耕地制约因素是当前难以逾越的硬约束，因此，今后农业发展的关键因素就在于依靠科技进步和资金的投入。

从理论上讲，我国农业发展的资金来源有以下四个方面。

1. 农户自身积累

发展农业的资金，来源于农业内部资金的积累，主要有两部分：一是农民的投入。农民是农业生产活动的主体，但是在经济体制改革以前，我们长期把农民个人投入排斥在农业投入体系之外，而且只承认集体的投入，这也是我国农业发展缓慢的一个重要原因。农村实行家庭联产承包责任制以后，实际上就确认了农民个人投入在农业投入体系中的重要地位，农民个人对农业生产的投工、投料，有力地促进了农业生产的发展。农民的投资主要是流动资金投资，即用于农药、化肥、种子的购买和农机具等小型固定资产的投资。二是农业集体单位和国有单位的投入。这主要是指农村集体经济、国有农场等单位对农业的投入。这里既包括流动资金投资又包括固定资产投资。但其投资方向一般只限于集体与国有单位之内，是单位进行农业经营活动的资金来源。

需要指出，自改革开放以来，乡镇企业得到了快速发展，已经成为农村经济的支柱产业。为了支持农业的发展，在一些乡镇建立了“以工补农”、“以工建农”的资金。这是在农村集体经济内部，运用乡镇集体经济的财力，支持农业发展的一种重要财力来源。这对于增强农业发展后劲、合理协调农村产业结构、稳定和促进农业发展起到了重要作用。

2. 银行信贷投资

这是金融部门以贷款的形式对农业的资金支持。对支持农业发展的贷款我国历来采取低息和微息政策，银行的农贷资金是我国农业现代化建设的重要资金来源。此外，财政也可以增拨专款给国家银行，由银行对农业发放长期贷款。1994 年 11 月，我国组建了中国农业发展银行，这是对农业进行信贷支援的主要渠道。农业发展银行属于政策性银行，它以国家信用为基础，筹集农业政策性信贷资金，承担国家规定的农业政策性进业务，代理财政支农资金的拨付，为农业和农村经济发展服务。利用政策性金融支持和保护农业，并促进农业发展是世界各国的普遍做法。

3. 吸引外资投入

积极而有效地利用国外资金，弥补我国发展农业资金的不足，是增加农业发展资金的重要渠道。利用外资一方面可以引进一大批国外先进技术和设备，另一方面还可以启动地方、集体、农户自筹一些配套资金增加对农业的投入。农业利用外资的途径：一是争取国际金融组织对农业的无偿援助和优惠贷款，这是我们努力争取的对象，但是随着我国综合国力的加强，这种来源将会明显减少；二是大力筹措民间资本和国际商业资本，尤其是要注意吸引港、澳和台湾同胞的投资。在外资的投向上，对各种优惠贷款要投向农业综合开发，改造中低产田、改善农业基础设施，以及对老少边穷地区的治理方面；对外商的直接投资要转向农副产品加工业和农村出口产业，以带动相关产业的发展。

4. 政府财政投资

政府财政投资主要表现为财政支援农业的投资，这又分为预算内资金投资和预算外资金投资两部分。前者是指列入国家预算支出直接拨付的支农资金；后者是指不列入国家预算内地方财政部门和农业有关主管单位用于发展农业的投资。列入国家预算的支农资金，主要包括以下内容。

1）农林、水利、气象等方面的基本建设投资支出

其中，对农业和农垦部门的基本建设投资，主要包括对国有农场和生产建设垦区的基本建设投资；对林业的基本投资，主要包括建筑厂房、购买设备、种苗和栽树等费用；对水利的基本建设投资，主要包括根治大江大河，修筑水库、桥梁等基本建设费用；对气象方面的基本建设投资，主要包括建设气象台(站)购买设备等费用。此外，还包括属于上述系统的事业单位的基本建设投资。

2）农林企业挖潜改造资金支出

这是指国家财政用于农垦、农牧、农机、林业、水利、水产及气象等企业的挖潜改造资金。

3）农林、水利、气象等部门的事业费支出

这是财政用于农垦、农场、农业、畜牧、农机、林业、水利、水产、气象、乡镇企业以及农业资源调查和土地管理等方面的事业费。

4）农林部门科技三项费用

这是财政用于农业、畜牧、农机、林业、水利、水产及气象等部门的新产品试制、中间试验和重要科学研究补助费等科学技术三项费用。

5）支援农村生产支出

这是国家财政对农村集体单位和农户的各项生产性支出的支援。主要包括：小型农田

水利和水土保持补助费、支援农村合作生产组织资金、农技推广和植保补助费、农村草场和畜禽保护补助费、农村造林和林业保护补助费、农村水产补助费、农业发展专项资金和发展粮食生产专项资金支出等。

预算外资金也是国家增加农业投资的重要资金来源，自改革开放以来，预算外资金增长迅速，用于发展农业的预算外资金主要包括国有农业企业专门提取的各种专项基金、财务包干结余等。由于预算外资金具有分散性的特点，这就需要财政部门加强管理，积极引导使之成为发展农业的重要的投资资金来源。

5.3.3　财政农业投资的必要性

政府对农业投资的必要性取决于两个方面：一方面各种发展农业的资金在营运上都有其局限性，难以满足农业发展的各方面需要；另一方面在市场经济体制中，农业部门本身的某些投资只适宜由政府来解决。

1. 从资金看

1）农业内部积累

从理论上讲，一个产业的发展首先要靠内部的积累能力，以内部资金为主要资金来源。但是，农业内部积累要成为主要的资金来源，有两个条件必不可少：①农产品的价格必须高于其投入成本，否则，农业部门的积累就无从谈起；②农业投资的收益率必须高于(至少不低于)全社会平均的投资收益率，否则，农业部门即便产生了利润也不会向农业投资转化。

农业内部积累一般只用于流动资金的投资或只限于本单位内部的投资，这种积累速度很慢，而且在比较利益驱使下，这种内部积累也会转到收益较高的产业中去。长期以来，国家为了从农业抽取资金支持工业化的发展，人为地压低农产品价格，抬高工业品价格，制造工农产品价格剪刀差，导致农业盈利很低，甚至没有盈利，农业部门内部没有什么积累能力。改革开放以来，国家有意识地调高农产品价格，试图缩小这个剪刀差。但是，在城市经济体制特别是价格改革开始以后，工业品价格上升的幅度更大。工农产品剪刀差回归，甚至扩大了，对农业积累形成了新的冲击。现在农业成本很高，而农产品价格相对又较低。农业盈利很低，更是低于全社会平均利润率。因此，农业内部积累严重不足，很难成为农业投资的主要资金来源。

2）银行信贷投资

银行信贷投资是一种有偿支援，需要还本付息，而且农业资金盈利率较低，有些建设项目根本不能计算出微观的经济效益，但是却有很大的社会效益，所以，在农业盈利率较低的情况下，以利润最大化为目的的商业银行也不可能把大量信贷资金投向农业。

3）利用外资

当前我国农业吸引外资的水平是比较低的，低于发展中国家的水平。而且，在国内农业吸引外资的比重也大大低于其他行业，这种状况必须加快改变，否则利用外资来促进农业的发展就不会落到实处。

2. 从部门看

从农业部门本身看，许多投资项目，如大江大河的治理、大型水库的建设，都有投资多、周期长的特点。这是市场调节难以解决的，只有政府才能承担这些建设周期长、投资量大的项目。农业科研和科研成果推广也需要大量资金，而且农业科研具有典型的外部经济的特征，即科研成果的推广，将会使广大的农民得到好处。但科研单位本身不可能获得全部收益，同时进行科研的费用要由本单位承担，况且也可能出现失败的风险。因此科研成本与科研成果产生的收益是不对称的。所以单靠农民以及农业单位自己投资也是很困难的，也只有政府才能提供进行重大农业科研、技术推广的资金需要。此外，发展农业的长期投资，是保证农业持续发展的主要条件，也必须纳入政府的投资范围。因为农业比较利益偏低，作为独立的商品生产者的农户只能受市场机制的支配而投资于短期能收益的项目，只有政府才能摆脱市场的控制，着眼于具有社会效益的长期投资项目。

由此看来，在市场经济条件下，由于发展农业的其他资金在使用上的局限性，以及农业本身的特点，决定了政府财政担负着向农业投资的重任。

5.3.4 财政农业投资的范围和重点

由于改革以来财政的放权让利改革，财政非常困难，能够投向农业的资金非常有限。因此，财政对农业的投资应该有一定的范围和重点。

在市场经济条件下，政府农业投资的范围应该是具有公共物品性质的农业项目。但农业公共物品项目很多，在财政资金有限的情况下，应该把那些具有外部效应，牵涉面广(比如跨地区的农业项目，可以使更多的农民从中受益)、规模大的农业公共物品作为财政投资的重点。在我国，目前主要包括以下几个方面。

1. 农业基础设施

如大型水利设施、农业水土保持工程(退耕还林(草))等。这是农业发展的物质基础。现阶段我国农业基础薄弱，水利设施和农田基础设施老化失修、水土流失严重、生态环境恶化使农业抵御自然灾害的能力不强，严重影响了农业的发展。这些基础工程无疑属于公共物品，而且是重要的公共物品。单个农户没有能力从事这方面的投资，也难于吸引市场投资。因此，应作为政府投资农业的一个重点。

2. 农业科技进步与推广

科技是农业发展的技术基础。要实现农业经济增长方式由粗放型向集约型的转变，“科教兴国”是重要的一环。因此，财政应增加对农业科技的投入，一是要扶持农业科研单位开展农业科学研究，尤其是基础性研究和公关项目；二是增加对农业科技推广的扶持，特别要注意对粮棉油等大宗农作物的良种培育、科学栽培、节水灌溉等技术的推广进行扶持；三是要增加对农业教育与培训的经费投入，加大对农业劳动者技术培训的投入；四是要增强农业科技推广体系的投入。总之，政府应在政策上大力刺激农业科技、农业科技推广与农业生产过程的紧密结合，使农业技术进步在农业经济增长中发挥更大的作用。

美国人布朗曾写过一本书，叫作《2030：谁来养活中国》，他预言2030年中国农业生产将难以满足中国粮食的需求，需要进口粮食2亿～4亿吨，将会对世界粮食市场形成极大压力和冲击，甚至引起世界粮食的恐慌。北京大学国民经济研究中心的林毅夫教授认为，布朗对中国农业的前景过于悲观了。原因在于布朗对技术进步对农业的贡献估计过低，甚至没有考虑技术进步在农业发展中的作用。现在世界发达国家科技在农业增长中的贡献一般是60%～80%，而我国目前不足40%，差距很大，同时也表明科技对农业的贡献潜力很大。只要把这种潜力变成现实，中国不仅可以养活自己，还可以出口粮食，养活别人。因此，科技进步及其成果的推广对中国农业发展来讲具有非同寻常的意义。财政应把农业科技进步和推广作为财政支持的重点。

3. 农业生态环境保护

农业发展与生态环境之间具有相互制约、相互促进的关系。为了使农业和生态环境之间形成良性循环并协调发展，政府应增加对绿化、治污、水土保持的防护林建设等准公共物品的投入，加大改善农业生态环境的力度。

另外，由于农业发展是一个系统工程，光靠政府投入是远远不够的，只有将政府支农纳入整个农业公共政策体系之中，通过发挥市场的力量和政府的引导作用，才能从根本上解决农业问题。农业公共政策体系应当包括以下内容：土地产权政策、农业人力资本政策、农业产业结构调整政策、财政支农政策和农产品流通政策等。

本章小结

财政投资是社会总投资的一个特殊组成部分，是指政府为了实现其职能，作为特殊的投资主体，为促进国民经济各部门的协调发展、满足社会公共需要、实现经济和社会发展战略，利用公共支出对经济和社会发展中的一些特定部门和需要进行的投资活动，它有广义和狭义之分。

财政投资具有目标的全局性和非营利性、补充私人投资的不足、投资项目通常是大型项目和长期项目、作为国家调控经济的重要手段等特点，所以决定了财政投资的必要性。

投资与经济增长具有双重关系，投资是经济增长的动力和基础，是促进经济增长的主要因素，投资规模或投资结构不合理、投资效益低下，会引起经济波动和资源浪费，影响经济的正常增长。因此政府要对投资进行调控，在市场经济条件下，调控的方式有直接调控和间接调控。

狭义上的基础产业是指社会基础设施建设和基础工业部门，是对能为国民经济实现正常运行和持续发展提供基础性保障的特定经济部门的总称，广义上的基础产业除了基础设施建设和基础工业部门外，还有农林部门以及提供无形资产和服务的科学、文化、教育、卫生等部门。

基础产业的特点有：基础设施为不同的生产者提供共同的生产条件，具有公共物品的性质。基础产业一般属于资本密集型行业，需要的投资多、建设周期长。基础产业的特点决定了对基础产业投资是政府的职责。政府对基础产业投资的方式财政投融资制度。

农业是国民经济的基础，发展农业的资金来源有农业内部积累、银行信贷、吸引外资和政府投入。政府对农业投资的重点是农业基础设施、农业科技与推广、农业生态环境保护。

阅读资料

日本政府的财政投融资制度

利用国家信用筹集资金，按照政策需要进行投融资活动是日本的传统，但建立庞大的以国家信用为基础的财政投融资制度却是第二次世界大战后日本的新创造，是日本为实现宏观经济政策与微观经济的协调，对经济供给过程进行干预的制度保证。

日本的财政投融资制度的前身是由邮政储蓄和大藏省存款部构成的资金筹措和资金运用的国家信用制度，1952年则启动为资金筹集、资金分配和资金运用相结合的财政投融资制度，即在国家预算的一般会计和特别会计之外，建立具体由政府进行投融资操作的国家第二预算。其机构和工作机制为：大藏省的资金存款部改为资金运用部，负责资金分配，通过为用户提供具有政策优惠的邮政储蓄制度扩大邮政储蓄的规模，以邮政储蓄与产业投资基金资金、年金和保险基金以及政府担保借款作为资金来源，并通过日本开发银行、日本进出口银行和中小企业金融公库等两行十公库等政府金融机构，按政策性、诱导性、公共性和有偿性相结合的原则运用这些资金，并对日本经济发展产生了重要影响。

(1) 政府对社会间接资本，特别是对产业基础设施的大规模投资，极大地缓解了产业迅速发展而引起的交通运输设施和用水用地的瓶颈制约，从而促进了经济的迅速发展。财政支出中用于基础设施部分(道路＋港湾＋废弃物处理＋工业用水＋铁路)的支出额，1956年为国民生产总值的1%，到1965年这一比例上升到3.5%以上。

(2) 通过财政投融资，对电力、海运和铁道提供了低利贷款，降低了这些产业的成本。日本的财政投融资的资金来源属于有偿资金，其运用也按有偿原则进行，但这些资金并不以盈利为主要目的，利率比商业银行的利率低。据估计，从1961—1973年的年平均水平看，使用财政低息贷款而降低的利息负担约占整个制造业设备投资额的1%，其中的一些产业又远远高出这一比例。例如，机械工业达5%，电力工业6%，汽车工业7%，海运业则高达22%。

（资料来源：靳晓黎．外国宏观经济管理概论．北京：中国物价出版社，1999.）

复习思考题

一、概念题

财政投资　基础产业　财政投融资

二、单项选择题

1. 以下哪个不属于财政投资的范围？(　　)

A. 微观经济效益低，但国民经济整体发展急需的建设项目

B. 投资规模大，私人部门无力进行的投资项目

C. 微观经济效益高，但社会效益高的建设项目

D. 投资期长见效慢，但社会效益低的建设项目

2. 以下不属于财政投资特点的是(　　)。

A. 财政投资以实现社会经济的全面发展和良性循环为目标，因此财政投资的主依据是社会效益与社会成本的高低，但是，财政投资不允许亏损

B. 在市场经济条件下，财政投资通常不进入竞争性领域，只能是对市场投资行为的补充

C. 财政投资通常用于事关国计民生的公共工程和基础产业等大型项目与长期项目

D. 财政投资是政府用以调控经济的重要手段

3. 在市场经济制度下，财政投资主要用于(　　)。

A. 重要的社会投资　　B. 重要生产性项目的投资

C. 非生产性部门的投资　　D. 重要的公共工程和基础设施项目

4. 财政进行投资的主要依据是（　　）。

A. 投资的内在成本的大小　　B. 投资的社会效益和社会成本

C. 投资的生产成本与收益　　D. 投资的社会成本的大小

5. 由于受自然条件的影响，使农业生产具有（　　）的特点。

A. 产出与需求的波动较大　　B. 产出波动大，需求弹性不大

C. 产出波动小，需求弹性大　　D. 产出与需求的波动较小

6. 对农业科学研究承担主要责任的应当是（　　）。

A. 农民　　B. 政府　　C. 社会　　D. 农业企业

7. 对于建设周期长、投资量大的农业投资项目应当由（　　）供应资金。

A. 农业内部积累　　B. 银行信贷

C. 国外资金　　D. 政府拨款

8. 基础产业从一般意义上讲，是指（　　）。

A. 具有明显经济效益的经济部门

B. 为国民经济发展提供基础性保障的特定经济部门

C. 具有显著的竞争性特点的产业部门

D. 具有明显的内部经济效应的特定经济部门

9. 财政投资农业的内容不包括（　　）。

A. 支援农村生产支出　　B. 农业基本建设支出

C. 农产品收购支出　　D. 农业事业费支出

10. 下面哪个行业是基础产业？（　　）

A. 服装业　　B. 农业　　C. 建筑业　　D. 金融保险业

三、多项选择题

1. 在市场经济制度下，财政投资主要应用于（　　）等方面。

A. 基础产业部门　　B. 扶持农业部门

C. 一般生产企业　　D. 国家物资储备

E. 第三产业部门

2. 在市场经济条件下，财政投资（　　）。

A. 可以在一切领域发挥作用

B. 通常不进入竞争性领域

C. 通常在竞争性领域中发挥作用

D. 一般不向有明显经济效益的项目投资

E. 只能是对市场投资行为的补充

3. 基础产业投资的特点主要表现为（　　）。

A. 投资规模大　　B. 投资效益高

C. 投资效益低　　D. 投资收益慢

E. 投资回收快

4. 财政投资农业的主要内容包括(　　)。

A. 支援农村生产支出　　B. 农业基本建设支出

C. 农林水利气象等部门事业费支出　　D. 农产品收购支出

E. 农林部门科技三项费用支出

5. 适合于政府投资的农业项目包括(　　)。

A. 大江大河的治理　　B. 流动资金投资

C. 农业科研　　D. 大型重点防护林工程

E. 气象预报预测系统

6. 关于投资与经济增长之间的关系表述正确的有(　　)。

A. 投资总能促进经济增长

B. 投资是促进经济增长的主要因素

C. 投资不能促进经济增长

D. 投资规模或投资结构不合理会影响经济的正常增长

E. 投资是一把双刃剑，可以促进经济增长，也可以阻碍经济增长

7. 在市场经济条件下，财政投资不具备的特点是(　　)。

A. 可以在一切领域发挥作用

B. 通常不进入竞争性领域

C. 通常在竞争性的领域中发挥作用

D. 一般对不具有明显经济效益的投资项目投资

E. 只能是对市场投资行为的补充

8. 基础产业投资的特点主要表现为(　　)。

A. 具有私人物品的性质　　B. 具有公共物品的性质

C. 投资规模大　　D. 投资期长

E. 投资效益低

9. 财政投融资的特点主要有(　　)。

A. 财政投融资是在大力商业性投融资渠道的同时构建的新型投融资渠道

B. 财政投融资的目的性很强，范围有严格限制

C. 财政投融资以市场参数作为配置资金的重要依据

D. 财政投融资主要是为基础产业部门融资

E. 财政投融资的资金来源主要是财政性资金

10. 在我国，财政对农业投资的必要性在于(　　)。

A. 农业是国民经济的基础

B. 农业部门是特殊的生产部门，自身积累能力弱

C. 资本市场对农业投资的欠缺

D. 农业投资效益高

E. 农业投资期长，比较利益低

四、简答题

1. 简述财政投资存在的必要性。
2. 简述财政投资的特点。
3. 简述基础产业的特点。
4. 简述财政投融资的主要特点。
5. 发展农业的资金来源有哪些?

五、论述题

1. 结合实际论述投资与经济增长之间的关系。
2. 论述政府农业投资的必要性和投资的重点。

六、案例分析题

美国扶持农业发展的财政经济政策

1. 案例资料：

由于农业生产是经济再生产过程同自然再生产过程的统一，而自然条件的变化对农产品供求与价格都会产生较大影响，从而可能影响农业的稳定，这使美国政府自20世纪30年代初开始，对农业采取了一系列支持政策，以保持农业的稳定发展。主要表现在以下几个方面。

(1) 支持农业基础设施建设和农业的教育、科研工作。美国联邦政府举办以促进农业发展为中心的大型综合开发项目，最为典型的是田纳西流域工程计划。1933年，联邦政府成立了田纳西流域管理局，负责进行以修筑水库堤坝、综合利用水资源为主的大型公共工程，并在与各州及地方政府的通力合作下，共修建了29个大坝，控制了洪水，疏通了千余公里的航道，改善了水源供应，发展了鱼类及野生动物的繁养，还开辟出优美的游览区。这一大规模综合开发试验区取得的成功，使田纳西流域的收入增长了4倍，并提供了充足的电力。在农业教育和科研方面，每个州都建立一个州立农业学院，或者在州立大学设立农学院，各州赠地给学院建立农业试验站，联邦政府的农业部设研究试验局，组织农业科研工作。同时，政府为农业发展与应用研究提供经费。

(2) 推行休耕、限耕计划，控制耕种面积。针对美国不断出现农产品生产过剩问题，为避免由此推动农产品市场价格下降，导致农场主收入下降情况的出现，美国政府每年制定有偿休耕、限耕计划，以控制农产品生产，协调供求关系(这一计划目前主要适用于饲料粮食、小麦、稻谷和棉花这几种主要产品)。具体方法是：每一农场主的基本耕种面积要分为三个部分，即计划内面积、弹性面积和环保性休耕面积。计划内面积必须耕种计划作物并可得到政府的补贴；弹性面积可耕种任何计划作物和除水果、蔬菜以外的任何计划外作物，但不能获得政府补贴；环保性休耕面积是不耕种的面积。农场主是否参加政府的休耕、限耕计划是自愿的，但凡是参加这一计划的农场主都可得到现金、实物或贷款补偿。

(3) 价格支持政策。为了稳定农产品价格，保证农民收入，联邦政府长期以来一直对一些主要农产品进行价格支持，即保证农民出售的农产品价格不低于官方提出的最低价格。为了实现这一目标，联邦政府采取了无追索权贷款和政府购买的手段。所谓无追索权贷款，就是由联邦政府的农产品信贷公司发放给符合条件的、生产特定农产品的农场主的一种贷款。贷款率，即单位农产品的贷款额，是由联邦立法机构或农业部长根据立法规则确定的。如果市场上农产品的价格高于贷款率，那么农场主在出售农产品后，可以归还这一贷款加上应付利息；如果农产品价格低于贷款率，农场主可以不归还贷款而把自己的农产品交给农产品信贷公司，并且不负担任何费用或罚款。显然，贷款率就是支持价格或最低价格。如果贷款率高于市场价格，必然会出现供大于求的状况，这时，政府必须负责收购多余的农产品以维持支持价格，这就是所谓的政府购买。在20世纪50年代末和60年代初，政府购买是维持支持价格的基本手段，但目前这一手段只用于牛奶和糖两种产品。

(4) 直接收入支持政策。就是通过直接给农场主提供收入支持，保障他们收入的稳定。其具体手段包括目标价格和差额支付。目标价格，就是政府设置一个用于计算支付农场主收入的价格，或者说是理论上的合理的农产品价格。当市场价格低于目标价格时，那些符合规定条件的农场主就可依法获得差额支付或补贴。支付率，即单位农产品应得的支付额或补贴额，等于目标价格与市场价格和贷款率两者之高者的差额。就是说，当市价高于贷款率，则支付率就等于目标价格与市场价格之差；如果市价低于贷款率，则支付率等于目标价格与贷款率之差。直接收入支持政策的实施范围主要是玉米、小麦、棉花等主要农产品。

(5) 为农产品的销售创造市场。包括扩大国内消费和促进农产品出口。在扩大消费方面，美国政府在支付社会福利费用时尽量增加食品的消费，这包括向低收入者发放用于领取食品的“食品券”，向在校儿童供应有政府补贴的早、午餐等。扩大出口方面，早在1954年美国政府根据国会通过的《480号公法》(1959年起称为《粮食用于和平计划》)，以赠予和长期优惠贷款的方式向第三世界大量提供粮食、奶粉等食品，以帮助解决国内的农产品过剩问题。70年代后，美国政府主要采取提供补贴和给买主以出口信贷的办法来促进农产品的出口。直到目前，联邦政府仍对小麦等农产品的出口给予补贴。同时还对一些农畜产品的进口实施严格的限额制度，以保护国内的生产者。

2. 分析问题：

中国发展农业的财政支出政策应如何选择？

(资料来源：靳晓黎．外国宏观经济管理概论．北京：中国物价出版社，1999.)

第6章

转移性支出

教学目标

通过的本章学习，了解转移性财政支出的一般构成及相关概念。掌握社会保障的概念、特征、内容和功能；理解社会保障资金的筹集模式及社会保障支出与财政的关系；了解我国的社会保障制度的发展和改革。掌握财政补贴的性质和分类及作用。了解援外支出和债务利息支出的概念。达到能够对转移性财政支出有一个较为理性的认识，分析转移性支出在财政支出中的地位和作用，能对现实生活中的财政支出做出较为科学的分析。

教学要求

知识要点	能力要求	相关知识
社会保障支出	(1) 能够从多个角度理解社会保障制度对于一个国家和社会的必要性 (2) 理解社会保障资金的筹集与财政支出的关系 (3) 体会社会保障制度对于国家经济社会的稳定功能	(1) 为什么要有社会保障支出 (2) 社会保障的特征 (3) 社会保障的内容 (4) 社会保障的功能 (5) 社会保障资金的筹集模式 (6) 我国的社会保障制度与改革
财政补贴支出	(1) 理解财政补贴的不同分类 (2) 能够领会财政补贴对于社会资源配置的影响	(1) 财政补贴的分类 (2) 财政补贴的性质 (3) 财政补贴的作用
援外支出和债务利息支出	(1) 能够体会援外支出的政治功能 (2) 能够理解债务利息支出的性质	(1) 援外支出的概念 (2) 债务利息支出的概念

引　例

请关注以下与财政转移支出有关的现象：

（1）社会主体间的信息不对称。

（2）人们的短视行为。

（3）制度对于成本的节约。

（4）“花钱养懒汉”。

（5）1999年，中国颁布了《城市居民最低生活保障条例》。

（6）2014年2月，国务院颁布了《国务院关于建立统一的城乡居民基本养老保险制度的意见》（国发〔2014〕8号）。

（7）我国21世纪上半叶人口老龄化将具有“二高三大”的特征。

（8）2014年2月，人社部、财政部联合印发了《城乡养老保险制度衔接暂行办法》。

（9）“保障房”的尴尬。

财政支出按支出的经济性质不同，可分为购买性支出和转移性支出。转移性支出表现为财政资金的单方面转移，体现的是政府的非市场性再分配活动，其功能表现为促进社会公平，维护社会稳定，贯彻经济与社会的和谐发展之理念。

转移性支出包括补助支出、捐赠支出和债务利息支出。其中补助支出所占份额最大，从经济影响上看，它全面影响着收入分配，间接影响着社会资源的配置。本章主要讨论的内容之一就是补助支出，按补助支出同市场相对价格结构的关系来分类，可分为社会保障支出和财政补贴支出。

社会保障支出包括那些支出变动对相对价格结构不影响或影响很小的补助支出；而财政补贴支出包括那些与相对价格结构关系密切，其变动会导致相对价格结构发生相应改变的补助支出。

6.1　社会保障支出

6.1.1　社会保障概述

1. 社会保障的存在原因

我们在西方经济学中了解到，市场机制是一只“看不见的手”或者说“无形的手”，能很好地调节社会资源的配置。但我们同样也了解到市场机制存在着“市场失灵”或者说“市场失效”。也就是说人们在市场机制发挥作用的过程中所从事的各种活动，不管作用机制如何完善，在任何时期，对于所有的社会成员来说，总有部分人由于各种各样的原因在生活上陷入困境，而这种困境仅靠个人或家庭的力量难以或基本上难以走出困境。这时，政府或其他公共部门就必须发挥其经济作用，通过收入再分配去促进社会公平，帮助困难群体克服困难，帮助弱势群体维持生计，即需要建立社会保障制度。具体来说，公共部门介入社会保障制度的原因有以下几个。

1）社会主体间的信息不对称

信息不对称所带来的问题，包括逆向选择和道德风险。这里主要是逆向选择会导致市场无法建立有效的保险市场，来为陷入困境的人们提供有效的保险。比如说健康保险，如果保险公司按照统一的标准，向所有的人收取同样的保险费，那么身体健康的人会选择不投保，而剩下的人所支付的保险费又无法满足保险公司正常运作的基本要求。于是保险公司只好提高保险费，但同样的问题又会继续出现。如此循环往复的结果，是保险公司无法提供普遍的健康保险。养老保险市场、失业保险市场、贫困保险市场等，也会由于同样的原因无法建立起来。另外由于收入分配机制的不公平，会使有些人生来就贫困，即使有市场，也没有足够的资金为自己或家人购买必要的保险。

2）人们的短视行为

在消费理论中有一种叫作即时消费说：认为即时消费和远期消费相比而言，人们更为偏好即时消费。也就是说人们会将现有的收入大部分用于现时消费，而不管或很少考虑到未来的风险。那么，根据这样一种观点，大多数人都是短视的，大多数人不会或很少为自己年老、失业、患病等将陷入的困境积累足够的资金，这就会给社会稳定和发展带来问题。因此，政府或公共部门就有必要介入，建立社会保障制度强迫所有社会成员为预期的风险进行储蓄。

3）制度对于成本的节约

公共部门统一建立社会保障制度，由于规模经济效应的原因，可以节约制度的平均运转成本，同时可以形成社会安全网，增强抗拒风险的能力，还可以运用社会保障调节经济的运行。

基于以上的分析，我们再来给出社会保障的概念。所谓社会保障，是指国家依据一定的法律和法规，在劳动者或全体社会成员因年老、疾病、伤残丧失劳动能力或就业机会以及遇到其他事故而面临生活困难时，向其提供基本的生活保障和社会服务。因而社会保障是一项社会性事业，政府的介入就应该制定相应的社会保障制度。所谓社会保障制度则是指由法律规定了的、按照某种确定的规则实施的社会保障政策和措施体系。相应来说，财政的社会保障支出，是指财政为建立社会保障制度或向由于各种原因暂时或永久丧失劳动能力、失去工作机会或生活面临困难的社会成员，提供保障其基本生活的支出。社会保障支出是世界各国政府公共支出的一个重要项目，它与国家的社会保障制度联系在一起，为政府实施社会保障制度提供了财力保障。它对保障社会成员的基本生活，缓和不公平的分配制度造成的两极分化和维护社会稳定等，都有十分重要的作用。

2. 社会保障的特征

社会保障作为一种经济保障形式，具有以下几个基本特征。

1）普遍性

社会保障的实施主体是国家，目的是满足全体社会成员的基本生活保障，因此对于任何一个社会成员来说，不分行业、性别、种族等无一例外地应该在社会保障这张安全网之内。

2）强制性

每个社会成员都需要社会保障，这是毫无疑问的，但每个社会成员对社会保障的需求程度却是不一样的。也就是说社会保障给每一个社会成员的总效用是不一样的。如果允许各成员按照消费者均衡的条件(该成员对社会保障的边际效用等于货币的边际效用)进行选择，就会有部分社会成员选择不参与社会保障，而这显然不利于社会的整体利益。因而，此时的强制性是必要的，并且应该以法律的形式加以确定。

3）公平性

实现公平是社会保障追求的目标。社会保障基金的分配虽然不可能绝对平均，但社会成员在享受社会保障机制的机会和权利方面具有较大的机会均等和利益均享的特征。也就是说，凡是生存发生困难的社会成员，都可以均等地获得社会保障的权利和机会，而且每个社会成员从社会保障中获得的帮助是基本均等的。但这个公平性并不排除按照社会成员的贡献进行分配。如养老保险基金，成员的贡献程度不同其给付标准也不同。

4）约束性

这里的约束性指的是受益程度的约束性。社会保障只涉及基本生存方面的保险，它所直接带来的不是享受，而只是满足基本生活保障的需要。受益程度的约束性是由社会保障的存在前提和基本出发点决定的。由于社会保障的项目、水平及制度的健全与否都受到社会化大生产发展程度的制约，因此，“花钱养懒汉”会影响效率，也会影响劳动者的积极性，更不利于我国现阶段的社会主义建设。

3. 社会保障的内容

社会保障由社会保险和社会福利两个部分所组成，其中社会福利又可以进一步细分为(狭义的)社会福利、社会救助和社会优抚。

1）社会保险

社会保险是最基本的社会保障项目。所谓社会保险，是指国家对劳动者在其退休、生病、伤残等丧失或部分丧失劳动能力时，以及在失业时给予货币或实物补助的活动。这是现代社会保障制度的核心内容。

社会保险的主要内容有：①养老保险。所谓养老保险(或养老保险制度)是国家和社会根据一定的法律和法规，为解决劳动者在达到国家规定的解除劳动义务的劳动年龄界限，或因年老丧失劳动能力退出劳动岗位后的基本生活而建立的一种社会保险制度。②生育或疾病保险。该保险是对因生育而中断劳动和因患病而暂时失去劳动能力的劳动者，给予其生育和患病期间的收入补助。③伤残保险。它是指劳动者因病残或工作伤害而成残疾，由社会保障向其支付的伤残补助金。④医疗保险。该保险是国家通过立法对劳动者给予假期和收入补偿，提供医疗服务以帮助其进行治疗和维持基本生活的制度，另外，劳动者的直系亲属也可享受一定的医疗补助。⑤工伤保险。所谓工伤保险是指国家和社会为在生产、工作中遭受事故伤害和患职业性疾病的劳动者及亲属提供医疗救治、生活保障、经济补偿、医疗和职业康复等物质帮助的一种社会保障制度。⑥丧葬和遗嘱保险。这是指对已故劳动者提供的丧葬费用和对其遗属给予的生活补贴。⑦失业保险。这是指对因失业中断工作的劳动者给予基本的生活费、医疗补助，并为他们提供转业培训和职业介绍服务。

2）社会福利

对于“社会福利”的概念及其内涵与外延，各界还未形成统一的认识，因而对“社会福利”概念的界定有三个不同层次的认识：一是广义上的社会福利。它指的是为全体社会成员提供生活所必需的各种设施、服务和环境，给予各种社会津贴以及采取各种保护性福利措施的这类活动与制度。二是中义上的社会福利，它包括除社会保险以外的所有社会保障活动。因此，中义上的社会福利将社会优抚、社会救助都涵盖在内，含义是公共部门通过货币或实物补助的形式，向生活有困难或处于某些特定情形下的公民提供补助的活动。三是狭义上的社会福利，它指的是为社会中特别需要关怀的弱者群体(老人、儿童、残疾人等)提供必要的财力或物质援助，以提高他们的生活水平和自立能力。

不论从哪一个层次看，“社会福利”都不仅局限于满足社会成员的基本生活需要，而是在此基础之上进一步追求生活质量和生活水平的提高。所以也有人将社会福利看成是社会保障中的最高层次。1999 年，中国颁布了《城市居民最低生活保障条例》，在全国普遍建立了城市居民最低生活保障制度。到 2006 年，中国大多数省份都已实行了包括农村居民在内的最低生活保障制度。2014 年 2 月，国务院颁布了《国务院关于建立统一的城乡居民基本养老保险制度的意见》，人社部、财政部联合印发了《城乡养老保险制度衔接暂行办法》。住房福利制度的改革也在摸索之中，“十二五”期间，城镇社会保障房建设目标为 3 600 万套，努力实现居民“住有所居”。另外，医保、就业保障等领域也都取得了巨大成就。

3）社会救济

所谓社会救济，也称为社会救助，是指国家按照法定程序和标准，向因自然灾害或其他社会、经济原因而难以维持最低生活水平的社会成员提供财力或物质援助，以保证其最低生活需求的一种社会保障制度。它是向由于各种原因陷入生活困境中的社会成员提供最基本的生活保障的最有效方式。它保障的是公民的生存权，对维护社会稳定有着积极的作用。社会救助的内容，主要是贫困人口救济、自然灾害救济和孤寡病残救济救助等。2014 年 2 月，国务院令第 649 号公布《社会救助暂行办法》，该《办法》分总则、最低生活保障、特困人员供养、受灾人员救助、医疗救助、教育救助、住房救助、就业救助、临时救助、社会力量参与、监督管理、法律责任、附则共 13 章 70 条，自 2014 年 5 月 1 日起施行。

4）社会优抚

所谓社会优抚，是指国家和社会根据宪法及有关法律、政策的规定，对现役军人、退伍军人和军烈属等提供保证一定生活水平的资金和服务，是一种带有褒扬优待和抚恤性质的特殊社会保障制度。社会优抚是我国社会保障制度的重要组成部分，《宪法》第 45 条规定，“国家和社会保障残废军人的生活，抚恤烈士家属，优待军人家属”。保障优抚对象的生活是国家和社会的责任。社会优抚制度的建立，对于维持社会稳定、保卫国家安全、促进国防和军队现代化建设、推动经济发展的社会进步具有重要的意义。新中国成立之初，我国颁布了一系列优抚优待的法规，如 1950 年颁布了《革命军人牺牲病故褒恤暂行条例》《民兵兵工伤亡褒恤暂行条例》《革命残废军人优待抚恤暂行条例》第 5 个规定，建立起了以军人及其家属为对象的优抚制度。1981 年和 1982 年国务院和中央军委分别颁布了《关于军队干部退休的暂行规定》和《关于军队干部离职休养的暂行规定》，对军队干部离退休问题做了具体的规定。1984 年第六届全国人大二次会议上通过了《中华人民共和国兵役法》，其中对军人的抚恤、优待、退休养老、退役安置等问题做了具体规定，同时废除了50年代颁布的5个条例，建立了国家、社会、群众三结合的抚恤优待制度。另外，自改革开放以来，国家17次提高残疾军人残疾抚恤金标准，20次提高烈属定期抚恤金标准和在乡退伍红军老战士生活补助标准，总体上适应了改革开放以来的经济增长速度和物价总水平的变化幅度，在一定程度上保证了优抚对象的生活水平。

4. 社会保障的功能

社会保障功能主要由以下两大功能组成。

1）社会保障的社会性功能

（1）社会补偿功能，是指为保障失去或没有生活来源者、贫困者、遭遇不幸者和一切工薪劳动者，在暂时或永久失去劳动能力及失去工作岗位后，仍能维持最低生活水平，满足基本生活需要。它是社会保障的基本功能。社会保障的补偿功能体现在社会救济和社会保险两个方面。社会救济的目的是保障最低生活水平，具有鲜明的扶贫特征，属于最低限度的社会保障。济贫，可以说是社会保障的源头，它使那些被救济的个人和家庭，在国家和社会群体的帮助下，享有最低生活水平。社会保险的直接功能就是对工薪劳动者在其全部生命周期中遇到各种失去收入的风险时，所进行的一定的补偿，以保证其基本生活的需要。

（2）社会稳定功能，指社会保障作为一种社会安全体系具有安定社会生活的功能。众所周知，导致社会不安定的因素很多，其中，社会成员生存无保障是重要原因。“民贫则奸邪生”“饥寒至身，不顾廉耻”，只有“仓廪实而知礼节”。社会保障通过保证劳动者乃至国民在特殊情况下的生活问题，从而实现整个社会乃至政治秩序的稳定。社会保障法律制度本身就是一种社会安全体系，它通过对没有生活来源者、贫困者、遭遇不幸者和一切工薪劳动者在失去劳动能力或工作岗位后提供救助，满足基本生活需要，保证其基本生活需求，消除社会成员的不安全感，以维护社会稳定。因此，社会保障又被誉为“社会安全网”和“社会减震器”。国际劳工组织在总结各国实施社会保障制度的作用时指出：“没有社会的安定，就没有社会的发展；没有社会保障，就没有社会的安定。”

（3）社会公平功能，指社会保障通过其资金的筹集和待遇的给付，把一部分高收入社会成员的部分收入适当转移给另一部分生活陷入困境的社会成员手中，从而在一定程度上缩小社会成员之间的贫富差距，缓和社会矛盾。在市场经济条件下，收入分配机制与竞争机制相联系，追求的是效率而不是公平，就必然形成社会成员之间在收入分配方面的不均等。“朱门酒肉臭，路有冻死骨”的现象市场机制本身难以克服，而公平又是人类社会发展中客观产生的一种需要。社会公平体现在经济利益方面主要是社会成员之间没有过于悬殊的贫富差别，即所谓“不患寡而患不均”。社会保障的公平功能主要表现在两个方面：一是通过保障全体社会成员的基本生活，在一定程度上消除社会发展过程中因意外灾害、失业、疾病等因素导致的机会不均等，使社会成员在没有后顾之忧的情况下参与市场的公平竞争；二是通过在全体社会成员之间的风险共担，实现国民收入的再分配，缩小贫富差距，减少社会分配结果的不公平。

2）社会保障的经济性功能

（1）调节投融资功能。社会保障资金是直接来自于保险费、财政补贴以及资金运用的增值收入，具有较高的稳定性。经过几十年的积累，在许多国家的财政运用上，社会保障基金的作用已不可忽视。如庞大的养老基金正在被广泛地运用，在财政投融资上发挥了重要的作用；这虽然是使社保基金增值的措施，但客观上已成为国家调节投资的一大支柱；在发达国家由于向全体国民征收年金保险费的积累额十分庞大，对于这些国家产业基础的调整更是起了很大作用，成为对本国经济实行计划和合理控制的有效手段；一些发展中国家，社会保障调节投融资的功能也很明显，这些国家社会保障基金往往通过向国家基础设施和重点项目融资，不仅支持了国家建设，而且使保障基金本身增值。此外，许多发展中国家还利用社会保障基金向成员个人融资，既有效地利用了基金，又解决了成员个人购入大额消费品或投资品资金不足等困难。总之，调节投融资是社会保障的经济性功能之一。

(2) 平衡需求功能。社会保障通常还被称为调节经济的“蓄水池”，具有非常有效的平衡需求的作用。当经济衰退而失业增加时，由于失业给付和社会救济的增加，抑制了个人收入减少的趋势，增加失去职业和生活困难的人们的购买力，从而具有刺激有效需求的作用，一定程度上促进了经济复苏；而当经济高涨失业率下降时，社会保障支出相应缩减，社会保障基金规模因此增大，减缓了社会需求的急剧膨胀。可见，社会保障支出自动地随着国民经济运行变化情况呈现出反方向增减变动，这就是社会保障支出“内在稳定器”的功能，即以支出为手段，调节社会总供求关系，自动地平抑经济过热或过冷的现象。

(3) 国民收入再分配功能。社会保障对低收入阶层给予生活所需要的给付，或者在老年、失业、伤病、残废等情况发生时，实施必要的收入给付，结果对市场经济活动所造成的收入分配不均衡进行了再分配，可以说这是社会保障的最主要功能。社会保障对收入再分配有“垂直性再分配”和“水平性再分配”两种方式。前者是进行从高收入阶层向低收入阶层的收入转移，后者是在劳动时与非劳动时、健康正常时与伤残时之间进行的所得转移。社会保障正是通过上述两种再分配手段来实现对国民收入的再调节，尽量缩小贫富差距，缓和社会矛盾。

(4) 保护和配置劳动力的功能。在市场经济条件下，社会保障是保护劳动力再生产和促进劳动力合理流动及有效配置的重要制度之一。一方面，在市场竞争中，受优胜劣汰规律的支配，必然造成部分劳动者退出劳动力市场，这部分劳动者及其家属因失去收入而陷入生存危机，社会保障通过提供各种帮助而使这部分社会成员维持基本生活需要，从而保护劳动力的生产和再生产；另一方面，通过建立全社会统一的社会保障网络，打破了靠血缘维持的家庭保障格局，超越了企业保障的局限，劳动者在变换工作和迁徙时无后顾之忧，从而促进了劳动力的合理流动，实现劳动力要素的有效配置。此外，随着市场经济的发展，日益增多的社会保障项目必然给社会成员提供更多的社会保障服务，而社会保障的服务性工作的增多，也会增加劳动者的就业机会。

正是由于社会保障支出的上述两方面的功能，目前，国际社会对社会保障法律制度在市场经济中的作用已经形成这样的共识，即社会保障不能被简单地看作国家的一种负担，而应该把它看作是为了在经济中使工作能力、效率和动力保持高水平的一种手段；如果一个国家缺少完备的社会保障体系，特别是缺少产业工人的社会保险，那么，这个国家构建任何一种市场经济体制都是不可能的。这种认识，值得我们深思。

6.1.2 财政的社会保障支出

1. 社会保障基金的来源与筹集模式

社会保障基金是指根据立法建立的用于社会保障事业的一种专项基金。它是社会保障事业的物质基础，也是社会保障制度的中心内容。社会保障基金的内部构成是与社会保障的项目体系相一致的。根据国际劳工组织所颁布的社会保障公约规定，社会保障基金包括医疗、疾病、失业、工伤、老龄、家庭、残疾、生育及遗属等九个主要方面的基金，其中最主要的是失业、工伤、老龄、残疾、遗属五个方面。中国的社会保障基金主要由社会保障基金、社会救助基金、社会福利基金、优抚安置基金及社会互助基金、个人储蓄积累保障基金等构成。其中社会保险基金是社会保障基金的全体系中的主体部分。

1）社会保障基金的资金来源

社会保障基金的来源，世界上大多数国家实行由国家、企业和个人三方负担的办法，或者依据具体情况，由这三种来源的不同组合构成。

国家财政负担亦即国家在财政预算中安排一部分资金，用于社会保障事业方面的开支，这是社会保障基金中最重要的、稳定的来源。财政负担社会保障基金也是政府职能的重要体现，对于稳定社会保障给付和弥补保障基金的赤字起着非常重要的作用。由于财政负担来自于一般税收，一些国家还征收社会保障税，从而使财政负担与税收关系更直接，体现了人人负担的特点。

企业(资方)缴纳社会保障费，是社会保障基金的又一重要来源。劳动者为某一企业提供了劳动力，创造了相当的社会财富，资方有义务为供职人缴纳社会保障费，这些费用可以列入企业的经营成本。

个人(劳方)负担一部分社会保障费(特别是社会保险)是必要的。它可以有助于减少个人收入之间的差距，收入高的可以多交一些，低的少交一些，发挥社会保障的调节作用。个人负担也可以促使人们关心社会保障事业，减轻国家和企业的负担。

2）社会保障基金的筹集模式

根据社会保障基金组成有无现付金或积累金，以及现付金或积累金在基金中所占比重大小的原则，分为现收现付式、完全基金式和部分基金式三种。

(1) 现收现付式。这是一种以近期横向收付平衡原则为指导的基金筹集模式。这种模式要求先做出一年(至多几年)内某项社会保障措施所需要的费用的费率，然后按一定比例分摊到参加该保障措施的所有单位和个人，当年的基金收入仅用于满足当年支出的需要。

现收现付式是一种“量出为入”“以支定收”的方式。其优点是简便易行，每年均可根据保障费用需求的增长情况及时调整缴费比例，以保持收支平衡，同时，还可以在很大程度上避免可能遇到的通货膨胀从而给保障基金带来贬值的危险。但是，由于现收现付式没有长远的规划，事先也没有必要的储备积累，因而在未来保障费用急剧增长的情况下，会造成保障费率的大幅提高而加剧对筹资对象的负担风险和社保基金的支付危机。特别是从长期看，老龄化趋势明显的话会增加年轻一代的负担，从而影响经济效益。

(2) 完全基金式。亦称“预提备付式”，这是一种以远期纵向收付平衡原则为指导的筹集模式。要求在对未来较长时期的宏观预测的基础上，预计保障对象在保障期内所需要享受保障待遇的总量，据此按照一定的比例将其分摊到保障对象的整个投保期间。

完全基金式是寻求今天基金的积累与未来的支付相适应，一开始启动就要收取较高的费率，筹资速度快，可以在短期内筹到大笔资金，这实际上是一种强制的长期储蓄制度，其最大意义是不受老龄化的影响。但是，完全基金式的征集模式也有一些弊端，尤其在发展中国家，主要表现为：第一，基金很容易受通货膨胀带来的币值不稳定的威胁；第二，基金几乎不具有社会保险的社会互济功能，不能积累足够养老费用的一部分人最终还是要由社会来承担；第三，基金要求的费率很高，不可避免的要加大企业的成本。这种方式要求在初期的筹资对象既要负担当前进入老年人行列时所需要的社会保障费用，又要负担他们自己再进入老年人行列时所需要的社会保障费用，这是难以承受的，也是不公平的。

（3）部分基金式。这种方式是对前两种方式的综合运用，每年的保障资金收入，部分用于现收现付的社会保险支出，部分用于建立社会保险储备基金。

部分基金式是边积累边支出的方式。这种方式多为养老保险所采用。初期费率低一些，以后逐步提高。实行部分基金式，既避免了完全基金式可能造成大量基金贬值的弊病或当初征集基金时费率太高对用人单位和劳动者带来的压力，又避免了现收现付式频繁调整资率而使政策、法规规范力减弱的负效应。但其收费率的确定有一定的难度，筹集到的资金在满足现实需要后，究竟要留多少以适应未来的需要将很难确定。如果费率过高，会给筹资对象带来不必要的负担，过低，又可能满足不了未来支出的需要。

2. 社会保障与财政的关系

社会保障支出作为财政支出的重要组成部分，对政府的职能起着重要的执行作用，但社会保障问题又不完全是财政问题，二者的关系十分密切，主要表现在以下几个方面。

1）二者都是以国家为主体的分配

财政是随着国家的产生而产生的，其收支活动凭借的是国家权力，是以国家为主体的对一部分社会产品进行分配的一种方式；社会保障是随着生产力发展到一定阶段，“社会”作为一个实体出现并制约着人们的活动时所产生的，国家是社会的发展形式或者说是最合适的代表，因而，其分配的主体也必然是国家。财政分配和社会保障分配两者都具有强制性的特征。从资金的来源来看，财政的主要收入来自于税收，税收来源于国民收入；社会保障虽然有多种筹资渠道，但从本质上讲，也只能来源于国民收入，因而财政分配和社会保障分配的客体也是一样的，都是一定时期内的国民收入的一部分。

2）社会保障(险)税是一种财政收入形式

社会保障的征收方式主要有两种：一是征税，二是缴费。因为税收具有强制性和固定性，所以从社保基金收入的稳定性来考虑，征收社会保障税更能达到目的。既然是一种税，当然也就是财政收入的一种形式。缴费具有灵活性，但仍需财政规定缴费的各项标准，并可将其纳入财政专户进行管理。

3）社会保障支出是财政支出的重要组成部分

社会保障作为社会和经济发展的稳定机制，既需要保障劳动者和社会成员基本生活方面的经常性支出，又需要不断对社会福利设施的基本建设支出。前者属于消费性支出，后者属于积累性支出。在国民收入分配中，必须对消费基金和积累基金进行合理安排，而财政支出的合理分配对该比例起着决定性的作用。另外，我们在本章开始就讲到，社会保障支出属于财政的转移性支出，在有些西方国家，社会保障支出已成为财政支出中最重要的部分，相信随着我国经济的发展，该项支出占我国财政支出的份额也就越来越大。

4）社会保障预算是财政进行宏观调控的手段

社会保障预算作为财政预算的组成部分可以作为一项财政政策用来调节社会总需求。社会保障对宏观经济除具有上述已经提到的“内在稳定器”和调节收入差距的作用外，财政还可以通过有目的地安排社会保障预算贯彻国家的社会政策，可以提高社会保障(险)税率，一方面增加社会保障收入，一方面减少了高收入者的消费需求，同时可以将增加的收入用于提高社会保障支付标准，提高部分低收入者的消费需求，从而调节需求结构。

6.1.3 中国社会保障制度与改革

1. 中国社会保障制度的建设与发展

我国的社会的优待抚恤制度，以后施行的救灾救济、公费医疗政策和国家机关工作人员退休、退职制度等，到 1956 年时已初步创立了以国家为责任主体的社会保障制度。这套制度对于医治战争创伤、保障制度，是逐步建立起来的。它虽然与历史上的社会保障实践有着渊源关系，却又与旧中国的社会保障制度无直接继承关系。考察社会保障制度 50 多年的实践，可以划分为如下五个时期。

一是创建时期(1949—1956 年)。这一时期以 1949 年 9 月通过的《中国人民政治协商会议共同纲领》为最基本的法律依据，以 1951 年政务院颁布的《劳动保险条例》为重要标志，为巩固新生政权和稳定社会秩序起到了重要作用。

二是调整时期(1957—1968 年)。这一时期为适应新形势的发展，中央决定对社会保障制度进行调整与完善，国务院为此先后颁行了《关于工人、职员退休处理的暂行规定》、《关于精简职工安置办法的暂行规定》等，卫生部、劳动部、内务部等亦发布有关决定，对公费医疗、劳保医疗、农村五保保障制度和军属优待制度等进行相应的调整。其成效是退休制度趋向正常化，社会保险覆盖面扩大，但因受当时政治上日益趋“左”和经济波折的影响，对社会保障的调整任务并未完成。

三是挫折时期(1969—1977 年)。“文化大革命”使新中国的社会保障事业遭受了重大挫折。以 1968 年底撤销主管救灾救济、社会福利等事务的内务部为起始标志，1969 年财政部发布的《关于国营企业财务工作中的几项制度的改革意见》更造成劳动保险从此失去统筹机能并蜕变为企业或单位保障制。作为企业职工劳动保险统筹管理部门的工会组织亦被停止活动，其直接后果就是企业办社会和社会保障单位化，并最终使我国的社会保障制度成了相互分割的板块结构状态，即国家保障制、企业保障制和乡村集体保障制三个相互封闭、脱节的板块组成的社会保障模式。

四是修补时期(1978—1990 年)。党的十一届三中全会的召开，为扭转社会保障领域的混乱状态创造了较好的政治、社会条件。1978 年五届人大决定重新设置民政部，结束了全国社会救济、社会福利、优抚安置事务无主管部门的局面；国务院则先后颁行了《关于安置老弱病残干部的暂行办法》、《关于工人退休、退职的暂行办法》、《关于军队干部离职休养的暂行规定》、《退伍义务兵安置条例》、《军人抚恤条例》等法规，有关部门亦制定了《农村合作医疗章程(试行草案)》等；同一时期，还在部分地区开始了国有企业职工待业保险、集体企业职工养老保险及救灾保险等的改革试点。但就社会保障制度整体而言，这一时期所做的工作主要是为了解决历史遗留问题和恢复正常的退休制度，是对挫折时期造成的某些后果进行挽救性的修补。

五是创新发展时期(20 世纪 90 年代以来)。随着经济改革的不断深化，建立社会主义市场经济体制被确定为我国经济改革的目标，从而在根本上触动了板块式结构的传统社会保障制度。如乡村承包责任制的推行意味着乡村集体保障制度失去了现实基础，而城镇经济改革所带来的经济主体多元化、劳动力市场化，均决定了只有对社会保障制度进行重大变革，才能使这项事关亿万国民切身利益的事业获得真正的发展。因此，在经历一段时期的摸索后，我国的社会保障制度在 20 世纪 90 年代进入创新式的改革、发展时期。自 1990 年起，全国人大加强了与社会保障相关的立法工作，先后通过了《中华人民共和国残疾人保障法》、《中华人民共和国妇女权益保障法》、《中华人民共和国老年人权益保障法》、《中华人民共和国劳动法》及《中华人民共和国公益事业捐赠法》等；国务院则在继 1991 年发布《关于企业职工养老保险制度改革的决定》后，先后制定并完善了《失业保险条例》、《农村五保户供养工作条例》、《城镇最低生活保障条例》等法规。“十一五”期间，我国已经建立起了覆盖城乡的社会养老保险体制和医疗保险体制，“十二五”期间进一步得到了推广和完善，统一了城乡养老保险制度，并正在探讨公务员的养老体制改革，取消养老双轨制，取消城乡差别的二元养老体制，逐步建立起一个体现社会公平、正义，符合我国国情的社会保障体制。

2. 中国的社会保障体系

中国目前的社会保障体系如图 6.1 所示，它包括社会保险、社会救济、社会优抚和社会福利等四大类，其中社会保险是社会保障的核心，社会救济、社会福利和社会优抚等一般没有建立基金，其财力主要来源于政府预算直接安排支出。

3. 我国社会保障制度的问题与改革的原则

1) 我国社会保障制度的主要问题

目前我国社会保障制度主要存在的问题包括以下几个方面的内容：

(1) 社保人口基数大，尤其是养老负担重。中国老龄事业发展基金会理事长李宝库说，中国是世界上唯一一个老年人口超过 1 亿人的国家，而且每年还在以 3.2%的速度增长。预计到 2018 年，老年人口将约占总人口的 1/6，2025 年将占 1/5，2050 年将占到 1/3。而社会保障属于“高消费”的公共产品，政府要想实施完善的社会保障制度，就必须拿出大量的财政资金给予支持。政府为社会保障筹资有两个方式：一是通过雇工和雇员的社会保险缴费；二是通过所得税、增值税等一般税收收入。目前我国企业的社会保险缴费率已达 30%左右，高于许多发达国家，再提高缴费率已没有很大余地。如美国为 5.35%，奥地利为 12.55%(包括养老和残疾保险)，德国为 9.39%，日本为 8.25%。如果要在 2020 年建立覆盖城乡的社会保障体系，我国社会保障基金缺口已超过 10 万亿人民币以上。

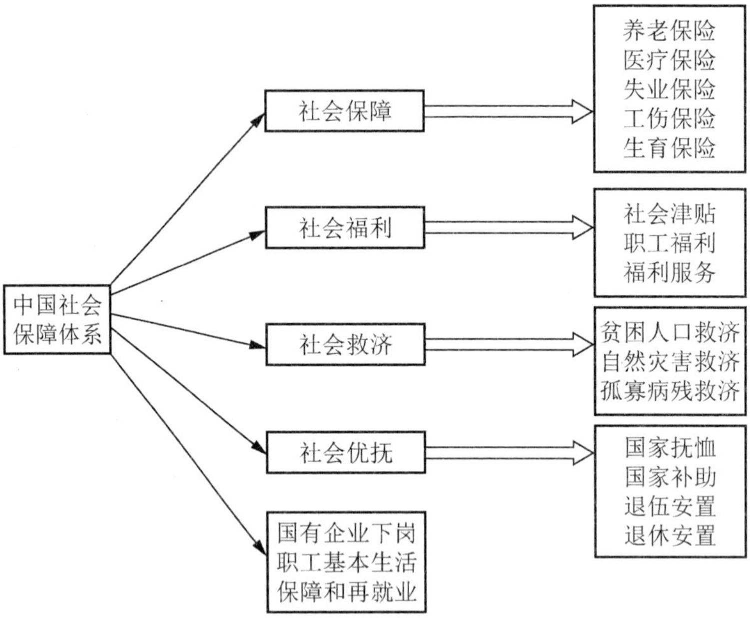

图 6.1　中国社会保障体系架构

(2) 养老保险的筹资模式问题。我国目前实行的是现收现付制。但我国 21 世纪上半叶人口老龄化将具有“二高三大”的特征：①高速：65 岁及以上老年人口占总人口比例高速增长——从 21 世纪初期的 7%增加到 2050 年的 23%左右。②高龄：80 岁及以上高龄老人比例以大约等于 65 岁及以上老人增长速度的两倍超高速增长。③老人数量大：21 世纪中叶中国 65 岁及以上老人将超过 3.3 亿人，80 岁及以上老人将超过 1 亿人。④老年抚养比大：21 世纪中叶中国老年人口与劳动年龄人口之比将等于目前的 3～4 倍。⑤地区差异大：由于人口迁移的影响，中国农村老人比例将高于城镇，相当一部分欠发达省区的老人比例将高于全国平均水平。这些特征及现收现付制本身固有的缺陷决定了目前的筹资形式将难以为继。

(3) 关于开征社会保险税的问题。把社会保险缴费普遍称作社会保险税不过是国外理论界对社会保险缴费形式的一种学术归类。鉴于这类社会保险缴费具有强制性、无偿性和固定性的特征，所以许多西方学者将其归入税收范畴。但上述情况并不影响我国开征社会保险税，实际上，开征社会保险税在管理上的意义远大于其理论意义。开征社会保险税后，《中华人民共和国税收征管法》就可以适用于社会保险缴费的征收，从而有利于提高社会保险缴费的严肃性和可靠性；同时，也可以解决税务机关“只征不管”的问题。但我国的养老和医疗社会保险实行的是社会统筹与个人账户相结合的模式，企业和个人缴纳的社会保险费有一部分要进入个人账户，把这部分记入个人账户从而具有明显返还性的缴费也称作“税”显然是不妥当的。所以，企业和职工个人向个人账户的缴费不宜按税收进行管理。

2) 完善社会保障制度应该坚持的原则

(1) 保障基本人权原则。《世界人权宣言》、《经济、社会、文化权利国际公约》等人权公约和国际劳工组织的宣言、公约、建议书中，均规定要求各成员国保证公民享受社会保障等基本权利。社会保障的目的就是满足社会成员基本生活需求，这已成为人权概念的重要构成内容。

(2) 普遍性原则。对公民实行普遍的社会保障，是各国社会保障立法共同奉行的一条基本原则。这一原则不仅要在社会保障项目中的社会福利、社会救助法律、法规中体现，也要在社会保障的其他项目中，如养老保险、医疗保险等保障项目中体现。当前要加快社会保障制度改革和立法进程，落实立法规划，扩大实施范围，力求使每个保障项目覆盖到所有符合条件的公民。而且只有体现了普遍性原则，才能依照“大数法则”筹集和积累雄厚的社会保障基金，更好地发挥出社会保障互助互济的功能和特点。

(3) 适应性原则。社会保障的范围、项目、水平都会受到经济发展水平的制约与影响。各国的社会保障制度都有随着本国经济的发展，呈现出社会保障对象的范围由窄到宽、项目由少到多、待遇水平由低到高的共同特点。我国目前仍处于社会主义初级阶段，我们必须充分考虑到我国现阶段的经济发展状况和基本国情，对社会保障项目设置不能过多，范围不能过宽，标准不能过高，保障水平必须与社会主义初级阶段的经济发展水平相适应，并且随经济发展水平的提高而提高。

(4) 公平与效率结合原则。社会保障的不同项目体现公平与效率的程度不同。社会救助、优抚安置和部分社会福利事业支出主要由国家财政负担，凡符合条件者可以无偿享受，体现公平原则。在今后的社会保障项目中，必须做到“公平和效率并重，更加注重公平”的原则。

6.2 财政补贴

6.2.1 财政补贴的性质与分类

1. 财政补贴的性质

在本章的开始部分，我们介绍了财政的补贴支出包括那些与相对价格结构关系密切，其变动会导致相对价格结构发生相应改变的转移性支出。由于财政补贴与相对价格结构有直接关系，因而便具有改变资源配置结构、供给结构与需求结构的作用。正因为总是与相对价格的变动联系在一起，或者是补贴引起价格变动，或者是价格变动导致财政补贴，所以很多人就把财政补贴称为价格补贴。根据这样的分析，我们可以把财政补贴定义为一种影响相对价格结构，从而可以改变资源配置结构、供给结构和需求结构的政府转移性支出。

2. 财政补贴的分类

财政补贴有着不同的分类方法。从财政补贴同社会经济运行过程的关系看，可以分为生产环节补贴、流通环节补贴和消费环节补贴；从政府是否明确地安排支出看，可以分为明补与暗补；从财政补贴是否与具体的购买活动相联系，可以分为实物补贴与现金补贴；从财政补贴对经济活动的影响看，可以分为生产性补贴和消费性补贴；从财政补贴的接受主体看，可分为企业补贴和居民补贴。下面谈一谈我国财政补贴的分类。

1）价格补贴

价格补贴是指在商品购销价格倒挂的情况下财政对工商企业进行的补贴，和购销价格顺挂的情况下对消费者的补贴，其目的是缓解价格矛盾、稳定人民生活。我国的价格补贴又称为政策性补贴，主要包括粮棉油差价补贴、平抑物价等补贴、肉食价格补贴和其他价格补贴。价格补贴的产生，一方面可以纠正在商品经济不发达的阶段价值规律不能正常发挥作用时而产生的不合理价格结构；另一方面政府可以在调节分配关系、维护社会稳定的过程中，对在价格改革中的受损较大经济主体给予补助；同时也可以优化资源配置，纠正市场缺陷，实现国家的宏观经济目标。表 6－1 是我国 1978 年以来的价格补贴支出明细表。

表 6－1　我国的价格补贴支出　　单位：亿元

政策性补贴支出					
年份	合　计	粮棉油价格补贴	平抑物价和储备糖等补贴	肉食品价格补贴	其他价格补贴
1978	11.14	11.14			
1979	79.20	54.85			24.35
1980	117.71	102.80			14.91
1981	159.41	142.22			17.19
1982	172.22	156.19			16.03
1983	197.37	182.13			15.24
1984	218.34	201.67			16.67
1985	261.79	198.66		33.52	29.61
1986	257.48	169.37		42.24	45.87
1987	294.60	195.43		42.74	56.43
1988	316.82	204.03		40.40	72.39
1989	373.55	262.52		41.29	69.74
1990	380.80	267.61		41.78	71.41
1991	373.77	267.03		42.46	64.28
1992	321.64	224.35		38.54	58.75
1993	299.30	224.75		29.86	44.69
1994	314.47	202.03	41.25	25.41	45.78
1995	364.89	228.91	50.17	24.17	61.64
1996	453.91	311.39	53.38	27.46	61.68

续表

政策性补贴支出					
年份	合　　计	粮棉油价格补贴	平抑物价和储备糖等补贴	肉食品价格补贴	其他价格补贴
1997	551.96	413.67	43.20	28.25	66.84
1998	712.12	565.04	28.10	26.09	92.89
1999	697.64	492.29	14.25	20.55	170.55
2000	1 042.28	758.74	17.71	19.39	246.44
2001	741.51	605.44	16.74	4.55	114.78
2002	645.07	535.24	5.32	1.60	102.91
2003	617.28	550.15	5.15	1.28	60.70
2004	795.80	660.41	5.22	1.28	128.89
2005	998.47	577.91	4.69	0.93	414.94
2006	1 387.52	768.67	8.48	0.94	609.43

注：政策性补贴支出，1985 年以前冲减财政收入，1986 年以后作为支出项目列在财政支出中。2007 年后停止统计该数据。

（资料来源：中国财政统计年鉴）

2）企业亏损补贴

企业亏损补贴是指国家在企业发生亏损时，为了维持企业生存而给予的财政补贴。企业发生亏损的原因一般有两种：一种是由于企业经营决策失误或自身经营不善而导致的，称为经营性亏损；另一种是由于企业配合国家实施宏观经济政策而导致的亏损，称为政策性亏损。企业发生的政策性亏损，国家无疑要按照有关规定给予补贴，企业发生的经营性亏损，原则上应由企业自负盈亏。但在我国，由于国家对企业生产经营干预过多，致使企业的经营性亏损和政策性亏损混杂在一起，很难划清界限，而且政策性亏损往往掩盖经营性亏损；同时，由于我国国有企业所占比重大，国有企业的资产掌握在国家手中，因此在实践中，我国对部分经营性亏损也给予了补贴，但今后的改革方向是让市场在资源配置过程中起决定性作用，充分发挥企业作为市场主体的作用，实行真正意义上的自负盈亏，对于企业的经营性补贴将逐步取消。

3）财政贴息

财政贴息是指国家对使用某些规定用途银行贷款的企业和个人，就其支付的贷款利息提供的补贴。财政贴息实质上等于财政代替企业和个人向银行支付利息。

4）税式支出

税式支出又称“税收支出”，是指根据税收制度的各种优惠规定，对于某些纳税人或课税对象给予的减税免税。它也是一种比较隐蔽的财政补贴。税式支出减少了政府财政收入，实质上是以冲减税收收入的方式发生的一笔财政支出。也就是说税式支出既减少了财政收入，也减少了财政支出。税式支出的形式主要包括税收豁免、纳税扣除、税收抵免、优惠税率、延期纳税、盈亏相抵等。

此外，我国的财政补贴还有农业补贴和公用事业补贴等。

6.2.2 财政补贴的作用

1. 财政补贴的经济调节作用

由于财政补贴可以改变相对价格结构，因而在各国都是被当作一种调节经济活动的手段来使用。其在经济方面的具体作用表现在以下几个方面。

1）财政补贴可以影响需求结构

人们的需求客观上有一个结构，决定这个结构的因素很多，其中商品和劳务的价格影响最大。在经济学中，我们通常说一种商品和劳务的需求要符合需求法则，即当一种商品和劳务的需求随着收入的增加而增加时，其需求量必然与其价格反方向变化。既然价格的高低可以影响需求结构，那么能够影响价格水平的财政补贴便具有影响需求结构的作用。因此，国家可以通过对财政补贴对象或财政补贴数额进行灵活调节，实现需求结构的调整和优化。

2）财政补贴可以改变供给结构

这一作用是通过改变企业购进的生产要素价格，从而改变企业经营成本，即使企业经营的边际成本发生变化，进而改变企业的均衡状态，因为均衡状态不同企业供给也会不同。因此，国家可以通过给予某些产品、行业或部门价格补贴，鼓励和促进相应产品、行业或部门的生产发展，从而实现供给结构的调整和优化。

3）财政补贴可以调整生产结构

财政补贴对生产结构的调整主要表现在鼓励或限制某些产品的生产上。当某些产品发生亏损时，国家可以给予适当补贴，以确保其正常生产；当某些产品的价格需要做出调整而又不宜提高售价时，国家可以对企业进行补贴以保证产品供应。例如，在农业生产中，国家对农业生产资料给予补贴，目的就是为了促进农业生产的发展。所以，财政补贴可以作为调整生产结构的手段，在现代社会中被广泛应用。

4）财政补贴可以调节消费结构

国家给产品的生产者一定的补贴，是为了鼓励生产，用于生产方面的财政补贴会形成一部分投资需求，带来生产消费的增加；国家给予居民生活方面的补贴，目的是为了稳定物价，提高居民的生活水平，增加他们的购买力，这又形成了一部分生活消费需求。所以，国家通过财政补贴的不同流向分别影响生产需求和消费需求，以此来调节社会的需求结构。

2. 财政补贴作用的限度

国民经济的正常运行，主要依赖既定的经济制度及运行机制的有规律的自动作用。作为政府调节经济运行的一种手段，财政补贴的作用只能是辅助性的。财政补贴的使用范围及规模应有一个合理的限度，超过这个限度，它的有利作用就必然趋减，甚至反而产生消极影响。即财政补贴职能应用于纠正不合理的价格结构和纠正市场缺陷。如果国民经济的运行对财政补贴的依赖过大或以至于没有它便很难有效地组织生产、流通和消费，这就说明，现行的经济制度及运行机制不完善、不合理，应对之进行改革和完善。

6.3　其他转移性支出

转移性支出中除了社会保障支出和财政补贴这两大部分外，还有其他一些支出项目，主要有援外支出、债务支出和其他支出。虽然它们所占的比例并不大，但也有其特殊的作用。

1. 援外支出

援外支出，是指财政用于援助其他国家或地区或国际组织的各种支出。它在不直接形成国内商品和劳务的需求时，具有转移性支出的性质。在当今世界，国与国之间的政治经济联系日益密切，对外交流日益增加，援外支出对于加快本国经济发展、维护世界和平都具有重要意义。如同接受外援一样，国家很自然地要对外提供或大或小的援助。作为发展中国家，我国的援外支出能力有限，在援外上应量力而行，同时要注意对外援助的方式与效果。

2. 债务利息支出

债务利息支出是指政府财政用于偿还国内外借款的付息支出。国家债务的利息支出，并不对国内资源和要素(商品和劳务)形成直接的需求压力，从这个意义上说，财政的债务利息支出具有转移性支出的性质。

本章小结

本章主要介绍了财政转移性支出的内容。比较详细地介绍了社会保障支出、财政补贴支出。其中重点是社会保障支出，同时社会保障支出也是转移性支出的重点。首先讨论了为什么要有社会保障，介绍了作为公共部门的国家为什么要参与社会保障，而不能完全由市场经济来调节和满足社会保障需求。随后介绍了社会保障的特征和内容，然后详细分析了社会保障的功能。社会保障资金的来源是由国家、企业和个人三方共同负担，并比较性地介绍了社会保障基金来源的优缺点。本章还介绍了我国社会保障的发展及目前的体系和改革应遵循的原则。介绍了财政补贴支出，指出我国财政补贴支出分为价格补贴、企业亏损补贴、财政贴息和税收支出。并重点介绍了财政补贴支出对社会经济与社会产品分配的影响。另外，其他转移性支出包括援外支出和债务利息支出。

阅读资料

保障房为何“不保障”?

——保障房的空置尴尬

山东 1.29 万套，海南 9 000 多套，广东 1.15 万套，云南 2.3 万套……近日多个省份审计结果暴露出保障房空置尴尬。一边是中低收入群体期盼早日实现“安居梦”，一边是大量保障房空置“遇冷”窘境。经过几年“高速”建设保障房进入“产出”高峰，但一些地方保障房入住率低，“民心房”屡遭尴尬。

1. 保障房的闲置现象

深圳公租房近半弃租：深圳最大公租房项目分配进入最后阶段，首批推出的 8 250 套公租房房源，入围申请家庭一万余户，但有 45%的申请家庭弃租。

山东对 15 市城镇保障性安居工程进行审计发现，9 个市、40 个县的 1.29 万套保障性住房处于闲置状态，其中近四成空置 6 个月以上。

在海南，9 个市县 9 077 套保障性住房处于闲置状态；在广东，有 13 个市本级、28 个县(市、区) 11 464 套住房处于闲置；在云南，有 2.3 万套保障房被闲置……“十二五”新一轮大规模保障房建设启动以来，部分地方却出现了始料未及的“房等人”现象，原本“一房难求”的保障房却面临“愁嫁”尴尬。从全国一些省份的 2012 年度审计结果来看，“有房无人”的保障房闲置问题十分普遍。

2. 保障房空置的原因

生僻地建房“凑数量”：此次多地公布的审计报告指出，闲置的重要原因之一是配套基础设施或公共服务设施不完善。以深圳公租房分配为例，按照当地住建局公布的价格，若租用一户 40 平方米户型的公租房，每月房租大约 600 多元。租金如此优惠，为何 4 000 多户申请人最终选择放弃申请？一位在关内南山区工作的申请人道出其中缘由，项目选址偏远，到公司上班路程将近 30 公里，不堵车每日要花三个小时。“保障对象入住意愿较低的保障房小区基本都处于距离中心城区较远的地方，属于生僻地建房‘凑数量’，基础设施薄弱，公共服务设施配套滞后。”海南省住建厅一位干部向记者坦承。

海南 24 项目偷工减料：记者采访发现，部分地方的保障房质量偏差，小区环境脏乱差，物业管理难到位，一定程度上影响了保障对象的居住意愿。海南省审计厅对保障性安居工程进行审计发现，全省有 24 个项目存在偷工减料、以次充好现象等，其中有 770 套住房出现墙体开裂、顶棚渗水等影响结构安全和使用功能的质量缺陷。

开着宝马住保障房：许多地方被曝存在保障房“被骗购”、“被团购”、“被倒卖”等分配乱象。各地在保障房分配准入、公示、管理、退出等四大环节都面临难题，分配机制建设步伐缓慢。甚至有富豪、官员“挤入”保障房。开着宝马进保障房的业主并不缺住房，只是因为保障房的“低价”，自然也不会入住，空置也就成为必然。

保障房租售价格不断走高：由于部分地区保障房竞争激烈，地方政府顺势反映到价格上来，逐渐使其与市场化商品住房相比的价格优势不明显。考虑到申请保障性住房的漫长过程，社区环境配套不够完善，价格优势慢慢失去，需要保障的部分人群的保障需求被遏制，将保障房变得只是楼盘名称被赋予“保障”二字而已。

3. 该如何让保障房“回归”?

总体上，需要切实发挥保障房的保障功能。建立一套规范的保障制度和管理制度，杜绝各种形式的寻租，是规范保障房的总体思路。“保障房建设的核心，是必须从中低收入住房困难家庭的实际需求出发，防止出现‘两张皮’。”四川省社科院研究员胡光伟(2013)认为，地方政府必须要有勇气直面“空城”的尴尬，厘清问题根源，切实解决保障对象的顾虑、忧虑和实际困难。

总体而言，住房保障体系尚在不断完善的进程之中，既要正视问题，更要细致探究问题产生的原因，从而找到解决问题的突破口。当前的保障房不是供过于求，是由于制度、政策和技术等层面的一些原因，使得保障性住房的建设速度快于供应速度，使得保障需求没有得到充分释放。着眼于住有所居的目标，我们的住房保障工作还任重道远。

（资料来源：腾讯财经：保障房为何不保障，2013 年 6 月 27 日；新华网，四省空置五万套 保障房缘何频演“空城计”? 2013 年 8 月 8 日(有删减和整理)）

复习思考题

一、概念题

社会保障　社会保障制度　社会保险　社会福利　社会救济
社会优抚　现收现付制　完全基金式　部分基金式　援外支出
债务利息支出

二、单项选择题

1. 以补贴资金的接受主体为标准，将补贴分为(　　)。
A. 企业补贴和居民补贴　　B. 生产环节补贴和消费环节补贴
C. 实物补贴与现金补贴　　D. 明补与暗补
2. 下列能够改变相对价格结构的是(　　)。
A. 社会保障　　B. 财政补贴　　C. 财政投资　　D. 国家预算
3. 以政府是否明确地安排支出为标准可以把财政补贴分为(　　)。
A. 对生产的补贴和对消费的补贴　　B. 实物补贴和现金补贴
C. 明补与暗补　　D. 价格补贴与企业亏损补贴
4. 下列属非转移性支出的是(　　)。
A. 社会保障　　B. 补贴　　C. 国债利息　　D. 行政管理
5. 社会保障和财政分配的主体都是(　　)。
A. 国家　　B. 企业　　C. 纳税人　　D. 公民
6. 社会保障和财政分配的客体都是(　　)。
A. 税收收入　　B. 居民收入　　C. 企业利润　　D. 国民收入
7. 社会保障税是一种(　　)。
A. 财政收入　　B. 居民收入　　C. 财政支出　　D. 公共事业收费
8. 社会保障保障的是公民的(　　)。
A. 福利权利　　B. 享受权利　　C. 消费权利　　D. 生存权利

三、多项选择题

1. 社会保障包括(　　)。
A. 社会保险　　B. 社会救助　　C. 社会福利
D. 社会优抚　　E. 法律援助
2. 以下财政支出中属于转移性支出的有(　　)。
A. 社会救济支出　　B. 援外支出
C. 国债利息支出　　D. 税收抵免
E. 价格补贴支出
3. 以下财政支出中会导致产品相对价格结构发生变化的是(　　)。
A. 企业亏损补贴　　B. 价格补贴

C. 生产性补贴　　D. 社会福利
E. 财政贴息
4. 社会保障的特征有（　　）。
A. 普遍性　　B. 强制性　　C. 公平性
D. 约束性　　E. 储蓄性
5. 社会保障基金的筹集模式有（　　）。
A. 现收现付式　　B. 基金式
C. 部分基金式　　D. 预提备付式
E. 储蓄式
6. 债务利息支出属于（　　）。
A. 财政支出　　B. 转移性支出　　C. 行政支出
D. 补贴支出　　E. 福利支出
7. 从财政补贴同社会经济运行过程的关系看，可将财政补贴分为（　　）。
A. 购买环节补贴　　B. 生产环节补贴
C. 流通环节补贴　　D. 消费环节补贴
E. 分配环节补贴
8. 社会保障的功能有（　　）。
A. 经济的“自动稳定器”　　B. 促进社会公平
C. 保障公民基本权利　　D. 国民收入再分配
E. 融资功能

四、简答题

1. 简述社会保障的内容。
2. 财政补贴往往直接影响市场价格，是否与市场经济的本性相违背？
3. 简述社会保障基金的筹集模式。
4. 简述我国社会保障制度的发展。
5. 简述财政补贴的分类。

五、论述题

1. 试述我国社会保障制度的改革。
2. 请读者自行查阅资料，谈谈我国的财政补贴制度现状及其改革。

六、案例分析题

福利国家的谬论

1. 案例资料：

20世纪初纪元初始之时，一切看来都好。要救济的人很少，能资助他们的纳税人很多——这样每人只需支付不大的数目，就可以为少数穷人提供可观的救济金。随着福利计划的扩大，这些数字发生了变化。今天，我们大家都从一个口袋里掏出钱，又把它或它可以买得的东西装进另一只口袋里。也就是说当你花钱时，可能花的是你自己的钱，也可能是别人的钱，你可能是为自己花，也可能是为别人花。

立法者投票表决时是决定如何花别人的钱。选出立法者的选民在某种意义上是投票决定如何自己花自己的钱，但不是在直接花费自己的钱。在个人缴纳的税款与他投票赞成的花费之间几乎没有什么联系。实际上，选民同立法者一样，倾向于认为是别人在支付由立法者直接投票赞成、由选民间接投票赞成的计划。管理这些计划的官僚们也花别人的钱。因此，开支数目激增也就不足为奇了。

官僚们为别人的需要花别人的钱。只有用良心，而不是用那强烈得多和可靠得多的私利的刺激，来保证他们以最有利于福利金领取者的方式花钱。这就造成花钱上的浪费和不求效果。

事情到此并没有结束。拿别人钱的引诱力是强烈的。包括管理这些计划的官僚们在内，许多人都设法为自己得到钱，而不让钱落到别人手里。进行贪污和欺诈的诱惑力也是强烈的，而且并不总是能遭到反抗或制止。那些不愿进行欺骗的人，会用合法的手段使钱归于自己。他们会动员议员通过于他们有利的立法，定出他们能从中获利的规章。管理这些计划的官员们会力求为他们自己得到更高的薪水和额外的好处——这正是较大的福利计划可以帮助达到的目标。

人们试图把政府开支归入自己的腰包，产生了两个不大容易被人察觉的后果。首先，它说明了为什么如此多的计划施惠于中等和上等收入者，而不是那些本应当得到好处的穷人。穷人变得不仅缺少市场上所看重的本事，而且缺少在政治斗争中成功地争得资金的本事。的确，他们在政治市场上的劣势看来比在经济市场上的劣势更大。一旦好心的改革者帮助通过了一项福利措施，转入下一项改革时，穷人就只好自己照料自己，他们几乎总是被那些已经表明更善于见机行事的集团所压倒。第二个后果是，福利金领取者得到的净额往往少于转移金的总额。如果有别人的一百美元可以攫取，那么为得到它你花上自己的一百美元也值得。花钱运动立法者和制定规章的当局，为政治运动和无数其他事项捐款纯属浪费——既损害出钱的纳税者，又无益于任何人。必须把它们从转移总额中除去，才得到净所得——当然，它们常常超过转移总额，结果剩下的不是净所得，而是净损失。争取补贴的这种结果也有助于说明为什么有人要施加压力来增加开支和福利计划。最初的措施未能达到提倡它们的好心的改革者们所要达到的目的，他们就得出结论认为做得还不够，并谋求增添福利计划。他们同那些希望管理这些计划的官僚们，以及相信能从福利开支中捞到油水的人们结成了同盟。

（资料来源：弗里德曼夫妇．自由选择，1982）

2. 分析问题：

(1) 这篇文章讲的是一种什么样的经济现象？作者对该种经济现象持何种态度？

(2) 请阐明你的观点和见解，并加以论述。

第7章 财政收入概论

教学目标

通过本章的学习，了解关于财政收入的一般含义、取得形式、分类，财政收入规模，财政收入结构，组织财政收入过程中所遵循的原则，财政收入在国家宏观调控中的作用和意义等内容。能够对现实社会中各个国家的一些财政状况进行基本分析，初步理解国家为宏观调控所出台的一些财政措施的政策意图，为在以后章节中深入学习财政收入的具体内容奠定基础。

教学要求

知识要点	能力要求	相关知识
财政收入概述	能够辨析中西方不同社会制度下对财政收入定义上的异同及表述方式上的区别	(1) 中西方对财政收入的定义 (2) 财政收入的深层含义
财政收入的形式和分类	(1) 能够熟练描述中西方国家财政收入的一般形式 (2) 能够表述财政收入不同分类方法的经济学意义	(1) 财政收入的一般取得形式 (2) 财政收入按照不同划分依据的分类
财政收入的规模分析	(1) 能够运用财政收入规模的知识对各国财政状况进行简单评述 (2) 能够根据一国财政历史状况分析背后的形成因素及未来可能的变化趋势 (3) 能够通过一定的数据发现一国财政体制中存在的问题并且从理论上提出一些解决办法来促进其长远稳定地健康发展	(1) 财政收入的绝对规模和相对规模的概念和与之对应的衡量指标 (2) 我国财政收入规模的历史横向比较和国际纵向比较 (3) 财政收入规模的制约因素及制约机制 (4) 财政收入的结构和组织财政收入时的原则

引　例

请关注以下与财政收入有关的统计数据和政策：

(1) 央行发布的《2013 年第一季度货币政策执行报告》披露，2013 年第一季度，中国经济社会发展开局平稳，经济保持平稳增长。实现国内生产总值 11.9 万亿元，同比增长 7.7%；居民消费价格同比上涨 2.4%；货币信贷和社会融资增长较快。2013 年 3 月末，广义货币供应量 M2 同比增长 15.7%。人民币贷款余额同比增长 14.9%，比年初增加 2.8 万亿元，同比多增 2949 亿元。第一季度社会融资规模为 6.16 万亿元，同比多 2.27 万亿元，融资结构更趋多元。

(2) 十一届全国人大常委会第二十一次会议于 2011 年 6 月 30 日表决通过全国人大常委会关于修改个人所得税法的决定，起征点为 3500 元，自 2011 年 9 月 1 日起施行。2011 年 7 月新个税法实施条例发布，外籍人员起征点为 4800 元。

(3) 据财政部网站消息，2013 年 1 月 23 日，财政部决定发行 2013 年记账式附息(三期)国债，本期国债计划发行 300 亿元，实际发行面值金额 300 亿元。根据公告内容，本期国债期限 7 年，经招标确定的票面年利率为 3.42%，2013 年 1 月 24 日开始计息，1 月 24 日至 1 月 28 日进行分销，1 月 30 日起上市交易。本期国债为固定利率附息债，利息按年支付，利息支付日为每年的 1 月 24 日，2020 年 1 月 24 日偿还本金并支付最后一次利息。

财政收入和财政支出是国家财政活动的核心内容，财政收入充足与否切实关系到一国政府是否能够很好地履行其政府职能和宏观调控能力的强弱。财政收入是财政分配的基础环节，是国民收入在国家、企业和个人中间的再分配。本章主要介绍财政收入的一般概念、取得形式、分类和财政收入规模等，并通过一些具体的统计数据来解释和说明财政收入当中的重要概念。

7.1　财政收入形式和分类

财政收入是政府为了满足财政支出的需要，依据一定的权力原则，通过国家财政集中的一定数量的货币或实物资财收入。在从奴隶社会、封建社会、资本主义社会到社会主义社会的社会形态演变过程中，货币形式(或者价值形式)所占据的比重越来越大，而最初居统治地位的实物和力役形式则逐渐退出了历史舞台。西方财政理论对财政收入的表述方式一般有以下三种：一是 revenue 或者 fiscal revenue，它与中文中“财政收入”的含义基本一致；二是 financing fiscal expenditure，直接表明国家收缴财政收入的意图或依据，即为实现国家职能的财政支出活动进行融资；三是 taxing 或 taxation，它主要取决于税收在资本主义国家财政收入体系中的主导地位。财政收入首先应理解为一个过程，它是财政活动的第一阶段，即组织收入、筹集资金阶段。广义的财政收入是指国家以多种形式集合的社会财富，既包括国家凭借政治权力强制参与社会财富再分配而无偿取得的社会财富，如税收，也包括国家凭国家信用有偿使用的社会财富，如国债，还包括国家以国有资产所有者身份取得的资产收益，如国有企业上交的利润或股份红利及其他收入。狭义的财政收入仅指国家凭借政治权力强制参与社会财富再分配而无偿取得的收入。

国家分配论认为财政是伴随着生产力的发展，随着剩余产品、私有制、阶级和国家的产生而产生的，财政起源的时间是在奴隶社会阶段。西方财政理论则认为财政和市场失效联系在一起，在资本主义社会阶段才有了财政这一经济学范畴。

财政收入对于国民经济运行和社会发展具有重要影响：首先，财政收入是国家各项职能得以实现的物质保证。一个国家财政收入规模大小是衡量其经济实力的重要标志。其次，财政收入是国家对经济实行宏观调控的重要经济杠杆，宏观调控的首要问题是社会总需求与总供给的平衡问题，实现社会总需求和总供给的平衡，包括总量上的平衡和结构上的平衡两个层次的内容。财政收入杠杆既可通过增收或减收来发挥总量调控作用，又可通过对不同财政资金缴纳者财政负担大小的调整，来发挥结构调整的作用。最后，财政收入可以调整国民收入初次分配形成的格局，缩小贫富差距，实现社会财富公平合理分配的主要工具。

7.1.1 财政收入形式

所谓财政收入形式，是指政府通过哪些方式或渠道来取得财政收入。如在自然经济条件下，政府通过征收实物或劳务而取得财政收入，我国封建社会的“粟米之征”“布帛之征”“任役之征”等都是财政收入的具体形式。在商品货币经济条件下，财政收入则表现为国家占有和支配一定量的货币资金。目前我国财政收入的形式，主要包括税收、国有资产经营收益、国债、其他收入等。

1. 税收

税收是最古老的财政范畴，它是指和一些特定行为相联系的强制支付。通过税收筹集收入去购买生产者所提供的产品和服务过程中所必需的投入要素，或者在一国公民或居民间进行购买力的再分配。税收无论是在哪一种社会形态下都是国家筹集财政收入的主要来源，是一国政府的重要经济支柱。表 7－1 所示为 11 个国家的税收收入与 GDP 总额的比例关系，这是国际上衡量宏观税负水平的通用指标。

表 7－1　2012 年 11 个国家税收占 GDP 的比重

国别	加拿大	智利	中国	法国	德国	印度	日本	韩国	西班牙	英国	美国
比重	32.2%	18.6%	17%	44.6%	40.6%	17.7%	28.3%	26.8%	37.3%	39%	26.9%

（资料来源：国际货币基金组织《政府财政统计年鉴》，2013）

税收是真正与社会经济相适应的唯一的基本财政收入形式，税收征纳前提是企业和个人独立的政治地位和经济地位，它可以约束和规范政府支出活动，并通过公平负担政策的实施创造和确保各种所有制能够平等竞争的外部经济环境。在设计一国税收体系时，比如像纳税人、征税对象、税率结构等时，通常要考虑到以下原则。

（1）受益原则(benefit principle)。这种指导原则认为每个微观经济主体所应该缴纳的税收应该和其从政府提供的产品和服务中的收益存在一定的关联度。从这种角度讲，每一个单位纯粹公共产品的税收分配反映了纳税人的边际收益，而纳税人的公共选择决定了此种产品的有效产出水平。

比如国防作为政府所提供的纯粹公共产品中的一种，我们假设目前 A 国的军队雇用人数为 50 万人，如果每招募 1 万士兵，新增的国防开支(包括军队人员薪金支出和武器装备支出)就作为国防产品的生产成本由纳税人来承担，每个纳税人要因此再缴纳 5 美元的税收，如果说纳税人源自国防产品的边际收益 B 表现为

$$B=10-2.5\times N$$

式中，N 为新增的士兵人数(万人)，则军队的有效产出人数应该为 52 万人，因为新增两万人后，纳税人的边际收益为 5 美元，而为此支付的价格(税收)也是 5 美元，纳税人支付的边际成本与其获得的边际收益是相等的。

(2) 能力支付原则(ability-to-pay principle)。它是指人们对财政收入的分担要与人们的支付能力相联系。收入水平高的多分担、多缴纳，收入水平低的少分担、少缴纳。所以，税收在一国公民或居民间的分摊就不再和单个纳税个体从政府活动那里得到的边际收益有关系，而是取决于这种税收体制对公民或居民的税收负担能力的判断。然而，这种支付能力的衡量会根据个人偏好的不同而有所区别，缺乏客观标准而变得高度主观。大多数国家都认定支付能力是与纳税人的收入状况呈现正比例相关关系。

(3) 效率原则(efficiency principle)。效率原则中包括经济效率原则，即政府通过税收筹措收入应该给私人部门带来最小的效率损失；行政效率原则，即政府征收税收的行为应该以一种相对简单并且可以连续操作的方式进行，在整个流程中没有附加不必要的额外成本。政府征税通常会对公民或居民的私人选择有着意义深远和复杂的影响。税收会影响微观经济主体的生产和投资的意愿，也会影响对某些商品和服务的消费行为。公债会影响市场的均衡利率水平以及私人投资者的投资选择。因为政府融资的主要功能是把资源从私人部门向公共部门方向所作的重新分配，政府必须减少私人消费和投资来达到这个目的。在评价政府融资方式时的主要问题是它对可利用的收入和财富总额的影响和冲击。同样是给政府带来一美元的财政收入，不同的融资方式对国民收入和福利的影响程度不同。最有效率的政府融资应该是在保证一定财政收入前提的条件下，尽量减小从市场生产和交换过程中所产生的损失。

一国的税收体系有无效率可以用税收净收益来衡量，指以尽可能小的税收成本取得尽可能大的税收收益，也就是说一国政府所掌握的实际财力大小和税收净收益的关系最为密切，其表明的是最终可供政府使用的货币资金究竟有多少。可用公式表示为

$$T_n=T-C$$

这里 T_n代表税收净收益(net tax)，T 代表名义税收收入，C 代表在征收名义税收收入过程中所涉及的所有税收成本。

2. 国有资产收益

国有资产收益是国家凭借其对国有资产的所有权所获得的经营利润、租金、股息(红利)和资金占用费等收入。在现代企业制度下，国家与国有企业(包括拥有国有股份的企业)之间的分配关系，除依法征税之外，还有资产收益分配关系，即国家以资产所有者的身份通过企业缴纳利润和国家股分红等形式取得一定的收益。

国有资产收益形式主要取决于国家对国有资产的经营方式。目前，我国国有企业的经营方式，按照资产所有权和经营权分离的程度不同，可以分为国家直接经营、国有企业的承包经营、国有企业的租赁经营和国有企业的股份经营等。在企业的经营方式不同的情况

下，其向国家上缴收益的形式和途径也不相同。在国有企业实行利改税以前，国有企业上缴利润是财政收入的一个主要形式，实行利改税以后，利润在财政收入中的比重已经变小，主要依赖于企业所得税这种形式。税收和国有企业上缴利润是两个不同的经济作用，税收体现的是国家凭借政治权力参与利润分配关系，这是一种刚性、统一、规范化的分配关系，体现社会利益。税收利润则是国家作为生产资料所有者参与国有企业的利润分配，取得国家产权收益，这一层的分配关系是由国家和企业的财产关系派生的，其分配依据是财产权力，体现所有者利益。因此，国家和国有企业之间存在的是这样一种双重的分配关系。

税收具有固定性特点，所以相对规范，利润上交的数额取决于现代企业制度、企业经营状况、企业现实需要和长远发展规划等。无论是社会主义国家还是资本主义国家，其商品经济的构成都不会是单一的，这样的多种所有制形式和多种经济成分并存的情况就决定了国有经济贡献国家财政收入的不可或缺性。

3. 公债

公债具有和其他一切商业借贷相同的特点，以这种方式筹措财政收入的基础是要在将来约定的一定时期按照一定的程序进行还本付息。但是由于公债当中债务人的身份十分特殊，一般是国家或政府，包括中央政府和各级地方政府，这样以国家信用或政府财政信用作担保的公债和私债相比显得更为可靠，故又称“金边债券”。公债按发行地域的不同分为内债和外债，前者一般在本国借款，以本国货币结算支付，后者则指政府向外国政府、银行或国际金融组织借款，通常采用自由兑换货币结算支付，比如美元、欧元、英镑、日元等。

公债包括以下几点含义：第一，公债是国家信用的主要形式。国家财政参与国民收入的分配，一般采取无偿的方式，但不排除在一定情况下采取有借有还的信用方式。第二，公债是财政收入的一种特殊形式，公债首先是筹集财政收入的一种手段，因为不论是发行债券还是借款，都意味着财政收入增加。但发行债券或借款必须遵循信用原则：有借有还，到期不仅要还本，而且要支付利息。公债不仅具有偿还性，而且还具有自愿性特点。第三，公债是一个重要的经济杠杆，在当今世界各国，公债的作用已不仅仅局限于来平衡预算、弥补财政赤字，它还是政府调节经济、实现宏观调控、促进经济稳定发展的一个重要的经济杠杆。比如在经济萧条时期，人们对经济发展的预期不理想的情况下，私人部门的消费和投资就会进一步的萎缩，社会总需求和社会总供给的关系趋于不平衡，这时国家可以以高于市场利率的水平发行公债，再将聚集起来的资金用于政府购买性支出和政府投资，给经济发展注入新的推动力，拉动社会总需求以求达到新的宏观经济总量平衡。

如表 7-2 所示为我国最近 20 年的公债情况，可以看出我国公债的规模逐年扩大，内债在 1985 年的时候接近 90 亿元，2004 年这一数字增加到 6 900 亿元，增长了 76 倍多，外债也在同一时期从 29 亿元增加到 145 亿元，增长 4 倍多。到 2012 年底，我国国内债务余额达到 76 747.91 亿元，国外债务余额达到 817.79 亿元。整体上讲，我国公债规模快速扩大，且内债规模的增长速度远远大于外债规模的增长速度。

表7-2 我国1985—2012年公债发行情况 单位：亿元

年份	合计	国内债务	国外借款	国内其他债务
1985	89.85	60.61	29.24	—
1990	375.45	93.46	178.21	103.78
1995	1 549.76	1 510.86	38.90	—
1996	1 967.28	1 847.77	119.51	—
1997	2 476.82	2 412.03	64.79	—
1998	3 310.93	3 228.77	82.16	—
1999	3 715.03	3 702.13	—	12.90
2000	4 180.10	4 153.59	23.10	3.41
2001	4 604.00	4 483.53	120.47	—
2002	5 679.00	5 660.00	—	19.00
2003	6 153.53	6 029.24	120.68	3.61
2004	6 879.34	6 726.28	145.07	7.99
2005	7 042.00	31 848.59(余额)	765.52(余额)	—
2006	8 883.30	34 380.24(余额)	635.02(余额)	—
2007	23 483.28	51 467.39(余额)	607.26(余额)	—
2008	8 615.00	52 799.32(余额)	472.22(余额)	—
2009	16 229.20	59 736.95(余额)	500.73(余额)	—
2010	17 881.90	66 987.97(余额)	560.14(余额)	—
2011	15 397.91	71 410.80(余额)	633.71(余额)	—
2012	14 362.26	76 747.91(余额)	817.79(余额)	—

注：从1999年开始，国内其他债务项目为债务收入大于支出部分增列的偿债基金。

（资料来源：广发证券网，http：//www.gf.com.cn/；中国统计年鉴，2013）

4. 其他收入

其他收入是指上述收入之外的一些杂项零星收入，它占财政收入的比重不大，但包括的项目甚多，主要有：规费收入、各项罚没收入、国有资源管理收入、公产收入等，也包括基本建设贷款归还收入、捐赠收入等。

规费收入是指国家行政机关为居民、社会团体或经济组织发放证照或提供某些特殊服务时所收取的手续费和工本费，如工商执照费、身份证费、结婚证书费、商品检验费以及护照费等。国家收取规费，除了可以取得一些财政收入外，主要还是为了对某些行为进行管理和统计。

罚没收入是工商、税务、海关、公安等国家机关根据国家规定依法处理的罚款和罚没物品的变价收入以及追回的赃款赃物收入。

国家资源管理收入是指各单位经国家批准开采国家矿产资源，按规定向国家缴纳的管理费，如矿山管理费、沙石管理费等。

公产收入是指国有山林、芦苇等公产的产品收入，政府部门主管的公房和其他公产的租赁收入以及公产的变价收入等。

此外，还有国际组织援助捐赠收入、对外贷款归还收入、收回国外资产收入等。

表 7－3 给出了我国国家统计局发布的财政分项目收入的具体情况。

表 7－3　2007—2012 年国家财政分项目收入　　单位：亿元

年份	国家财政收入	国家税收收入	国家其他税收收入	国家非税收入	国家专项收入	国家行政事业性收费	国家罚没收入	国家其他收入
2007	51 321.78	45 621.97	1.24	5 699.81	1 241.85	1 897.35	840.26	1 720.35
2008	61 330.35	54 223.79	3.68	7 106.56	1 554.10	2 134.86	898.4	2519.20
2009	68 518.30	59 521.59	4.8	8 996.71	1 636.99	2 317.04	973.86	4 068.82
2010	83 101.51	73 210.79	1.8	9 890.72	2 040.74	2 996.39	1 074.64	3 778.95
2011	10 3874.43	89 738.39	4.15	14 136.04	3 056.41	4 039.38	1 301.39	5 738.86
2012	117 253.52	100 614.28	5.22	16 639.24	3 232.63	4 579.54	1 559.81	7 267.26

（数据来源：国家统计局网站，www.stats.gov.cn）

7.1.2 财政收入分类

广义的财政收入可以根据收入是否被列入一国预算分为预算(内)收入和预算外收入。预算收入是主导财力，反映着整个国家的政策、各级政府活动的范围和方向，用来解决全面、整体、宏观方面的需要，由国家财政统一筹集、分配、使用和管理。预算外收入是国家的补充财力，反映各职能部门事业活动的特点，主要用来解决局部、部分、微观方面的需要，由各地区、各部门或各单位组织、使用和管理。

(1) 预算收入和预算外收入。

预算收入是在一个预算年度内通过一定的形式和程序，有计划地筹措的财政收入，具有固定性和稳定性的特征。它是国家行使其行政管理职能和经济管理职能的特点。我国预算收入主要包括各项税收收入、国有资产收益、公债收入以及其他收入。另外，我国政府在 1985—1996 年期间开征过能源交通重点建设基金，从 1989—1996 年开征过预算调节基金，1991 年开征教育费附加，它们是为满足某一时期特定需要而特别设立的收入形式。

根据我国财政部对 2006 年预算报告专题资料的介绍，预算外资金收入是指行政事业单位为履行政府职能、弥补事业发展经费不足，依据国家法律、法规或具有法律效力的规章收取或提取，纳入财政预算外专户管理的财政性收入。预算外资金收入具体包括行政事业性收费、主管部门集中收入、其他预算外收入三种类型。

① 行政事业性收费，是指国家法律、法规规定以及国务院、财政部和国家发改委审批的行政事业性收费。编制“行政事业性收费”预算应严格按照经批准的收费项目、收费

标准测算。具体数额可参考近几年实际收入情况。在不调整收费标准和收费项目的前提下，各年之间收费收入数额一般应与业务规模成正比例关系。

② 主管部门集中收入，是指部门(含代行政府管理职能的总公司和行政性组织)按国家规定从所属企事业单位和社会团体集中的管理费及其他资金收入。“主管部门集中收入”预算应按照国家向下属单位集中收入的有关规定编制。

③ 其他预算外收入，是指除上述收入以外的预算外资金。包括以政府名义获得的各种捐赠资金，国家行政机关派驻境外机构的非经营性收入，有偿使用回收资金中未纳入财政预算管理的部分，财政专户利息等。其他预算外收入一般不是经常性收入，因此在编制“其他预算外收入”预算时，可在上年收入数的基础上，剔除一次性收入后编制。

表 7－4　预算外资金分项目收入　　　　单位：亿元

年份	预算外资金收入	预算外资金收入中行政事业性收费	预算外资金收入中政府性基金收入	预算外资金收入中乡镇自筹、统筹资金	预算外资金收入中地方财政收入	预算外资金收入中国有企业和主管部门收入	预算外资金收入中其他收入
2003	4 566.80	3 335.74	287.1				
2004	4 699.18	3 208.42	351.29	213.09		64.12	862.26
2005	5 544.16	3 858.19	359.29	192.94		47.6	1 086.24
2006	6 407.88	4 216.80	376.49	221.29		44.91	1 548.39
2007	6 820.32	4 681.05		180.25		40.16	1 918.86
2008	6 617.25	4 835.81		220.74		47.08	1513.62
2009	6 414.65	4 598.14		220.56		84.1	1 511.85
2010	5 794.42	3 691.82		257.18		58.14	1 787.28

(资料来源：国家统计局网站，www.stats.gov.cn)

(2) 中央财政收入和地方财政收入。

按收入的管理权限，可将财政收入分为中央财政收入与地方财政收入。中央财政收入和地方财政收入是指按照财政预算法律和财政管理体制规定，分别由中央政府和地方政府筹集、使用的财政资金。我们国家是秉承“一级政府，一级财政，一级预算”的原则，在这里要特别强调两点：一是“财权、事权和责权”的统一，也就是各级政府被要求处理多少事务，就要被赋予其多大的财权以及承担多大的责任，只有协调平衡了这三者之间的关系和比例，才会有利于政府间工作的开展，彰显公平；二是两者的比例可以体现出一国政府财政集权和财政分权的程度，财政集权的方式是将大部分的税收和支出的权利上交中央，然后由中央政府统一规划安排。这种由中央统一安排规划虽然可以有效地解决地方发展不平衡的问题，但是由于中央政府掌握的地方信息并不是完全充分的，因此对于服务地区经济发展方面的职能并不是最高效的，至少相对于地方政府而言是这样的。财政分权的措施是将税收和支出的权力下放，中央政府只是提供全国性的公共产品，地方经济的发展主要是依靠地方政府的协调与服务，由于地方政府拥有更为充分的信息，所以假定地方政府的服务行为是高效的。这种财政制度的直接后果是造成地区间发展的不平衡。如果这种不平衡累积到一定程度也会带来效率的损失，这种效率损失对于中央政府而言成本同样是高昂的。所以中央过分集权或地方过度分权都不利于社会经济的发展。表7－5为部分国家财政收入集权程度情况的比较，表7－6为我国中央及地方财政收入绝对额以及两者占财政收入相对比重的历史数据，在一定程度上可以从横向和纵向反映出我国中央集权和地方分权的现实状况及变化历程。

表7－5　财政收入集权程度的国际比较

中央财政收入/全国财政收入	国　别
＜49	加拿大
50～59	美国，阿根廷
60～69	德国，丹麦，日本，印度
70～79	澳大利亚，芬兰，奥地利，挪威，瑞典
80～89	西班牙，法国，英国，马来西亚，墨西哥
＞90	巴西，意大利，印度尼西亚，菲律宾，泰国

（资料来源：杨之刚．公共财政学理论与实践．上海：上海远东人民出版社，1999：533）

表7－6　中国中央和地方财政收入及比重

年份	全国财政收入/亿元	中央财政收入/亿元	地方财政收入/亿元	中央财政收入比重/%	地方财政收入比重/%
2003	21 715.25	11 865.27	9 849.98	54.6	
2004	26 396.47	14 503.10	11 893.37	54.9	45.1
2005	31 649.29	16 548.53	15 100.76	52.3	47.7
2006	38 760.20	20 456.62	18 303.58	52.8	47.2
2007	51 321.78	27 749.16	23 572.62	54.1	45.9
2008	61 330.35	32 680.56	28 649.79	53.3	46.7
2009	68 518.30	35 915.71	32 602.59	52.4	47.6
2010	83 101.51	42 488.47	40 613.04	51.1	48.9
2011	103 874.43	51 327.32	52 547.11	49.4	50.6
2012	117 253.52	56 175.23	61 078.29		

（资料来源：国家统计局网站，www.stats.gov.cn）

（3）按取得收入的依据，可将财政收入分为政府公共财政收入和国有资产经营收入。

社会主义国家基于国有经济在整个国民经济中的主导地位而拥有双重的财政模式，即公共财政和国有资产财政，公共财政是以税收为收入途径，其支出主要体现社会效益，国有资产财政在资本主义国家的财政模式中仅指公共财政。政府公共财政收入是指政府以社会公共事务管理者身份，依据政治权力，主要以税收形式筹集的财政资金，包括对各种商品、劳务、所得、财产、土地及资源等征收的税款以及行政性收费收入。国有资产经营收入是指政府以国有资产所有者身份，依据财产权力，参与资产收益分配所筹集的财政资金，主要包括国有企业上缴利润、从政府参股控股的股份制企业中分享的股息和红利，以及国有资产租赁和产权转让收入。

(4) 按取得收入的稳定程度，可将财政收入分为经常性收入和临时性收入。

经常性收入是指每个财政年度都能连续不断、稳定取得的财政收入，如税收、经常性收费等。临时性收入是指在财政年度内不经常或不规律地取得的财政收入，如国债收入、出卖公产收入、罚款及捐款等。

(5) 按经济成分，可将财政收入分为来自国有经济、集体经济以及各种非国有制经济的收入。

(6) 按经济部门，可将财政收入划分为来自农业、工业、交通运输业和商业服务业的收入。

(7) 除上述分类形式外，财政收入还可根据其他标准，分为国内收入与国外收入、直接收入与派生收入以及强制性收入与非强制性收入等。

7.2　财政收入的规模分析

财政收入的价值构成反映了社会产品价值中 C、V、M 三部分在财政收入来源中的构成情况。从价值构成上看，财政收入的主要来源是 M，M 是新创造的价值中归社会支配的部分，是财政收入的基本源泉，只有 M 部分多了，财政收入的增长才有坚实的基础。在我国的财税工作实践中，M 又称为税前利润，或称毛利，其总量是社会产品总价值扣除总成本($C+V$)之后的余额。财政收入来源于 M 主要有三种形式：企业所得税、国有资产投资收益、财政专项基金。

M 是财政收入的主要来源，但不是唯一来源。C 和 V 的一部分也可以构成财政收入的来源。先说 C，C 是社会产品中用于补偿消耗掉的劳动对象的价值，如消耗掉的原材料、燃料、辅助材料、机器设备厂房的折旧等。我国现行税制是以流转税为主的税制，在税收实践中，有相当一部分税收收入来源于流转税，如增值税，企业在购进设备、原材料的过程中，都要缴纳增值税，税款计入所购设备和原材料的价值中。再说 V，V 是以劳动报酬形式付给生产者个人的部分，从现实来看，财政收入包括一部分 V 是肯定的。例如高税率的消费品的价格中实际上也包括一部分由 V 转移来的价值，这部分价值最后转化为上缴财政的商品税收入；对个人收入课征的个人所得税也是 V 作为财政收入来源的最明显例证。

既然 C、V、M 都是财政收入的来源，那么衡量财政收入价值构成是否合理的标准在于衡量财政收入来源于 C、V、M 的比例是否适当。从静态角度考察，一定时期的社会产品价值总额是固定的，即($C+V+M$)的总和是固定的，如果采用比例税率或定额税率税收在 C、V、M 内部的分布的变化并不影响税收总额的增减，因此，能够引起税收总额增减变化是因为 C、V、M 中有的部分采用累进税率。目前在世界上几乎所有的国家，个人所得税都适用超额累进税率，因此如果在其他因素不变的情况下，财政收入(主要是税收)来源于 V 的部分发生变动，则对税收总额的增减会产生明显影响，当然这还取决于个人所得税收入占财政收入的比重高低，比重越高，影响越显著，反之亦然。目前，西方发达国家的税制是以直接税为主的体制，个人所得税在财政收入中的比重很高，因此，财政收入来源于 C、V、M 的比例关系对财政收入总额至关重要。

从动态角度考察，由于 C、V、M 的补偿或分配在再生产过程中并不是在同一时点进行的(一般而言在一个再生产周期中，C、V、M 存在逻辑的和现实的先后关系，即先有 C、V 的投入，才有 C 的补偿和 V、M 的创造和分配)，如果财政收入较多地来源于 C 和 V，实际上是增加了企业的投资成本，不利于投资的增长。

综上所述，衡量财政收入的价值构成是否合理的标准是：既要增加财政收入，也要有利于经济发展。关键是合理划分财政收入在 C、V 和 M 中的比例关系。

7.2.1 财政收入规模的含义和衡量指标

财政收入规模是指财政收入的总水平，财政收入规模表明的是国家财力大小，影响到国家、企业和个人三者的相互关系和地位，影响国家的宏观调控能力。财政收入的绝对数额被称为财政收入的绝对规模，财政收入占国内生产总值 GDP 的比重表示财政收入的相对规模。只从绝对规模或相对规模对一个国家财政收入状况进行表述和判断都是片面和不客观的，只有把两者综合起来分析，才能得到相对完整和正确的结论。表 7－7 显示的是我国财政规模的大致情况。

表 7－7　我国 1978—2012 年财政收入的绝对规模和相对规模

年份	财政收入/亿元	财政收入占国内生产总值的比重/%
1978	1 132.26	31.2
1980	1 159.93	25.7
1985	2 004.82	22.4
1989	2 664.90	15.8
1990	2 937.10	15.8
1991	3 149.48	14.6
1992	3 483.37	13.1
1993	4 348.95	12.6
1994	5 218.10	11.2
1995	6 242.20	10.7
1996	7 407.99	10.9
1997	8 651.14	11.6
1998	9 875.95	12.6
1999	11 444.08	13.9

续表

年份	财政收入/亿元	财政收入占国内生产总值的比重/%
2000	13 395.23	15.0
2001	16 386.04	16.8
2002	18 903.64	18.0
2003	21 715.25	18.5
2004	26 396.47	19.3
2005	31 649.29	17.1
2006	38 760.2	17.9
2007	51 321.78	19.3
2008	61 330.35	19.5
2009	68 518.3	20.1
2010	83 101.51	20.7
2011	103 874.4	22.0
2012	117 253.5	22.6

（资料来源：国家统计年鉴．北京：中国统计出版社，2013）

注：① 在国家财政收支中，价格补贴 1985 年以前冲减财政收入，1986 年以后列为财政支出。为了可比，本表将 1985 年以前冲减财政收入的价格补贴改列在财政支出中。② 财政收入中不包括国内外债务收入。

从表 7－7 中可以看出，我国财政收入的绝对数额呈现逐年递增的态势，从 1978 年至今，每年基本是以两位数的速度递增，在 30 多年的时间里，财政收入的绝对规模就扩大了 100 多倍。相对规模，即财政收入和 GDP 的比值，则是出现了波动的趋势。1978—1996 年间，财政收入规模不断下降，1997 年后，这一比例又开始稳步增长。从理论上讲，财政收入应该与一国的国内生产总值有着非常密切的正比例相关关系。我们可以从国际横向比较中获得启示。就全球 48 个国家和地区 2000 年税收总收入(财政收入的绝大部分)占 GDP 的比重来看：最低的是中国香港特别行政区，只占 9.94%，最高的是瑞典，占 52.94%。其中：发达国家的美国占 28.32%，日本占 27.02%，德国占 37.9%，法国占 45.39%，英国占 37.27%；发展中国家的印度占 16.79%，印度尼西亚占 16.51%，俄罗斯占 26.7%，巴西占 33.18%。横向比较显示我国财政收入的相对规模不仅与发达国家有着很大的差距，与其他发展中国家相比，也明显落后。

一般来说，税收体制当中的税率结构大都采用比例税率或者累进税率，所以以税收为主要财政收入来源的国家其财政收入相对规模应该随着 GDP 的增长而逐渐上升。在我国出现这一情况的原因有：一是税收征管不严，财政监督不力，在我国经济增长率保持 7%～8%的正常状态下，加上政策调整、物价平稳和强化征收管理等因素，能够保证税收的增长，特别是税务部门对逃税、避税、骗税等采取了多种有力措施，如严格发票管理和纳税重点企业和个人的监管制度等，使我国财政税收有了较多的增长。二是国有经济在国民经济当中比例的下降，使得国有资产收益的部分有所减少。今后应该更加强调对国有资产的管理。三是思想理论上的失误，比如诸多税收优惠措施的实施，包括减免税、亏损冲抵等，都会在一定程度上推动GDP的同时却没有能够带来税收的增加，今后可以逐步调整税收体制之中的不合理、不科学因素，这不仅能够确保财政收入，更重要的意义在于创造一个公平的经济外部环境，促进经济的长期稳定增长。因此，提高我国财政收入的相对规模十分必要，通过财政收支活动进行国民收入的二次分配，尤其是转移性支出可以改善目前贫富差距过大的局面，而且财政收入是国家宏观调控的基础和保障。

7.2.2 制约财政收入规模的因素

制约财政收入规模的因素是多种多样的，主要包括以下几个方面的内容。

1. 经济发展水平和生产技术水平对财政收入规模的制约

经济发展水平反映一个国家的社会产品的丰富程度和经济效益的高低。经济发展水平高，社会产品丰富，国民生产总值或国民收入就多，该国的财政收入总额就大，占国民生产总值或国民收入的比重就高。从世界各国的现实资料考察，经济发展水平相对较高的国家，其财政收入的绝对规模和相对规模均大于经济发展水平相对较低的国家。当然一个国家的财政收入规模还会受到除经济发展以外的其他各种主客观因素的影响，但是经济发展水平却是基础性和制约的。

生产技术水平也是影响财政收入规模的重要因素，而生产技术水平是内涵于经济发展水平之中的。因为一定的经济发展水平总是与一定的生产技术水平相适应，较高的经济发展水平往往是以较高的生产技术水平为支柱的。生产技术水平是指生产中采用先进技术的程度，又可称为技术进步。技术进步对财政收入规模的影响有两个方面：一是技术进步可以促进生产速度加快、产品质量提高。技术进步速度较快，社会产品和国民收入的增加也较快，财政收入的增长就有了充分的财源。二是技术进步必然带来物耗比例的降低、经济效益的提高，剩余产品价格所占的比例扩大，从而增加财政收入。所以，促进技术进步，提高经济效益，是增加财政收入的首要途径。

2. 税收对财政收入规模的影响

资本主义国家的经济管理职能相对其行政管理职能来讲处于非常弱化的地位，只有在市场失灵领域发挥宏观调控作用，国有经济在整个国民经济中的比例微乎其微，所以按照国际惯例，公债一般不列计入财政收入的统计口径时，其财政收入仅指税收和其他收入两项。中国作为社会主义国家，财政收入中还多了国有资产收益一项，但是税收在财政收入总额中的比重仍然高于90%的水平。所以在每个财政年度中，税收的多少对整个财政收入的规模起着决定性的作用。税收规模的影响因素主要有税基和税率，扩大税基和提高税率会带来税收的增加，而税基的缩小和税率的降低会带来税收的减少。国家或政府总是希望尽可能地多征收税收，扩大财政收入规模，增强宏观调控能力，但是税收对于个人和企业而言却是一种负担，因为它减少了本身的可支配收入。当然，税基的宽窄、税率的高低变化受经济、社会、政治等多种因素的影响，在它们的共同作用下，一国政府权衡利弊才做出增税或减税的政策，从而对财政收入的规模产生直接影响。

3. 分配政策和分配制度对财政收入规模的制约

假如给定一个固定的 GDP 水平，它在政府、企业、个人三者之间按照不同的比例分配也会影响财政收入规模，这就说明在一定的经济发展水平下分配制度对财政收入规模具有制约作用。我国收入分配格局在改革开始前后出现了明显的变化，逐渐由政府预算收入向企业收入和个人收入倾斜。原因主要在于经济体制的变化。在中国刚刚确立社会主义制度时，政府采取的是计划经济体制下的统收统支的分配格局，随后我国开始了经济体制的转轨，由计划经济向市场经济过渡，于是传统的分配制度和新的经济制度相互矛盾。中国在确立了市场经济国家地位后，生产力水平有了进一步的提高，企业的产出水平和经济效益以及居民的生活水平都有了很大的提高，那么 GDP 分配格局变化应该与体制转轨的步伐一致，但是如果政府的财力急剧下降会使得宏观调控能力下降，造成资金分散与保证国家重点建设的严重矛盾。所以在大规模调整分配格局之前提高经济效益、提高财政收入占 GDP 的比重就显得非常必要。

4. 价格对财政收入规模的影响

价格上升对财政收入的影响有以下几种情况：①财政收入增长率高于物价上升率，财政收入名义上正增长，同时也是实际正增长，如 1991、1992、1993、1995、1996 年 5 年的情况；②价格上升率高于财政收入增长率，财政收入名义上正增长，而实际负增长，如我国 1987、1988、1989 年 3 年的情况；③财政收入增长率与物价上升率大体一致，财政收入只有名义增长，而实际不增不减，如 1994 年基本上属于这种情况。

价格下降对财政收入的影响有以下几种情况：①物价下降而财政收入增长，表现为财政收入实际增长高于名义增长，如 1998、1999 年的情况；②物价下降率小于财政收入减少率(都为负数)，则财政收入的实际减少幅度大于名义减少幅度，实际财政收入比名义收入更少；③物价下降率大于财政收入减少率(都为负数)，实际财政收入比名义收入多；④物价下降率与财政收入减少率大体一致，财政收入只有名义减少，而实际上不增不减。第②、③、④种情况在我国现实经济生活中还未出现。

在现实经济生活中，价格变动对财政收入的影响主要取决于两个因素：一是通货膨胀；二是现行的财政收入制度。如果通货膨胀是因弥补财政赤字造成的，那么货币流通量会增加，国家财政就会通过财政赤字从国民收入再分配中取得更大的份额，这种通过价格再分配机制实现的财政收入增长通常称为“通货膨胀税”。长期奉行凯恩斯的赤字财政政策的一些发达国家中“通货膨胀税”是国家财政的一项经常性收入来源。如果通货膨胀是由于信用膨胀引起的，那么财政在再分配中有得有失，而且可能是所失大于所得，即财政收入实际增长小于名义增长。决定价格再分配对财政收入影响的另一个因素是现行财政收入制度。在物价上涨的情况下，如果是以累进所得税为主体的税制，纳税人适用的税率会随着名义收入的增长而提高，即出现所谓“档次爬升”效应，从而财政在价格再分配中所得份额将有所增加。如果实行的是以比例税率的流转税为主体的税制，税收收入的增长率等同于物价上涨率，财政收入只有名义增长，而不会有实际增长。如果实行的是定额税，在这种税制下，税收收入的增长总要低于物价上涨率，所以财政收入即使有名义增长，而实际必然是下降的。物价下跌条件下的情况恰好与此相反。西方发达国家的税制是以财产、所得等为征税对象的直接税为主，其个人所得税占着相当大的比重，如美国的个人所得税收入占税收收入的比率在60%以上。而个人所得税适用累进税率，因此，在这些国家，其价格的升降将对财政收入的增减有着重要影响。我国现行税制是以比例税率为主，使用累进税率的个人所得税占税收总额的比重很小，价格的升降对财政收入的增减影响也就相对较小。

5. 财政收入的数量界限

从理论上分析，财政收入有三个数量至关重要：最小财政收入量、最大财政收入量、最适度财政收入量。最小财政收入量是一国财政收入的最低界限，是维持国家政治经济职能所必需的财力，如果财政收入低于这个量，国家将不能正常行使其职能，社会和个人将因此陷入混乱而付出超额的代价。最大财政收入量是一国财政收入的最高界限，是该国企业和个人对财政负担的最大承受能力，超过这个限度。企业和个人将不堪重负而倒闭或陷于困顿之中，社会矛盾激化，国家将为此付出超额代价。最适度财政收入量是介于最小财政收入量和最大财政收入量之间的最佳点，是社会财富在国家、企业、个人之间进行最合理分配后的财政收入量，实现了国家、企业和个人利益的协调，也实现了长远利益和眼前利益的兼顾。

拉弗曲线是表示税率和政府税收收入之间关系的曲线。拉弗认为在税率与税收收入之间存在一种函数关系，采用高税率，不一定会取得高收入。横轴代表税率，纵轴代表由税率和生产决定的税收收入。当税率为零时，政府和政府的税收政策不干预生产，这时虽然可能会使生产扩大，但政府的收入却是零，结果会使政府的全部活动停止，整个社会生产处于无政府状态，又对生产不利，所以这种税率不足取。当税率由零点向右推移时，税收收入是逐渐增加的，移至一定点时，税收收入达到最大，生产也会达到最大。因此，可以认定说这点是最佳税率。

7.2.3 财政收入的结构

我国财政支出的总量和结构安排，体现党的方针政策，反映政府活动的范围和内容，涉及广大人民群众的切身利益。着力优化财政支出结构，大力支持保障和改善民生，是促进经济社会协调发展、维护社会公平正义最直接有效的手段，有利于促进科学发展和社会和谐。

1. 财政收入的产业构成

对财政收入还可以从生产部门结构的角度分析。这里的生产部门结构包括两重含义：一是指传统意义上的国民经济结构，如工业、农业、建筑业、交通运输业及服务业等；二是指现代意义上的产业结构分类，即第一产业、第二产业和第三产业。我国是发展中国家，国民经济以农业和工业为主要生产部门，长期以来，这两大生产部门创造的国民收入始终占国民收入总额的80%左右，两大部门提供的财政收入在财政总收入中保持较高的比重，特别是工业，始终是财政收入的支柱。表7-8为我国自2005—2012年财政收入的产业构成情况。

表7-8 2005—2012年中国国内生产总值构成

年份	国内生产总值/亿元	第一产业增加值/亿元	第二产业增加值/亿元	工业增加值/亿元	建筑业增加值/亿元	第三产业增加值/亿元	人均国内生产总值/元
2005	184 937.37	22 420.00	87 598.09	77 230.78	10 367.31	74 919.28	14 185.36
2006	216 314.43	24 040.00	103 719.54	91 310.94	12 408.61	88 554.88	16 499.70
2007	265 810.31	28 627.00	125 831.36	110 534.88	15 296.48	111 351.95	20 169.46
2008	314 045.43	33 702.00	149 003.44	130 260.24	18 743.20	131 339.99	23 707.71
2009	340 902.81	35 226.00	157 638.78	135 239.95	22 398.83	148 038.04	25 607.53
2010	401 512.80	40 533.60	187 383.21	160 722.23	26 660.98	173 595.98	30 015.05
2011	473 104.05	47 486.21	220 412.81	188 470.15	31 942.66	205 205.02	35 197.79
2012	519 470.10	52 373.63	235 161.99	199 670.66	35 491.34	231 934.48	38 459.47

（资料来源：国家统计局网站，http：//www.stats.gov.cn/）

第一产业的发展会影响整个国民经济的发展，所以第一产业既是国民经济的基础，也是财政收入的基础。没有农业的发展，就没有其他经济部门的发展，也就没有国家财政收入的增长。由于长期以来我国农工业产品交换中存在着剪刀差，使农业部门创造的一部分价值转移到工业部门实现了，也就是替工业部门承担了一部分税负，而这种间接的财政收入贡献却没有在财政收入系统当中体现出来。为了使得财政收入拥有强大持久的动力，就必须加大农业投入，大力发展农村商品生产，增强农业后劲，提高劳动生产率。

第二产业是国民经济的主导，我国财政收入绝大部分来自第二产业。工业是创造并且实现国民收入的主要部门，也是财政收入的主要来源，所以工业对财政收入的发展起着决定性的作用。其中的影响因素首先包括企业的经济效益，还包括产业内部各行业的比例结构，只有企业的经济效益上升了，各行业之间比例结构协调合理了，财政收入才会随着工业的发展相应地增长。

第三产业也是构成财政收入来源的因素。根据一国国民经济构成的不同，第三产业占国内生产总值的比重也会很不相同，一般来讲，随着生产力发展和科学技术的进步，第三产业占国内生产总值的比重越来越高。应该说，第三产业在我国已经有了迅速的发展，从发展趋势上看，第三产业肯定会成为未来中国经济发展新的增长点。商业活动虽然一般不创造价值，但它在实现其职能过程中参与产品价值的分配，因此商业活动的经济效益如何、盈利大小都直接影响财政收入的多少。建筑业、交通运输业、服务业、旅游业等部门，也都通过本部门经济活动的开展，为国家提供财政收入。此外，这些部门在经济运行中都发挥着不可替代的作用。它们的运行状况如何必然影响着经济总体的状况，进而使财政收入的来源发生变化。因此，协调好国民经济各部门的关系，广辟财源，也是一个重要方面。国家每年都把第三产业的具体构成、相应比例及增长速度做出详细统计，足以体现其对中国未来经济和财源增长的重大意义。表7-9的相关数据显示了我国第三产业的快速增长势头。

表7-9　2004—2012年第三产业增加值

年份	国民总收入/亿元	国内生产总值/亿元	第一产业增加值/亿元	第二产业增加值/亿元	工业增加值/亿元	建筑业增加值/亿元	第三产业增加值/亿元	人均国内生产总值/元
2004	159 453.60	159 878.34	21 412.73	73 904.31	65 210.03	8 694.28	64 561.29	12 335.58
2005	183 617.37	184 937.37	22 420.00	87 598.09	77 230.78	10 367.31	74 919.28	14 185.36
2006	215 904.41	216 314.43	24 040.00	103 719.54	91 310.94	12 408.61	88 554.88	16 499.70
2007	266 422.00	265 810.31	28 627.00	125 831.36	110 534.88	15 296.48	111 351.95	20 169.46
2008	316 030.34	314 045.43	33 702.00	149 003.44	130 260.24	18 743.20	131 339.99	23 707.71
2009	340 319.95	340 902.81	35 226.00	157 638.78	135 239.95	22 398.83	148 038.04	25 607.53
2010	399 759.54	401 512.80	40 533.60	187 383.21	160 722.23	26 660.98	173 595.98	30 015.05
2011	468 562.38	473 104.05	47 486.21	220 412.81	188 470.15	31 942.66	205 205.02	35 197.79
2012	516 810.05	519 470.10	52 373.63	235 161.99	199 670.66	35 491.34	231 934.48	38 459.47

（资料来源：国家统计局网站，http：//www.stats.gov.cn/）

2. 财政收入的所有制结构

财政收入的所有制构成是指财政收入作为一个整体是由不同所有制的经营单位各自上缴的税收利润和费用、基金等部分构成的。公有制为主体，多种所有制经济共同发展是我国社会主义初级阶段的基本经济制度。在我国社会主义市场经济体制中，存在着国有、集体、私营、外资、混合所有制等多种所有制形式。目前我国经济仍然是以国有经济为支柱的，但是非公有经济的成分在改革开放和经济体制转型后已经有了很大程度上的提升，来自这些经济成分的财政收入也会相应增加。

这种变动趋势说明了三方面的问题：一是经济体制的改革为我国经济发展带来了新的生机和活力，非公有制经济的发展，为我们寻求新的财政收入增长点提供了更多的选择。二是这种变动趋势也暴露了我国国有经济管理体制和运行机制等方面存在弊端，同时表明了我国原有的财政制度存在的不合理的税负倾斜状况。它既不利于国有经济发挥其在国民经济中的主导作用，也不利于广开财源增加财政收入。现实的财政收入所有制构成告诉我们，增加财政收入的主要途径依然是要充分发挥国有经济的主导作用，提高国有企业的经营效益。可以预见，随着国有企业改革的不断深化和财政收入制度的调整，以及对非公有制经济的培养和征管的加强，我国财政收入必将获得较大幅度的提高。

3. 财政收入的地区结构

中国地区间的经济发展水平非常不平衡，来自经济发展水平较高的东部地区的财政收入较多，而来自经济发展水平一般的中部地区和经济发展水平比较落后的西部地区的财政收入相对较少。如果将东部地区的资金、技术、人才优势与西部地区的资源优势有机结合起来实现优势互补，积极发掘西部的经济潜力和财源，实现东西部地区财政收入同方向的较快增长，那么我国的财政收入规模将会出现新一轮大幅度的快速增长。

财政收入原则是组织财政收入所依据的基本法则。发展经济，广开财源原则。一国政府要想扩大财政收入的绝对规模和相对规模，提高税率，增加纳税人的税收负担绝对不是一种理想的途径，如果税率水平提升幅度过大，设计不合理，可能会产生严重的负面经济效应和社会效应。财政收入的规模和增长速度，取决于国民经济发展的规模、速度与资金积累水平。发展经济、广开财源是组织财政收入的首要原则。

保证国民收入在国家、企业、个人之间的合理分配。国家代表全国人民的根本利益和长远利益，承担着发展社会生产力、增强国家实力、提高人民生产水平、保卫国家安全的重任。所以，国家必须要拥有足够的财力以实施国家的诸多职能。从根本上来讲，国家利益、企业利益和个人利益是紧密联结在一起的，如果国家利益没有保障，那么企业和个人的重大和长远利益也就无从谈起。企业是市场商品生产和商品交换的主参与者，是创造社会物质财富的基础和推动社会生产力发展的主导力量。随着社会主义市场经济体制的建立和逐步完善，企业应是独立的经济实体，成为市场公开竞争的劳动者则是社会财富的过程中最活跃、最能动的因素。假如国家从企业和个人那里分得的份额太大，势必会影响企业和个人的生产积极性，在劳动和休闲中更倾向于休闲，从而对社会产出水平和生产效率均产生较大的负面影响。反之，如果这一份额太小，就不能保证国家机构的顺利运行。所以在组织财政收入时，只有兼顾国家、企业和个人的物质利益，才能正确处理好这个分配关系。国家或政府还要掌握好中央财政集权和地方财政分权的关系。

合理负担原则主要体现在税收中，是指在组织财政收入时，按纳税人收入的多少，采取不同的征收比例，实行负担能力强的多负担、负担能力弱的少负担。合理负担是一定时期经济关系和财政分配关系的反映。合理负担原则不应该以“区别对待”为前提，市场经济的公平竞争性，决定着财政必须对所有的企业不管其经济成分如何都实行统一的税收制度。

7.2.4　财政支持和改善民生间要协调好的主要关系

社会建设与人民幸福安康息息相关。加快推进以改善民生为重点的社会建设，是发展中国特色社会主义的重大任务，关系社会主义现代化建设的全局和长远发展。财政是党和政府履行职能的物质基础、体制保障、政策工具和监管手段。财政部门支持社会建设既责无旁贷，又大有可为，必须把握好以下几个重要关系。

1. 促进经济发展与推进社会建设的关系

经济发展是社会建设的前提和基础，也是社会建设的重要保证；社会建设是经济发展的重要目的，也为经济发展提供强大动力和支撑。要加强和改善财政宏观调控，促进国民经济又好又快发展，在此基础上不断壮大财政实力，为推进以改善民生为重点的社会建设提供坚实的财力保证。同时，财政要更加注重推动社会建设，更加注重改善民生，抓紧解决群众关心的突出问题，为经济发展创造和谐的社会环境。财政要协调促进经济发展和推进社会建设，使二者相互促进、共同发展。

2. 统筹兼顾与突出重点的关系

中国是一个发展中的大国，人口多、底子薄，仍处于并将长期处于社会主义初级阶段，目前经济发展总体水平不高而且发展很不平衡，社会事业发展相对滞后，财政承受能力也有限。财政既要统筹兼顾，全面支持各项社会事业加快发展，又要突出重点，从我国具体国情和发展阶段出发，充分考虑各方面的条件和财政承受能力，适当集中财力，着力支持解决人民群众最关心、最直接、最现实的利益问题，优先保障基本公共服务需要，并随着经济发展逐步提高社会事业发展和民生保障水平。

3．财政支持和社会参与的关系

在社会主义市场经济条件下，改善民生，加快社会建设，既要充分发挥财政职能作用，也要积极调动社会各方面的积极性。教育、医疗卫生、社会保障等社会事业，具有明显的公益性质，直接关系社会公众利益和福祉，直接关系社会公平正义。要切实发挥公共财政的职能作用，不断增强各级政府提供公共产品和服务的财政保障能力，减轻群众在教育、医疗卫生、养老、住房等方面的支出负担。同时必须认识到，广大人民群众多样性、多层次和不断变化的社会需求不可能完全由政府(财政)直接提供。同时，公益性事业发展形式不是单一的，运行机制也各异，政府不应当也不可能包办一切。对能够通过市场满足的社会需求，要充分调动各类市场主体和社会组织的积极性，尽可能发挥市场机制的作用。

4．增加投入和制度建设的关系

加快发展社会事业，不断改善民生，既要增加财政投入，更要加强制度建设。不增加投入，社会事业就不能加快发展。而没有相应的制度保障，增加的投入也难以有效发挥作用。要在加大财政投入力度、提高财政资金使用效益的同时，针对体制机制中存在的不适应、不符合科学发展观的问题，着力支持改革创新，完善体制机制，建立健全民生保障的长效机制，确保取得长远效果，更好地促进社会事业发展。

本章小结

本章主要对财政收入的概念、内涵和其他相关内容做出必要的介绍和解释。财政收入是国家能够正常存在和顺利运转的物质保障。财政收入的取得形式包括税收、国有资产收益、公债和其他收入等，国家在不同的收入取得途径中所扮演的角色不同，而不同的收入取得形式也有其自身的特点和特征。

财政收入按照不同的划分标准可以分为预算收入和预算外收入、中央财政收入和地方财政收入、公共财政收入和国有资产收入、经常性收入和临时性收入等，每种划分标准都包含着一定的经济学意义。财政收入的价值构成主要指 M，但是 C 和 V 同样是财政收入的组成部分。

财政收入规模分别是指绝对规模和相对规模，在考察一国财政收入的静态和动态规模时，应该同时从这两个指标出发。财政收入规模的制约因素有经济发展水平、价格、GDP 分配机制、量的制约等。

财政收入的结构是指产业结构、所有制结构、地区结构等。

阅读资料

2013年全国财政收支情况

2013年全国财政收入预算顺利完成，特别是中央财政扭转了年初收入增速大幅下滑的局面，完成全年收入预算并略有超收。在财政收支矛盾十分突出的形势下，认真抓好预算执行和资金监管工作，扎实实施积极的财政政策，优化财政支出结构，着力改善民生，促进经济社会持续健康发展。

一、全国公共财政收支情况

（一）公共财政收入情况

1～12月累计，全国公共财政收入129 143亿元，比上年增加11 889亿元，增长10.1%。其中，中央财政收入60 174亿元(占全国财政收入的46.6%)，比上年增加3 999亿元，增长7.1%；地方财政收入(本级)68 969亿元，比上年增加7 891亿元，增长12.9%。财政收入中的税收收入110 497亿元，比上年增长9.8%。

全国公共财政收入主要项目情况如下：

1. 国内增值税28 803亿元，比上年增长9%。其中，中央增值税20 528亿元，增长4.3%，增幅偏低主要是受工业增加值增速趋缓、工业生产者出厂价格下降以及扩大营改增试点范围后结构性减税等因素影响；地方增值税8 275亿元，增长22.8%，增幅较高主要是由营业税改征的增值税全部属地方收入，其中交通运输业和现代服务业增值税完成1 542亿元，增加1 246亿元。

2. 国内消费税8 230亿元，比上年增长4.5%。

3. 营业税17 217亿元，比上年增长9.3%。其中，受全年商品房销售面积增长17.3%、销售额增长26.3%的拉动，房地产营业税5 411亿元，增长33.6%；受固定资产投资较快增长拉动，建筑业营业税4 315亿元，增长16.5%；金融业营业税3 172亿元，增长10.3%；受营改增影响，交通运输业营业税604亿元，下降37.1%；租赁和商务服务业营业税962亿元，下降7%。

4. 企业所得税22 416亿元，比上年增长14%。扣除年度间退税等不可比因素后增长约8%。分行业看，金融业企业所得税6 276亿元，增长14.3%；房地产企业所得税2 850亿元，增长25.1%；工业企业所得税7 422亿元，增长1%，与1—11月累计工业企业利润增长13.2%存在差距，主要是受煤炭企业所得税同比大幅减少，建材、钢坯钢材、有色金属、通用设备等行业企业所得税下降，以及实施结构性减税的影响。

5. 个人所得税6 531亿元，比上年增长12.2%。其中，工薪所得税4 092亿元，增长14.4%，主要是受居民收入增长及加强征管的影响；财产转让所得税664亿元，增长38%，主要受二手房市场交易活跃的影响。

6. 进口货物增值税、消费税14 003亿元，比上年减少799亿元，下降5.4%；关税2 630亿元，比上年减少154亿元，下降5.5%。进口环节税收下降，主要是受一般贸易进口增长低于预期，大排量汽车等高税率产品进口减少，原油、铁矿砂等大宗商品价格走低，以及上年收入基数较高等因素影响。

7. 出口退税10 515亿元，比上年多退86亿元，比上年增长0.8%。出口退税增幅较低，主要是因为可退税出口货物结构变化，以及加强对虚增出口、出口骗税等行为的打击力度。考虑上述因素后，全年出口退税与实际出口增长大体适应，基本上做到了应退尽退。

8. 车辆购置税2 596亿元，比上年增长16.5%，主要受汽车销量增长13.9%拉动。

9. 地方其他税种收入情况：受房地产成交量增加带动，契税3 844亿元，增长33.8%；土地增值税3 294亿元，增长21.1%；耕地占用税1 808亿元，增长11.6%；城镇土地使用税1 719亿元，增长11.5%。

10. 非税收入 18 646 亿元，比上年增长 12.1%。其中，中央非税收入 3 540 亿元，增长 22.9%，主要是部分企业一次性上缴利润增加；地方非税收入 15 106 亿元，增长 9.8%。

在上半年经济下行、财政减收、全国特别是中央财政完成全年收入预算非常困难的情况下，按照党中央、国务院决策部署，及时采取措施，依法征收，随着经济逐步回暖、贸易形势好转和相关增收措施落实，下半年中央财政收入增幅稳步提高，全年中央财政收入预算圆满完成并略有超收。地方财政收入平稳增长，加强非税收入管理，清理取消或免征部分行政事业性收费项目，财政收入质量提高。

（二）公共财政支出情况

1～12 月累计，全国公共财政支出 139 744 亿元，比上年增加 13 791 亿元，增长 10.9%。其中，中央本级支出 20 472 亿元，比上年增加 1 707 亿元，增长 9.1%；地方财政支出 119 272 亿元，比上年增加 12 084 亿元，增长 11.3%。

在财政收支矛盾十分突出的情况下，优化财政支出结构，盘活财政存量，用好财政增量，促进各项社会事业发展，着力改善民生，落实中央厉行节约的要求，从严控制“三公经费”等一般性支出。1～12 月累计，教育支出 21 877 亿元，增长 3%，主要是上年基数较高(增长 28.3%)；科学技术支出 5 063 亿元，增长 13.7%；文化体育与传媒支出 2 520 亿元，增长 11.1%；医疗卫生支出 8 209 亿元，增长 13.3%；社会保障和就业支出 14 417 亿元，增长 14.6%；住房保障支出 4 433 亿元，下降 1%，主要是按计划保障性安居工程建设工作量比上年有所减少；农林水事务支出 13 228 亿元，增长 9.7%；城乡社区事务支出 11 067 亿元，增长 21.9%；节能环保支出 3 383 亿元，增长 14.2%；交通运输支出 9 272 亿元，增长 13.1%。

二、全国政府性基金收支情况

（一）政府性基金收入情况

1～12 月累计，全国政府性基金收入 52 239 亿元，比上年增加 14 704 亿元，增长 39.2%。其中，中央政府性基金收入 4 232 亿元，增长 27.5%。主要是为支持可再生能源发展，近年依法新设立的可再生能源电价附加收入增加。地方政府性基金收入(本级)48 007 亿元，增长 40.3%。国有土地使用权出让收入 41 250 亿元，比上年增加 12 732 亿元，增长 44.6%，主要是土地出让合同成交价款增加较多。

（二）政府性基金支出情况

1～12 月累计，全国政府性基金支出 50 116 亿元，比上年增加 13 786 亿元，增长 37.9%。中央本级政府性基金支出 2 761 亿元，增长 26.9%；地方政府性基金支出 47 355 亿元，增长 38.6%，其中，国有土地使用权出让收入安排的支出 40 600 亿元，增长 41.9%，主要是征地拆迁补偿等成本性支出增加较多。

（资料来源：国家财政局网站）

2014 年经济蓝皮书：关于财政收入增速的观点

2014 年《经济蓝皮书》是在中国社会科学院经济学部“中国经济形势分析与预测”课题组召开“中国经济形势分析与预测——2013 年秋季座谈会”的基础上，由政府部门、科研机构、高等院校等各方专家、学者共同撰写的关于 2013—2014 年中国经济形势的最新研究成果。《2014 年中国经济形势分析与预测》指出，在我国经济进入新的发展阶段的宏观背景之下，财政收入已经走出特殊的发展时期而回归正常轨道，财政收入增长速度下降一些具有必然性。当前所说的财政要“过紧日子”，就是从此要“过正常日子”。

蓝皮书认为，关于当前中国财政收入增速下滑问题的讨论，可以立刻得出的基本结论是，在经历了长达近 20 年的财政收入高速甚至超高速增长之后，伴随着我国经济增速进入换挡期，财政收入的增速也要换挡。这就是说，在我国经济进入新的发展阶段的宏观背景之下，我国的财政收入已经走出特殊的发展时期而回归正常轨道。从这个意义上讲，财政收入增长速度下降一些具有必然性。当前所说的财政要

“过紧日子”，就是从此要“过正常日子”。

认识到我国财政收入增速已经回落到一个新的平台上，并且，这一态势已经不可逆转，我们只能也必须操用“常态”视界——静观其变、平心静气、小心翼翼，以从此“过正常日子”的理念和视界承受住财政收入增速换挡的压力，妥善做好下一步的财政收支安排及相关财政政策布局。这至少包括以下几个方面。

第一，鉴于我国宏观经济形势已经发生重要变化，同时政府支出规模过大不利于经济结构调整和经济持续健康发展的事实，稳定既有政府支出规模及其占GDP比重，并使其不再进一步扩大或提升，无疑是必要的。这意味着，各级政府不仅要厉行节约，严格控制一般支出，把钱用在刀刃上——非做不可、不干不成的重要事项，而且，即便是必须增加的公共投资支出，也要在增加并引导好民间投资的同时，着眼于打基础、利长远、惠民生且又不会造成重复建设的基础设施领域。

第二，鉴于经济结构优化既是当前中国经济发展的重要课题，又是今后中国经济发展的重要潜力所在，且化解产能过剩、解决经济结构调整问题的根本出路在于彻底转变政府职能，在稳定既有政府支出规模及其占GDP比重的同时，进一步调整和优化政府支出结构，无疑是必要的。这意味着，必须摒弃以扩大政府投资和建设支出换取经济增长的传统思维定式，并适时做出支出向民生领域倾斜的政策抉择。

第三，鉴于我国当前财政收支面临的压力与现行政府预算管理格局的不规范密切相关，同时“公开、透明、规范、完整”已经成为政府预算制度改革的重要目标，通过全面深化财税体制改革，全面规范政府的收支行为及其机制，无疑必要的。这意味着，下一步的财税体制改革必须正视并突破主要来自政府内部的既得利益格局的阻碍，真正下决心把实行“全口径”政府预算管理落实到位。以财税体制改革所创造并释放的巨大红利，减轻和化解当前的财政收支压力。

第四，鉴于我国宏观经济政策运行框架已经做出重要调整，同时当前我国宏观经济政策的重要着力点在于“稳”，保持政策的连续性和稳定性，并以此稳定市场预期、向社会释放推进经济结构调整的坚定信号，是必要的。这意味着面对经济增速和财政收入增速的“双换挡”，我们必须沉住气，坚持实施积极的财政政策和稳健的货币政策。只要宏观经济运行处于合理区间和主动调控范围之内，就不能因财政收支的压力和财政形势的变化而对宏观经济政策做大的调整。以财政政策和货币政策格局的稳定，让市场学会自我调节，为市场的自我调节留足必要空间，进而营造公平竞争的市场环境，奠定使市场在资源配置中起决定性作用的坚实基础，进一步提高宏观调控水平，处理好政府和市场的关系。

（资料来源：中国财经）

复习思考题

一、概念题

财政收入　财政收入规模　财政收入结构　国有资产收益　其他收入

二 单项选择题

1. 财政收入的主要形式是(　　)。

A. 税收收入形式　　B. 利润收入形式

C. 债务收入形式　　D. 规费收入形式

2. 一国政府统计数据表明，该国财政年度内财政收入增长了11.3%，通货膨胀率为9.8%，则(　　)。

A. 财政收入既有名义增长，又有实际增长

B. 财政收入只有名义增长，没有实际增长

C. 财政收入既没有名义增长，也没有实际增长

D. 财政收入没有名义增长，但又实际增长

3. 财政收入的主要经济来源是(　　)。

A. C　　B. V　　C. $C+V$　　D. M

4. 我国税收结构的主体是(　　)。

A. 个人所得税　　B. 流转税　　C. 财产税　　D. 企业所得税

5. 国家从国有资产收益中取得收入的身份是(　　)。

A. 统治者　　B. 管理者　　C. 资产所有者　　D. 控制者

6. 行使征税权的主体是(　　)。

A. 税务机关　　B. 个人　　C. 国家　　D. 企业

7. 下列各项中，(　　)是对税收横向公平原则的正确理解。

A. 具有相同纳税能力的人缴纳相同的税收

B. 具有不同纳税能力的人缴纳不同的税收

C. 经济成分不同但缴纳的税款相同

D. 经营方式相同但缴纳的税款不同

8. 我国财政收入规模的特点是(　　)。

A. 绝对规模下降　　B. 相对规模上升

C. 绝对规模上升，相对规模下降　　D. 绝对规模下降，相对规模上升

9. 累进税率结构中，平均税率(　　)边际税率。

A. 等于　　B. 小于　　C. 大于　　D. 不确定

10. 组织财政收入过程中要注意成本的节约，这符合税收的(　　)。

A. 受益原则　　B. 能力支付原则

C. 效率原则　　D. 及时原则

三、多项选择题

1. 在组织税收的时候，一般所采取的原则是(　　)。

A. 能力支付原则　　B. 受益原则

C. 最多征收原则　　D. 最少费用原则

2. 在利用财政手段进行国民收入在国家、企业和个人之间再分配的时候，以下说法哪种是正确的？(　　)

A. 应该尽可能地把国民收入集中在国家手中，而使企业和个人手中的财富最少

B. 应该按照一定合适的比例在三者之间分配

C. 国家财力的大小会影响到其宏观调控能力的强弱

D. 企业和个人的可支配收入过小会影响其生产效率和产出水平

E. 这种社会财富的再分配不具有任何经济意义和社会意义

3. 下列有关财政收入规模的描述正确的是(　　)。
A. 财政收入规模只和一国财政收入总额相关
B. 如果财政收入的绝对规模扩大，则相对规模也随之扩大
C. 如果财政收入的相对规模扩大，则绝对规模也一定扩大
D. 我国财政收入绝对规模呈现快速增长的趋势
E. 财政收入的规模不仅和财政收入的绝对数额有关，还和一国的国内生产总值有关
4. 价格分配对财政收入的影响主要取决于(　　)。
A. 通货膨胀　　B. 财政紧缩
C. 财政收入制度　　D. GDP 分配制度
5. 我国财政收入的主要取得形式是(　　)。
A. 税收收入　　B. 国有资产收益
C. 公债收入　　D. 其他收入
6. 与税收相比较，公债所具有的不同特点是(　　)。
A. 强制性　　B. 自愿性　　C. 无偿性　　D. 有偿性
7. 税收收入的特点是(　　)。
A. 获得的非持续性　　B. 形成的稳定性
C. 获得的持续性　　D. 来源的广泛性
8. 组织税收收入的原则主要有(　　)。
A. 受益原则　　B. 能力支付原则
C. 效率原则　　D. 及时原则
9. 组织财政收入的原则是(　　)。
A. 发展经济　　B. 广开财源　　C. 合理分配　　D. 合理负担
10. 我国财政收入的产业结构特点是(　　)。
A. 第一产业是基础　　B. 第二产业是主力
C. 第三产业是新的增长点　　D. 第一产业是主力

四、简答题

1. 简述财政收入中预算收入主要包括的内容。
2. 国有企业向国家财政贡献的途径和方式有哪些?
3. 简述税收对于财政收入的地位和重要性。

五、论述题

1. 试论述我国的财政收入绝对规模和相对规模。
2. 试论述我国财政收入的产业结构。

六、案例分析题

1. 案例资料：

新快报讯：财政部副部长楼继伟近日表示，今后个人所得税改革的方向是实行综合与分类相结合的个人所得税制，适当降低个人所得税边际税率，减少累进级差、规范征税范围，适当扩大税基、加大对高收入者的税收监管力度四个方面。

提请全国人大常委会审议的个人所得税法修正案(草案)，对现行个人所得税法规定的工资、薪金所得的费用扣除标准做了修改，引起社会广泛关注。记者近日就有关问题采访了财政部税政司和国家税务总局所得税司的负责人，他们回答了记者的提问。

问：为什么要提高个人所得税的工薪所得费用扣除标准?

答：我们在对城镇居民收支水平进行测算的基础上，综合考虑国家经济和社会发展情况，考虑全国人均收入水平和支出水平，考虑财政的承受能力(据测算，将扣除标准由现行的800元/月提高到1 500元/月，将减少财政收入200亿元左右，国家财政基本上可以承受)，并考虑将扣除标准适当定高一点，有一定的前瞻性，以避免频繁调整等因素，在个人所得税法修正案(草案)中，将此项扣除费用标准由现行的每月800元提高到每月1 500元，提请立法机关审议决定。

税改措施一：

加强对高收入者的监管。税改后，在税收征管上，将一如既往重点放到高收入方面。对于高收入者，各级税务部门通过建立重点纳税人档案、扩大单位和个人同时向税务机关申报的试点等措施，对税源实行有效监控，不断加强个人所得税征管。对于低收入者，所得收入没有超过费用扣除标准的，不纳税；超过部分的较低收入，适用低税率纳税。

同时，对低收入者还实行了税收减免的优惠政策。如对下岗职工从事个体经营的所得、个人与用人单位解除劳动关系取得的一次性补偿金等，免征个人所得税。

税改措施二：

拟征收遗产赠与税、财产税、消费税。一是按照十六届三中全会决定精神，改进个人所得税，实行综合与分类相结合的个人所得税制；研究调整税率级差和税负水平，统一、规范费用扣除标准和减免税优惠政策，拓宽税基，堵塞税收漏洞。二是建立科学高效的税收征管体系，加快税收信息化建设，逐步建立个人收入档案管理制度、扣缴义务人代扣代缴明细账制度、纳税人和扣缴义务人向税务机关双向申报制度以及社会各部门配合的协税制度，进一步强化对高收入者的个人所得税征管。除个人所得税改革外，我们一直在积极进行遗产赠与税、财产税、消费税等的改革研究工作。随着改革的逐步深入，将形成较为完善的调节收入分配的税收体系，使税收调节社会收入分配的作用得到更为有效的发挥。

税改措施三：

个税收入使用调整。2002年以前，个人所得税(除利息税)全部属于地方财政收入。2002年所得税收入分享改革时，在保证各地区2001年地方实际所得税收入基数的基础上，中央与地方按5∶5的比例分享个人所得税收入，2004年以后这一比例调整为6∶4。中央财政从所得税收入分享改革中多得的财力，全部用于对中西部地区的一般性转移支付，按照公平、公正的原则，采用规范的方法进行分配。主要用于以下几方面：偿还到期债务、保障行政事业单位职工工资发放、地方政权机构正常运转和社会保障等基本公共支出，在一定程度上遏制了地区间财力差距扩大的趋势，对统筹地区协调发展、促进地区间公共服务均等化起到了重要作用。

2. 分析问题：

针对我国税收领域的改革措施谈谈你的感想。

第8章

税收原理

教学目标

通过本章的学习，理解税收的概念和特征，掌握税制要素和税收分类，正确运用税收原则，了解税收负担和税负转嫁，分析税收效应。

教学要求

知识要点	能力要求	相关知识
税收概述	(1) 能够了解税收的基本问题 (2) 能够了解税收的特征 (3) 能够掌握税收的基本要素 (4) 能够熟悉税收的分类	(1) 税收的概念 (2) 税收的特征 (3) 税收要素 (4) 税收分类
税收原则	(1) 能够掌握和运用税收的效率原则 (2) 能够掌握和运用税收的公平原则	(1) 效率原则 (2) 公平原则
税收负担与税负转嫁	(1) 能够理解税收负担及其运算 (2) 能够理解和把握税负转嫁的一般规律	(1) 税收负担 (2) 税负转嫁
税收效应	(1) 能够了解税收的收入负效应和替代效应 (2) 能够学会流转税、收益税的效应分析	(1) 收入效应 (2) 替代效应 (3) 效应分析

引　例

（1）税收在我国财政收入中所占比例大约在93%～95%之间。这印证了一句名言：税收是上层建筑的经济基础。

（2）税收负担变化与经济增长的关系的比较结果是："低平均税负的国家要比高税负国家的国内生产总值(GDP)增长更快。"

（3）公平征税的原则是："所得多者多征税，所得少者少征税，无所得者不征税。"

（4）顾客到底是纳税人还是负税人？

税收是一个经济范畴，也是一个历史范畴。税收是国家为了实现其职能取得财政收入的主要方式，因此，税收理论在财政收入理论中占有重要地位。同时，税收还属于社会再生产过程中的分配范畴，体现着特定的分配关系。国家征税，就是把一部分社会产品和国民收入强制地转变为国家所有，归国家支配使用。征税的过程，就是把一部分社会产品或国民收入从纳税人手中转变为国家所有的分配过程。本章从税收的含义、特征、分类、原则、税负与转嫁和税收效应等基本问题入手，对税收原理的基本问题进行了分析。

8.1　税收概述

8.1.1　税收的概念

在现代经济社会中，税收是国家为实现其职能，凭借政治权力，按照法律规范，强制地、无偿地参与社会产品分配的活动。在我国历史上，税收又曾称为赋税、租税、捐税等，因此，税收也是一个最古老的财政范畴。

早在奴隶制社会，伴随着奴隶制国家的出现，税收就已经产生了。随着社会生产力的发展，社会制度和国家形态的变迁，税收分配的形式、内容和性质也在不断地发展变化。在现代社会中，税收是家喻户晓、人人皆知的经济活动，税收不仅是政府取得财政收入最主要的形式，是国家机器和社会公共活动的经济基础，还是政府干预和调控经济的重要经济杠杆。因此，正确地理解和把握税收的概念，对于认识税收在现代市场经济中的地位和作用具有十分重要的意义。

从税收产生到现在几千年的历史长河中，古今中外众多的政治家和经济学家们一直在探究税收的奥秘，即探究国家为何要向居民征税、居民为何要向政府纳税这个看似简单实为复杂的问题。在不同的社会发展阶段，由于生产力发展水平不同，社会制度性质不同，以及国家职能的差异，人们对税收的认识也不同。直到资本主义生产方式建立之后，人们才得以从理论上系统地研究税收问题，并逐步形成比较科学的认识。

下面首先简要地介绍西方财政税收学界对于税收概念的各种表述。

税收之父亚当·斯密(Adam Smith)在1776年对于税收概念的表述是："公共资本和土地，即君主或国家所特有的两项大收入源泉，既不宜用以支付也不够支付一个大的文明国家的必要费用，那么，这必要费用的大部分就必须取决于这种或那种税收。换言之，人民需拿出自己一部分私人的收入，给君主或国家，作为一笔公共收入。"

德国财政学家海因里希·劳(Heinrich Ran)于1832年在其《财政学》一书中指出："税收并不是市民对政府的回报，而是政府根据一般市民的义务，按着一般的标准，向市民的课征。"

美国财政学家塞里格曼(Seligman)则于1895年指出："赋税是政府对于人民的一种强制征收，用以支付谋取公共利益的费用，其中并不包含是否给予特种利益的关系。"

在现代西方国家的一些有重要影响的辞书中也不乏对税收概念的阐释。

美国的《现代经济学词典》中指出："税收的作用在于为了应付政府开支的需要而筹集稳定的财政资金。税收具有强制性，它可以直接向居民个人或公司课征。"

英国的《新大英百科全书》对税收的定义复杂一些："在现代经济中，税收是国家收入最重要的来源。税收是强制的和固定的征收，它通常被认为是对政府财政收入的捐献，用以满足政府开支的需要，而并不表明是为了某一特定的目的。税收是无偿的，它不是通过交换来取得。这一点与政府的其他收入大不相同，如出售公共财产或发行公债等。税收总是为了全体纳税人的福利而征收，每一个纳税人在不受任何利益支配的情况下承担了纳税的义务。"

日本的《世界大百科事典》中对税收的阐释要更为详细："所谓税收，就是国家及其他公共团体以满足其一般经费开支为目的而运用财政权力向人民强制地征收金钱或实物。税收既不同于捐款这种仅体现提供者单方面意志表示的奉献收入，也不同于公有财产收入和公共事业收入这种根据提供者与作为接受者的国家及其他公共团体之间的合同而取得的合同收入，它是不必得到纳税者承诺的强制性收入。……税收并不像手续费、公共设施使用费和受益费那样仅仅向获得特别利益的人征收，它是以支付国家及其他公共团体的经费开支为目的的一般性收入。为了特殊的经费而课征的特定的税收称为目的税，这是一种例外。"

正如西方经济学家对税收的表述众说纷纭一样，我国经济学界在对税收的认识上也不尽一致。一种比较有代表性的观点是，把税收看作是一种特定的分配关系。另一种有代表性的观点则不同意把税收说成是一种分配关系，认为从概念上说，税收只能是国家取得财政收入的一种形式。如在1991年底出版的《中国税务百科全书》中把税收定义为："国家为满足社会公共需要，依据其社会职能，按照法律规定，参与国民收入中剩余产品分配的一种规范形式。"

尽管东西方经济学家们对税收的概念表述不一，但我们仍然可以从中看到一些带有共同性的认识，如下所述：

(1) 税收是由国家或者说是由政府征收的。只有国家或政府(包括中央政府和地方政府)才具有征税权，其他任何组织或机构均无征税权。

(2) 国家征税凭借的是其拥有的政治权力，并以法律的形式予以明确规定，因而税收具有法律的强制性，不论纳税人是否愿意，都必须按照法律规定纳税，否则就会受到法律的制裁。

(3) 国家征税的目的是为了满足国家(政府)经费开支的需要，以维持国家的存在，实现国家的各种职能。

(4) 税收是一个分配范畴，是国家参与社会产品分配的一种主要形式，且这种分配具有无偿性，即国家征税对每一个具体的纳税人来说不存在直接返还性。

为此，我们可以给税收下一个简单而明确的定义：税收是国家为了实现其职能，凭借政治权力，按照法律规定，强制地参与社会产品分配而取得财政收入的一种形式。

8.1.2 税收的特征

税收作为财政收入的一种形式，具有区别于其他财政收入形式的特点。税收的特征可概括为强制性、无偿性和固定性。

1. 税收的强制性

税收的强制性是指政府凭借行政权，以法律形式来确定政府作为征税人和社会成员作为纳税人之间的权利和义务关系。这种权利和义务关系表现在：首先，政府作为征税人具有向社会成员征税的权利，并同时承担向社会成员有效提供公共产品和公共服务的义务；而社会成员作为纳税人具有分享政府所提供的公共产品和公共服务利益的权利，并同时承担向政府纳税的义务。其次，政府征税是凭借政府行政权强制执行的，而不是凭借财产权协议解决的。最后，税收征纳双方的关系以法律形式来确定，对双方当事人都具有法律上的约束力。税收的强制性是税收范畴最为明显的形式特点，这是由税收作为补偿公共品或公共服务价值这一性质所决定的。政府向社会成员提供公共产品和公共服务的非排斥性特征决定了分享公共产品和公共服务的消费者不可能自愿出价，只能采取强制征税的方式，使政府向社会提供公共产品和公共服务的价值得以补偿。

2. 税收的无偿性

税收的无偿性是就政府与具体纳税人而言，权利和义务关系是不对等的。政府向纳税人征税，不是以具体提供公共产品和公共服务为依据，而纳税人向政府纳税，也不是以具体分享公共产品和公共服务利益为前提。因此，就政府和纳税人之间的具体关系而言，纳税人从消费公共产品和公共服务分享利益是无偿的，而政府向纳税人征税也是无偿的。税收的无偿性也是由税收作为补偿公共产品和公共服务价值的这一性质所决定的。尽管政府税收同政府提供公共产品和公共服务在价值上必须是对等的，否则公共产品和公共服务就无法提供，但消费者对公共产品并不表示偏好，提供公共产品的政府对消费者的公共产品受益也无法测度，因而不能采取直接的价格形式，只能采取间接的税收形式，从而决定了税收的无偿性特点。

3. 税收的固定性

税收的固定性是指政府通过法律形式，按事先确定的标准征税。首先，税收规范性表现在对什么征税、征多少税、由谁缴税必须是事先明确的，而不是任意确定的；其次，税收的标准必须是统一的；最后，税收征纳关系以法律为依据，是相对固定的。税收的固定性特征既是税收补偿公共产品价值的内在要求，同时也为政府提供公共产品创造了条件。

税收的上述三个特征，是相互联系、不可分割的统一体。

税收的无偿性决定着征收的强制性，因为，如果是有偿的话，就不需强制征收；而税收的强制性和无偿性，又决定和要求征收的固定性，否则，如果国家随意征收和纳税人随意纳税，那么这既会侵犯和损害纳税人的利益，又会影响财政收入的稳定增长。所以，税收是强制性、无偿性和固定性的统一，三者缺一不可，只有同时具备这三个基本形式特征，才是真正意义上的税收。

税收制度是国家以法律形式规定的征税依据和规范，是税收分配关系的体现形式，是各种税收法律、法规、条例、实施细则等的总称。

8.1.3 税收要素

税收制度由纳税人、征税对象、税目、税率、纳税环节、纳税期限、附加或减免及违章处理等基本要素构成。

1. 纳税人

纳税人即税法规定的直接负有纳税义务的单位和个人，是缴纳税款的主体。纳税人也称纳税义务人，可以是法人，也可以是自然人。依据纳税对象的性质来确定，每一种税都有关于纳税义务人的规定。

2. 征税对象

征税对象也称课税对象或纳税客体，它规定了每一种税的征税界限，是区别各税种的主要标志。征税对象是国家征税的基本依据。

与征税对象相关的是税源，指税收的基本来源。征税对象与税源是两个密切相关的不同概念，它们有时是一致的，如所得税的征税对象和税源都是纳税人的所得。但它们有时又是不一致的，如车船税的征税对象是在国内行驶的车辆和船舶，而税源是车船使用人的收入。征税对象解决对什么征税的问题，税源则表明纳税人的负担能力。

3. 税目

科目是按征税对象规定的应税项目，是征税对象的具体化，反映征税的具体范围和广度。税目的作用主要有两方面：一是明确征税范围，即解决征税的广度问题，通过确定税目划定征税的具体界限，凡列入税目者征，不列入税目者不征；二是解决对征税对象的归类，即每一个税目就是征税对象的一个具体类别，通过这种分类便于贯彻国家的税收政策，即对不同的税目进行区别对待，制定差别税率，为一定的经济政策目标服务。

4. 税率

税率是应纳税额与征税对象数额之间的法定比例，是计算应纳税额的依据，反映税收负担的尺度和征税的深度，是税收制度的中心环节。税率一般有三种形式：

(1) 比例税率，即对相同的征税对象不论其数额大小，均按同一比例计征的税率。它具有计算简便、负担率明了、激励作用较强的优点，但它不能兼顾纳税人的实际负担能力。

(2) 累进税率，指随着征税对象数量的增大而相应逐级提高计征比例的一种税率。它能对纳税人的收入进行弹性调节，符合公平税负、合理负担原则。它的不足之处在于计算相对复杂，且对效率的提高有一定的抑制作用。累进税率又分为全额累进税率、超额累进税率和超倍累进税率。

（3）定额税率。又称固定税率，是按征税对象的实物计量单位直接规定固定的税额，采用从量计征的方法征收，税收收入不受征税对象价格变动的影响。

5. 纳税环节

纳税环节是指在商品流转过程中应当缴纳税款的环节。如工业品要经过工业生产、商品批发和商业零售等环节；农产品要经过农业生产、商品采购、商品批发和商业零售等环节。产品在流转中应确定在什么环节缴纳税款，是一个十分重要的问题，它关系到税制结构和整个税收体系的布局，关系到税款能否及时足额入库，关系到地区间对税款收入的分配，关系到是否便于纳税人缴纳税款等问题。因此，纳税环节成为税制构成的一个要素。

6. 纳税期限

纳税期限是指纳税单位和个人缴纳某一种税款的期限。纳税期限的确定，一是根据国民经济各部门生产经营的不同特点和不同征税对象决定，如农业税一般分夏、秋两季征；企业所得税按全年所得额计算征收，实行按季(月)预征，年终汇算清缴，多退少补。二是根据纳税人缴纳税款数额的多少决定，如营业税是根据企业经营状况和税额大小，分别规定不同期限，最长不超过一个月。三是根据纳税行为发生和特殊情况实行按次征收，如屠宰税、营业税中的临时经营应纳税款等，于每次经营行为发生后立即征收，以免发生偷漏行为。

7. 减税免税

减税免税是为了发挥税收的奖励、限制作用或照顾某些纳税人的特殊情况而做出的规定。它是税法的原则性与必要的灵活性相结合的体现，有利于贯彻国家经济政策，支持某些行业、产品和经营项目的发展，实现宏观经济均衡发展和国家经济发展目标。

减免税的主要内容，一是减税和免税，即对应纳税额少征一部分或全部免征；二是起征点，即税法规定的征税对象达到征税数额开始征税的界限。征税对象数额未达到起征点的不征税，达到或超过起征点的按其全部数额征税，而不是仅就超过部分征税。三是免征额，即征税对象中免予征税的数额。它按一定标准从征税对象总额中减除，免征额部分不征税，只对超过免征额的部分征税。

我国目前对减免税的范围和内容做了较大的调整，较大幅度地压缩了减免税项目，除确有必要保留的税收减免政策在税法中明确规定外，执行中一般不再减免税。对政策性的减免税，目前实行先征后返的办法；对由经营性亏损企业的减免将随着企业破产、兼并制度及社会保障制度的建立和完善而逐步取消；对由于自然灾害等客观原因需要扶持的企业，原则上由财政统筹考虑，通过财政支出的形式解决。

8. 违章处理

违章处理是对纳税人违反税法行为的处理。它对维护国家税法的强制性和严肃税收纪律有着重要的意义。纳税人的违章行为通常包括：偷税，即纳税人有意识地采取非法手段不缴或少缴税款的违法行为；欠税，即纳税人不按规定期限缴纳税款而拖欠税款的违法行为；抗税，即纳税人对抗国家税法而拒绝纳税的严重违法行为。对上述现象，根据情节轻重，分别采取限期缴税、加收滞纳金、扣押、查封财产、通知纳税人开户行暂停付款直至追究刑事责任等方式进行处罚。

8.1.4 税收分类

税收的分类，是为了设计税制结构，分析税收负担，划分预算级次，加强税收征收管理服务。一般来说，税收的分类大致有以下几种类型：

（1）按照税制结构的单一性与复杂性来划分，可分为单一税制与复合税制。单一税制是指一个国家在一定时期内主要实行一种税的税收制度。复合税是指一个国家在一定时期内实行由若干税种构成的税收制度。我国目前实行的是由20多种税构成的复合税制。

（2）按照税收的征收实体或缴纳形式来划分，可以分为实物税与货币税。实物税是指国家以实物形式征收的税收。货币税是指国家以货币形式征收的税收。根据我国的实际情况，在税收缴纳形式上同时采用了实物税与货币税两种形式。

（3）按照税收的征收方法或税额的确定方法来划分，可以分为定率税与配赋税。定率税是指国家按照税法中征税对象既定的税率，按期依税率计算征收的税收。配赋税是指国家预先对某种税规定应征税总额，然后依据一定的标准，按照纳税人或征税对象进行分摊，确定每一纳税人或每一征税对象的应纳税额征收的税收。旧中国和其他国家历史上都曾采用过配赋税的征收方法。

（4）按照税收的计税依据划分，可以分为从价税与从量税。从价税是指以征税对象和计税依据的价格或金额为标准，按照规定的税率计征的税收。从量税是指以征税对象的重量、件数、容积及面积等数量为标准，按照每一计量单位规定的税额征收的税收。我国的增值税、营业税等属于从价税；资源税、屠宰税、车船使用税等属于从量税。

（5）按照税负是否转嫁来划分，可以分为直接税与间接税。直接税是指由纳税人直接负担的各种税，由于这些税不能转嫁负担，纳税人即负税人，故称直接税。间接税是指纳税人能将税负转嫁给他人负担的各种税，纳税人不一定是负税人，故称间接税。一般认为，以商品、营业收入为征税对象的消费税、货物税、营业税等为间接税；以利润所得和其他所得为征税对象的所得税、利润税等为直接税。

（6）按照税收归属于哪级政府支配使用来划分，可以分为中央税、地方税和中央地方共享税。一般地说，属于中央政府固定收入的税种为中央税；属于地方政府固定收入的税种为地方税；属于中央政府与地方政府共同享有，并按一定比例分成的税种，为中央和地方共享税。目前我国将关税、消费税、海关代征的增值税、集中缴纳的营业税、中央企业的所得税等列为中央税；将营业税、地方企业所得税、个人所得税、城镇土地使用税、城市维护建设税、车船使用税、房产税、印花税、固定资产投资方向调节税（保留税种、暂停征）、筵席税、屠宰税、土地增值税、农业税、耕地占用税及契税等列为地方税；将增值税、资源税等列为中央与地方共享税。

（7）按照税收的征税对象来划分，可以分为流转税、资源税、所得税、财产税与行为税。流转税是以商品流转额和非商品流转额为征税对象征收的税，如增值税、消费税、营业税和关税等。资源税是以各类应税资源为征税对象征收的税，如城镇土地使用税。所得税，是以纳税人的利润所得和其他所得为征税对象征收的税，如企业所得税、个人所得税等。财产税，是以纳税人所有或由纳税人支配的财产数量或价值额为征税对象征收的税，如房产税、契税等。行为税，是对纳税人的某些特定行为征收的税，如屠宰税、车船使用税、印花税等。在我国，为了配合国民经济体制改革的需要，适当解决在改革过程中出现的某些特殊矛盾，还有以达到某种特定目的而征收的税，一般称为特定目的税，如土地增值税、城市维护建设税、固定资产投资方向调节税等。

8.2 税收原则

税收原则又称税收政策原则或税制原则。它是制定税收政策、设计税收制度的指导思想，也是评价税收政策好坏、鉴别税制优劣的准绳。税收原则通常以简洁明了的税收术语、来高度抽象地概括税收政策制度决策者的思想意志，以全面系统的原则体系来综合反映社会对税收政策制度的多方面要求。税收原则一旦确立，就成为一定时期国家据以制定、修改和贯彻执行税收法令制度的准则。

税收的经济原则是从经济调节角度所确定的税收准则。同税收的调节经济职能相对应，税收的经济原则就是提高经济效益，促进经济稳定发展，简称为效率原则和稳定原则。前者是从微观经济考虑，后者是从宏观经济考虑。

8.2.1 税收的效率原则

就资源配置而言，税收效率原则就是税收对经济资源配置应依据效率准则，或实现效率目标。税收效率原则包括提高资源配置效率和减少效率损失两个方面。如果社会资源配置已经处于最优配置状态，那么任何资源的重新配置都是低效的或无效的；如果资源配置还没有处于最优配置状态，那么，通过资源的重新配置有可能提高资源配置效率。

从资源配置的行为主体进行分类，整个社会资源配置可分为市场配置和政府配置两类。市场配置是以企业和个人为主体，通过价格机制自发地调节生产和消费，平衡供给和需求，引导资金流量和流向；而政府配置则以政府为主体，通过税收、政府支出、公债、货币等经济手段和计划、行政、法律等手段来引导、安排资源配置的实现。在市场经济体制下，以价格为核心的市场配置被认为是最有效的，是最基本的资源配置办法，在社会资源配置中处于基础地位；而政府配置是基于市场配置的局限和缺陷，通过对资源的重新配置来提高资源配置效率，处于再配置地位。因此，税收效率原则应该是：当以价格为核心的资源配置作为最基本的资源配置方式已经使资源处于最优配置状态时，政府对资源的重新配置将干扰经济效率有效发挥，使经济变得低效或无效，在这种情况下税收应避免或减少对经济的干预，以避免或减少效率损失。反之，如果市场配置并没有使资源处于最优配置效率，在这种情况下税收有必要积极干预经济，从而提高经济效益。

8.2.2 税收的公平原则

税收应当是公平的，对于这一点经济学家们并无异议。自亚当·斯密以来，许多经济学家都将公平原则置于税收诸原则之首。因为税收公平不仅仅是一个经济问题，同时也是一个政治、社会问题。就税收制度本身来看，税收公平对维持税收制度的正常运转也是不可缺少的。倘若税制不公，一部分纳税人看到与他们纳税条件相同的另一部分人少缴税款甚至享受免税待遇，那么，这部分人也会逐渐丧失自觉申报纳税的积极性，或是进行逃税、避税活动，甚至进行抗税。这样，税制本身也不能得以正常贯彻执行。

税收的公平原则要求条件相当者缴纳相同的税，而对条件不同者应加以区别对待。当然，论及公平问题，税收分配固然重要，但并不全面，还必须考虑到税前收入的分配以及被认为与公平问题有联系的其他收益的分配。也就是说，税收分配的公平问题必须联系由市场决定的分配状态来看。倘若由市场决定的分配状态已经达到公平的要求，那么，税收就应对既有的分配状态作尽可能小的干扰；倘若市场决定的分配状态不符合公平要求，税收就应发挥其再分配的功能，对既有的分配格局进行正向矫正，直到符合公平要求。

一般的理解，税收公平包括普遍征税和平等征税两个方面。所谓普遍征税，通常指征税遍及税收管辖权之内的所有法人和自然人，换言之，所有有纳税能力的人都应毫无例外地纳税。当然，征税的普遍性也不是绝对的，国家出于政治、经济、国际交往等方面的考虑，给予某些特殊的纳税人以减、免税照顾，并不违背这一原则，相反，只能被认为是对这一原则的灵活运用。

所谓平等征税，通常指国家征税的比例或数额与纳税人的负担能力相称。具体的有两个方面的含义：一是纳税能力相同的人同等纳税，即所谓“横向公平”；二是纳税能力不同的人不同等纳税，即所谓“纵向公平”。必须说明，上面所提到的纳税能力，一般是以所得为代表，所以“横向公平”的含义就是对所得相同的人同等课税，“纵向公平”的含义就是对所得不同的人不同等课税；简言之，就是所得多者多征税，所得少者少征税，无所得者不征税。

8.3 税收负担与税负转嫁

税收负担指整个社会或单个纳税人(个人和法人)实际承受的税款。它表明国家课税对社会资源的集中程度，以及税款的不同分布所引起的不同纳税人的负担水平。依据考察的层次不同，我们可以将之分为宏观税收负担和微观税收负担。宏观税收负担主要研究国家当年的课税总额与一国的社会产出总量或总经济规模之间的对比关系，即社会的总体税负水平；微观税收负担主要研究单个纳税人向国家交纳的税收与其产出的对比关系，即企业或个人的税负水平。例如，商品税的纳税人与负税人往往不一致，因此研究商品税的微观税负不能不考虑税负转嫁问题。

8.3.1 税收负担

1. 宏观税收负担

一个国家在一定时期的宏观税负究竟多高才比较合适，是一个非常重要的税收理论问题。税收负担要适度合理，这既是税收的本质要求，也是制定和执行税收制度与政策的基本原则。因此，在需要与可能的权衡中，确定一个合理的宏观税负水平是一个重要的理论和实际问题。由于一国的经济总规模主要用国民生产总值(GNP)或国内生产总值(GDP)来表示，因此，衡量宏观税收负担的指标也就是国民经济税收负担率，主要有国民生产总值负担率和国内生产总值负担率。

(1) 国民生产总值负担率。它指一定时期内税收收入的总额与国民生产总值的比率(T/GNP)。其中，国民生产总值是以一个国家的居民为依据计算的生产总值，包括居民在国境内外的全部最后产值和劳务总量，但不包括国境内非居民的这个部分。国民生产总值负担率如下式所示：

国民生产总值负担率(T/GNP)＝税收收入总额÷国民生产总值×100%

(2) 国内生产总值负担率。它指一定时期内税收收入的总额与国内生产总值的比率(T/GDP)。其中，国内生产总值是以国土范围为依据计算的生产总值，包括国家领土范围内居民和非居民的全部最后产值和劳务总量，但不包括居民在国境外的这个部分。国内生产总值负担率如下式所示：

国内生产总值负担率(T/GDP)＝税收收入总额÷国内生产总值×100%

由于受多种因素的影响，每个国家的宏观税负水平是各不相同的，即使是同一国家，其不同的历史时期宏观税负水平也不是一成不变的。这些影响宏观税负水平的主要因素，包括国家职能的大小、经济发展水平、社会经济制度、经济体制、宏观经济政策以及文化观念及历史传统政治因素等。每一因素的变动都会对宏观税负产生影响。

合理界定一定时期的税负水平，对于保证政府履行其职能需要的财力、促进经济的发展都有重要的意义。在中国，有不同的宏观税收负担口径。狭义的宏观税负所考察的，是税收收入占国内生产总值或国民生产总值的比重。广义的宏观税负所指的是政府所掌握的各种收入(税收、收费、其他各种政府收入)占国内生产总值或国民生产总值的比重。在进行不同国家的宏观税负比较时，要注意指标选择的恰当性。与西方国家进行比较，有意义的是广义宏观税负指标。

2. 微观税收负担

微观税收负担以纳税人为区分标准，可分为企业税收负担和个人税收负担。

(1) 企业税收负担率。企业税收负担是指企业承受的税收。反映企业税收负担的指标可分为两大类，一类是企业整体税负率，一类是个别税种的税负率。

通常采用以下指标反映企业整体税负率：

企业税收总负担率＝各种纳税总额÷同期销售收入×100%

企业净产值税收负担率＝各种纳税总额÷净产值×100%

若从税种的角度考察企业税收负担水平，通常采用的指标是：

企业商品税负担率＝商品税总额÷同期销售收入×100%

由于商品税存在转嫁问题，纳税人不一定是最后负税人，所以企业商品税负担率只能反映企业名义的商品税负担率。

企业所得负担率＝所得税额÷同期利润所得和其他所得总额×100%

(2) 个人税收负担率。它是指个人承受的税收负担。个人的税收负担来自多方面，如个人所得税、消费税、财产税等。个人在购买消费品时，要负担被转嫁的商品税，如增值税、营业税等。由于税负转嫁的多少和难易程度不同，个人的消费行为不定，再加上统计资料的困难，个人真实的综合税收负担率是无法计算的。可能有实际意义的指标，是个人所得税负担率(个人所得税/同期个人所得总额)。采用这一指标，可就全体个人的税负来分析，也可以分高收入、中收入、低收入组别进行分析，以反映个人所得税对收入调节的程度，通过高收入者与低收入者税前、税后的收入差距对比，判断税收的收入分配效应。在累进个人所得税制度下，必须明确衡量个人税负水平应是平均税率而非边际税率。

8.3.2 税负转嫁

1. 税负转嫁与税负归宿

所谓税负转嫁是指纳税人通过一定的方式将自己所缴纳的税款转移给他人负担的过程。在某些情况下，税收负担可以不停地朝不同的方向转嫁，我们称之为税负转嫁，但它总会有最后归着点，表明全部税收负担最后是由谁来承担，使负税人最终确定，这就叫税负归宿，又称为“税收归宿”、“赋税归宿”或“课税归宿”。

税负转嫁实质上是税收负担的再分配。一般来说，税收负担有政府分配和市场分配两个层面。税收负担的政府分配是指政府依法征税所形成的税负分配，也称税收负担的初次分配。税收负担的市场分配是指政府征税后，纳税人通过市场机制主要是价格机制进行税负转移或转嫁，也称税收负担的再分配。税收负担的再分配一般有三种结果：一是纳税人，通过转嫁使全部税负最终落在负税人身上；二是税负无法转嫁而由纳税人自己承担；三是转嫁一部分，纳税人自己承担一部分。还有，税负转嫁程度的高低一般因税种性质的不同而不同，税收制度和征税的经济环境及纳税人在利用转嫁可能性时所采用的手段等也是影响税负转嫁的重要因素。从以上分析可以看出，研究税负转嫁与归宿有助于政府制定合理的税收政策，建立合理的税收制度，从而合理安排不同纳税人的税收负担，更好地表现税收的公平与效率原则。

2. 税负转嫁的方式

税负转嫁方式主要有以下几种：

(1) 前转。指纳税人将其所纳税款顺着商品流转方向，通过提高商品价格的办法，转嫁给商品的购买者或最终消费者负担。前转是卖方将税负转嫁给买方负担，一般通过提高商品售价的办法来实现。在这里，卖方可能是制造商、批发商或零售商，买方也可能是制造商、批发商、零售商，但税负最终主要转嫁给消费者负担。由于前转是顺着商品流转顺序从生产到销售再到消费，因而也叫顺转。前转的过程可能是一次，也可能是多次，例如对棉纱制造商征收的棉纱税，棉纱制造商通过提高棉纱的出厂价格将所缴纳的税款转嫁给棉布制造商，棉布制造商又以同样的方式把税负转嫁给批发商，批发商再以同样的方式把税负转嫁给零售商，零售商也以同样的方式把税负转嫁给消费者。前转顺利与否要受到商品供求弹性的制约。税负前转实现的基本前提条件是课税商品的需求弹性小于供给弹性。当需求弹性大时，转嫁较难进行；供给弹性大时，转嫁容易进行。

(2) 后转。指纳税人将其所纳税款逆商品流转方向，以压低购进商品价格的办法，向后转移给商品的提供者，又称逆转。例如对某种商品在零售环节征税，零售商将所纳税款通过压低进货价格，把税负逆转给批发商，批发商又以同样的方式把税负逆转给制造商，制造商再以同样的方式压低生产要素价格把税负逆转给生产要素供应者负担。税负后转实现的前提条件是供给方提供的商品需求弹性较大，而供给弹性较小。在有些情况下，会出现实现了税负前转后再发生后转的现象。

(3) 混转。是指纳税人将自己缴纳的税款分散转嫁给多方负担，又叫散转。混转是在税款不能完全向前顺转，又不能完全向后逆转时采用。例如织布厂将一部分税负用提高布匹价格的办法转嫁给印染厂，一部分用压低棉纱购进价格的办法转嫁给纱厂，一部分则用降低工资的办法转嫁给本厂职工等。严格地说，混转不是一种独立的税负转嫁方式，而是前转与后转等的结合。

(4) 旁转。指纳税人将税负转嫁给商品购买者和供应者以外的其他人负担。例如纳税人用压低运输价格的办法将某课税对象的税负转嫁给运输者负担。

(5) 消转。指纳税人用降低课税品成本的办法使税负在新增利润中求得抵补的转嫁方式。即纳税人在不提高售价的前提下，改进生产技术、提高工作效率、节约原材料、降低生产成本，从而将所缴纳的税款在所增加的利润中求得补偿。因为它既不是提高价格的前转，也不是压低价格的后转，而是通过改善经营管理、提高劳动生产率等措施降低成本增加利润，使税负从中得到抵消，所以称之为消转。消转有合法消转和非法消转两种形式。前者指采用改进技术、节约原材料等方法，降低成本求得补偿；后者指采用降低工资、增加工时、增大劳动强度等方法，降低成本求得补偿。采用第二种形式一般会遭到雇员的反对，所以纳税人一般采用第一种形式。消转要具备一定的条件，如生产成本能递减、商品销量能扩大、生产技术与方法有发展与改善的余地、物价有上涨趋势以及税负不重等。

(6) 税收资本化。亦称“赋税折入资本”、“赋税资本化”、“税负资本化”。它是后转的一种特殊形式，指纳税人以压低资本品购买价格的方法，将所购资本品可预见的未来应纳税款从所购资本品的价格中做一次扣除，从而将未来应纳税款全部或部分转嫁给资本品出卖者。比如某一工业资本家甲向另一资本家乙购买一幢房屋，该房屋价值 50 万元，使用期限预计为 10 年，根据国家税法规定每年应纳房产税 1 万元。甲在购买之际将该房屋今后 10 年应纳的房产税 10 万元从房屋购价中做一次扣除，实际支付买价 40 万元。对甲来说，房屋价值 50 万元，而实际支付 40 万元，其中的 10 万元是甲购买乙的房屋，同时“购买”了乙的纳税义务，由甲以后代乙来缴纳税款。实际上，甲在第一年只需缴纳 1 万元的房产税，其余的 9 万元就成为甲的创业资本。这就是税收资本化，它一般表现为课税资本品价格的下降。

3. 税负转嫁条件

任何纳税人都存在税负转嫁的愿望，这是毫无疑义的，但要把这种愿望转化为现实，却并不容易。问题在于，税负转嫁是有条件的。根据税负转嫁的定义可以得知，税负转嫁的基本条件是商品价格由供求关系决定的自由浮动。因为税负转嫁是通过价格升降实现的，如果价格不能自由浮动，纳税人虽有转嫁的动机，却不存在转嫁的条件，税负的转嫁也是不可能的。在价格可以自由浮动的前提下，税负转嫁的程度还受诸多因素的制约，主要有供求弹性的大小、税种的不同、课税范围的宽窄以及税负转嫁与企业利润增减的关系等。

(1) 商品课税较易转嫁，所得课税一般不能转嫁。从前边的讨论中可以看出，税负转嫁的最主要方式是变动商品的价格。因而，以商品为课税对象，与商品价格关系密切的增值税、消费税、关税等比较容易转嫁是明显的，而与商品及商品价格关系不密切或距离较远的所得课税往往难以转嫁。如对个人财产和劳动所得课征的税收一般只能降低个人的消费水平，无法转嫁出去。对各类企业课征的法人所得税尽管存在转嫁的渠道，如提高本公司商品的售价，降低或延迟增长雇员的工资或增加劳动强度，以及降低股息和红利等。但这些渠道并不畅通，或者会受到企业雇员和股东的强烈反对，或者受制于社会供求关系变化情况，都难以实现。

(2) 供给弹性较大、需求弹性较小的商品的课税较易转嫁，供给弹性较小、需求弹性较大的商品的课税不易转嫁。社会中大量的商品生产和销售都处于竞争状态中，商品价格的确定最终取决于供求关系，而税负转嫁自然与供求弹性有关。一般来说，供给弹性较大的商品，生产者可灵活调整生产数量，最终使其在所期望的价格水平上销售出去，因而所纳税款完全可以作为价格的一个组成部分转嫁出去。而供给弹性较小的商品，生产者调整生产数量的可行性较小，从而难以控制价格水平，税负转嫁困难。

同理，需求弹性较小的商品，其价格最终决定于卖方，也可以顺利地实现税负转嫁；但需求弹性较大的商品，买方可以通过调整购买数量影响价格，税负转嫁比较困难。如果把供给和需求结合起来考虑，则供给弹性大于需求弹性时，税负容易转嫁；供给弹性小于需求弹性时，税负转嫁困难。在极特殊的情况下，供给弹性等于需求弹性，则往往由供给和需求两方共同负担税款，税负转嫁只能部分实现。

在商品价格和供求关系变动的影响下，税负转嫁与归宿的一般规律可用图8.1和图8.2来表示。图中的符号 S 代表税前供给曲线，S' 代表税后供给曲线，D 代表需求曲线，P 代表价格，Q 代表供给或需求量。图8.1是说明供给弹性大于需求弹性情况下税负转嫁和归宿的情况。由于供给弹性大于需求弹性，税后的购买者支付价格由 P_1 上升到 P_2，供给者所得价格由 P_1 下降到 P_3，P_2-P_3 为全部税收，且 $P_2-P_3=(P_2-P_1)+(P_1-P_3)$。这时税收由购买者和供给者共同负担，即消费者负担 P_2-P_1，供给者负担 P_1-P_3，说明由于供给弹性大于需求弹性，税收的大部分向前转移给消费者负担，小部分由供给者本身负担。图8.2则说明需求弹性大于供给弹性条件下税负转嫁和归宿的情况。由于需求弹性大于供给弹性，税后的均衡价格由 P_1 上升到 P_2，P_2-P_1 为购买者承担的税收，供给者所得价格由 P_1 下降到 P_3，P_1-P_3 为供给者承担的税收。

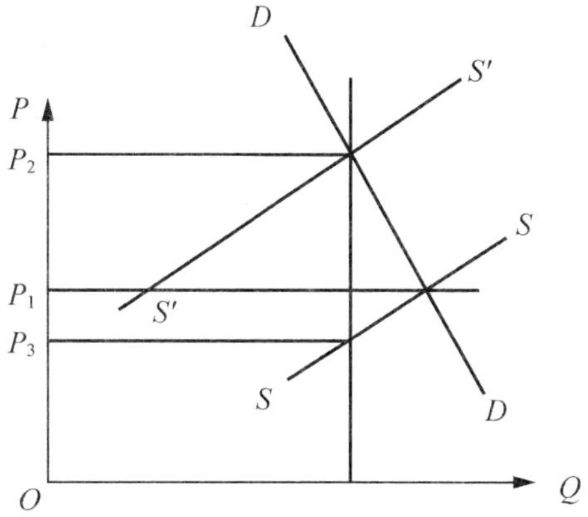

图8.1 供给弹性大于需求弹性的税负转嫁和归宿

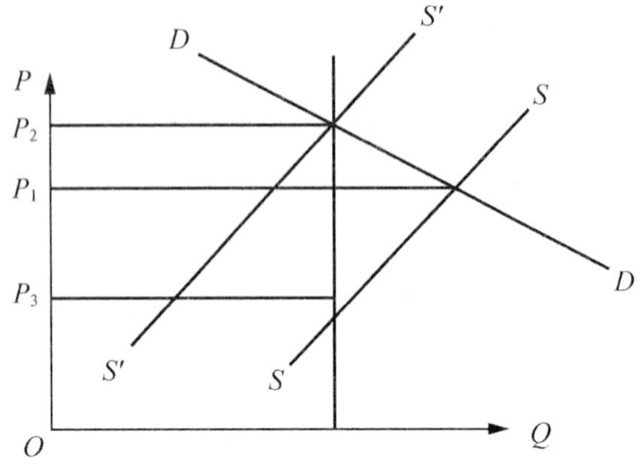

图 8.2　需求弹性大于供给弹性的税负转嫁和归宿

该图则说明由于需求弹性大于供给弹性，税收的小部分转嫁给消费者负担，而大部分由供给者本身负担。

（3）课税范围宽广的商品较易转嫁，课税范围狭窄的难以转嫁。税负转嫁必然引致商品价格的升高，若另外的商品可以替代加价的商品，消费者往往会转而代之，从而使税负转嫁失效。但若一种税收课税范围很广，甚至波及同类商品的全部，消费者无法找到价格不变的代用品时，只好承受税负转嫁的损失。

（4）生产者的谋求利润目标对税负转嫁的关系。企业经营都以谋求尽可能多的利润为活动目标。税负转嫁显然也是为这一目标服务的。但是，在某些特定环境下，两者也会发生矛盾。如为了全部转嫁税负必须把商品售价提高到一定水平，而售价提高就会影响销量，进而影响经营总利润。此时，经营者必须比较税负转嫁所得与商品销量减少的损失，若后者大于前者，则经营者宁愿负担一部分税款以保证商品销量。这类情况在竞争性商品转嫁中有所表现，在独占性商品税负转嫁中更为常见。

8.4　税 收 效 应

8.4.1　税收的收入效应和替代效应

1. 收入效应

所谓税收效应，是指纳税人因国家课税而在其经济选择或经济行为方面做出的反应，或者从另一个角度说，是指国家课税对消费者的选择以至于生产者决策的影响，也就是通常所说的税收的调节作用。税收效应可分为收入效应和替代效应两个方面，可以从这两个方面分析课税对纳税人在商品购买、劳动投入以及储蓄和投资等多方面的影响。这里仅以课税对商品购买的影响为例进行说明。

收入效应对纳税人在商品购买方面的影响，表现为使纳税人的收入水平下降，从而降低商品购买量和消费水平。

下面以图形来说明。图8.3中水平轴和垂直轴分别计量食品和衣物两种商品的数量。假定纳税人的收入是固定的，而且全部收入用于购买食品和衣物，两种商品的价格也是不变的，则将纳税人购买两种商品的数量组合连成一条直线，即图中AB线，此时纳税人对衣物和食品的需要都可以得到满足。纳税人的消费偏好可以由一组无差异曲线来表示，每条曲线表示个人得到同等满足程度下在两种商品之间选择不同组合的轨迹。由于边际效应随数量递减，无差异曲线呈下凹状。AB线与无数的无差异曲线相遇，但只与其中一条相切，即图中的I_1，切点为P_1。在这一切点P_1上，纳税人以其限定的收入购买两种商品所得到的效用或满足程度最大，即用于衣物的支出为P_1与轴线的垂直距离乘以衣物的价格，用于食品的支出为P_1与轴线的水平距离乘以食品价格。

若政府决定对纳税人课征一次性税收(如个人所得税)，税款相当于AC乘以衣物价格或BD乘以食品价格，那么，该纳税人购买两种商品的组合线由AB移至CD。CD与另一条无差异曲线I_2相切，切点为P_2。在这一切点上，纳税人以其税后收入购买两种商品所得到的效用或满足程度最大，即用于衣物的支出为P_2与轴线的垂直距离乘以衣物价格，用于食品的支出为P_2与轴线的水平距离乘以食品价格。

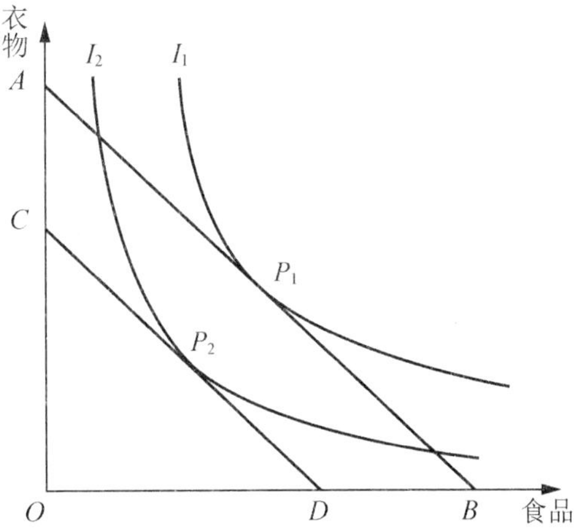

图8.3 收入效应

由以上分析可以看出，由于政府课征一次性税收而使纳税人在购买商品的最佳选择点由P_1移至P_2，这说明在政府课税后对纳税人的影响，表现为因收入水平下降从而减少商品购买量或降低消费水平，而不改变购买两种商品的数量组合。

2. 替代效应

替代效应对纳税人在商品购买方面的影响，表现为当政府对不同的商品实行征税或不征税、重税或轻税区别对待时，会影响商品的相对价格，使纳税人减少征税或重税商品的购买量，而增加无税或轻税商品的购买量，即以无税或轻税商品替代征税或重税商品。

以图8.4来说明。仍假定政府不征税或征税前纳税人购买两种商品的组合线为AB，最佳选择点仍为P_1。现假定只对食品征税，税款为BE乘以食品价格，对衣物不征税。在这种情况下，该纳税人则会减少食品的购买量，对购买两种商品的组合线便由AB移至AE，与其相切的无差异曲线则为I_3，切点为P_3。在这一切点上，纳税人以税后收入购买商品所得效用或满足程度最大，即用于衣物的支出为 P_3 与轴线的垂直距离乘以衣物价格，用于食品的支出为 P_3 与轴线的水平距离乘以食品价格。

由此可见，由于政府对食品征税而对衣物不征税，改变了纳税人购买商品的选择，其最佳点由 P_1 移至 P_3，这意味着纳税人减少了食品的购买量，相对增加衣物的购买量，从而改变了购买两种商品的数量组合，也使消费者的满足程度下降。

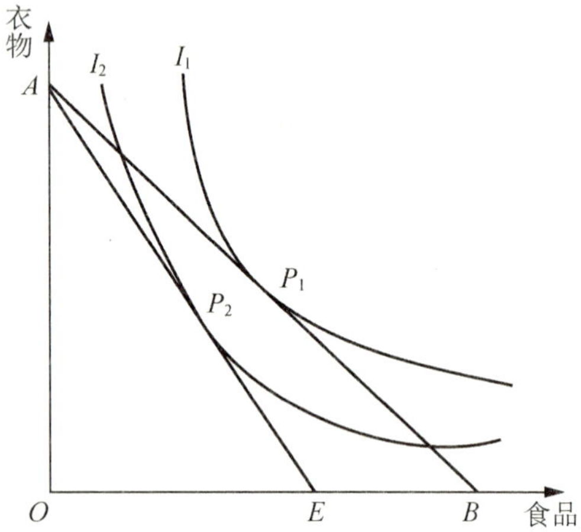

图 8.4　替代效应

8.4.2　税收效应分析

流转税、收益所得税及资源、财产、行为税类是税收中应用较多的税种。我们以这几个税种为代表，对其效应进行分析。

1. 流转税及其效应分析

流转税是以商品流转额和非商品营业额为征税对象的税种的总称。我国现行的流转税主要包括增值税、消费税、营业税和关税等。

1）增值税

增值税是以生产过程和流通过程创造的增值额为征税对象的税种。增值税的优越性表现为负担合理，避免重复征税，便于出口退税，形成逆向纳税制约。

2）消费税

消费税是以某些特定的消费品的流转额为征税对象的税种。征收消费税的目的在于贯彻国家的经济政策和社会政策，限制不良消费，缓解社会成员收入分配不公的矛盾，保证财政收入。

3）营业税

营业税是以经营商品或劳务取得的营业额为征税对象的税种。营业税分行业和行为实行高低不同的比例税率。

4）关税

关税是对进出国境(关境)的货物、物品征收的税种。关税由海关征收，分为出口关税和进口关税。

流转税的效应主要表现在以下三个方面：

(1) 财政效应。流转税按税率计征，征收范围广，不受成本高低的影响，能够保证及时、稳定、可靠地取得财政收入，因而具有良好的财政效应。目前我国税收总额中流转税收入所占比例最大，是我国财政收入的支柱。

(2) 社会经济效应。从经济角度分析，流转税依率计征，透明度高，能激励企业提高效率。同时，流转税按不同行业产品设置不同税率，易于调节生产与消费，协调国民经济比例关系。从社会角度分析，流转税能够较好地贯彻社会政策，在抑制不良消费、调节高消费方面有积极作用。

(3) 社会行政效应。流转税征税对象简单明确，计算简便，征管便利，具有很好的社会行政效应。

2. 收益税类及其效应分析

收益所得税是以纳税人的纯收入或总收益为征税对象的税种的总称。我国现行的主要收益所得税有企业所得税、外商投资企业和外国企业所得税、个人所得税、农(牧)业税等。

(1) 企业所得税。我国的企业所得税是对我国境内的内资企业就其生产经营所得和其他所得征收的一种税。它实行33%的比例税率，同时对年所得额在3～10万元之间和3万元以下的企业，分别实行27%和18%的照顾性税率。

(2) 外商投资企业和外国企业所得税。外商投资企业和外国企业所得税，是对在我国境内设立机构的外商投资企业和外国企业的境内、外所得，以及未在我国境内设立机构的外国企业来源于我国境内的所得征收的税种。该税种实行30%的比例税率，附加3%的地方所得税，故综合税率为33%。对我国境外的外国企业和个人来自我国境内的收入所得，按20%的税率计征预提所得税。

(3) 个人所得税。个人所得税是对个人的劳动和非劳动应税所得征收的一种税。国际上通常采用“生计扣除法”和综合所得税制，实行超额累进税率。我国实行分项所得税制，应税项目分为11项，按不同项目的所得采用不同的计税方法。

(4) 农(牧)业税。农(牧)业税是对从事农(牧)业生产，有农(牧)业收益的单位和个人征收的一种税。农业税的计税标准是常年产量。我国从2006年1月1日起废止《农业税条例》。这意味着在我国沿袭两千年之久的这项传统税收的终结。作为政府解决“三农”问题的重要举措，停止征收农业税不仅减少了农民的负担，增加了农民的公民权利，体现了现代税收中的“公平”原则，同时还符合“工业反哺农业”的趋势。

收益所得税具有以下效应：

(1) 财政效应。收益所得税的税收收入可随着生产力的发展和纳税人收益的提高而稳定增长；同时，收益所得税的征收不伤及资本，有利于经济的发展，具有优良的财政收入效应。

(2) 社会经济效应。收益所得税多实行累进征收，从而具有弹性调节机制，这使收益所得税具有社会经济的“内在稳定器”功能。此外，收益所得税贯彻量能负担原则，能较好地体现税负公平要求。

（3）税务行政效应。收益所得税的计算较为复杂，税收的征收管理需要较高的水平，因而不具有税务行政效应优势。

3. 资源、财产、行为税类及其效应分析

（1）资源税类。我国现行的资源税类主要有资源税、城镇土地使用税、土地增值税、耕地占用税四个税种。一般采用从量计征的方式，实行差别税率。资源税既能组织大量的财政收入，又能促进资源的合理开发和节约使用，对调整资源开发利用者的利益结构、促进公平竞争均具有良好的经济及社会效应。

（2）财产税类。我国现行的财产税类主要有城市房地产税、车船使用税、车船使用牌照税、契税。此外，遗产税与赠与税也是拟实行的财产税之一。财产税具有增加财政收入、调节财产所有者收入、防止贫富差距过大、限制财产拥有者的挥霍行为、促进社会公平等作用，具有积极的社会经济效应。

（3）行为税类。我国现行行为税类主要有投资方向调节税、印花税、屠宰税、车辆购置税、筵席税、牲畜交易税。行为税具有合法经营、公平交易和接受国家宏观调控等社会效应。

本章小结

税收是国家为了实现其职能，凭借政治权力，按照法律规定，强制地取得财政收入的一种形式。税收的形式特征，通常被概括为三性：强制性、无偿性和固定性。税收的三个形式特征是缺一不可的统一整体，是税收区别于其他财政收入范畴的基本标志。

税收的原则包括效率原则和公平原则。税收效率原则就是税收对经济资源配置应依据效率准则，或实现效率目标。税收效率原则包括提高资源配置效率和减少效率损失两个方面。税收的公平原则要求条件相当者缴纳相同的税，而对条件不同者应加以区别对待。税收公平包括普遍征税和平等征税两个方面。税收要素由纳税人、征税对象、税目、税率、纳税环节、纳税期限、附加或减免及违章处理等构成。税收各要素之间存在着相互联系。其中，税率的高低涉及财政收入和纳税人的负担，是制定税收政策和制度的中心环节。

税收负担指整个社会或单个纳税人实际承受的税款。它表明国家课税对社会资源的集中程度，以及税款的不同分布所引起的不同纳税人的负担水平。税收转嫁是指纳税人在缴纳税款后，通过经济交易过程，将所交纳税款部分地或全部地转嫁给他人负担，自己不负担或少负担税收的一种经济现象。税收转嫁的方式有：前转、后转、混转、旁转、消转和税收资本化。税收转嫁是有条件的。

税收效应是指纳税人因国家课税而在其经济选择或经济行为方面做出的反应。税收效应可分为收入效应和替代效应两个方面。收入效应表现为使纳税人的收入水平下降，从而降低商品购买量和消费水平。替代效应表现为当政府对不同的商品实行征税或不征税、重税或轻税的区别对待时，会使纳税人以无税或轻税商品替代征税或重税商品。税收效应就是通常所说的税收的调节作用。

阅读资料

1. 税收的起源

税收起源取决于互相制约的两个前提条件：一是适当的客观经济条件，即剩余产品、私有制的存在和发展；二是国家的产生和存在。人类社会经历了漫长的历史过程，在原始社会里生产资料公有，人们共同劳动，生产力水平低下，没有剩余产品，产品由氏族成员平均分配，没有私有制、没有阶级、没有国家，也没有税收分配形式。原始社会末期，生产力有了很大发展，开始出现剩余产品，推动了社会分工和交换的发展，与此同时社会成员逐渐分裂为奴隶和奴隶主两个对立阶级，社会产品的分配形式也产生了根本的变化，奴隶主阶级的剥夺与占有产品形式代替了原始公社的平均分配。这种剥夺与占有，自然要遭到奴隶的反抗。奴隶主为了保持这种分配上的特权，必须有一种政治上的统治，于是产生了奴隶制国家。国家为了实现其职能，需要消耗一定的物质资料，但国家自身并不进行生产，只能凭借政治上的权力，强制、无偿、固定地取得奴隶的剩余劳动产品。这样一种新的分配形式产生并加入到社会产品的分配之中，这种分配形式就是税收。同国家一样，税收也经历了一个产生、形成、发展与完善的过程。

中国最初的税收出现在我国古代的第一个奴隶制国家夏朝，最早出现的财政征收方式是“贡”，即臣属将物品进献给君王。当时，虽然臣属必须履行这一义务，但由于贡的数量、时间尚不确定，所以，“贡”只是税的雏形。而后出现的“赋”与“贡”不同。“赋”原指军赋，即君主向臣属征集的军役和军用品。但事实上，国家征集的收入不仅限于军赋，还包括用于国家其他方面支出的产品。此外，国家对关口、集市、山地、水面等征集的收入也称“赋”。所以，“赋”已不仅指国家征集的军用品，而且具有了“税”的含义了。有历史典籍可查的对土地产物的直接征税，始于公元前594年(鲁宣公十五年)鲁国实行了“初税亩”，按平均产量对土地征税。后来，“赋”和“税”就往往并用了，统称赋税。

(资料来源：国家税收信息网，http：//www. hi. baidu. com/chinesetax)

2. 税收促进和谐社会建设

和谐社会建设与税收息息相关。近年来，我国税收收入保持了持续快速增长的势头。1999年全国税收收入突破1万亿元，2003年突破2万亿元，2004年达到25 718亿元，2006年，全国税收收入(不包括关税、耕地占用税和契税，未扣减出口退税)继续稳定较快增长，共入库37 636亿元，比上年增长21.9%，增收6 770亿元。2012年全国税收总额达到10.06万亿元，同比增长12.1%。国家财政实力明显增强，有力地推动了经济社会发展。

税收是国家财政收入的主要来源，也是国家实行宏观调控的一个重要经济杠杆。每次重大经济改革都要反映到税收上来，都要对税制进行相应改革。改革开放初期，党和政府放宽政策，搞活经济，为此进行两步利改税，建立多税种、多环节、多次征的复合税制。1992年10月12日，党的十四大提出中国经济体制改革的目标是建立社会主义市场经济体制，从此开始了新中国成立以来规模最大的第三次税制改革。1994年出台新税制，实行税利分流和分税制。1999年11月，中国加入世贸组织，需要改革完善中国现行税制，促进对外开放，适应经济全球化的要求。2007年“两会”通过的企业所得税法案，更是构建社会主义和谐社会、维护社会公平与稳定的具体体现。根据公平内外资企业税负的要求，统一了内外资企业所得税，这既符合世贸组织原则的要求，也与和谐社会追求公平的要求相一致。

随着我国社会主义市场经济体制的不断完善和各项事业的全面推进，国家必须进一步完善社会管理和公共服务职能。这就要求加快经济发展，只有经济发展了，才能奠定税收增长的物质基础，也才能奠定社会主义和谐社会的物质基础。我们要在和谐中追求发展，在协调各方利益、调动各方积极性中促进发展，在经济发展的基础上继续实现税收收入健康、较快与可持续的发展。聚财为国、应收尽收，增强税收的收入职能，使国家财政有能力增加公共支出，加大转移支付力度，更好地维护国家安全和社会稳定，促进科技、教育、文化、卫生等社会事业发展，增加社会福利，建立健全社会保障体系，使全社会成员共享改革发展的成果。这也是构建和谐社会的必然要求。

税收来源于经济，税收收入较快增长是我国经济平稳较快发展的直接体现。近年来，在国家宏观调控政策的引导下，国民经济保持平稳较快增长态势，与税收相关性较大的工业增加值、全社会固定资产投资额、社会消费品零售总额、进出口总额等各项主要经济指标增长较快，为税收收入的较快增长奠定了基础，国内增值税等主要税种增长与对应经济税源增长基本相适应。

构建社会主义和谐社会，实现经济快速发展、社会全面进步、人民群众安居乐业，也需要强大的财力作保障。税收是国家参与国民收入分配的主要形式，具有强制性、无偿性、固定性的特点。税收筹集财政收入稳定可靠，是财政收入最主要的来源。在社会主义和谐社会建设中，国家运用税收筹集资金，满足社会公共需要，满足人民日益增长的物质文化需要。因此，建立和谐社会必须实现税收的可持续发展。

社会主义和谐社会，是经济发展、社会发展和人的全面发展的统一，是经济社会发展与人口、资源、环境的统一，是物质文明、政治文明、精神文明建设的统一。税收作为宏观调控的重要工具，具有内在稳定器的功能，可自动对经济波动产生熨平的作用。同时国家还可以根据不同时期的经济形势，制定相机抉择的税收政策来减弱经济的波动程度。因此，建立科学合理的税收结构、税收制度，实行规范的税收政策，对正确有效地调节国民收入分配、促进生产要素流动、引导资源优化配置、扩大社会就业、推进经济持续快速协调健康发展、服务“五个统筹”的大局、促进和谐社会建设具有重要意义。按照“简税制、宽税基、低税率、严征管”的原则，分步实施税制改革，调整落实各项税收政策，建立更加公平、科学、法制化的税制体系，就能够促进社会主义市场经济体制完善，促进和谐社会建设。

（资料来源：金融时报-金时网，http：//money.jrj.com.cn）

3. 税收与经济增长

一个国家的宏观税收负担通常用该国税收总量占GDP的比例来衡量。一个令人感兴趣的问题是税收负担与经济增长究竟有怎样的关系，这一比例高些还是低些有利于经济增长？对这个问题很多经济学家进行了研究。一些学者认为从统计上来看两者之间没有显著的联系。例如加里森与李(Garrison和Lee，1992)利用63个国家1970—1984年的数据，发现平均税率与边际税率都不影响经济增长。因为一旦考虑到人均GDP水平，税率与经济增长的负相关就不再显著；也没有找到提高边际税率会降低资本积累或劳动力增长的证据。马纳斯-阿诺顿(Manas-Anoton，1987)分析了39个发展中国家个人和公司所得税与经济增长的关系，发现虽然有证据支持经济增长率与所得税税负的相关关系，但置信度不大。但持不同观点的经济学家大有人在。例如，普洛瑟(Plosser，1992)比较了24个OECD国家1960—1989年人均真实增长率和对收入和利润征收的税收占GDP的比例，计算两者的相关系数是－0.52，提高平均税率0.05个百分点会使经济增长率降低0.4个百分点，前世界银行工业部顾问凯斯·马斯登(Keith Uatsden)采用实证分析法，对世界上10组20个样本国家在20世纪70年代的税收负担变化与经济增长的关系进行了比较分析，得出的结论是：“那些在效率税制下使公民承担较低平均税负的国家要比高税负国家的国内生产总值(GDP)增长更快。”

（资料来源：蒋洪．财政学．北京：高等教育出版社，2012）

复习思考题

一、概念题

税收　纳税人　征税对象　税率　直接税　间接税　税收原则

税收负担　税负转嫁　税收效应

二、单项选择题

1. 税收是国家为了实现其(　　)取得财政收入的主要方式。

A. 分配关系　　B. 职能

C. 某一特定目的　　D. 同收入

2. 税收是以国家名义，通过一定的法律程序强制性征收，其征收依据是(　　)。

A. 财产权利　　B. 所有权　　C. 政治权力　　D. 股权

3. 在征税过程中，纳税人违反税法必然受到法律的追究与制裁，这体现了税收的(　　)。

A. 强制性　　B. 无偿性　　C. 固定性　　D. 法制性

4. 税法规定，直接负有纳税义务的单位和个人称为(　　)。

A. 纳税人　　B. 负税人　　C. 缴税人　　D. 扣缴义务人

5. 国家征税的基本依据是(　　)。

A. 征税对象　　B. 税基　　C. 税源　　D. 税目

6. 计算应纳税额，反映税收负担尺度和征税深度的中心环节是(　　)。

A. 纳税人　　B. 课税对象　　C. 税源　　D. 税率

7. 依照税法规定，我们将课税对象中免于征税的部分称为(　　)。

A. 起征点　　B. 免税额　　C. 减免额　　D. 免征额

8. 凡是具有同等负担能力的纳税人应等额纳税，这体现了税收的(　　)。

A. 行政原则　　B. 效率原则　　C. 公平原则　　D. 财政原则

9. 下列属于按隶属关系进行分类的税种是(　　)。

A. 直接税　　B. 中央税　　C. 从量税　　D. 财产税

10. 税收的调节作用集中体现在(　　)上。

A. 税收支出　　B. 个人所得税

C. 社会保险税　　D. 税收效应

三、多项选择题

1. 依照我国现行税收制度的规定，税收的基本要素包括(　　)。

A. 纳税人　　B. 负税人　　C. 税目

D. 税率　　E. 征税对象

2. 能够影响税制设计、税额计算的基本税率形式为(　　)。

A. 名义税率　　B. 实际税率　　C. 累进税率　　D. 比例税率

E. 定额税率

3. 税收公平原则要求(　　)。

A. 平等征税　　B. 纵向公平

C. 额外税负最小　　D. 帕累托效率

E. 普遍征税

4. 对纳税人违反税法的行为，可以采取(　　)等方式进行处罚。

A. 限期缴税　　B. 扣押

C. 查封财产　　D. 吊销营业执照
E. 加倍罚款

5. 影响税负转嫁程度的因素有(　　)。
A. 税种　　B. 企业利润　　C. 供求弹性
D. 市场结构　　E. 征税范围

6. 我国现行的流转税主要包括(　　)。
A. 企业所得税　　B. 个人所得税
C. 增值税　　D. 消费税
E. 关税

7. 纳税人以各种方式将所应承担的税款转嫁给他人负担时，具体的转嫁方式有(　　)。
A. 前转　　B. 后转　　C. 混转　　D. 税收指数化
E. 税收资本化

8. 下列(　　)现象体现了税收的收入效应。
A. 消费者消费物品的数量减少　　B. 消费者的储蓄减少
C. 消费者的可支配收入减少　　D. 政府的收入增加
E. 消费者的收入增加

四、简答题

1. 简述税收的“三性”。
2. 试述税收的分类。
3. 试述税收的效率原则。
4. 试述税收的公平原则。
5. 分析税负转嫁与税负归宿的一般规律。
6. 试述税收的收入效应与替代效应。

五、论述题

1. 试论税负转嫁条件。
2. 试分析流转税及其效应。

六、案例分析题

案例分析 1

1. 案例资料：

利息所得税产生的税收效应

1999 年，为了拉动内需，刺激居民消费，国家税务总局作出决定：征收利息税。开征利息税初衷有三：一是抑制储蓄，“将存款赶出银行”，刺激消费和投资；二是调节高收入，缩小贫富差距；三是增加财政收入，减少财政赤字。利息税全称为“储蓄存款利息所得个人所得税”，主要指对个人在中国境内存储人民币、外币而取得的利息所得征收的个人所得税。

新中国成立以来，利息税曾两度被免征，而每一次的变革都与经济形势密切相关。1950 年，我国颁布《利息所得税条例》，规定对存款利息征收所得税。但当时国家实施低工资制度，人们的收入差距也很小，因而在1959年停征了存款利息所得税。1980年通过的《个人所得税法》和1993年修订的《个人所得税法》，再次把利息所得列为征税项目。但是，针对当时个人储蓄存款数额较小、物资供应比较紧张的情况，随后对储蓄利息所得又作出免税规定。根据1999年11月1日起开始施行的《对储蓄存款利息所得征收个人所得税的实施办法》，不论什么时间存入的储蓄存款，在1999年11月1日以后支取的，1999年11月1日起开始滋生的利息要按20%征收所得税，至今已经征收了14年时间。

（资料来源：华股财经，http：//www. huagu. com）

2. 分析问题：

试析利息所得税对储蓄所产生的税收效应。

案例分析2

1. 案例资料：近年来我国按收入等级城镇居民家庭基本情况、全国城乡居民家庭人均收入及恩格尔系数、全国各项税收情况(见表8-1～表8-3)

表8-1 2012年我国按收入等级分城镇居民家庭基本情况

指标	全国	最低收入户10%	较低收入户10%	中等偏下户20%	中等收入户20%	中等偏上户20%	较高收入户10%	最高收入户10%
调查户数/户	65 981	6 590	6 601	13 214	13 220	13 201	6 593	6 562
平均每户家庭人口/人	2.86	3.30	3.21	2.99	2.80	2.67	2.58	2.52
平均每户就业人口/人	1.49	1.31	1.53	1.53	1.48	1.47	1.50	1.58
平均每一就业者负担人数/人	1.92	2.52	2.10	1.95	1.89	1.82	1.72	1.59
平均每人全部年收入/元	26 958.99	9 209.49	13 724.72	18 374.80	24 531.41	32 758.80	43 471.04	69 877.34
平均每人可支配收入/元	24 564.72	8 215.09	12 488.62	16 761.43	22 419.10	29 813.74	39 605.22	63 824.15

（资料来源：中国统计年鉴，2013）

表8-2 2001—2012年全国城乡居民家庭人均收入及恩格尔系数

年份	城镇居民家庭人均可支配收入/元	农村居民家庭人均纯收入/元	城镇居民恩格尔系数/%	农村居民恩格尔系数/%
2001	6 859.6	2 366.4	38.2	47.7
2002	7 702.8	2 475.6	37.7	46.2
2003	8 472.2	2 622.2	37.1	45.6

续表

年份	城镇居民家庭人均可支配收入/元	农村居民家庭人均纯收入/元	城镇居民恩格尔系数/%	农村居民恩格尔系数/%
2004	9 421.6	2 936.4	37.7	47.2
2005	10 493.0	3 254.9	36.7	45.5
2006	11 759.5	3 587.0	35.8	43.0
2007	13 785.8	4 140.4	36.3	43.1
2008	15 780.8	4 760.6	37.9	43.7
2009	17 174.7	5 153.2	36.5	41.0
2010	19 109.4	5 919.0	35.7	41.1
2011	21 809.8	6 977.3	36.3	40.4
2012	24 564.7	7 916.6	36.2	39.3

（资料来源：中国统计年鉴，2013）

表 8-3　2001—2012 年全国各项税收情况　　单位：亿元

年份	合计	国内增值税	国内消费税	营业税	企业所得税	个人所得税	关税
2001	15 301.38	5 357.13	929.99	2 064.09	2 630.87	995.26	840.52
2002	17 636.45	6 178.39	1 046.32	2 450.33	3 082.79	1 211.78	704.27
2003	20 017.31	7 236.54	1 182.26	2 844.45	2 919.51	1 418.03	923.13
2004	24 165.68	9 017.94	1 501.90	3 581.97	3 957.33	1 737.06	1 043.77
2005	28 778.54	10 792.11	1 633.81	4 232.46	5 343.92	2 094.91	1 066.17
2006	34 804.35	12 784.81	1 885.69	5 128.71	7 039.60	2 453.71	1 141.78
2007	45 621.59	15 470.23	2 206.83	6 582.17	8 779.25	3 185.58	1 432.57
2008	54 223.79	17 996.94	2 568.27	7 626.39	11 175.63	3 722.31	1769.95
2009	59 521.59	18 481.22	4 761.22	9 013.98	11 536.84	3 949.35	1 483.81
2010	73 210.79	21 093.48	6 071.55	11 157.91	12 843.54	4 837.27	2 027.83
2011	89 738.39	24 266.63	6 936.21	13 679.00	16 769.64	6 054.11	2 559.12
2012	100 614.28	26 415.51	7 875.58	15 747.64	19 654.53	5 820.28	2 783.93

（资料来源：中国统计年鉴，2013）

2. 分析问题：

结合所给资料，谈谈我国如何通过个人所得税加大对高收入群体的监管问题。

第9章

税收制度

教学目标

通过本章的学习，了解税制结构的演变及我国税制结构的特点、税制改革的原因及我国税制改革的历程，熟悉税收制度的概念、税制类型的概念及种类、税制结构的概念以及税制结构的影响因素，掌握我国目前主要税种及其基本制度。

教学要求

知识要点	能力要求	相关知识
税收制度概述	(1) 能够明确税收制度、税制类型、税制结构的概念 (2) 能够熟悉税制类型的种类和税制结构的影响因素 (3) 能够了解税制改革的原因及我国税制改革的历程	(1) 单一税制 (2) 复合税制
流转税	(1) 能够理解流转税的特点 (2) 能够掌握流转税主要税种及其基本制度	(1) 流转税 (2) 纳税人、征税范围、税目、税率 (3) 应纳税额计算
所得税	(1) 能够理解所得税的特点 (2) 能够掌握所得税主要税种及其基本制度	(1) 所得税 (2) 纳税人、征税范围、税目、税率 (3) 应纳税额计算
其他税	能够掌握其他税所包括的税种及其基本制度	(1) 纳税人、征税范围、税目、税率 (2) 应纳税额计算

引　例

请关注以下与税收制度有关的现象：

(1) 2005 年底至 2006 年上半年《个人所得税法实施条例》等法规对个人所得税费用扣除标准进一步明确。

(2) 2005 年底正式取消农业税。

(3) 2006 年 2 月取消农业特产税。

(4) 2006 年 2 月取消屠宰税。

(5) 2006 年 4 月开征烟叶税。

(6) 2006 年 4 月进行消费税税目、税率的重大调整。

(7) 2006 年 6 月调整房地产营业税有关规定。

(8) 2007 年 3 月统一企业所得税。

(9) 2011 年 7 月第六次修改个人所得税。

(10) 2011 年 10 月提高了增值税、营业税的起征点。

尽管在实践中世界各国所遵循的课税原则大致相同，尽管在理论上有关税负转嫁的机制和途径以及税收的经济影响看法比较一致，但是，各国的税收制度却大相径庭；而且，随着社会经济的发展，税收制度在不断变化。中国正处于经济转型时期，税收制度有其自身特点，但要不断地改革与完善，因此我们需要了解与税收制度相关的一些基本问题，诸如税制类型、税制结构、税制改革，同时还要了解我国现行的主要税种及其基本制度。

9.1　税收制度概述

9.1.1　税收制度的概念

税，作为人类历史的产物，一般来说，它随着国家的产生而产生。正如恩格斯所指出的那样，国家一出现，“为了维持这种公共权利，就需要公民缴纳费用——捐税。捐税是以前的氏族社会完全没有的”，所以，“赋税是喂养政府的奶娘”。我国古代有许多关于税收的规定，如税的种类、缴纳方式、征税比例等，这些都是税的雏形，它们自身都有制度而言。这种制度指的是税收本身固有的内在结构，是税的内在基础，我们称之为税的自然制度或税收制度的自然属性。因而，税收的各个组成部分就成了我们通称的税制要素，当然，它还不是赋予法律形式以后的税制要素。随着范围的不断扩大，政府需要的财力不断增加，这就需要有一个稳固的公共收入来源渠道。与此同时，国家的政治、法律制度相继创立，并把它与税收相结合，对税收的自然制度(或属性)加以法制化，使税收这一经济行为制度化、法制化、规范化和长期化，从而形成了税收制度的人为属性，即税收的人为制度。为什么要赋予税收以法律形式？道理很简单，赋税“就是国家不付任何报酬而向居民取得东西”，都是无偿劳动支付的，谁也不愿意把自己的劳动果实拿出来白白地送给国家。这样，从客观上就需要一种征纳双方都必须遵守的法律制度协调征纳双方的税收关系，既保证国家资金需要和有关政策的实施，又维护纳税人的权益，使征纳双方在课税过程中有法可依，有章可循。

所以从人类社会的发展来看，无论哪一国家的税收制度都是税收的从自然制度到税收的人为制度相结合的产物。所以，税收制度就是一个课税主权之下，由税种体系、各种税收法律以及征纳管理办法所组成的聚合体，它具有自然属性和人为属性。

从税收结构分析，税收制度是指一国各种税收及其要素的构成体系。

从法的角度分析，税收制度是一国税收法律、法规、规章的统称。以法律规范形式出现的制度体系，也称为“税收法律制度”，是调整国家与纳税人之间税收征纳关系的法律规范，是国家通过法律程序确定的征税依据和工作规程。它包括国家各种税收法律、法规、条例、实施细则和征收管理制度等。

首先，税收制度的主要内容之一税法，是国家意志的体现，而国家本身就是上层建筑的一部分。虽然税收的自然属性是与经济基础相关的，但它完全被法制化了。

其次，税收制度对经济基础有促进或阻碍作用。税收制度存在于一定的社会形态下，在某一时期可能对生产力的发展有一定的促进作用，适合生产力发展的要求。可是，随着生产力的发展，经济发展阶段的不同，旧的税收制度可能与之不相适应了，就要阻碍生产力的发展。为了适应经济基础的要求，税收制度要不断地改革和完善。

9.1.2 税制类型

税制类型是税收制度类型的简称，是指一国征收一种税还是多种税的税收制度。关于税收制度的类型主要有两种不同的理论主张。

一是单一税制，即在一个税收管辖权限范围内，只征收一种税，如单一土地税论、单一消费税论、单一财产税论、单一所得税等。单一税制并没有在哪个国家真正实施过，只是在理论上不断出现这种主张。单一税制的主张之所以会产生，可能有以下几点原因：仅课征一种税，对社会的生产与流通的危害较小；纳税人易于明了其应纳税额，少苛扰之弊；稽征手续简单，减少征收费用。但是，由于单一税制有种种缺陷，从财政收入上看，收入少，弹性小，逃税的可能性大；从社会政策上看，课税范围窄，不普遍，有失公平；从经济发展上看，就某一课税对象课以重税，枯竭税源，阻碍国民经济平衡发展。基于以上原因，单一税制弊大于利，因此世界各国都没有实行过单一税制。

二是复合税制，即在一个税收管辖权限范围内，同时征收两种以上的税。世界各国普遍采用复合税制，主要因为这种税制符合经济运行的要求。就税制本身而言，在税制体系内部税种之间，有相互协调、相辅相成的作用；就财政收入而言，税源广、灵活性大、弹性充分；就税收政策而言，具有平均社会财富、稳定国民经济的功能；就税收负担而言，既公平合理又普遍。因此，复合税制是一种比较科学的税收制度。当然，复合税制也不是一出现就很完备，也有它的历史发展过程，这个历史发展过程就是一个不断完善的过程。

9.1.3 税制结构

1. 税制结构的含义

税制结构是税收制度结构的简称，是指一国各税种的总体安排。在这里，有两点需要说明：一是税收结构是在具体的税制类型条件下产生的，只有在复合税制下才有税制结构；二是在税制结构中，不同税种的相对重要性差异很大，形成了不同的税制模式。税制模式是指在一国的税制结构中以哪类税作为主体税种。税制结构特别是其中的主体税种（税制模式），决定着税制系统的总体功能。

2. 税制结构的演变

综观人类社会经济发展的历史，税制结构的演变过程是以简单的直接税为主的税制结构发展到以间接税为主的税制结构，再发展到以发达的直接税为主的税制结构。

1）简单的直接税制时期

在农业经济时代，由于当时的生产力水平非常低下，社会剩余产品都是由农业生产的，土地就成为产生社会纯收益的源泉，地租是收益的绝大部分。因此，当时主要是以土地和其他不动产的多少作为衡量纳税能力大小的依据，税收大部分是以土地收益税这种直接税为核心。同时也有少量市场税（即商品进入市场、利用市场设施及享受市场保护时征收的税）和入市税（即商品运入市场时所征收的税）作为辅助税种。

2）间接税制时期

当社会生产力发展到农工经济时代，工业生产逐渐发展起来。工业的兴起，为商业的繁荣创造了条件，自由职业随之出现，社会纯收益的分配比较分散，而商品的流转环节大量增加，税源比较分散。因此，只有对货物及交易等征收营业税、消费税等间接税，才能保证财政收入。再加上间接税容易转嫁，新兴的资产阶级便利用商品市场日益发展的条件，大力推行间接税，取代古老的直接税。

3）现代直接税时期

随着工业化的进程加快，社会生产力得到大力发展，剩余产品大量增加，提供了充足的税源；再加上资本主义原始积累结束，资本急剧集中，收入分配严重不公。因此，进入工业化的资本主义国家以第一次世界大战的爆发为契机，把长期实行的以营业税、消费税等间接税为主体的税制结构变革为以所得税等直接税为主体的现代税制结构。

4）趋势

近半个世纪以来，所得税在工业化国家得到了大力发展，已经成为大多数发达国家的主体税。但是，由于所得税又有对所得重复征税之嫌，抑制了人们劳动供给和私人储蓄，不利于经济增长，再加之通货膨胀对所得税的不良影响，故近年来，理论界又掀起重构税制结构的大讨论，削弱所得税，建立新型的间接税制。

3. 税制结构的影响因素

世界各国的政治、经济、文化、制度等因素不同，因此各国的税制结构也不同，有的是以所得税等为主体的直接税制，有的是以商品税为主体的间接税制，有的则是分别以所得税、商品税为主体的双税制结构。各国的税制结构为何不同，决定税制结构的主要因素是什么？综观世界各国税制结构的历史演变和现状，决定税制结构的主要因素可以概括为经济因素、制度因素、政策因素和管理因素。

1）经济因素

经济因素是影响并决定税制结构的最基本因素，这里的经济因素主要是指经济发展水平。美国财政学家马斯格蕾夫在20世纪60年代对40多个国家的资料进行了相关分析，得出以下结论：间接税占税收的比重同人均GDP呈负相关，即随着人均GDP的增加，间接税占税收的比重下降；直接税占税收的比重同人均GDP呈正相关，即随着人均GDP的增加，直接税占税收的比重上升。世界银行对86个发展国家的税制结构进行比较分析，也发现经济发展水平(以人均GDP表示)同税制结构存在较为密切的关系，认为所得税具有随人均GDP增长而上升的趋势，流转税具有随人均GDP增长而下降的趋势。

2）制度因素

制度因素主要是指经济制度。经济制度对税制结构的影响主要反映在两个方面：财产制度和经济运行制度。财产制度实际上是生产资料所有制，可分为公有制经济和私有制经济。在以公有制经济为主体的社会，政府税收主要来自于企业，而很少来自于个人，因此，企业成为税收的主要来源，并采取流转税的形式；在以私有制经济为主体的社会，政府税收主要来自于个人，并且采取所得税形式。经济运行制度实际上是指经济运行机制或经济运行方式，可分为计划经济和市场经济。在计划经济条件下，商品价格和工资都是由政府计划制定，为了解决因计划价格而引起的企业利润悬殊的问题，需要运用流转税来弥补计划价格的缺陷，而工资已经受到计划控制和调节，所以没有必要运用所得税进行调节；在市场经济条件下，价格由市场供求决定，并能有效地调节供求，因此，在一般情况下没有必要以流转税对价格进行再调节，但因工资差异而引起的收入差异，有必要通过所得税对工资收入进行再调节。所以，在计划经济条件下，比较偏重于流转税；在市场经济条件下，可能倾向于所得税。

3）政策因素

政策因素主要是指税收政策目标，税制结构同税收政策目标有一定联系。不同的政策目标，对税制结构有不同的影响。累进的所得税对公平分配的调节功能比差别的流转税更大，所以从税收的公平目标考虑，应实行以累进的所得税为主体的税制结构；所得税由于累进税率而形成的弹性税制比流转税由于比例税率而形成的刚性税制对宏观经济的稳定具有更大的调节作用，所以从税收的稳定目标考虑，也应实行以累进税率为主的所得税税制结构。

4）管理因素

税收的管理能力对税制结构也会产生一定影响。流转税一般对商品销售或经营取得收入征税，征收管理比较简单，而所得税一般对企业利润所得或个人所得征税，征收管理较为复杂。因此，征收所得税往往受到征收管理水平、征收管理能力和征收管理成本的制约而难以推行，而流转税的推行相对容易。所以，发达国家因为征收管理水平高多采用所得税为主体的税制结构，发展中国家因为征收管理水平低而多采用流转税为主体的税制结构。

9.1.4 税制改革

1. 税制改革的含义

一般来说，税收制度是通过税制设计和税制结构的边际改变来增进福利的过程。《现代汉语词典》中的“改革”是指“把事物中旧的不合理的部分改成新的、能适应客观情况的”。《牛津英语词典》中的“改革”却有两层意思：一是通过消除或克服不完善之处、缺点或错误而变得更好；二是重组或改组。税收制度的某些技术修正普遍认为属于改进或改良，而重大的结构调整会改变税收负担的分配，一般认为是一种改革，所以税收制度的变化，应当区分税制改良和税制改革：税制改良是指对既定税收制度不适应现实社会经济环境的某些不完善之处的修补，而税制改革是指税收制度重大变化或重新构造。什么是“重大的”？这可能需要进行定量检验，其参数可以是绝对税收收入的变化程度、税收收入来源的变化程度、收入分配的变化程度等。特别是，税制改革是一种不仅为了实现财政收入目标的税制变化，而且还实现其他目标的税制变化或一系列变化，诸如改善横向公平或纵向公平、提高经济效益、简化税收制度等。如此定义的税制改革可能会有很多形式，既有税率、纳税档次、起征点或免征额的升降和税基的变化，又有新税种的出台和旧税种的废弃，还有税种搭配组合的变化。

2. 改革税制的主要原因

一国税制运行的好坏，一方面反映出该国税制本身的状况，另一方面，也在一定程度上反映出现行税制运行所依赖的社会经济环境的变化。所以，无论是哪种类型的国家，如果现行税制存在下列全部或部分特征，该国就需要认真考虑进行综合税制改革。

（1）税收制度试图实现的目标太多，可能既有微观经济目标、宏观经济目标、国际目标，又有政治目标、社会目标和制度目标，结果没有一个目标能得到有效实现。

（2）税收制度虽然包含全部税种，比如所得税、消费税和财产税，但由于存在部分纳税人或特殊利益集团独享税收减免待遇不同，它们的税基却长期被严重侵蚀。

（3）单个税种的税率数目繁多，为达到某种特殊目的而临时提高或修改税率，导致条件实质上相同的纳税人的税收待遇不同，或者生产相同产品的企业的税收待遇不一致。

（4）不论是税务当局还是纳税人，都认为税收制度应该实现再分配目标，可是在现实中，由于种种原因，事实并非如此。

（5）税收制度通过综合所得税对不同生产要素(如劳动与资本、金融资本与实物资本)和不同投资(如生产性投资与投机性投资、制造业投资与农业投资、债权投资与股权投资)的收益征税，因各种税收规定和特殊税收优惠措施导致征税的差异很大，使这种综合所得税实质变成了分类所得税和有差别的公司税。

（6）税收制度向经济行为主体发出的信号，与政府其他经济政策发出的信号相反或与政府公布的经济目标背道而驰。

（7）本国税收制度与其他国家的税收制度很不协调，严重抑制了本国的出口，或者甚至开始阻碍外国直接投资或促使资本外逃。

（8）税制结构一直没有根据经济的结构变化或纳税人的特征变化而相应调整。

（9）现行税收制度对相同的税基课征多种税，同时还存在着许多烦琐的小税种，大量耗用了本来就有限的征管能力。

（10）税法变得复杂，各项规定始终含糊不清，无法使纳税人甚至是诚实的纳税人最大限度地履行纳税义务。

3. 我国的税制改革

新中国成立以来，我国的税收制度经历了多次调整和改革，在高度集中的计划经济体制下，税制不断被简化、直至接近单一税制。改革开放以后，适应社会主义市场经济体制要求的新的税收制度又建立起来，1994 年的税制改革确立了现行税制的基本结构，但这一税收体系目前正经历着新的变革。

1）计划经济时期的税制改革

（1）新中国初期税收制度的建立。新中国成立后，党和人民政府立即着手制定新中国的税收制度，1949 年底中央人民政府召开了首届全国税务会议，制定了《全国税收实施细则》（以下简称《细则》），于 1950 年 1 月由政务院颁布实施，《细则》是新中国第一部有关税收制度建设的完整和统一的税收法规。《细则》规定征收 15 个税种，包括：农（牧）业税和 14 种工商税，即货物税、工商业税（包括坐商、行商、摊贩的营业税和所得税）、盐税、关税、薪给报酬所得税、存款利息所得税、印花税、遗产税、交易税（对棉花、土布、粮食、药材和牲畜交易征收）、屠宰税、房产税、地产税、特种消费行为税、车船使用牌照税。此后，政务院陆续发布了各有关税种的暂行条例。1950 年 4 月，还公布实施了《契税暂行条例》。

为了在贯彻国家对资本主义工商业的利用、限制政策的同时，使国民经济尽快恢复，建国之初我国政府十分重视税收的经济杠杆作用。1950 年 6 月即对税收负担进行了调整，具体措施有简化税种，暂不开征薪给报酬所得税和遗产税；将地产税和房产税合并为城市房地产税，从而工商税由 14 个减为 11 个；简化税目，如货物税的征税品目由 1 136 个减为 358 个，印花税税目由 30 个减为 25 个。1951 年，为了增加财政收入，满足抗美援朝战争的财政之支出需要，又采取了相应的措施，包括新开征棉纱统销税等。

（2）1953 年的税制修订。1953 年我国开始进入国民经济发展的第一个五年计划时期，为了使税收制度适应新的形式，国家决定从 1953 年 1 月 1 日起对税制进行修正。修正的内容主要有：

① 试行商品流通税。从原来征收货物税的品目中选择酒、麦粉、水泥等 22 种基本上可由国营经济控制的产品改征商品流通税，实行从生产到零售一次课征制。

② 简化货物税。简化货物税税目为 174 个，调整货物税税率，改变货物税的计税价格，由原来按不含税价计税改为按含税价计税。

③ 修订工商营业税。将应纳的工商营业税及附加、印花税并入营业税征收，统一调整营业税税率。已纳商品流通税的商品不再缴纳营业税。

④ 取消特种行为消费税。将特种消费行为税中的筵席、冷食、舞场税目并入营业税，对电影、戏剧等娱乐税目改征文化娱乐税。

⑤ 整顿交易税。把棉纱统销税和棉花交易税并入商品流通税，粮食、土布交易税改征货物税，停征药材交易税，只保留牲畜交易税。

（3）1958 年的税制改革。1958 年的税制改革总体思路是简化税制，主要内容有：将工商企业原来缴纳的商品流通税、货物税、营业税、印花税合并为工商统一税，在工业生产环节和商业零售环节各征一次。将原工商业税中的所得税改为一个独立税种，称为工商所得税。

(4) 1973 年的税制改革。1973 年税制改革的指导思想是“合并税种，简化征税办法”，主要内容是：将原工商企业缴纳的工商统一税及其附加、城市房地产税、车船使用牌照税、盐税、屠宰税合并为工商税；简化、调整了税目、税率；改革了征收制度等。

2）有计划商品经济时期的税制改革

1978—1993 年是我国建立适应社会主义市场经济体制要求的税收制度的一个过渡阶段，在这一时期主要的税制改革措施有以下几种。

(1) 适应不同经济性质、经济形式发展的需要，逐步恢复一些税种，增加一些税种，使各个税种在生产、流通的不同领域发挥各自的作用。

(2) 为了搞活国有企业，对国营企业利润实行国家征收所得税，税后在企业内部分配，规范国家与国有企业的分配关系。

(3) 根据对外开放政策，本着从宽从简的精神，制定外资企业征税办法。

(4) 根据国家产业政策的要求，通过税收手段调节生产和消费，使微观经济活动与宏观发展战略相适应。

(5) 兼顾中央、地方的税收管理权限，将工商税划分为中央税、地方税、中央地方共享税。到 1993 年年底，工商各税共有 32 个税种。

3）社会主义市场经济时期的税制改革

经过了计划商品经济时期的税制改革，我国税收制度取得了相当大的突破，但在一些方面仍不能适应社会主义市场经济体制的要求，比较突出的问题是：所得税按不同纳税人、不同所有制分别设置不同税种，税率很不一致；流转税的税率档次太多，差距很大。这些既不利于企业之间的平等竞争，也使税收制度过于烦琐。另外，中央财政收入占国家财政收入的比重过低，税收调节经济的范围和程度也还不够，特别是对土地和资金市场的调节不到位。为了解决上述问题，我国于 1994 年对税制进行了大幅度的结构性改革，这是一次影响非常深远的改革，我国现行税收的主体内容基本上都是这次改革确立的。

(1) 税制改革的指导思想：统一税法，公平税负，简化税制，合理分权，理顺分配关系，保障财政收入，建立符合社会主义市场经济要求的税制体系。

(2) 税制改革的原则：①要有利于调动中央、地方两个积极性和加强中央的宏观调控能力；②要有利于发挥税收调节个人收入和地区间经济发展的作用，促进经济和社会的协调发展，实现共同富裕；③要有利于实现供品税负，促进平等竞争；④要有利于体现国家产业政策，促进经济结构的调整，促进国民经济持续、快速、健康地发展和整体效益的提高；⑤要有利于税种的简化、规范。

(3) 税制改革的主要内容：这次税制改革的主要内容有全面改革流转税、对内资企业统一实行企业所得税，统一个人所得税，调整、撤并和开征其他一些税种。

4）1995 年以来的税制调整

为了适应市场经济发展的要求，为了完善税制，1995 年以来不断对税收制度进行调整，涉及流转税、所得税和其他税种。在流转税方面有增值税有关出口退税制度的调整和东北增值税转型试点，消费税的税目税率调整等；在所得税方面有个人所得税免征额和征收办法的调整，取消了农业税，统一了企业所得税；其他税种也都有不同程度的调整。经过不断调整，我国的税制结构越来越完善。

9.2 流 转 税

9.2.1 流转税的特点

流转税是以商品流转额和非商品营业额为课税对象的税种的统称。商品流转额是指在商品生产和经营活动中，由于销售或购进商品而发生的货币金额，即商品销售收入或购进商品支付金额；非商品营业额是指从事非商品生产经营而发生的货币金额，即提供劳务取得的营业服务收入额或为取得劳务而支付的货币金额。流转税主要是对商品与劳务的流转额征税，但也可以对以财产形式表现的资本品，如土地、房产、权益交易转让征税。就我国现行税制而言，主要包括增值税、营业税、消费税及关税等。

流转税具有以下特点：

（1）课征普遍。它以商品为课税对象。现代社会是市场经济或商品经济，商品是生产、交换、分配、消费的对象，是社会生产成果最普遍的表现形式，因此，以商品为课税对象，无疑课税范围最广。

（2）以商品和非商品的流转额为计税依据。这里的商品流转额指商品销售收入，非商品流转额指交通运输、邮电通信以及各种服务行业的营业收入。由于以商品流转额为课税依据，在税率既定的前提下，税额的多少只取决于流转额，而与成本和费用水平无关，也就是说，即使亏损企业也要缴纳流转税，只要其有毛收入。

（3）实行比例税率。除少数税种外，流转税一般在税率的制定上采用比例税率。

（4）计算征收方便。以流转额为计税依据，不需要核算成本和盈利水平，同时采用比例税率，计税征税都十分方便，对税务人员的素质要求比较低。

流转税的优点是税源充裕，课征方便，并可以抑制消费，增加储蓄和投资，有利于经济发展。但流转税与商品价格相联系，在国内会干扰市场运行并形成分配不公，在国际会阻碍资金、劳动力和商品的自由竞争和流动。总之，流转税是特点鲜明、功能突出，缺陷也明显的一个税类。在税收实践中，必须扬长补短，这也是我国流转税制度建设中应注意的问题。

9.2.2 增值税

我国自 1979 年开始试行增值税，此后，征收范围不断扩大，计税方法不断完善。经过 1984 年第二步利改税和 1994 年税制改革，增值税逐渐成为我国第一大主体税种。现行增值税法是 1993 年 12 月 13 日国务院发布的《中华人民共和国增值税暂行条例》，自 1994 年 1 月 1 日起施行。2008 年 11 月 5 日国务院第 34 次常务会议修订通过，自 2009 年 1 月 1 日起施行。经国务院批准，财政部、国家税务总局联合下发营业税改征增值税试点方案。从 2012 年 1 月 1 日起至 2014 年初，已有交通运输业、部分现代服务业（主要是部分生产性服务业）、邮政服务业和电信业纳入增值税征收范围。

1. 增值税的定义

增值税是对我国境内销售货物或提供加工、修理修配劳务或从事交通运输业、部分现代服务业(主要是部分生产性服务业)、邮政服务业和电信业以及进口货物的单位和个人，就其生产经营过程中产生的增值额征收的一种税。

增值额是企业生产商品过程中新创造的价值，相当于商品价值中扣除生产中消耗的生产资料价值C之后的余额，即($V+M$)部分。具体到一个生产单位，增值额是指这个单位的商品销售收入或劳务收入扣除外购商品价值后的余额。就一个产品来讲，增值额是生产经营各环节的增值额之和，相当于产品最终销售收入。

2. 增值税的类型

在理论上，增值税是以增值额为计税依据，但各国实际开征的增值税往往不是以这种理论上的增值额为依据，而是有所偏离。主要表现在对购进固定资产价款的处理上，据此可以将增值税分为生产型增值税、收入型增值税以及消费型增值税三种类型。

1）生产型增值税

生产型增值税指在计算应纳增值税时，只允许从当期销项税中扣除原材料等劳动对象的已纳税款，而不允许扣除固定资产所含税款的增值税。按照这种方法，作为计税基数的法定增值额除包括纳税人新创造价值外，还包括当期计入成本的外购固定资产价款部分，即法定增值额相当于当期工资、利息、租金及利润等理论增值额和折旧额之和。从整个国民经济来看，其课税依据相当于国内生产总值(GDP)，故称做生产型增值税。生产型增值税由于扣除范围不包括固定资产价值，所以其法定增值额大于理论增值额，对固定资产存在重复征税，而且越是资本有机构成高的行业，重复征税就越严重；而且，在计税时会遇到可扣除项目和不可扣除项目划分上的麻烦，也由此会给逃税、避税者制造良机。这种类型的增值税不利于鼓励投资，但却可以保证财政收入。

2）收入型增值税

收入型增值税指计算增值税时，对外购固定资产所含税款只允许扣除本期计入产品价值的折旧部分，作为其课税基数的法定增值额相当于当期工资、利息、租金和利润等各增值项目之和。从整个国民经济来看，其计税依据相当于国民收入($V+M$)部分，故称做收入型增值税。此种类型的增值税，其法定增值额与理论增值额一致，从理论上讲是一种标准的增值税。但是，由于外购固定资产所含税款是以计提折旧的方式分期转入产品价值的，且转入部分没有合法的外购凭证，这就给应用凭发票扣税的计税方法带来困难，从而使收入型增值税无法被广泛采用。

3）消费型增值税

消费型增值税指在计算应纳增值税时，对纳税人购入的固定资产已纳税款，允许一次性地从当期销项税额中全部扣除。作为课税基数的法定增值额相当于纳税人当期的全部销售额扣除外购的全部生产资料价款后的余额。这意味着不仅对企业购进的原材料不征税，而且对其购进固定资产部分也不征税，即从整个社会来说，对资本品不征税，只对消费品部分征税，故称做消费型增值税。此种类型的增值税因在购进固定资产的当期扣除额大大增加，会减少财政收入。

在上述三种类型的增值税中，生产型增值税的税基最大，消费型增值税的税基最小。消费型增值税的税基可能小于理论上增值额，因为计税依据仅限于消费资料的价值，但是，消费型增值税最适宜应用规范的凭发票扣税的计算方法，因为凭固定资产的外购发票可以一次将其已纳税款全部扣除，既便于操作，也便于管理，因而是三种类型中最能体现增值税优越性的一种类型。一般来说，发达国家大都实行消费型增值税。

我国2009年前实行的是生产型增值税，2009年1月1日将生产型增值税改为消费型增值税。

【例9-1】 某企业2014年购进固定资产1 000万元，进项税款170万元，固定资产使用期为5年。销项税款每年为250万元，购买原材料进项税款每年为30万元，则企业每年应纳税为：

若采用生产型增值税：250－30＝220(万元)，总共纳税为220×5＝1 100(万元)。

若采用收入型增值税：250－34－30＝186(万元)，总共纳税为186×5＝930(万元)。

若采用消费型增值税，则：2014年企业纳税＝250－170－30＝50万元，以后四年，每年各纳税为：250－30＝220(万元)。总共纳税为：50＋220×4＝930(万元)，但消费型增值税对企业更有利，更有利于投资。按上例，企业得到的额外好处是享受了财政提供的1年期、2年期、3年期和4年期的无息贷款各34万元。

生产型增值税的税收流：220；220；220；220；220；税额大。

收入型增值税的税收流：186；186；186；186；186；现值大。

消费型增值税的税收流：50；220；220；220；220；现值小。

3. 我国增值税的基本制度

1）纳税义务人

根据条例规定，凡在我国境内从事销售货物、提供加工和修理修配劳务，以及从事进口货物的单位和个人都是增值税的纳税人。

由于增值税实行凭增值税专用发票抵扣税款的制度，因此要求增值税纳税人会计核算健全，能够准确核算销项税额、进项税额和应纳税额。目前我国众多纳税人的会计核算水平参差不齐，而且有的纳税人因销售对象是最终消费者而无须开具增值税专用发票，所以为了严格增值税的征收管理，需要将增值税纳税人按其经营规模大小和会计健全与否划分为一般纳税人和小规模纳税人。

(1) 小规模纳税人的认定。凡是符合下列条件之一的，确定为小规模纳税人：

① 从事货物生产或提供应税劳务的纳税人，以及以从事货物生产或提供应税劳务为主，并兼营货物批发或零售的纳税人，年应税销售额在100万元以下的。

② 从事货物批发或零售的纳税人，年应税销售额在180万元以下的。年应税销售额超过小规模纳税人标准的个人、非企业性单位、不经常发生应税行为的企业，视同小规模纳税人纳税。

(2) 一般纳税人的认定与管理。凡是符合下列条件之一的，确定为一般纳税人：

① 年销售额超过限额以上的，且会计核算健全的纳税人。

② 年销售额未超过限额的，但会计核算健全的纳税人。

符合一般纳税人条件的企业，需要申请办理一般纳税人认定手续，否则不能抵扣进项税额，也不得使用增值税专用发票。

小规模纳税人会计核算健全，能够提供准确税务资料的，经主管税务机关批准，可以不视为小规模纳税人，依照一般纳税人的规定计算应纳税额。

如果一般纳税人有下列情形之一者，应按销售额依照增值税税率计算应纳税额，不得抵扣进项税额，也不得使用增值税专用发票：一是会计核算不健全，或者不能够提够准确税务资料的；二是符合一般纳税人条件，但不申请办理一般纳税人认定手续的。

2）征税范围

根据暂行条例规定，增值税的征税范围包括以下内容：销售或者进口货物、提供加工修理修配劳务、营业税应税劳务中某些特殊项目以及某些特殊行为。

3）税率

(1) 基本税率。纳税人销售或者进口货物，提供加工、修理修配劳务的，税率为17%。

(2) 低税率。纳税人销售或进口生活必需品(粮食、食用植物油、自来水、暖气、冷气、热水、煤气、石油液化气、天然气、沼气、居民用煤炭制品)、文化用品(图书、报纸、杂志)、农用生产资料(饲料、化肥、农机、农膜)按低税率13%计征增值税。提供交通运输业服务、邮政服务业税率为11%，提供现代服务税率为6%。

(3) 纳税人出口货物，税率为零；但是，国务院另有规定的除外。

(4) 纳税人提供加工、修理修配劳务(以下称应税劳务)，税率为17%。

(5) 小规模纳税人的征收率为3%。

4）计税依据

从理论上讲，增值税的计税依据是增值额。但实际经济生活中，准确计算增值额非常困难，因此，在增值税的实际操作上采用间接计算办法，以应税销售额作为计税依据。应税销售额是指纳税人销售货物或提供应税劳务向购买方(承受应税劳务也应视为购买方)收取的全部价款和价外费用，但是不包括收取的销项税额。

5）应纳税额的计算

(1) 一般纳税人应纳税额的计算(不含进口)。

基本公式：应纳税额＝本期销项税额－本期进项税额

其中：销项税额是按销售额和税率计算并向购买方收取的增值税税额。

进项税额是纳税人购进货物或应税劳务所支付的增值税额。包括从销售方取得的增值税专用发票上注明的增值税额，从海关取得的关税完税凭证上注明的增值税额。

【例9-2】 某商场(一般纳税人)2015年5月发生以下业务：购进一批货物不含税价20万元，取得销货方开具的增值税专用发票，发票上注明全部税金3.4万元；零售一批空调，取得零售收入23.4万元；批发一批空调不含税销价20万元，应纳税额计算如下：

$$当期销项税额=23.4\div(1+17\%)\times17\%+20\times17\%=6.8(万元)$$

$$当期进项税额=3.4(万元)$$

$$应纳增值税额=6.8-3.4=3.4(万元)$$

(2) 进口货物应纳税额的计算。

纳税人进口货物按组成计税价格和规定的税率计算应纳税额，不得抵扣任何税额。

组成计税价格＝关税完税价格＋关税＋消费税

$$应纳税额=组成计税价格\times税率$$

对于进口货物不允许扣除进项税款，是因为按国际通行做法，各国对出口货物实行零税率，该货物在出口环节已实行退税。

【例9-3】 某进出口公司当月进口70辆小汽车，每辆到岸价格7万元(人民币，下同)。该公司当月销出其中的60辆，每辆价税合并销售价为23.4万元。假设小轿车关税率为110%，消费税税率为5%，要求计算该公司当月应纳增值税。

计算过程如下：

$$进口关税=7\times110\%\times70=539(万元)$$

$$进口消费税=[(7\times70+539)\div(1-5\%)]\times5\%=54.157\ 9(万元)$$

$$组成计税价格=7\times70+539+54.157\ 9=1\ 083.157\ 9(万元)$$

$$进口增值税=1\ 083.157\ 9\times17\%=184.136\ 8(万元)$$

$$当月销项税额=[(23.4\times60)\div(1+17\%)]\times17\%=204(万元)$$

$$当月应纳增值税税额=204-184.136\ 8=19.863\ 2(万元)$$

(3) 小规模纳税人应纳税额的计算。

小规模纳税人购进货物不得向对方索取专用发票，销售货物未经允许不得使用专用发票。不享有税款抵扣权，应纳税额采用简便计税方法。

$$应纳税额=销售额\times征收率$$

【例9-4】 某小食品店，6月份取得含税销售额10 400元，本月购进货物600元，取得销售方开具的专用发票，注明税款1 020元。

$$应纳税额=10\ 400\div(1+3\%)\times3\%=303(元)$$

9.2.3 消费税

消费税是一古老的税种，目前，世界上已有一百多个国家开征了这一税种或类似税种。我国曾在1950年1月在全国范围内统一征收了特种行为消费税，征收范围只限于电影、戏剧、旅馆等消费行为，1953年取消。1989年对彩电、小汽车征收特别消费税，1992年4月取消对彩电的征收。1994年税制改革对11种消费品开征消费税，现行消费税的基本规范是1993年12月13日国务院颁布的《中华人民共和国消费税暂行条例》。为了改善消费税的调节作用，财政部、国家税务总局联合下发通知，从2006年4月1日起，对消费税的税目、税率进行了较大规模的调整。2008年11月5日国务院第34次常务会议修订通过，自2009年1月1日起施行。

1. 消费税的定义

消费税是对在我国境内生产、委托加工和进口应税消费品的单位和个人，按应税消费品的销售额或销售数量所征收的一种税。

2. 我国消费税的基本制度

1) 纳税义务人

根据税法规定，凡在我国境内生产、委托加工和进口条例规定的消费品的单位和个人，均为消费税纳税义务人。

2）消费税的税目和税率

经 2006 年 4 月重大调整后，我国消费税的税目有 14 个，有的税目还进一步划分成若干子税目。一般将 14 个税目的应税消费品分为 6 个方面。

（1）有害消费品。包括烟、酒、鞭炮焰火三个税目。

（2）奢侈消费品。包括贵重首饰及珠宝玉石、化妆品、高尔夫球及球具、游艇和高档手表 5 个税目。

（3）资源性消费品。包括木制一次性筷子和实木地板两个税目。

（4）高能耗消费品。包括小汽车、摩托车两个税目。

（5）不可再生和替代的石油类消费品。包括成品油一个税目。

（6）具有一定财政意义的消费品。包括汽车轮胎一个税目。

具体税目税率如表 9－1 所示。

表 9－1　消费税的税目和税率

税　　目	子　　目		税　　率
一、烟	1. 卷烟	(1) 每标准条(200 支)调拨价 50 元以上的(含 50 元，不含增值税)	比率税率：45% 定额税率：150 元/标准箱(50 000 支)
		(2) 每标准条(200 支)调拨价 50 元以下的(不含增值税)	比率税率：30% 定额税率：150 元/标准箱(50 000 支)
	2. 雪茄烟		25%
	3. 烟丝		30%
二、酒及酒精	1. 啤酒	(1) 每吨出厂价格(含包装物及包装物押金，不含增值税) 3 000 元(含) 以上的	250 元/吨
		(2) 每吨出厂价格(含包装物及包装物押金，不含增值税) 3 000 元以下的	220 元/吨
		(3) 娱乐业和饮食业自制的	250 元/吨
	2. 粮食白酒、薯类白酒		比率税率：20%； 定额税率：0.5 元/斤(500 克)或 0.5 元/500 毫升
	3. 黄酒		240/吨
	4. 其他酒		10%
	5. 酒精		5%

续表

税目	子目		税率
三、成品油	1. 汽油	(1) 含铅汽油	0.28元/升
		(2) 无铅汽油	0.20元/升
	2. 柴油		0.10元/升
	3. 石脑油		0.2元/升
	4. 溶剂油		0.2元/升
	5. 润滑油		0.2元/升
	6. 燃料油		0.1元/升
	7. 航空煤油		0.1元/升
四、鞭炮、焰火	—		15%
五、贵重首饰及珠宝玉石	1. 除镀金(银)、包金(银)首饰以及镀金(银)、包金(银)的镶嵌首饰以外的金银首饰;铂金首饰;钻石及钻石饰品		5%零售环节征收
	2. 其他金银珠宝首饰;珠宝玉石		10%生产环节征收
六、高尔夫球及球具	—		10%
七、高档手表	—		20%
八、游艇	—		10%
九、木制一次性筷子	—		5%
十、实木地板	—		5%
十一、小汽车	1. 乘用车		
	(1) 汽缸容量(下同)在1.0升(含1.0升)以下		1%
	(2) 汽缸容量在1.0升以上至1.5升(含1.5升)		3%
	(3) 汽缸容量在1.5升至2.0升(含)		5%
	(4) 汽缸容量在2.0升至2.5升(含)		9%
	(5) 汽缸容量在2.5升至3.0升(含)		12%
	(6) 汽缸容量在3.0升至4.0升(含)		25%
	(7) 汽缸容量在4.0升以上		40%
	2. 中轻型商用客车		5%
十二、汽车轮胎	—		3%
十三、摩托车	1. 汽缸容量250毫升以下(含)		3%
	2. 汽缸容量250毫升以上		10%
十四、化妆品	—		30%

3）计税依据

消费税实行从价定率、从量定额和既从价定率又从量定额的复合计税的办法计算应纳税额。从价定率征收的消费税，计税依据为应税消费品的销售额；从量定额征收的消费税，计税依据为应税消费品的销售数量。

4）应纳税额的计算

按照现行消费税暂行条例的基本规定，消费税应纳税额的计算分为从价定率、从量定额以及混合计算三种方法。应纳税额计算公式为

从价定率计算方法的应纳税额＝销售额×税率

【例9－5】 某化妆品生产企业为增值税一般纳税人，2015年5月5日销售化妆品一批，开具增值税专用发票，取得不含税销售额为50万元，增值税额8.5万元；5月25日又销售化妆品一批，开具普通发票，取得含增值税销售额为23.4万元。化妆品适用消费税税率为30％。某化妆品生产企业5月应纳的消费税额为

化妆品的应税销售额＝50＋23.4÷(1＋17％)＝70(万元)

应缴纳的消费税额＝70×30％＝21(万元)

从量定额计算方法的应纳税额＝销售数量×单位税额

【例9－6】 某石油化工厂是增值税一般纳税人，2015年9月生产销售无铅汽油1 000吨，单价2 500元/吨；销售柴油500吨，单价2 000元/吨。9月该化工厂应纳消费税额为

应纳消费税额＝1 000×1 388×0.2＋500×1 176×0.1＝336 400(元)

(注：汽油1吨＝1 388升，柴油1吨＝1 176升)

复合计税方法的应纳税额＝销售数量×定额税率＋销售额×比例税率

【例9－7】 2015年2月某卷烟厂生产销售卷烟120标准箱，取得不含税收入180万元。销售雪茄烟取得不含税收入200万元，赠送有关客户白包卷烟1标准箱，价税合计共1.755万元。卷烟厂应缴纳的消费税为

应缴纳的消费税＝180×45％＋120×0.015＋200×25％＋1.755÷(1＋17％)×45％＋2×0.015

＝81＋1.8＋50＋0.675＋0.03＝133.505(万元)

9.2.4 营业税

营业税是一个在世界各国普遍征收的税种。在我国，营业税是一个老税种，1950年政务院公布了《工商业税暂行条例》，在工商业税中就列有营业税税目。1958年我国进行了税制改革，试行工商统一税。1973年工商统一税又将其他几个税种合并为工商税。1984年实行第二步利改税时，又将营业税从原工商税中分离出来，成为一个独立的税种。1994年新税制改革中，适应增值税的征收范围的扩大，原营业税的范围也相应发生了较大的变化。我国现行营业税法是1993年12月13日国务院颁布的《中华人民共和国营业税暂行条例》。同年12月25日，财政部发布了《中华人民共和国营业税暂行条例实施细则》。2008年11月5日国务院第34次常务会议修订通过，自2009年1月1日起施行。

1. 营业税的定义

营业税是对在我国境内提供应税劳务、转让无形资产或者销售不动产的单位和个人获

得的营业额征收的一种税。

2. 我国营业税的基本制度

1）纳税义务人

凡在中华人民共和国境内有偿提供应税劳务、有偿转让无形资产或销售不动产的单位和个人，均为营业税的纳税义务人。

2）税目和税率

营业税的税目和税率按照行业、类别的不同分别设置，现行营业税税目、税率如表9－2所示。

表9－2 营业税的税目和税率

税　目	税　率
建筑业	3%
金融保险业	5%
文化体育业	3%
娱乐业	5%～20%
服务业（生产性服务业除外）	5%
转让无形资产	5%
销售不动产	5%

金融保险业自税率自2001年10月1日起降为5%，对农村信用社减按5%的税率。娱乐业采用幅度税率，由各省、自治区、直辖市人民政府根据当地的实际情况在税法规定的幅度内决定。从2001年5月1日起，对夜总会、歌厅、舞厅、射击、狩猎、跑马、游戏、高尔夫球、保龄球、台球、游艺及电子游戏厅等娱乐行为一律按20%的税率征收营业税。

3）计税依据

营业税的计税依据是营业额。营业额为纳税人提供应税劳务、转让无形资产或者销售不动产向对方收取的全部价款和价外费用，包括取得的货币、货物或其他经济利益。价外费用包括向对方收取的手续费、基金、集资费、代收款项、代垫款项及其他各种性质的价外收费。凡价外费用，无论会计制度规定如何核算，均应并入营业额计算应纳税额。

4）应纳税额的计算

纳税人提供应税劳务、转让无形资产或者销售不动产，按照营业额和规定的税率计算应纳税额。应纳税额的计算公式为

$$应纳税额=营业额\times 税率$$

【例9－8】 某单位从事多种经营，招待所本月收入0.80万元；餐厅收入9.60万元；出租一层办公用房月收入租金1.30万元；游艺室收入6万元（单独核算）。本月应缴纳的营业税为

$$应纳税额=(0.8+9.6+1.3)\times 5\%+6\times 20\%=1.785(万元)$$

9.2.5 关税

关税是世界各国普遍征收的一个税种。我国现行关税的基本规范是2000年7月8日九届人大第二次会议通过的《中华人民共和国海关法(修正)》和2003年10月29日国务院第二十六次常务会议通过、2004年1月1日起正式施行的《中华人民共和国进出口关税条例》。

1. 关税的定义

关税，是指由海关对进出国境或关境的货物、物品征收的一种税。国境是一个国家以边界为界限，全面行使主权的境域，包括领土、领海、领空。关境是指海关征收关税的领域。一般而言，国境和关境是一致的，商品进出国境也就是进出关境。但是两者也有不一致的情况，如有些国家在国境内设有自由贸易港、自由贸易区或出口加工区时，关境则小于国境；当几个国家组成关税同盟时，成员国之间互相取消关税，对外实行共同的关税税则，就成员国讲其关境大于国境。

2. 我国关税的基本制度

1）纳税义务人

根据现行的《中华人民共和国进出口关税条例》规定，进口货物的收货人、出口货物的发货人、进境物品的所有人都是关税的纳税义务人。进口货物的收货人、出口货物的发货人是依法取得对外贸易经营权的法人或者其他社会团体。进境物品的所有人包括携带物品进境的入境人员和进境邮递物品的收件人。

2）征税对象

关税的征税对象，是指准许进出口的货物和进境物品。所说的货物，是指贸易性商品；物品是指非贸易性的商品，包括入境旅客随身携带的行李和物品、个人邮递物品、各种运输工具上的服务人员携带进口的自用物品、馈赠物品以及其他方式进入国境的个人物品。

3）税目

《中华人民共和国海关进出口税则》是我国海关凭以征收关税的法律依据，也是我国关税政策的具体体现。1992年1月至今，我国实施了以《商品名称及编码协调制度》(简称HS)为基础的进出口税则，《商品名称及编码协调制度》是一部科学、系统的国际贸易商品分类体系，是国际上多个商品分类目录协调的产物，适合于国际贸易有关的多方面的需要，如海关、统计、贸易、运输及生产等，成为国际贸易分类的一种“标准语言”。2002年1月1日开始实施的新税则规定了进口税则的总税目数为7 316个，出口税则税目总数为36个。

4）税率

关税的税率具体体现在税则所列的税目税率表中。针对不同的进出口商品，适用不同的税率，是关税的政策性的一个突出体现。在HS中，我国综合自身的实际情况，将全部应税商品分为21大类，对每大类中的诸多细目分别适用不同的税率。

我国关税实行差别比例税率，将同一税目的货物分为进口税率和出口税率两类。

(1) 进口关税税率。在我国加入了WTO之后，为履行我国在加入WTO关税减让谈判中承诺的有关义务，享有 WTO 成员应有的权利，自 2002 年 1 月 1 日起，我国进口税则设有最惠国税率、协定税率、特惠税率及普通税率等税率。

(2) 出口关税税率。我国对出口一般货物免征关税。只是对少数资源性产品及易于竞相杀价、盲目出口、需要规范出口秩序的半制成品征收出口关税。出口关税的税率分设若干档次，但不分为普通税率和优惠税率，这与进口关税的税率是不同的。现行税则对 36 种商品计征出口关税，主要是鳗鱼苗、部分有色金属矿砂等。对上述 36 种商品中的 23 种商品实行 0～20%的暂定税率，其中 16 种商品为 0 税率，6 种商品税率为 10%及以下。因此，我国真正征收出口关税的商品只是 20 种，税率也较低。

5) 计税依据

关税的计税依据为应税货物的完税价格。在税率一定的情况下，能否准确无误地审定完税价格，是正确计算关税的关键。进出口货物的成交价格以及有关费用以外币计价的，以中国人民银行公布的基准汇率折合为人民币计算完税价格；以基准汇率币种以外的外币计价的，按照国家有关规定套算为人民币计算完税价格。适用汇率的日期由海关总署规定。

进口货物的完税价格由海关以符合规定的成交价格以及该货物运抵中华人民共和国境内输入地点起卸前的运输及其相关费用、保险费为基础审查确定。

出口货物的完税价格由海关以该货物的成交价格以及该货物运至中华人民共和国境内输出地点装载前的运输及其相关费用、保险费为基础审查确定。

6) 应纳税额的计算

(1) 出口货物关税的计算。

进出口货物关税，以从价计征、从量计征或者国家规定的其他方式征收。以进出口货物的价格或者数量为计税依据。

从价计征的计算公式为：应纳税额=完税价格×关税税率

从量计征的计算公式为：应纳税额=货物数量×单位税额

【例 9-9】 某公司从日本进口收音机一批共 50 000 台，其单位完税价格为 40 元人民币，假设关税税率为 90%，则该批收音机应纳税额为

$$应纳税额=50\ 000\times 40\times 90\%=1\ 800\ 000(元)$$

(2) 进境物品进口税计算。

进境物品进口税实行从价计征。进口税的计算公式为

$$进口税税额=完税价格\times 进口税税率$$

9.3 所得课税

9.3.1 所得税的特点

所得税是对所有以所得额为课税对象的税种的总称，它具有以下特点。

1. 税负相对公平

所得课税是以纯收入或净所得为计税依据，并一般实行多所得多征、少所得少征的累

进征税办法，合乎量能课税的原则。同时，所得课税往往规定起征点、免征额及扣除项目，可以在征税上照顾低收入者，不会影响纳税人的基本生活。

2. 一般不存在重复征税，一般不影响商品的相对价格

所得课税是以纳税人的总收入减去准予扣除项目后的应税所得额为课税对象，征税环节单一，只要不存在两个以上课税主体，则不会出现重复征税，因而不致影响市场的运转。所得税的应税所得额不构成商品价格的追加，且不易转嫁，因而一般不会干扰各类商品的相对价格。

3. 有利于维护国家权益

在国际经济交往与合作不断扩大的现代社会，跨国投资和经营的情况极为普遍，于是就必然存在跨国所得。对跨国所得征税是任何一个主权国家应有的权益，这就需要利用所得税可以跨国征税的天然属性，参与纳税人跨国所得的分配，维护本国权益。

4. 课税有弹性

所得来源于经济资源的利用和剩余产品的增加，从长远来看，随着资源利用效率的提高，剩余产品也会不断增长，因而所得课税不仅税源可靠，而且可根据国家的需要灵活调整，以适应财政支出的增减。

我国的所得税有自身的特点：一是我国一向以商品课税为主，所得课税还刚刚起步；二是西方发达国家的所得税是以个人所得税为主，而我国当前仍是以企业所得税为主，但个人所得税的地位和作用已经受到重视，正在显露头角。因此我国所得课税的功能自然有所不同，目前的功能仍然相对较弱，但随着商品经济的发展和经济改革的深化，可以预期，所得课税的功能将逐步得到运用和发挥。

9.3.2 个人所得税

个人所得税是世界各国开征较为普遍的一种税，在中国发展的历史相对较短，1950年规定了薪给报酬所得税和利息所得税，但前者并未开征，后者也是1950年4月开征，到1959年停征。1980年9月，全国人民代表大会五届三次会议通过了《中华人民共和国个人所得税税法》，正式开征了个人所得税。此后，又对中国公民单独课征个人收入调节税，对个体工商户征收个体工商户所得税。1994年税制改革中，三税合并为统一的个人所得税。2011年进行第六次修订，把工资薪金所得的每月的费用扣除标准上调至每月3 500元，自2011年9月1日起实施。

1. 个人所得税的概念

个人所得税是对我国公民、居民来源于我国境内外的一切所得和非我国居民来源于我国境内的所得征收的一种税。

2. 我国个人所得税的基本制度

1）纳税义务人

个人所得税的纳税义务人为取得应税所得的中国公民和外国公民，包括中国公民、个

体工商户以及在中国所有的外籍人员(包括无国籍人员)和港澳台同胞。按照国际惯例，依据住所和居住时间两个标准，我国个人所得税的纳税人分为居民纳税人和非居民纳税人，分别承担不同的纳税义务。

(1) 居民纳税义务人。税法规定：居民纳税人是指在中国境内(指中国大陆地区，目前还不包括香港、澳门和台湾地区)有住所，或者无住所而在中国境内居住满一年的个人。居民纳税人负有无限纳税义务。其所取得的应纳税所得，无论是来源于中国境内还是中国境外任何地方，都要在中国缴纳个人所得税。

(2) 非居民纳税义务人。税法规定：非居民纳税人是在中国境内无住所又不居住，或无住所且居住不满一年的个人。非居民纳税义务人，承担有限纳税义务，即仅就其来源于中国境内的所得，向中国缴纳个人所得税。非居民纳税义务人，实际上只能是在一个纳税年度中，没有在中国境内居住，或者在中国境内居住不满 1 年的外籍人员、华侨或香港、澳门和台湾同胞。

2) 征税对象

个人所得税的征税对象是个人(自然人)取得的各项应税所得。应税所得包括以下内容：

(1) 工资、薪金所得。是指个人因任职或者受雇而取得的工资、薪金、奖金、年终加薪、劳动分红、津贴、补贴以及与任职或者受雇有关的其他所得。

(2) 个体工商户的生产、经营所得。是指个体工商户从事工业、手工业、建筑业、交通运输业、商业、饮食业、服务业、修理业及其他行业取得的所得；个人经政府有关部门批准，取得执照，从事办学、医疗、咨询以及其他有偿活动取得的所得；其他个人从事个体工商业生产、经营取得的所得；上述个体工商户和个人取得的与生产、经营有关的各项应税所得。从 2001 年 1 月起，个人独资企业、合伙企业也按此项目征税。

(3) 对企事业单位的承包经营、承租经营所得。是指个人承包经营或承租经营以及转包、转租取得的所得。

(4) 劳务报酬所得。是指个人独立从事各种非雇用的各种劳务所取得的所得。内容包括：设计、装潢、安装、制图、化验、测试、医疗、法律、会计、咨询、讲学、新闻、广播、翻译、审稿、书画、雕刻、影视、录音、录像、演出、表演、广告、展览、技术服务、介绍服务、经纪服务、代办服务及其他劳务。

(5) 稿酬所得。是指个人因其作品以图书、报刊形式出版、发表而取得的所得。

(6) 特许权使用费所得。是指个人提供专利权、商标权、著作权(不包括稿酬所得)、非专利技术及其他特许权的使用权取得的所得。

(7) 利息、股息、红利所得。是指个人拥有债权、股权而取得的利息、股息、红利所得。利息包括存款利息、贷款利息和各种债券利息，但不包括国债和国家发行的金融债券利息。

(8) 财产租赁所得。是指个人出租建筑物、土地使用权、机器设备、车船以及其他财产取得的所得。个人取得的财产转租收入，由财产转租人缴纳个人所得税。

(9) 财产转让所得。是指个人转让有价证券、股权、建筑物、土地使用权、机器设备、车船以及其他财产取得的所得。考虑到我国现状，对股票转让所得暂未征税。

(10) 偶然所得。是指个人得奖、中奖、中彩以及其他偶然性质的所得。得奖指参加各种有奖竞赛活动，取得名次得到的奖金。中奖、中彩指参加各种有奖活动，如有奖销售、有奖储蓄，或购买彩票经过规定程序抽中、摇中号码而取得的奖金。偶然所得应缴纳的个人所得税税款，一律由发奖单位或机构代扣代缴。

（11）经国务院财政部门确定征税的其他所得。

除上述列举的各项个人应纳税所得外，其他确有必要征税的个人所得，由国务院财政部门确定。个人取得的所得，难以界定应纳税所得项目的，由主管税务机关确定。

3）税率

个人所得税按所得项目不同，分别采用超额累进税率和比例税率形式。

（1）超额累进税率。

① 工资、薪金所得，适用七级超额累进税率，税率为3％～45％。

税率表一

（工资、薪金所得适用）

级数	全月应纳税所得额		税率/％	速算扣除数
	含税级差	不含税级差		
1	不超过1 500元的	不超过1 455元的	3	0
2	超过1 500元至4 500元的部分	超过1 455元至4 155元的部分	10	105
3	超过4 500元至9 000元的部分	超过4 155元至7 755元的部分	20	555
4	超过9 000元至35 000元的部分	超过7 755元至27 255元的部分	25	1 005
5	超过35 000元至55 000元的部分	超过27 255元至41 255元的部分	30	2755
6	超过55 000元至80 000元的部分	超过41 255元至57 505元的部分	35	5 505
7	超过80 000元的部分	超过57 505元的部分	45	13 505

注：（1）本表所列含税级差与不含税级差，均为按照税法规定减除有关费用后的所得额。

（2）含税级差适用于由纳税人负担税款的工资、薪金所得；不含税级差适用于由他人(单位)代付税款的工资、薪金所得。

② 个体工商户的生产、经营所得和对企事业单位的承包经营、承租经营所得，适用5％～35％的超额累进税率。

③ 劳务报酬所得，适用比例税率20％。对劳务报酬所得一次收入畸高的，可以实行加成征收的办法。

所谓劳务报酬所得一次收入畸高，是指个人一次取得劳务报酬，其应纳税所得额超过2万元。对应纳税所得额超过2万元至5万元的部分，依照税法的规定计算应纳税额后再按照应纳税额加征五成；超过5万元的部分，加征十成。

税率表二

（个体工商户的生产、经营所得和对企事业单位的承包经营、承租经营所得适用）

级数	全年应纳税所得额		税率/%	速算扣除数
	含税级差	不含税级差		
1	不超过 15 000 元的	不超过 14 250 元的	5	0
2	超过 15 000 元至 30 000 元的部分	超过 14 250 元至 27 750 元的部分	10	750
3	超过 30 000 元至 60 000 元的部分	超过 27 750 元至 51 750 元的部分	20	3 750
4	超过 60 000 元至 100 000 元的部分	超过 51 750 元至 79 750 元的部分	30	9 750
5	超过 100 000 元的部分	超过 79 750 元的部分	35	14 750

注：(1) 本表所列含税级差与不含税级差，均为按照税法规定以每一纳税年度的收入总额减除成本、费用以及损失后的所得额。

(2) 含税级差适用于个体工商户的生产、经营所得和由纳税人负担税款的对企事业单位的承包经营、承租经营所得；不含税级差适用于由他人(单位)代付税款的对企事业单位的承包经营、承租经营所得。

(2) 比例税率。

稿酬所得，特许权使用费所得，利息、股息、红利所得，财产租赁所得，财产转让所得，偶然所得和其他所得，适用 20%的比例税率。其中，稿酬所得按应纳税额减征 30%，实际税率为 14%。

从 2001 年 1 月 1 日起，对个人出租居民住房所得暂减按 10%的税率征收。

4) 计税依据

个人所得税的计税依据为应纳税所得额。由于个人所得税的应税项目不同，取得某项所得所需费用也不相同，因此，我国个人所得税采用分项计算法。计算个人应纳税所得额，需按不同应税项目分项计算，以某项应税项目的收入额减去税法规定的该项费用减除标准后的余额为该项应纳税所得额。

(1) 工资、薪金所得。工资、薪金所得，以每月收入额减除费用 3 500 元的余额为应纳税所得额。

应纳税所得额＝每月收入额－3 500(元)

对外籍人员和在境外工作的中国公民的工资、薪金所得，税法规定了附加减除费用的照顾，附加减除费用标准：在每月工资、薪金所得在减除 3 500 元费用的基础上，再减除 1 300 元，实际减除费用 4 800 元。

(2) 个体工商户的生产、经营所得。以每一纳税年度的收入总额，减除成本、费用以及损失后的余额为应纳税所得额。

应纳税所得额＝全年收入总额－成本、费用以及损失

（3）对企事业单位的承包经营、承租经营所得。对企事业单位的承包经营、承租经营所得，以每一纳税年度的收入总额减去必要费用后的余额，为应纳税所得额。

应纳税所得额＝纳税年度收入总额－必要费用

每一纳税年度的收入总额，是指纳税人按照承包经营合同规定分得的经营利润和工资、薪金性质的所得；减去必要费用是指每月减除 3500 元。

（4）劳务报酬所得、稿酬所得、特许权使用费所得、财产租赁所得，每次收入不超过 4 000 元的，减除费用 800 元；每次收入在 4 000 元以上的，减除 20％的费用，其余额为应纳税所得额。

（5）财产转让所得。财产转让所得，以转让财产的收入额减除财产原值和合理费用后的余额，为应纳税所得额。

应纳税所得额＝收入总额－财产原值－合理费用

财产原值，是指有价证券，为买入价以及买入时按照规定缴纳的有关费用；建筑物，为建造费或者购进价格以及其他有关费用；土地使用权，为取得土地使用权所支付的金额、开发土地的费用以及其他有关费用；机器设备、车船，为购进价格、运输费、安装费以及其他有关费用；其他财产，参照以上方法确定。

合理费用，是指卖出财产时按照规定支付的有关费用。

（6）利息、股息、红利所得，偶然所得和其他所得。利息、股息、红利所得，偶然所得和其他所得，以每次收入额为应纳税所得额。

应纳税所得额＝每次收入额

5）应纳税额的计算

按照税法规定的适用税率和应纳税所得额，各项所得项目应纳税额应计算如下：

（1）采用超额累进税率的所得项目。工资、薪金所得，个体工商户的生产经营所得，对企事业单位的承包经营、承租经营所得和劳务报酬项目，采用超额累进税率，应纳税额的计算公式为

应纳税额＝应纳税所得额×适用税率－速算扣除数

（2）采用比例税率的所得项目。稿酬所得，特许权使用费所得，财产租赁所得，股息，利息，红利所得，财产转让所得，偶然所得和其他所得项目，采用比率税率，应纳税额计算公式为

应纳税额＝应纳税所得额×适用税率

【例 9－10】 张某是某设计院的高级职员，2014 年全年收入如下：

① 每月领取工资 8 000 元；

② 利用休假时间为国内某单位进行工程设计取得收入 60 000 元；

③ 出版专著一本，获得稿酬 50 000 元；

④ 为 A 国一企业提供一项专利技术的使用权，一次取得收入 150 000 元，已按收入来源国税法在该国缴纳了个人所得税 20 000 元；

⑤ 购买国债，获得利息收入 10 000 元；

⑥ 支出 1 000 元购买体育彩票，获得奖金 100 000 元，将奖金中的 20 000 元通过教育部门捐给农村小学；

⑦ 到 B 国讲学，获得收入 80 000 元，已按收入来源国税法在该国缴纳了个人所得税 20 000 元。

要求：确定张某在我国 2014 年应缴纳多少个人所得税。

① 工资所得项目：

每月应纳税所得额＝8 000－2 000＝6 000(元)

全年应纳所得税＝(6 000×20%－375)×12＝9 900(元)

② 工程设计劳务报酬所得项目：

工程设计收入 60 000 元已超过 4 000 元，因此计算应纳税所得额时应减除费用 20%。

应纳税所得额＝60 000×(1－20%)＝48 000(元)

应纳所得税＝48 000×30%－2 000＝12 400(元)

③ 稿酬所得项目：

稿酬收入 50 000 元已超过 4 000 元，因此计算应纳税所得额时应减除费用 20%。

应纳税所得额＝50 000×(1－20%)＝40 000(元)

稿酬所得税按应纳税额减征 30%

应纳所得税＝40 000×20%×(1－30%)＝5 600(元)

④ 特许权使用费所得项目：

从 A 国取得专利技术使用费 150 000 元已超过 4 000 元，按我国税法规定计算应纳税所得额时应减除费用 20%。

应纳税所得额＝150 000×(1－20%)＝120 000(元)

应纳所得税＝120 000×20%＝24 000(元)

按我国税法规定，其取得的专利技术特许权使用费所得应纳税 24 000 元，因已在国外交纳 20 000 元，因此应补税 4 000 元。

⑤ 购买国债利息不纳税。

⑥ 偶然所得项目：

因为公益救济性捐赠 20 000 元是通过教育部门对农村义务教育的捐赠，因此可以全额扣除。

应纳税所得额＝100 000－20 000＝80 000(元)

应纳所得税＝80 000×20%＝16 000(元)

⑦ 讲学劳务报酬所得项目：

在 B 国取得讲学收入 80 000 元已超过 4 000 元，因此计算应纳税所得额时应减除费用 20%。

应纳税所得额＝80 000×(1－20%)＝64 000(元)

应纳所得税＝64 000×40%－7 000＝18 600(元)

按我国税法规定，其取得的讲学劳务报酬所得应纳税 18 600 元，因已在国外交纳 20 000 元，因此无须补税，也无须退税。但是可以在以后纳税年度的该国家或者地区的扣除限额的余额中补扣，补扣期最长不得超过 5 年。

张某 2014 年应纳所得税合计＝9 900＋12 400＋5 600＋4 000＋16 000＝48 260(元)

9.3.3 企业所得税

我国的企业所得税曾经按内资、外资企业分别立法，外资企业适用1991年第七届全国人民代表大会第四次会议通过的《中华人民共和国外商投资企业和外国企业所得税法》(以下称外资税法)，内资企业适用1993年国务院发布的《中华人民共和国企业所得税暂行条例》(以下称内资税法)。自20世纪70年代末实行改革开放以来，为吸引外资、发展经济，对外资企业采取了有别于内资企业的税收政策，实践证明这样做是必要的，对改革开放、吸引外资、促进经济发展发挥了重要作用。加入WTO后，国内市场对外资进一步开放，内资企业也逐渐融入世界经济体系之中，面临越来越大的竞争压力，继续采取内资、外资企业不同的税收政策，必将使内资企业处于不平等竞争地位，影响统一、规范、公平竞争的市场环境的建立。为进一步完善社会主义市场经济体制，有关方面普遍认为，加快内资企业、外资企业(包括中外合资、中外合作、外商独资和外国企业，下同)所得税税制改革进程，尽快出台实施统一的企业所得税法，为各类企业竞争创造公平的税收环境，十分必要。2007年3月16日第十届全国人民代表大会第五次会议通过 了《中华人民共和国企业所得税法》，2008年1月1日起施行。

1. 企业所得税的定义

企业所得税是对在我国境内的企业和其他取得收入的组织(以下统称企业)就其生产经营所得和其他所得征收的一种税。

2. 我国企业所得税的基本制度

1) 纳税义务人

企业所得税的纳税义务人是指在中国境内实行独立经济核算的企业或组织。所谓独立经济核算，是指企业或组织自主从事经济活动，并独立地、完整地进行会计核算。

企业分为居民企业和非居民企业。

居民企业，是指依法在中国境内成立，或者依照外国(地区)法律成立但实际管理机构在中国境内的企业。居民企业应当就来源于中国境内、境外的所得缴纳企业所得税。

非居民企业，是指依照外国(地区)法律成立且实际管理机构不在中国境内，但在中国境内设立机构、场所的，或者在中国境内未设立机构、场所，但有来源于中国境内所得的企业。非居民企业在中国境内设立机构、场所的，应当就其所设机构、场所取得的来源于中国境内的所得，以及发生在中国境外但与其所设机构、场所有实际联系的所得，缴纳企业所得税；非居民企业在中国境内未设立机构、场所的，或者虽设立机构、场所但取得的所得与其所设机构、场所没有实际联系的，应当就其来源于中国境内的所得缴纳企业所得税。

2) 征税对象

企业所得税的征税对象是企业的生产经营所得和其他所得，包括来源于中国境内、境外的所得。

生产经营所得，是指企业从事物质生产、商品流通、交通运输、劳务服务以及经国务院财政部门确认的其他营利事业取得的所得。

其他所得，包括财产转让所得、利息所得、租赁所得、特许权使用费所得、股息、红利所得以及固定资产盘盈、因债权人原因确实无法支付的应付款项、物资及现金溢余等取得的其他所得。

3）税率

企业所得税的税率为25%，非居民企业在中国境内未设立机构、场所的，或者虽设立机构、场所但取得的所得与其所设机构、场所没有实际联系的，税率为20%。

4）应纳税所得额

企业每一纳税年度的收入总额，减除不征税收入、免税收入，各项扣除以及允许弥补的以前年度亏损后的余额，为应纳税所得额。

企业以货币形式和非货币形式从各种来源取得的收入为收入总额。包括：销售货物收入、提供劳务收入、转让财产收入、股息、红利等权益性投资收益、利息收入、租金收入、特许权使用费收入、接受捐赠收入和其他收入。

收入总额中的下列收入为不征税收入：财政拨款、依法收取并纳入财政管理的行政事业性收费、政府性基金及国务院规定的其他不征税收入。

企业实际发生的与取得收入有关的、合理的支出，包括成本、费用、税金、损失和其他支出，准予在计算应纳税所得额时扣除。企业发生的公益性捐赠支出，在年度利润总额12%以内的部分，准予在计算应纳税所得额时扣除。

在计算应纳税所得额时，下列支出不得扣除：向投资者支付的股息、红利等权益性投资收益款项、企业所得税税款、税收滞纳金、罚金、罚款和被没收财物的损失、企业所得税法第九条规定以外的捐赠支出、赞助支出、未经核定的准备金支出及与取得收入无关的其他支出。

在计算应纳税所得额时，企业按照规定计算的固定资产折旧，准予扣除。

下列固定资产不得计算折旧扣除：房屋、建筑物以外未投入使用的固定资产；以经营租赁方式租入的固定资产；以融资租赁方式租出的固定资产；已足额提取折旧仍继续使用的固定资产；与经营活动无关的固定资产；单独估价作为固定资产入账的土地；其他不得计算折旧扣除的固定资产。

在计算应纳税所得额时，企业按照规定计算的无形资产摊销费用，准予扣除。

下列无形资产不得计算摊销费用扣除：自行开发的支出已在计算应纳税所得额时扣除的无形资产；自创商誉；与经营活动无关的无形资产；其他不得计算摊销费用扣除的无形资产。

在计算应纳税所得额时，企业发生的下列支出作为长期待摊费用，按照规定摊销的，准予扣除：已足额提取折旧的固定资产的改建支出；租入固定资产的改建支出；固定资产的大修理支出；其他应当作为长期待摊费用的支出。企业对外投资期间，投资资产的成本在计算应纳税所得额时不得扣除。

企业使用或者销售存货，按照规定计算的存货成本，准予在计算应纳税所得额时扣除。

企业转让资产，该项资产的净值，准予在计算应纳税所得额时扣除。

企业在汇总计算缴纳企业所得税时，其境外营业机构的亏损不得抵减境内营业机构的盈利。

企业纳税年度发生的亏损，准予向以后年度结转，用以后年度的所得弥补，但结转年限最长不得超过5年。

5）应纳税额的计算

应纳税额是企业依照规定应向国家缴纳的税款。其计算公式如下：

$$应纳税额=年应纳税所得额\times税率$$

【例9－11】 某企业全年资料如下：主营业务收入5 600万元；清理固定资产盘盈收入55万元；转让商标使用权收入150万元；购买国库券利息收入10万元；主营业务成本3 000万元(不包括工资)；营业费用240万元；主营业务税金及附加310万元；职工1 000人，全年发放工资1 000万元；当地政府规定的计税工资标准为月人均800元，并已按规定提取了职工工会经费、职工福利费及职工教育经费。应纳税额计算如下：

$$应纳税所得额=(5\ 600+55+150)-[3\ 000+240+310+0.08\times1\ 000\times12+0.08\times1\ 000\times12\times(2\%+14\%+1.5\%)]=1\ 127(万元)$$

$$应纳税额=1\ 127\times25\%=281.75(万元)$$

9.4 其他课税

9.4.1 资源税

1. 资源税

1）资源税的定义

资源税是对我国境内从事国有资源开发，包括开采应税矿产品及生产盐的单位和个人，就其资源和开发条件差异所形成的级差收入征收的一种税。

资源税的开征增加了国家的财政收入，促进了国有资源的合理开采、节约使用和有效配置，可排除因资源条件上的差异造成的利润分配上的不合理，为社会主义市场经济条件下的企业竞争创造公平的环境。

2）我国资源税的基本制度

(1) 纳税义务人。资源税的纳税义务人是指在我国境内开采应税资源的矿产品或生产盐的单位和个人。

(2) 税目和税率。资源税税目和税率包括七大类。

① 原油。开采的天然原油征税；人造石油不征税。税额为8～30元/吨。

② 天然气。专门开采的天然气和与原油同时开采的天然气征税；煤矿生产的天然气暂不征税。税额为2～15元/千立方米。

③ 煤炭。原煤征税；洗煤、选煤和其他煤炭制品不征税。税额为0.3～5元/吨。

④ 其他非金属矿原矿。是指原油、天然气、煤炭和井矿盐以外的非金属矿原矿，税额为0.5～20元/吨、克拉或者立方米。

⑤ 黑色金属矿原矿。包括铁矿石、锰矿石和铬矿石。税额为2～30元/吨。

⑥ 有色金属矿原矿。包括铜矿石、铅锌矿石、铝土矿石、钨矿石、锡矿石、锑矿石、钼矿石、镍矿石、黄金矿石等。税额为0.4～30元/吨或立方米挖出量。

⑦ 盐。一是固体盐，包括海盐原盐、湖盐原盐和井矿盐，税额为10～60元/吨；二是液体盐(卤盐)，税额为2～10元/吨。

(3) 资源税的计税依据。资源税的计税依据为课税数量。课税数量的确定有以下两种办法：

① 纳税人开采或者生产应税产品销售的，以销售数量为课税数量。

② 纳税人开采或者生产应税产品自用的，以自用数量为课税数量。

(4) 应纳税额的计算。资源税的应纳税额，可根据应税产品的课税数量和规定的单位税额计算求得，计算公式为

$$应纳税额=课税数量\times单位税额$$

【例9-12】 某铜矿12月销售铜矿原矿30 000吨，移送入选精矿6 000吨，选矿比为20%，规定税率1.2元/吨，对有色金属矿按规定税额的70%征收。12月应纳税额计算如下：

$$销售铜矿石原矿应纳税额=30\ 000\times1.2\times70\%=25\ 200(元)$$

因无法准确掌握入选矿石的原矿数量，按选矿比折算成原矿数量计算应纳税额：

$$自用铜矿石应纳税额=6\ 000\times20\%\times1.2\times70\%=25\ 200(元)$$

$$本月应纳税额=25\ 200+25\ 200=50\ 400(元)$$

2. 城镇土地使用税

1) 城镇土地使用税的定义

城镇土地使用税是以城镇土地为征税对象，对拥有土地使用权的单位和个人征收的一种税。征收城镇土地使用税，对加强土地管理，变土地的无偿使用为有偿使用，促进合理、节约使用土地，提高土地使用效益，适当调节土地级差收入，为地方财政积累资金均有重要意义。

2) 我国城镇土地使用税的基本制度

(1) 纳税义务人。①拥有土地使用权的单位和个人；拥有土地使用权的单位和个人不在土地所在地的，其土地的实际使用人和代管人为纳税人。②土地使用权未确定或权属纠纷未解决的，其实际使用人为纳税人。③土地使用权共有的，共有各方都是纳税人，由共有各方分别纳税。

(2) 征税范围。城镇土地使用税的征税范围，包括在城市、县城、建制镇和工矿区的国家所有和集体所有的土地。

(3) 计税依据。城镇土地使用税以纳税人实际占用的土地面积为计税依据。

(4) 税率。城镇土地使用税采用定额税率，即采用有幅度的差别税额。其年单位税额为：大城市0.5～10元；中等城市0.4～8元；小城市0.3～6元；县城、建制镇和工矿区0.2～4元。

(5) 应纳税额的计算。城镇土地使用税的应纳税额可以通过纳税人实际占用的土地面积乘以该土地所在地段的适用税额求得。其计算公式为

全年应纳税额＝实际占用应税土地面积(平方米)×适用税额

【例 9－13】 某城市甲和乙共同拥有一块土地使用权，甲实际使用面积为 1/4，乙实际使用面积为 3/4，这块土地总面积为 5 000 平方米。经税务机关核定，该土地为应税土地，每平方米年税额 4 元，则

甲应纳土地使用税税额＝5 000×1/4×4＝5 000(元)

乙应纳土地使用税税额＝5 000×3/4×4＝15 000(元)

3. 耕地占用税

1）耕地占用税的定义

耕地占用税是对占用耕地建房或从事其他非农业建设的单位和个人，按其所占耕地面积征收的一种税。征收耕地占用税，对于加强土地管理、保护农用耕地、实现土地资源的合理利用等方面，具有重要意义。

2）我国耕地占用税的基本制度

(1) 纳税义务人。凡占用耕地建房或从事其他非农业建设的单位和个人都是耕地占用税的纳税义务人，但不包括外商投资企业。

(2) 征税范围。耕地占用税是在特定范围内课征的。一是限于占用耕地，二是限于建房或从事其他非农业建设用地。两个条件必须同时具备。耕地是指用于种植农作物的土地(占用前三年内曾用于种植农作物的土地，亦视为耕地)，包括国家所有和集体所有的耕地。

(3) 计税依据和税率。耕地占用税实行从量计征的地区差别定额税率，以规定的单位面积的税额作为计税标准：以县为单位，人均耕地在 1 亩以下(含 1 亩)的地区，每平方米为 2～10 元；人均耕地在 1～2 亩(含 2 亩)的地区，每平方米为 1.6～8 元；人均耕地在 2～3 亩(含 3 亩)的地区，每平方米为 1.3～6.5 元；人均耕地在 3 亩以上的地区，每平方米为 1～5 元。

耕地占用税以纳税人实际占用的耕地面积(平方米)为计税依据，从量定额征收。其应纳税额计算公式为

应纳税额＝经批准占用耕地面积×所在地区税额

9.4.2 财产税

在税收发展的历史进程中，财产税一直是十分重要的税种，尤其是在直接税阶段，在许多国家，财产税的征收历史要比商品税和所得税早得多。我国财产税的历史可以追溯到唐朝，可谓历史悠久，如今，财产税是商品劳务税、所得税之外的又一大税收。由于财产税几乎牵涉到所有单位和个人的利益，因此人人都有理由关注财产税的发展。财产税在我国目前主要指房产税。

1. 房产税的定义

房产税是以房产为征税对象，依据房产价格或房产租金收入向房产所有人或经营人征收的一种税。对房产税征税的目的是运用税收杠杆，加强对房产的管理，提高房产使用效率，控制固定资产投资规模和配合国家房产政策的调整，合理调节房产所有人和经营人的

收入。此外，房产税税源稳定，易于控制管理，是地方财政收入的重要来源之一。

2. 房产税的基本制度

1）纳税义务人

房产税的纳税义务人是房屋的产权所有人。

（1）产权属于国家所有的，由经营管理的单位缴纳；产权属于集体和个人所有的，由集体和个人缴纳。

（2）产权出典的，由承典人缴纳。所谓产权出典，是指产权所有人将房屋、生产资料等的产权在一定期限内典当给他人使用，而取得资金的一种融资业务。承典人向出典人交付一定的典价之后，在质典期内即获抵押物品的支配权。

（3）产权所有人、承典人不在房产所在地的，或者产权未确定及租典纠纷未解决的，由房产代管人或者使用人缴纳。代管人是接受产权所有人、承典人的委托代为管理房产或虽未受委托而在事实上已代管房产的人。使用人是直接使用房产的人。

外商投资企业和外国企业暂不缴纳房产税。

2）征税范围

房产税的征税范围为城市、县城、建制镇和工矿区。

房产税的征税范围不包括农村，主要是为了减轻农民负担。因为农村的房屋，除农副业生产用房外，大部分是农民居住用房。

3）计税依据

房产税的计税依据是房产的计税价值或房产的租金收入。按照房产计税价值征税的，称为从价计征；按照房产租金收入计征的，称为从租计征。

4）税率

现行房产税采用的是比例税率。从价计征的税率为1.2%，从租计征的税率为12%。对个人按市场价格出租的居民住房，其应缴纳的房产税暂减按4%的税率征收。

5）应纳税额的计算

（1）从价计征的计算。从价计征是按房产原值一次减除一定比例后的余值计征，其计算公式为

$$应纳税额=应税房产原值\times(1-扣除比例)\times1.2\%$$

【例9-14】 某企业经营用房原值3 000万元，当地扣除比例30%，适用税率1.2%，其应纳税额计算如下：

$$应纳税额=3\,000\times(1-30\%)\times1.2\%=25.2(万元)$$

（2）从租计征的计算。从租计征是按房产的租金计征，其计算公式为

$$应纳税额=租金收入\times12\%$$

【例9-15】 某企业出租房屋5间，年租金收入共计5万元，计算如下：

$$应纳税额=5\times12\%=0.6(万元)$$

9.4.3 行为税

1. 车船使用税

车船使用税，是指国家对行驶于境内公共道路的车辆和航行于境内河流、湖泊或领海

的船舶，依法征收的一种税。车船使用税只对国内企业、单位和个人征收。车船使用税是一种行为税性质的税种，它就使用的车船征税，不使用的车船不征税。

1）纳税义务人

纳税义务人是指在中华人民共和国境内拥有并且使用车船的单位和个人。原则上，车船的使用人为纳税人。一般情况下，拥有并且使用车船的单位和个人是同一的，纳税人既是车船的使用人，又是车船的拥有人。如有租赁关系，拥有人与使用人不一致时，则由租赁双方协商确定纳税人；租赁双方未商定的，由使用人纳税。

2）征收范围

其范围包括行驶于中国境内公共道路的车辆和航行于中国境内河流、湖泊或领海的船舶两大类。

3）税率

车船使用税实行定额税率，应税车辆实行有幅度的定额税率，船舶采取分类分级、全国统一的固定税额。

4）计税依据

车船使用税以应税车船为征税对象，以征税对象的计量标准为计税依据，从量计征。

5）应纳税额的计算

车船使用税应纳税额的计算公式为

机动船和载货汽车的应纳税额＝净吨位数×适用单位税额

非机动船的应纳税额＝载重吨位数×适用单位税额

除载重汽车以外的机动车和非机动车的应纳税额＝车辆数×适用单位税额

机动车挂车应纳税额＝挂车净吨位×(载货汽车净吨位年税额×70％)

从事运输业务的拖拉机应纳税额＝所挂拖车净吨位×(载货汽车净吨位年税额×50％)

客货两用汽车应纳税额分两步计算：

乘人部分＝辆数×(适用乘人汽车税额×50％)

载货部分＝净吨位×适用税额

【例9-16】 某交通运输一公司拥有载重量40吨的汽车55辆，其中5辆为企业厂内行驶车辆，不领取驾驶执照，也不上公路行驶。拥有通勤用大客车20辆。企业所在省规定载货汽车年应纳税额每吨40元，大客车年纳税额每辆180元，则应纳税额计算如下：

应纳税额＝(55－5)×40×40＋20×180＝83 600(元)

2. 车辆购置税

车辆购置税是指以在中国境内购置的汽车、摩托车、电车、挂车、农用运输车等为课税对象，向车辆购置者征收的一种税。车辆购置税于2001年1月1日起在我国实施，是一个新税种。

1）纳税义务人、征税范围和税率

在中华人民共和国境内购置应税车辆的单位和个人，为车辆购置税的纳税人。所称购置，包括购买、进口、自产、受赠、获奖或者以其他方式取得并自用应税车辆的行为。

车辆购置税的征收范围包括汽车、摩托车、电车、挂车及农用运输车。

车辆购置税的税率为10％。

2）计税依据和应纳税额的计算

车辆购置税为从价税，实行从价定率的办法计算应纳税额。应纳税额的计算公式为

应纳税额＝计税价格×税率

3．印花税

印花税，是对经济活动和经济交往中书立、使用、领受具有法律效力的凭证的单位和个人征收的一种税。

1）纳税义务人

印花税的纳税义务人，是在中国境内书立、使用、领受印花税法所列举的凭证，并应依法履行纳税义务的单位和个人。

2）税目、税率

印花税的税目，指印花税法明确规定的应当纳税的项目，共有 13 个税目，即购销合同、加工承揽合同、建设工程勘察设计合同、建筑安装工程承包合同、财产租赁合同、货物运输合同、仓储保管合同、借款合同、财产保险合同、技术合同、产权转移书据、营业账簿、权利和许可证照。

印花税采用比例税率和定额税率两种形式：比例税率分别是万分之零点五、万分之三、万分之五、千分之一、千分之二。定额税率为每件 5 元。

3）应纳税额的计算

应纳税额＝应税凭证计税金额(应税凭证件数)×适用税率

【例 9－17】 甲为汽车制造厂、乙为服装厂，甲、乙订立以货易货合同约定，甲提供给乙汽车两辆，价值 25 万元，同时购买乙生产的价值相当的服装作工作服，货款相抵。购销合同税率 0.3‰，甲、乙均为纳税人，应纳税额均为

250 000×2×0.3‰＝150(元)

4．契税

契税是在我国境内转移土地使用权和房屋所有权时，根据当事人双方签订的契约(合同)，以及确定价格的一定比例，向产权承受人征收的一种税。契税是在土地、房屋所有权转移登记时向不动产取得人征收的一种税，实行一次性征收。

1）纳税义务人

契税的纳税义务人是境内转移土地、房屋权属，承受的单位和个人。

2）征税对象

契税的征税对象是境内转移土地、房屋权属。

3）税率

契税实行 3%～5%的幅度税率。实行幅度税率是考虑到我国经济发展的不平衡、各地经济差别较大的实际情况。因此，各省、自治区、直辖市人民政府可以在幅度税率规定的范围内，按照本地区的实际情况决定。

4）计税依据

契税的计税依据为不动产的价格。由于土地、房屋权属转移方式不同，定价方法不

同，因而具体计税依据视不同情况而决定。

5）纳税额的计算

应纳税额=计税依据×税率

【例9－18】 甲用价值50万元的一套住房交换乙价值70万元的住房一套，同时甲支付给乙20万元差价款。假定当地税率为3%。则甲为纳税人，其应纳税额为

20×3%=0.6(万元)

5. 城市维护建设税

城市维护建设税(简称城建税)，是国家对缴纳增值税、消费税、营业税(简称“三税”)的单位和个人就其实际缴纳的“三税”税额为计税依据而征收的一种税。它属于特定目的税，是国家为加强城市的维护建设、扩大和稳定城市维护建设资金的来源而采取的一项税收措施。

1）纳税义务人

城建税的纳税义务人，是指负有缴纳“三税”义务的单位和个人。包括国有企业、集体企业、私营企业、股份制企业、其他企业和行政单位、事业单位、军事单位、社会团体、其他单位，以及个体工商户及其他个人。但目前对外商投资企业和外国企业不征收城建税。

2）计税依据

城建税的计税依据，是指纳税人实际缴纳的“三税”税额。

3）税率

城建税的税率，是指纳税人应缴纳的城建税税额与纳税人实际缴纳的“三税”税额之间的比率。城建税按纳税人所在地的不同，设置了三档差别比例税率，即

纳税人所在地为市区的，税率为7%；

纳税人所在地为县城、镇的，税率为5%；

纳税人所在地不在市区、县城或者镇的，税率为1%。

4）应纳税额的计算

城建税纳税人的应纳税额大小是由纳税人实际缴纳的“三税”税额决定的，其计算公式为

纳税额=(实际缴纳的增值税、消费税、营业税税额)×适用税率

【例9－19】 某市区一企业2014年8月份缴纳增值税10万元，缴纳营业税3万元，增值税滞纳金0.1万元。应纳城建税计算如下：

应纳城建税税额=(10+3)×7%=0.91(万元)

6. 土地增值税

土地增值税，是对转让国有土地使用权、地上建筑物及其附着物并取得收入的单位和个人，就其转让房地产所取得的增值额征收的一种税。

1）纳税义务人

土地增值税的纳税义务人，是指转让国有土地使用权、地上的建筑物及其附着物(以下简称转让房地产)并取得收入的单位和个人。

2）征税范围

无论是单独转让国有土地使用权，还是房屋产权与国有土地使用权一并转让的，只要取得收入，均属于土地增值税的征税范围。

3）税率

土地增值税采用30％～60％四级超率累进税率。

4）计税依据

土地增值税的计税依据，是纳税人转让房地产所取得的增值额。即纳税人转让房地产所取得的收入减除规定的扣除项目金额后的余额。

增值额＝转让房地产所取得的收入－规定的扣除项目金额

5）应纳税额的计算

土地增值税按照纳税人转让房地产所取得的增值额和规定的税率计算征收。其计算公式为

$$应纳税额=\sum(每级差的土地增值额\times适用税率)$$

但在实际工作中，分步计算比较烦琐，一般可以采用速算扣除法计算。即：计算土地增值税时，可按增值额全额乘以适用的税率减去扣除项目金额乘以速算扣除系数的简便方法计算。具体公式为

应纳税额＝全部增值额×适用税率－扣除项目金额×速算扣除率

【例9－20】 2014年6月10日，某房地产开发公司转让办公楼一幢，共取得转让收入5 000万元，公司即按税法规定缴纳了有关税金(营业税税率5％，城建税等其他税金25万元)。已知该公司为取得土地使用权而支付的地价款和按国家统一规定缴纳的有关费用为500万元；投入的房地产开发成本为1 500万元；房地产开发费用中的利息支出为120万元(能够按转让房地产项目计算分摊并提供金融机构证明)，比按工商银行同类同期贷款利率计算的利息多出10万元。另知公司所在地政府规定的其他房地产开发费用的计算扣除比例为5％。该公司计算应纳土地增值税税额如下：

(1) 确定转让房地产的收入：5 000万元。

(2) 确定转让房地产的扣除项目金额：

① 取得土地使用权所支付的金额为500万元。

② 房地产开发成本为1 500万元。

③ 房地产开发费用为

(120－10)＋(500＋1 500)×5％＝210(万元)

④ 与转让房地产有关的税金为

5 000×5％＋25＝275(万元)

⑤ 从事房地产开发的加计扣除为

(500＋1 500)×20％＝400(万元)

⑥ 转让房地产的扣除项目金额为

500＋1 500＋210＋275＋400＝2 885(万元)

(3) 计算转让房地产的增值额：

5 000－2 885＝2 115(万元)

（4）计算增值额与扣除项目金额的比率：

$$2\ 115 \div 2\ 885 \approx 73.3\%$$

（5）计算应纳土地增值税额：

① 增值额未超过扣除项目金额50%的部分，其税额为

$$2\ 885 \times 50\% \times 30\% = 432.75(\text{万元})$$

② 增值额超过扣除项目金额50%，未超过100%的部分，其税额为

$$(2\ 115 - 2\ 885 \times 50\%) \times 40\% = 269(\text{万元})$$

③ 应纳土地增值税税额：432.75+269=701.75(万元)

7. 烟叶税

烟叶税，是对在中华人民共和国境内收购烟叶的单位就其收购金额征收的一种税。

1）纳税义务人

烟叶税的纳税义务人是在中华人民共和国境内收购烟叶的单位。

2）征税范围

收购的烟叶，是指晾晒烟叶、烤烟叶。

3）税率

烟叶税实行比例税率，税率为20%。

4）计税依据

其计税依据为纳税人收购烟叶的收购金额。

5）应纳税额的计算

其计税依据为烟叶税的应纳税额按照纳税人收购烟叶的收购金额和本条例第四条规定的税率计算。应纳税额的计算公式为

$$\text{应纳税额} = \text{烟叶收购金额} \times \text{税率}$$

【例9-21】 某烟叶收购企业2014年8月份收购晾晒烟叶10万元，应纳烟叶税计算如下：

$$\text{应纳烟叶税税额} = 10 \times 20\% = 2(\text{万元})$$

本章小结

从人类社会的发展来看，无论哪一国家的税收制度都是税收从自然制度到税收的人为制度相结合的产物。所以，税收制度就是一个课税主权之下，由税种体系、各种税收法律以及征纳管理办法所组成的聚合体，它具有自然属性和人为属性。

税制类型是税收制度类型的简称，是指一国征收一种税还是多种税的税收制度。关于税收制度的类型主要有两种不同的理论主张：单一税制和复合税制。

税制结构是税收制度结构的简称，是指一国各税种的总体安排。综观人类社会经济发展的历史，税制结构的演变过程是以简单的直接税为主的税制结构发展到以间接税为主的税制结构，再发展到以发达的直接税为主的税制结构。决定税制结构的主要因素可以概括为经济因素、制度因素、政策因素和管理因素。

一国税制运行的好坏，一方面反映出该国税制本身的状况，另一方面，也在一定程度上反映出现行税制运行所依赖的社会经济环境的变化。所以，无论是哪种类型的国家，如果现行税制存在某些问题，该国就需要认真考虑进行综合税制改革。税收制度的变化，应当区分税制改良和税制改革：税制改良是指对既定税收制度不适应现时社会经济环境的某些不完善之处的修补，而税制改革是指税收制度重大变化或重新构造。

本章还介绍了我国现行的流转税、所得税和其他税的主要税种及其基本制度规定。

阅读资料

统一企业所得税，构建和谐社会的重要举措

第十届全国人民代表大会第五次会议高票通过了《中华人民共和国企业所得税法》(以下简称新税法)，标志着持续多年的我国内、外资企业所得税改革工作终于突破坚冰，赢得成功。这是我国新一轮税制改革和“十一五”财税立法的“扛鼎之作”，是我国经济生活和法治化进程中的一件盛事。

目前我国政治形势稳定，市场经济体制改革不断深入，经济持续平稳较快增长，企业投资和发展环境日臻完善，改革企业所得税制度的立法时机已经成熟。按照“简税制、宽税基、低税率、严征管”的新一轮税制改革基本原则，借鉴国际经验，制定统一、规范的企业所得税法，是落实科学发展观和构建社会主义和谐社会的内在要求，也是完善我国社会主义市场经济体制的客观需要，对促进各类企业公平竞争、促进经济结构调整和转变经济增长方式、协调区域经济发展、优化外资利用结构、堵塞税收漏洞具有重大的意义和深远的影响。

我国现行的企业所得税按企业性质分别立法，内资企业适用1993年国务院公布的《企业所得税暂行条例》，外资企业适用1991年第七届全国人民代表大会通过的《中华人民共和国外商投资企业和外国企业所得税法》。这种两套企业所得税法并存的局面，源于我国改革开放初期，迫切需要引进大量外资、先进的生产技术和管理经验，以充分发挥“后发优势”，加快我国国民经济发展。为此，单独制定了相对宽松优惠的适用于外商投资企业和外国企业的所得税法。

从改革开放20多年的实践来看，在改革开放初期对外国投资者来我国投资制定单独的企业所得税法，对于吸引外资、引进先进技术、扩大出口、增加税收、推动我国国民经济快速发展，确实发挥了很大的作用。截至2006年底，全国累计批准外资企业59.4万户，实际使用外资6 919亿美元。截至2006年9月底，外商在华投资设立的研发中心已经超过800家。2005年外资企业进出口额已达我国外贸总额的58%。2006年外资企业缴纳各类税款7 950亿元，占全国税收总量的21.12%。另据测算，改革开放20多年来我国GDP年均9.7%的增长速度中，大约有2.7个百分点来自利用外资的贡献。

但在我国加入世界贸易组织后，对外资企业的诸多限制正在逐步取消，此时针对外企的税收优惠成了真正的“超国民待遇”，这必将使内资企业处于一个不平等的竞争地位，影响统一、规范、公平竞争的市场环境的建立，进而影响到国民经济的健康运行，影响到社会主义和谐社会的构建。因此，必须统一内、外资企业所得税法，这是我国社会主义市场经济发展新阶段的必然要求。

统一企业所得税制度，有利于进一步完善社会主义市场经济体制。经过20多年的改革开放，我国的政治经济形势发生了巨大变化，国有经济、民营经济和外资经济“三足鼎立”的局面已初步形成，此时，统一企业所得税制度，为各类市场经济主体提供一个统一、规范、透明的税收制度平台，有利于我国形成统一、开放、竞争、有序的市场体系，有利于将我国社会主义市场经济体制改革推向纵深。

统一企业所得税制度，有利于为各类企业创造公平竞争的税收制度环境。根据有关资料测算，内资

企业的所得税平均实际税负为25%左右，外资企业平均实际税负为15%左右，内资企业的所得税税负是外资企业的1.7倍。这种税负上的巨大差距，违背了WTO的公平竞争原则。统一企业所得税制度，将使内资企业站在公平的竞争起跑线上。

统一企业所得税制度，有利于促进经济增长方式转变和产业结构升级。新的税法，实行鼓励节能节水、保护环境、创业投资以及发展高新技术等以产业优惠为主的税收优惠政策，将有利于进一步发挥税收的调控作用，引导我国经济增长方式由粗放型向集约型转变，推动产业结构的优化升级。

统一企业所得税制度，有利于促进区域经济的协调发展。改革开放初期，我国实行的是梯级发展战略，企业所得税政策上也体现了这一战略要求，结果导致东西部地区之间经济发展差距越来越大。统一内、外资企业所得税，将优惠重点由以区域优惠为主转向以产业优惠为主，同时对西部地区需要重点扶持的产业继续实行优惠政策，有利于推动西部地区加快发展，逐步缩小东、中、西部地区差距。

统一企业所得税制度，有利于提高外资利用质量和水平。我国现在正处在城市化和工业化的加速时期，资金短缺已不是经济发展中的主要矛盾。所以，现在不仅要注重引进外资的数量，更要注重引进外资的质量，通过引进外资促进工业化进程，提升产业竞争力。统一企业所得税制度，调整优惠政策目标，有利于提高引进外资的质量，促进国民经济又好又快地可持续发展。

统一企业所得税制度，有利于减轻内外经济失衡的压力。我国保持了连续10多年资本项目和经常项目的“双顺差”，国际收支大量盈余，2006年贸易顺差1 774.7亿美元，当年末外汇储备达10 663亿美元，大大增加了人民币升值的压力和国内外经济的失衡。统一企业所得税制度，有利于减少资本流入和外汇供给，释放汇率升值的压力，缓解我国经济高度依赖国际市场的状况，降低经济运行的风险。

统一企业所得税制度，有利于提高企业的自主创新能力。统一企业所得税制度，提高了企业的创新激励，降低了内资企业税负，增加了企业的税后盈余，将加快企业产品研发、技术创新和人力资本提升的进程，促进企业竞争能力的提高。

统一企业所得税制度，有利于提高税收效率。一方面，将使原来复杂的企业所得税制大大简化，有利于降低税收管理成本和遵从税法的成本，提高征管效率；另一方面，有利于从根本上杜绝内资企业通过“假合资”、“返程投资”等方式骗取税收优惠的现象发生，堵塞了税收流失和国有资产流失的漏洞，提高了国际收支统计的质量，更重要的是，有利于正确发挥税收政策的导向作用，提高资源配置的效率。

统一企业所得税制度，有利于推动我国新一轮税制改革的进程。党的十六届三中全会确定了我国新一轮税制改革的基本任务，增值税转型、内外两套企业所得税制合并和统一城乡税制都是其中的重要组成部分。内外两套企业所得税制合并工作顺利完成，对税制改革的下一步工作具有强大的示范效应和推动作用。

统一企业所得税制度，是适应中国社会主义市场经济发展新阶段的一项制度创新。按照制度经济学的基本原理，要最大限度地发挥制度的功能，离不开健全、有效的实施机制。因此，制定好新税法的实施机制，对于贯彻落实好新税法的主要精神至关重要。我们相信，新的制度加上有效的实施机制，企业所得税一定能够在促进企业公平竞争、国民经济持续增长和筹集国家财政收入方面发挥重要的作用。

（资料来源：中国税务报，2007年3月19日）

复习思考题

一、概念题

税制　税制类型　单一税制　复合税制　税制结构　税制改革

二、单项选择题

1. 以商品流转额和非商品营业额为课税对象的是( )。

A. 流转税类　　B. 收益税类

C. 资源税类　　D. 财产和行为税类

2. 以纳税人在一定时期的收益或所得额为课税对象的是( )。

A. 流转税类　　B. 收益税类

C. 资源税类　　D. 财产和行为税类

3. 以生产和流通过程创造的增值额为征税对象的税种是( )。

A. 消费税　　B. 营业税　　C. 资源税　　D. 增值税

4. 在销售收入中，只允许扣除外购生产资料中的非固定资产项目(或其已纳税金)的，称为( )增值税。

A. 消费型　　B. 收入型　　C. 增值型　　D. 生产型

5. 消费税是( )。

A. 流转税类　　B. 收益税类

C. 资源税类　　D. 财产和行为税类

6. 我国新的企业所得税统一实行的比例税率为( )。

A. 20%　　B. 30%　　C. 25%　　D. 33%

7. 企业所得税是( )。

A. 流转税　　B. 财产税　　C. 从量税　　D. 直接税

8. 资源税类的课征一般采用( )方法。

A. 从价定率　　B. 从率定价　　C. 从额定量　　D. 从量定额

9. 我国增值税规定，一般纳税人的税率为( )。

A. 4%　　B. 6%　　C. 17%　　D. 25%

10. 我国增值税规定，一般小规模纳税人实行的征收率为( )。

A. 13%　　B. 6%　　C. 17%　　D. 25%

三、多项选择题

1. 个人所得税是( )。

A. 直接税　　B. 间接税　　C. 从价税

D. 从量税　　E. 流转税

2. 增值税是( )。

A. 间接税　　B. 共享税　　C. 从价税

D. 收益所得税　　E. 价外税

3. 我国现行流转税包括( )。

A. 增值税　　B. 消费税　　C. 所得税

D. 关税　　E. 营业税

4. 我国现行收益所得税包括(　　)。

A. 企业所得税　　B. 房产税

C. 个人所得税　　D. 增值税

E. 消费税

5. 影响一国税制结构的因素有(　　)。

A. 经济发展水平　　B. 经济制度

C. 政府职能　　D. 税收政策目标

E. 税收的管理能力

6. 流转税具有以下特点：(　　)。

A. 以商品交换为前提，课征普遍　　B. 税负不易转嫁

C. 税额与价格关系密切，与成本无关　　D. 普遍实行比例税率

E. 计税方法比较复杂

7. 目前我国增值税的征税范围包括(　　)。

A. 销售商品　　B. 进口商品

C. 加工、修理修配　　D. 销售不动产

E. 转让无形资产

8. 我国现行消费税的征税范围包括(　　)。

A. 香烟　　B. 汽车　　C. 摄像机

D. 实木地板　　E. 高尔夫球及球具

9. 我国现行营业税的征税范围包括(　　)。

A. 金融保险业　　B. 交通运输业

C. 修理业　　D. 建筑业

E. 销售不动产

10. 下列产品属于资源税课税范围的有(　　)。

A. 原油　　B. 煤炭　　C. 盐

D. 矿泉水　　E. 天然气

四、简答题

1. 简述单一税制和复合税制的优缺点。
2. 说明我国税制结构的主要特点。
3. 简述 1994 年税制改革的指导思想和原则。
4. 简述流转税的特点。
5. 简述所得税的特点。

五、论述题

1. 为什么发展中国家税制结构以间接税为主？这有什么弊端，应如何改革？
2. 论述税制改革的原因。

六、案例分析题

1. 案例资料：不同类型增值税计税依据的比较。

某企业在纳税期限内发生如下业务：货物销售额为200万元，外购原材料等流动资产价款为60万元，外购机器设备等固定资产价款为120万元，当期计入成本的折旧费为12万元。则在当期，不同类型增值税的计税依据各不相同(见表9-3)。

表9-3 不同类型增值税的计税依据 单位：万元

增值税类型	允许扣除的外购流动资产价款	允许扣除的外购固定资产价款	允许扣除的外购资产价款的总和	计税依据
生产型	60	0	60	140
收入型	60	12	72	128
消费型	60	120	180	20

2. 分析问题：

三种类型的增值税各有什么利弊？我国现阶段应该实行何种类型的增值税？

第10章

赤字与公债

教学目标

通过本章的学习，理解财政赤字的概念及计算口径，清楚公债的发行与偿还的运作程序，掌握公债规模的衡量指标，并能运用这些理论分析我国宏观经济运行中的相关现象。

教学要求

知识要点	能力要求	相关知识
政府收支对比	(1) 能够理解财政平衡 (2) 能够运用两种口径计算财政赤字 (3) 能够区别不同类型的财政赤字 (4) 能够分析弥补财政赤字的具体措施	(1) 财政平衡 (2) 财政赤字 (3) 财政赤字的类型 (4) 弥补财政赤字的措施
公债概述	(1) 能够对公债所具有的功能进行分析 (2) 能够区别不同种类的公债	(1) 公债的含义 (2) 公债的功能 (3) 公债的种类
公债的发行与偿还	(1) 能够区别公债的不同发行价格和分析影响公债利率的因素 (2) 能够掌握公债的六种发行方式 (3) 能够掌握公债的还本和付息方式	(1) 公债的发行条件 (2) 公债的发行方式 (3) 公债的偿还
公债的规模	(1) 能够正确分析国家发行公债的数量限度 (2) 能够运用相关指标量度公债的规模	(1) 公债规模的含义 (2) 衡量公债规模的指标
公债的经济效应	(1) 能够分析公债的经济效应 (2) 能够分析公债的政策效应	(1) 公债的经济效应 (2) 公债的政策效应

引　例

请关注以下内容：

(1) 政府收支对比关系不外乎有三种结果：财政平衡、财政结余和财政赤字，而最常出现的是财政赤字。

(2) 我国近期内财政连年赤字及其原因。

(3) 为弥补财政赤字等原因，我国自 1981 年恢复发行公债以来，每年都要发行一定规模的公债。

(4) 公债发行要按一定的发行条件和发行方式进行。

(5) 公债作为一种信用形式，到期后，政府就要按照不同的方式偿还本金并支付利息。

(6) 公债具有弥补财政赤字、调节经济等功能，但并不是发行越多越好，因此，公债的规模有个“限度”的问题，在公债规模衡量指标内的才为适度的。

(7) 公债资金的筹集和运用会起到一定的经济效应。

对政府在每个财政年度内的收入与支出在量上进行对比会有三种结果：财政平衡、财政结余和财政赤字，在实践中财政赤字比较常见。而公债的一个重要功能则是能够弥补财政赤字，因此，世界上许多国家都发行公债。本章主要阐述我国的赤字与公债的相关内容。

10.1　政府收支对比关系

10.1.1　财政平衡

1. 财政平衡的含义

财政平衡即财政收支平衡。通常是指年度财政收入与财政支出在总量对比上的相等。例如，某财政年度的国家财政收入是 2 万亿元人民币，财政支出也是 2 万亿元人民币，财政收入和财政支出在数量上相等，这种情况，我们称之为财政平衡。

财政收支在量上进行对比不外乎有三种结果：一是财政收入与财政支出数额相等，即财政平衡；二是财政收入大于财政支出即有余额，其余额被称为财政结余；三是财政收入小于财政支出有逆差，其差额在会计上用红字表示，故称为财政赤字。

由于财政收支是通过政府预算来实现的，所以，财政结余一般表现为政府预算执行结果收入大于支出的余额；财政赤字则表现为预算执行结果支出大于收入的余额；财政平衡即表现为收入和支出相等。在编制政府预算时上述三种情况都可能出现。但从预算执行的结果来看，收入和支出正好相等的情况几乎是不存在的，往往不是有结余、就是有逆差，而从世界各国的实际情况来看逆差更为普遍。因此，财政收支完全相等，往往只是财政收支对比的一种理想状态，是预算编制和执行的参照准则。

2. 如何理解财政平衡

(1) 对财政平衡不可以作绝对的理解，财政平衡是指财政收入与支出在量上大体相等。财政收支活动是政府经济活动的集中体现，财政收入量是一国在既定的经济发展水平下的政府收入政策决定的，财政支出量则主要是由政府职能的大小决定的。这种收入、支出决定因素的不同，使得政府实际财政收支往往不可能完全相等。因此，财政平衡的真实含义是财政收支大体相等。在实际经济生活中，略有结余应属基本平衡，略有赤字也应视为基本平衡。我国政府在财政实践中，一向强调“收支平衡，略有结余”的原则，就反映了这个指导思想。当然，“略有结余”不是要求年年有结余，否则就意味着财政资金未能得到充分有效的利用。

（2）考察财政平衡不能局限于静态平衡，要有动态平衡的观点。静态平衡只考虑一个财政年度内的收支对比情况，而动态平衡引进时间因素，考虑货币的时间价值，研究经济周期对财政的影响以及财政对经济周期的调节作用，追求的是一个时期内的收支平衡。实际上，财政平衡是在不断转化的，某一时点上财政表现为不平衡，即静态的不平衡，但若从一个较长的时期看，就有可能表现为平衡，即动态的平衡。例如，动用财政结余的当年虽然在统计上表现为赤字，但如果结合有结余的年份一起从动态上看，财政收支仍有可能是平衡的。在一个财政年度内，有可能收入大于支出，有可能支出大于收入，平衡不断被打破，又不断达到收支的平衡。

（3）考察财政平衡还要有全局观点。财政收支是宏观经济的重要指标，作为一种货币收支，同国民经济货币收支体系中其他货币收支交织在一起。具体而言，财政的收支同国家、企业、金融以及对外贸易的收支都联系密切，互补余缺。只有结合财政的各种经济联系，从国民经济的全局出发考察财政平衡，才能正确判断财政运行状况，才可能制定和运用可行的财政政策来有效地调节经济运行，达到财政政策的目标。

（4）财政平衡是中央财政平衡与地方财政平衡的统一。在中央与地方事权划分的基础上，中央财政与地方财政各自的支出范围与事权范围相协调，收入范围与支出需要相协调，从而实现各自的财政平衡，并进而实现国家财政的平衡。中央财政与地方财政，任何一方出现长期的财政不平衡现象，必然影响其政府职能的正常履行。因此，财政平衡也是中央财政与地方财政平衡的统一。

（5）考察财政平衡要密切注意财政平衡的真实性，注意区分出虚假的财政平衡。在我国目前的财政实践中，因为存在“财政性挂账”，即将当年收不抵支的差额结转到下一年，从而减少当年的财政赤字，或使当年本应由财政拨补的政策性亏损补贴没有按时拨付，减少当年的财政支出和赤字，因此会造成虚假的财政平衡。虚假的财政平衡有较大的隐蔽性，容易误导人们认为财政收支状况良好，给政府决策带来失误，因此，应引起决策者充分的重视。

10.1.2 财政赤字

1. 财政赤字的含义

财政赤字是指一个国家在一个财政年度内（通常为一年）财政收入小于财政支出的差额。

2. 财政赤字的计算口径

财政收支的具体项目很多，在计算收支对比结果时，由于等式中财政收入和财政支出包括的内容不同，因此，财政赤字有不同的计算口径。财政赤字的计算口径有以下两个：

（1）赤字或结余＝(经常收入＋债务收入）－（经常支出＋债务支出)。

（2）赤字或结余＝经常收入－经常支出。

这两种计算口径的主要差别在于，债务收入是否计入正常收入之中，以及债务的清偿是否计入正常支出之中。按第一种口径，债务收入计入正常收入之中，相应将债务还本付息也计入正常支出之中。按第二种口径，债务收入不计入正常收入，相应债务的偿还也不计入正常支出。从世界各国的情况看，以前苏联为首的实行计划经济的国家在经济体制改革以前，大多采用第一种口径，而西方市场经济国家大多采用第二种口径。例如，前苏联历来把公债列为正常收入，因此，从战后的统计数字看，几乎年年是结余的。显然这种计算口径是不够严密的，将债务收入视同正常收入，那么财政向银行的透支或借款也是一种债务，也应列为财政收入，既然债务收入列为财政收入，债务的还本付息就要相应列为支出，按这样的处理，财政收支永远是平衡或结余的，也就无所谓赤字了。因此，按第二种口径计算的赤字和结余，应是衡量财政收支对比的最一般口径，正因如此，第二种口径是目前国际通用的。如，美国按第二种口径计算，一直不把公债收入作为正常收入，而明确地作为弥补赤字的来源。我国，建国初期的前三年采用第二种口径，随后改用第一种口径，自 1995 开始又采用第二种口径。

3. 财政赤字的类型

1）软赤字与硬赤字

正如前文所述，计算财政赤字有两种不同的口径。正因为计算财政赤字的口径不同，则会形成不同的财政赤字，即人们通常所说的“硬赤字”和“软赤字”，因此，硬赤字和软赤字是两个相对应的赤字类型。按第一种口径计算的赤字称为硬赤字，按这种方法计算和统计财政赤字，表明政府已经将政府债务收入作为弥补财政赤字的一种手段，并且在弥补了已经发生的财政赤字以后，仍然存有财政赤字，对于这种财政赤字，政府必须采取举债以外的方法予以弥补，如通过发行货币(即货币的财政性发行)来弥补。按第二种口径计算的赤字称为软赤字，按照国际惯例，运用这种方法计算和统计财政赤字，实际上是表明了政府将债务收入作为弥补财政赤字的唯一手段。因此，从量上看，财政赤字实际上等于债务收入。我国自 1994 年起不再向银行透支，全部赤字均通过举债来弥补，因此，硬赤字已不存在。

2）预算赤字和决算赤字

财政赤字是在不同的经济背景下发生的，政府预算是否会形成赤字，在一定条件下也取决于政府的政策取向。从政府财政行为的先期目标来看，可以把赤字分为预算赤字和决算赤字。预算赤字，是指在编制预算时就已经安排的赤字。在这种预算中，赤字自始至终都是有意识安排的，因此，这种预算又被称为“赤字预算”（或“赤字财政”)。无论赤字预算还是赤字财政，都是政府为了实现一定的财政政策目标而采取的财政手段，因而被称为赤字政策。决算赤字，是指预算执行结果支出大于收入。决算赤字的产生既可能在预算编制时就存在，也可能是由预算执行所导致。

3）周期性赤字与结构性赤字

根据赤字与经济运行状况的关系不同，赤字又分周期性财政赤字与结构性财政赤字。

周期性财政赤字是指由于经济波动(或商业周期)所引起的财政赤字。例如，当经济衰退和萧条时，公司的利润和个人的收入多会下降，政府的税收收入就会因此减少，有可能抵不上财政支出而产生赤字。相反，在经济复苏和繁荣时，公司和个人的收入会上升，政府的财政收入会因此增加而有可能产生财政剩余。

结构性财政赤字是指国民经济处在充分就业状态时出现的财政赤字，又称为充分就业赤字。从统计上说，结构性财政赤字是在剔除了因商业周期而引起的财政赤字(或剩余)之后的财政赤字。估算结构性财政赤字的关键是假设国民经济处在充分就业的状态。所谓充分就业是指一切在劳动年龄内有就业意向的人都得到了就业，而并非指100%的劳动力都有全职工作。例如在美国，有一个大致的自然失业率标准大约为5%，因此，美国的充分就业是指95%的劳动力都有全职工作的状态。在这种情况下，对当年的财政收入和财政支出进行估算。如果财政收入少于财政支出，这个赤字就是结构性财政赤字。周期性财政赤字则是当年总的财政赤字和估算的结构性财政赤字的差额。

区分这两种赤字对帮助我们分析赤字形成的原因和研究解决的办法有重要的意义。通过分析可以知道，在经济危机时期，周期性财政赤字会增大；反之，当经济复苏和繁荣时，周期性财政赤字和财政剩余有可能互相抵销或者至少达到一个比较小的平均数。有学者对20世纪60—80年代美国的周期性财政赤字作过测算，发现这一时期美国的周期性财政赤字平均不到GDP的2%。而同一时期，美国总的财政赤字高速增长，财政赤字与GDP的比率从60年代到80年代增加了4%以上。由此可知，这一时期美国财政赤字的增长主要是由于结构性财政赤字增长所引起的。

4. 我国财政赤字及原因

自新中国成立以来，我国在财政工作中一直坚持“收支平衡，略有结余”的原则，但在不少年份也出现了赤字。按当时的统计口径，1950—1978年的29年中，10年有赤字。按现行的第二种口径，1979年至今，年年有赤字，赤字额呈逐年上升趋势，且近年来赤字增加较快，至2013年我国财政赤字已达1.2万亿元，约占GDP的2.2%。

在20世纪30年代以前，西方经济理论界大多主张亚当·斯密的自由放任理论，认为政府不应过多地干预经济，政府用于市场干预的支出较少，所以财政赤字额较小。当时赤字形成的原因主要不外是两个方面：一方面是为了大型公共工程或土地扩张的需要；另一方面是为了应付一些意外的紧急需要，例如，巨大自然灾害或战争所要求的支出。20世纪30年代经济大危机的出现，使得凯恩斯学说被接受，政府开始广泛参与社会经济活动。“二战”后，西方国家政府全方位地介入国家的经济和社会发展，财政赤字与发行公债被看作是实现政府某些目标的有效手段，这些目标包括资源配置、刺激需求、保持社会稳定、提高就业率、实现分配公正等，因此，赤字形成的原因相当复杂，而且政府有时在进行财政预算时，甚至允许财政收支的不平衡，有意识地“制造”赤字财政。从当前来看，财政赤字增长和变化的主要原因是三个，一是社会福利支出在大规模增加；二是巨额公债利息的支付；三是经济周期的频频发生加重了政府的经济负担，增加了政府的支出和财政赤字的形成。

我国的财政赤字与西方国家财政赤字的原因有所不同。我国财政赤字的复杂性主要来自于经济发展和经济体制改革。改革以来，财政收入占GDP的比重在1978年为31.2%，1995年下降为10.8%，2000年时约为13.5%。2013年，全国公共财政收入129 143亿元，年增长10.1%。该比重上升到22.7%。但与此同时，2013年全国公共财政却支出了139 744亿元，年增长10.9%，财政支出的刚性增长，支出结构的僵化，调整弹性小，使得财政赤字不可避免。

因此，改革和发展的赤字，是我国财政赤字的主要特征。我国财政赤字在很大程度上属于经济改革和发展的代价，有较强的过渡性特征。

5. 弥补财政赤字的措施

从一般的意义上来看，下列措施都可以被政府用来作为弥补财政赤字的手段。但在实践中，每一种措施的适用范围与时间以及使用每一种措施弥补财政赤字的经济影响和作用都是不同的。

1）动用上年财政结余或者累计的财政结余

财政结余是财政预算执行结果收入大于支出而形成的余额。

理论上，在封闭的经济体制并实行代理国库的前提下，财政结余在价值形态上表现为银行的财政性存款，在物质形态上表现为相应的未动用的物资。在此前提下，如果所动用的财政结余是真实的、尚未使用的，实际上等于将过去形成的经济需求投放到现在的市场中，因而会对当前的社会需求形成扩张性影响，但这种影响一般不会产生通货膨胀。因此，在这个前提下，如果在上年有财政结余的话，动用财政结余是一种可以选择的措施。

实际上，在当今世界，随着经济全球化的迅速发展，尤其是信息和网络时代的到来，一个国家已经不可能在封闭的经济体制下运行了，相应来说，即使政府是动用真实的财政结余来弥补本年度的财政赤字，也很难保证不会对经济产生负面的影响。东南亚各国在20世纪90年代发生的金融危机在一定程度上证明了这一点。因此，在开放经济时代，对动用上年财政结余弥补财政赤字这一传统的安全措施也要审慎行事。

2）财政发行

财政发行是指一个国家的货币当局为了弥补政府财政赤字而增加的货币发行。与之相对应的是“经济发行”，经济发行是指一个国家的货币当局根据国民经济发展的需要而增加的货币发行。二者在发行目的上截然不同。

一般说来，经济发行是通过信用渠道实现和完成的，是适应商品流通的需要而进行的货币发行，是货币发行的正常方式，也是商业银行信贷资金的重要来源。而财政发行通常是超过经济运行的正常需要而发行的货币量，一般是由中央银行按照中央政府的指令，并且是通过政府财政支出渠道实现和完成的货币发行。

不管是财政发行还是经济发行，都具有扩张社会经济需求的作用。但是，由于经济发行的原动力是经济运行中市场对货币的需求，所以，适度的经济发行一般不会引发通货膨胀；而财政发行的原动力是政府弥补财政赤字的非市场需求，因此，财政发行容易引起通货膨胀。因此，在经济实践中，财政发行通常是在计划经济体制下，通过银行代理国库制度实现的。在现代市场经济条件下，有关国家的政府一般不采取财政发行的方式解决赤字问题，而是通过发行公债取得的债务收入来弥补政府的财政赤字。

3）财政透支

财政透支是指政府财政在其银行的账户支取的款项超过其存款的数额的现象。

在实行银行代理国库的体制下，政府的财政收入和财政支出均通过银行的账户办理，如果没有相应的制度和法律约束，当政府存在入不敷出时，就有可能向银行透支。在计划经济体制下，政府通过财政透支的办法筹集财政资金以弥补财政赤字，有可能不会引起通货膨胀。原因是，如果政府在编制预算时通过财政与信贷的综合平衡有计划地安排财政透支，实际上用银行的信贷资金弥补财政赤字，由此形成的财政赤字一般不具有扩张的效果，因此，不会引起通货膨胀。但是，如果财政透支的数量过大，时间过长，致使银行无力垫付，财政透支往往会演变成增发货币，造成财政发行。这种情况下，则会引发通货膨胀。

因此，目前世界上大多数市场经济国家都是通过发行公债而不是财政透支来弥补财政赤字的。在我国，1994 年以前，财政透支是弥补财政赤字的主要方式，自 1994 年进行财政管理体制改革以来，不再向银行透支，全部赤字均通过举债来弥补。

4）发行公债

通过发行公债，以债务收入来弥补财政赤字，其实质是在现有的社会需求总量不变的前提下，使债权人将其货币购买力暂时有偿让渡给政府。因此，如果不考虑政府的债务负担的话，若通过发行公债，以债务收入弥补财政赤字，一般不会对社会总需求产生扩张性的冲击，因此，不会导致通货膨胀。

10.2 公债概述

10.2.1 公债的概念

1. 公债的含义

公债是国家或政府通过发行债券或直接借款等方式向国内外举借的债务，它是国家取得财政收入的一种方式。公债包括国债和地方债。在一国之内，无论中央政府还是地方政府都有可能采取发行公债作为取得财政收入的方式。凡属由中央政府发行的公债，称为国家公债，简称“国债”，它是作为中央政府组织财政收入的形式而发行的，其收入列入中央政府预算。凡属由地方政府发行的公债，称为地方公债，简称“地方债”，它是作为地方政府筹措财政收入的一种方式而发行的，其收入列入地方政府预算，由地方政府支配使用。我国 1995 年 1 月 1 日起实施的《中华人民共和国国家预算法》明确规定，地方预算应收支平衡，不得打赤字，不得举债。由此，我国在法律上规定了不允许地方政府以举债的方式筹措财政收入，公债只能是国债，换句话说，国债是公债的唯一形式。因此，在我国只有中央政府才有举债的权力，我国的公债都是国债，都是中央政府的债。正因如此，我国习惯上将公债统称为国债。当然，并非所有的国家都如此，有的国家法律规定允许地方政府独立发行地方公债。

在市场经济条件下，政府为履行其职能而取得财政收入的方式有多种，这些财政收入形式大体可分为有偿和无偿的两种：政府以社会管理者的身份，凭借政治权力取得的财政收入，如税收收入、规费收入和罚没收入，是无偿的形式；以财产所有者的身份，凭借财产所有权取得的财政收入，如国有企业上交的利润，也是无偿的形式；而政府以债务人的身份取得的财政收入，即国债，必须遵循有借有还的信用原则，债券或借款到期不仅要还本，而且还要支付一定的利息，所以是有偿的形式。

在信用经济发达的今天，为某种需要而举债已变得十分普遍。举债的主体或举债人不仅仅只有国家或政府。举债的另一类主体是私人和企业。私人和企业举借的债务称为民间债或私债。公债与私债是不同的，其本质区别在于发行的依据或担保物不同。私债是以私人信用为依据，多以财产或收益为担保，其信用基础相对薄弱，对债权人来说其风险较大。公债则不同，公债凭借的是国家的信誉，风险小、安全可靠，因此，人们通常把公债称为“金边债券”。

公债不局限于境内。一国的公债既可在本国境内筹措，也可到境外筹措。在国内筹措和发行的公债，称国内公债，简称“内债”。内债的债权人多为本国的公民和居民，包括本国的企业、行政事业单位，各种社会团体以及公民和居民个人。其还本付息均以本国货币支付。在国外筹措和发行的公债，称国外公债，简称“外债”。外债的债权人多为外国政府，也有一部分外国银行、企业、各种团体和组织以及个人，一般均以外国通货(债权国通货或第三国通货)计算发行并还本付息。外债在一国国债总额中所占比重一般低于内债。我们在本章中的分析以内债为主。

2. 公债的产生与发展

公债是一个历史范畴，它的出现比税收要晚一些。公债产生于奴隶社会。公债之所以产生首先在于政府职能范围的扩大，仅靠税收已不能满足社会公共需要，国家不得不通过借债的形式取得一部分收入。而商品经济和信用制度的发展则是国债产生的经济条件，人类历史上最早出现的信用形式是私人信用，以后随着私人信用、商业信用、银行信用的发展，才出现了国家信用形式，由此可见，公债制度是在私债的基础上发展演变而来的。

到了封建社会，由于战争频繁，以及封建帝王挥霍无度，公债规模有所扩大，但发展十分缓慢。公债的迅速发展是在资本主义社会，特别是 19 世纪末 20 世纪初，资本主义从自由竞争时代发展到了垄断阶段。20 世纪初经历了两次世界大战，各资本主义国家竭力扩军备战，军费支出增长惊人，而这些军费开支主要靠发行公债来筹集。到了 20 世纪 30 年代，资本主义国家普遍推行凯恩斯的赤字财政政策，用扩大财政支出的办法增加有效需求，刺激经济增长，国家财政出现连年赤字，发行了大量国债，使公债增长速度大大加快。

今天，公债的发展早已远远超出了发达的资本主义国家的范围，成为世界性的财政现象。不论社会制度怎样，不论经济发展水平如何，包括社会主义国家以及发展中国家在内的几乎所有国家，无不将公债作为政府筹集财政资金的重要形式和发展经济的重要杠杆。

3. 我国国债的历史演进

新中国成立以来，我国的国债发行分为五个阶段：第一阶段是新中国刚刚建立的1950年，当时为了保证仍在进行的革命战争的供给和恢复国民经济，发行了总价值约302亿元的“人民胜利折实公债”。第二阶段是1954—1958年。当时已开始第一个五年计划，进入大规模建设时期，为此发行了总额为3 546亿元的“国家经济建设公债”。第三阶段是1979年实行改革开放政策以后到1993年。从理论上矫正了所谓“既无内债，也无外债，是社会主义的优越性”的错误观念，同时，由于在改革中实行放权让利政策，财政连年出现赤字，开始重新启用国债，但国债规模较小，1993年国债实际发行381.3亿元。第四阶段是1994—1997年。从1994年开始，我国财政赤字弥补方式进行改革，由原先发行国债和向中央银行透支两种方式改为发行国债一种方式，同时先前发行的国债开始进入还债高峰期，受此影响，当年财政发行国债首次突破千亿元，达1 175.3亿元，至1997年国债发行规模已达2 476.8亿元。第五阶段是1998年至今。1998年我国开始实行积极的财政政策，扩大财政支出，加大对基础设施的投资力度，国债发行规模又上了一个新的台阶。1998年发行国债总额为6 591亿元(其中，2 700亿元用于补充国有商业银行资本金)，到2013年，国债余额限额已达91 208.35亿元。

随着国债规模的扩大，如何科学认识国债的功能和国债的适度规模，并按照社会主义市场经济的要求积极完善国债制度，加强国债的管理，已经成为我国财政理论和实践中必须面对的重大课题。

10.2.2 公债的功能

公债作为取得财政收入的一种方式，主要有以下三个方面的功能。

1. 弥补财政赤字，平衡财政收支

一般说来，国家解决财政收支缺口(财政赤字)的途径有三条：一是增加税收，二是向银行透支，三是向社会投资者发行公债。增加税收客观上受到经济发展速度和效益的制约，如果强行增税，就会影响经济发展，使财源枯竭，得不偿失；同时，又要受立法程序的制约，也不易为纳税人所接受。通过向中央银行透支来弥补财政赤字，会造成中央银行增加赤字性的货币发行，并由此加剧通货膨胀。而用公债弥补财政赤字，实质是将不属于政府支配的资金在一定时期内让渡给政府使用，是社会资金使用权的单方面转移。

相比而言，以发行公债的方式弥补财政赤字，一般不会影响经济发展，可能产生的副作用也较小。因为：第一，发行公债只是部分社会资金使用权的暂时转移，使分散的购买力在一定时期内集中到了国家手中，不涉及增加社会资金存量规模，是有现存物质保障的，因此一般不会导致通货膨胀；第二，公债的认购通常遵循自愿的原则，通过发行国债获取的资金基本上是社会资金运动中游离出来的部分，也就是企业和居民个人闲置不用的资金，将这部分资金暂时交由财政集中使用，显然不会对经济发展产生不利的影响。也正因此，公债作为弥补财政赤字的重要手段而长期被世界各国所利用。

当然，对公债弥补财政赤字的功能不能绝对化，不能把公债视为医治财政赤字的灵丹妙药。因为：第一，财政赤字过大，形成债台高筑，还本付息的压力又会导致财政赤字的进一步扩大，互为因果，最终会导致财政收支的恶性循环；第二，社会闲置资金是有限的，政府集中过多往往会侵蚀经济主体的必要资金，从而降低社会的投资和消费水平。

2. 筹集建设资金

弥补财政赤字是从平衡财政收支的角度说明国债的功能。筹集建设资金是从财政支出或资金使用角度来说明国债的功能。从公债发行方式、目的和用途上看，许多国家在发行公债时对公债的目的和用途有明确的规定，有的国家还以法律形式对公债的发行加以约束。我国 20 世纪 50 年代发行的“国家经济建设公债”和 80 年代中发行的重点建设债券和重点企业建设债券(其中包括电力债券、钢铁债券、石油化工债券)，就明确规定了发行的目的是为了筹集建设资金。

1998—2002 年，我国每年发行的国债中，都包括 1 000 多亿元的建设性国债，主要用于社会基础设施建设和重点行业的更新改造。公债是政府在正常收入形式以外，筹集资金用于经济建设的一种重要手段。

3. 调节经济

公债的发行、偿还和使用，都会对经济发展、资源配置和收入分配产生一定的影响。无论从哪种意义上讲，公债都是对 GDP 的再分配，反映了社会资源的重新配置，是财政调节经济的重要手段。发行公债意味着政府集中支配的财力增加，而公债收入投放方向的不同，对社会经济结构的影响也不同：用于生产建设，将扩大社会的积累规模，改变原有的投资与消费的比例；用于公共消费，则扩大社会的消费规模，使积累和消费的比例向消费倾斜；用于弥补财政赤字，就是政府平衡社会总供给和社会总需求关系的过程；另外，短期公债还可以作为中央银行进行公开市场操作的手段，是其调节货币流通量的重要手段。

1）财政赤字也是一种经济发展的手段

中国的经济发展处于特殊的历史阶段。传统的农业经济、迅速发展的工业经济与刚刚崭露头角的知识经济三元经济状态并存。经济发展的实质在于工业化，而工业化的核心又是结构转换。旨在实现工业化的经济发展，一方面是现代工业的成长，另一方面是对传统农业的改造，而中国的现状是：农业低效率发展不能为工业部门的迅速扩张奠定坚实的基础，反而有可能对工业增长具有抑制效应；现代工业正处于形成过程中或者说刚刚进入工业化加速时期，不可能大规模以现代化工业来改造传统农业，提高农业生产效率；私人资本缺乏积累的条件和积累，通过市场供应的十分有限，训练有素的劳动力储备极少；产业结构极不合理，导致整个国民经济运行效率不高。在这种左右为难的境况下，无论是农业的现代化、工业化进程的加速，还是产业结构的调整与升级，都需要政府的直接投入和间接投资(税收优惠和其他鼓励措施)。当然，政府的介入也会发生各种问题，但全靠高效率的市场机制实现工业化也许周期十分漫长，而政府有效的干预之后也许可以大大缩短，更何况中国目前还没有乃至今后相当长时期内也不可能迅速形成高效率的市场体系和市场机制。倘若承认政府干预的这种作用，那么，政府的增支减收政策无疑会产生财政赤字。

回顾中国 30 多年来的经济发展历程，不难发现，财政赤字有效地动员了社会资源，积累了庞大的社会资本(包括社会基础设施和经济设施)，推动了国有企业的制度变革(比如当初的减税让利政策)，缩短了居民的消费周期，促进了经济的持续高速增长。

2）财政赤字的经济增长效应

自改革开放以来，中国经济保持了持续高速增长，财政政策的贡献非常突出。鉴于到目前为止，社会保障制度尚未建立和健全，税收制度因个人所得税比重相对较低而缺乏弹性，因此，财政政策中的自动稳定政策效果尚不显著而相机抉择政策措施主要是减税和增加支出(结果必然是财政赤字)，但这些措施不仅出于短期调整不景气、稳定经济目的，而且更重要的是长期作为刺激经济增长的工具来使用的。所以扩张性的财政政策对经济增长的贡献很大。例如，有学者通过分析近年来中国政府采取的扩张性财政政策，得到两点结论：①在1981—1996年的16年中，实施财政赤字的政策总体上使经济增长率提高了1.32个百分点，贡献率为13%，而其中的相机抉择政策使经济增长率提高了2.36个百分点，贡献率达23%。特别是1990—1996年的7年中，这种财政政策总体上使经济增长率提高了2.01个百分点，贡献率近20%，而其中的相机抉择政策使经济增长率提高了3.8个百分点，贡献率高达37%。②在16个经济转型过程中，前9年的财政政策效果远不如后7年的财政政策效果。这说明随着经济体制改革的不断深入，政府的宏观经济管理能力加强，运用财政政策的技巧日臻成熟，技能大大提高了。

3）财政赤字的拉动效应

从某种程度上说，财政赤字不仅不具有挤出效应，指政府支出增加对引起私人支出减少的影响，反而可能有拉动效应。拉动效应是指政府支出增加对引起私人支出增加的影响。从挤出效应理论来看，财政赤字对民间部门(包括企业和个人)投资的挤出效应是通过利率机制实现的，即赤字支出推动利率上扬，抑制了民间部门的投资支出。但由于中国目前的利率管制制度使得利率水平对财政赤字的反应灵敏度很小，而且公债利率对银行利率没有推动作用，因此，财政赤字不会通过影响利率水平而挤出民间部门投资支出。即使利率与财政赤字之间存在着一定关系，但目前经济运行中的民间部门投资对利率变化缺乏弹性。很多经验研究表明，发展中国家普遍存在着私人投资对利率反应不灵敏的现象。总之，在中国目前的经济运行状况下，财政赤字具有零挤出效应。不仅如此，中国的财政赤字还具有拉动效应。经济理论界认为，拉动效应主要由3个因素决定：财政支出的生产性、投资函数的形式以及资产的替代性。

(1) 格鲁斯曼和卢卡斯在分析生产性财政支出对价格水平的影响时指出，倘若财政支出具有生产性，赤字支出就具有拉动效应。中国在1981—1995年间，财政支出中经济建设费平均占近一半，即48.67%，财政支出具有很强的生产性。况且，绝大部分赤字支出一般都用于为民间部门生产经营活动提供基础设施的投资。

(2) 格鲁斯曼和巴罗等认为，如果投资函数的形式为$I(r, Y)$(其中，I代表投资，r代表利率，Y代表国民收入)，利率上扬虽然会使投资减少，但国民收入增加却使投资增加，投资最终是增是减，需要考虑这两种相对力量的大小。具体到中国的情况，如前所述，民间投资对利率缺乏弹性，而经济又是长期持续增长，故赤字支出通过国民收入增加而产生拉动效应。

(3) 在人们现有的财富主要由货币、公债和股票构成的情况下，如果股票相对于公债的风险越大，以公债融资的赤字支出就越会产生拉动效应。在中国目前股票市场尚不完善，投资者尚不成熟的情况下，人们普遍认为股票的风险大于公债，这也是理论上早已证明了的。

10.2.3　公债的种类

现代政府公债种类很多，不仅包括各种各样的借款，而且有名目繁多的债券，形成了庞杂的债务体系，为了更好地认识公债、便于对公债进行有效管理，有必要对公债进行分类。按不同的标准，可对公债进行多种分类。

1. 以国家举债的形式为标准，公债可分为国家借款和发行债券

国家借款是最原始的举债形式。现代国家在向外国政府、银行、国际金融组织等举借外债和向本国中央银行借款时主要采取这种形式。但借款通常只能在债权人数量较少的情况下进行。在应债主体很多的情况下，则应采用发行债券的形式。目前，我国的内债以债券为主，而国家举借的外债主要是向外国政府、国际金融机构的借款。

2. 以公债筹措和发行的地域为标准，公债可分为内债和外债

内债是指政府在本国的借款和发行的债券。外债则是政府向其他国家政府、外国银行、国际金融组织的借款和在国外发行的债券。按此标准分类，其目的在于为了考察内外债的资金来源及还本付息对本国经济的影响。我国目前的公债主要是内债。

3. 以公债的偿还期限为标准，公债可分为短期公债、中期公债和长期公债

偿还期限较短的公债称为短期公债，通常将把一年以内还本付息的公债称为短期公债；偿还期限较长的公债称为长期公债，通常将十年以上还本付息的公债称为长期公债；介于两者之间即一年以上十年以下还本付息的公债称为中期公债。按照这种标准分类的目的在于依据债券期限的长短对财政收入和支出的影响不同，确定合理的期限结构，以便国家高效率地运用所筹措的资金。目前，我国发行的债券多为中长期公债，短期公债较少。期限有一年、二年、三年、五年、八年和十年六种。

4. 以债券的流动性为标准，公债可分为可转让公债和不可转让公债

国家的借款通常是不能转让的，只有债券才有可转让和不可转让之分。可以在金融市场上自由转让的公债，称为可转让公债；不能在金融市场上自由流通转让的公债，称为不可转让公债。债券能否上市转让，即是否具有流动性是决定债券吸引力大小的重要因素。按此标准分类的目的是利用二者对货币流通的不同影响，确定合理的上市债券比例，配合国家的金融政策，实施对货币流通的调控。一般说来，自由转让是公债的基本属性，大多数国家的债券都是可以进入证券市场自由买卖的，但也有一些国家债券不允许公开出售。我国自 1988 年开放国库券二级市场以来，国库券才允许上市流通。

5. 以公债的发行方式为标准，公债可分为自由公债和强制公债

政府发行的可由认购者自愿购买的公债，称为自由公债，这是公债发行采取的最普遍的形式，在这种方式下，购买者遵循自愿原则，自己认购，政府不加干涉。政府不论认购者愿意与否，而是利用政治权力强制发行的公债，称为强制公债，强制公债在举债时规定认购条件，符合条件者必须购买，任何人不得拒绝。我国 1981—1990 年发行的国库券属强制公债，自 1991 年至今发行的国库券为自由公债(但 1993 年例外，属强制公债)。

此外，公债还有其他的分类方法：以国债是否记名为标准，国债可以分为记名国债和无记名国债；以国债是否具有相关凭证为标准，可以分为凭证式国债和记账式国债等。

10.3 公债的发行与偿还

10.3.1 公债的发行条件

公债的发行是指公债售出或被投资者认购的过程，是公债运行的起点和基础环节。公债发行主要涉及两个方面的问题：发行条件和发行方式。发行条件包括发行价格、发行利率、发行期限和是否可转让等，其中，最主要的发行条件是发行价格和发行利率。

1. 公债的发行价格

公债的发行价格是指政府债券的出售价格或购买者的购买价格。首先，它不同于公债的市场价格，市场价格是指公债流通或转让的价格，是在公债二级市场上自发形成的。发行价格则是政府制定的，当然政府确定发行价格也要以市场价格为参照系。再者，公债的发行价格不一定就是票面价格，公债可以低于票面金额发行，也可以高于票面金额发行。因此，按照公债发行价格与其票面值的关系，公债发行价格可以分为平价发行、溢价发行和折价发行三种情况。

1）平价发行

平价发行，也称面值发行，就是政府债券按票面价值出售。认购者按票面价值购买，政府按票面价值取得收入，到期也按票面价值偿还本金。政府债券按平价发行必须具备两个条件：一是国债利率与市场利率大体一致。如市场利率高于国债利率，按票面价值出售可能找不到认购者或承购者，国债发行面临困难；市场利率低于国债利率，按票面价值出售，财政将遭受不应有的损失。二是政府的信用必须良好。唯有在政府信用良好的条件下，人们才会乐于按票面值认购，国债发行任务的完成才有足够的保障。

2）折价发行

折价发行，就是政府债券以低于票面价值的价格出售，即认购者按低于票面价值的价格购买，政府按低于票面价值的价格取得收入，到期仍按票面价值还本。政府债券折价发行，其原因主要是在财政发行任务较重的情况下，需要政府提高利率或折价发行来调动投资者认购国债的积极性，而采取提高国债利率的方式会引起市场利率的上升，会对经济产生紧缩性影响。这时，采用折价发行给予投资者额外的收益是较好的选择。

3）溢价发行

溢价发行，就是政府债券以高于票面价值的价格出售，即认购者按高于票面价值的价格购买，政府按这种高于票面价值的价格取得收入，到期则按票面价值还本。政府债券溢价发行，只有在公债利率高于同期市场利率时才能办到。因认购者按溢价认购，在价格上会有些损失，如果公债利率低于同期市场利率，则认购者将无利可图；但高利率带来的收益足可以弥补价格损失，以至政府债券的综合收益率与其他证券相比仍是最高的，使认购者有利可图。

比较上述三种发行价格，从政府财政的角度看，第一种价格即平价发行是最为有利的。首先，采用平价发行，政府可按事先规定的票面价值取得预期收入，又按此偿还本金，除需按正常的利率支付利息外，不会给政府财政带来额外负担。其次，按票面价值出售公债，不会对市场利率带来上涨或下降的压力(政府利用国债利率调控经济时除外)，这显然有利于经济的稳定。采用溢价发行，虽然可在发行价格上为政府带来一些价差收入，但比市场利率高的公债利率，财政也要相应为此负担较高的利息支出，而且由于其收入不规则，也不利于财政收支的计划管理。至于折价发行，对财政明显是不利的，因其既不能为财政按票面价值带来预期收入，偿还本金支出又大于实际公债收入。正因如此，我国自1981 年恢复发行公债以来，均采用平价发行。

2. 公债利率

国家借款或发行债券到期时不仅要还本还要支付一定的利息，支付利息的多少则取决于公债利率，所谓公债利率，是指公债利息与票面价值的比例。公债利率的选择和确定，是公债制度建设的重要环节，它与公债的发行和偿还密切相关。一般而言，公债利率越高，发行就越容易，相应国家财政所要支付的利息也增加。因此，利率的选择既要考虑发行的需要，又要考虑偿还的可能，权衡财政的经济承受力和发行的收益与成本之间的对比。通常的情况是，公债利率高低以保证公债顺利发行为基准，而什么样的利率既可以保证公债的顺利发行，又使得政府的负担适宜，主要是根据当时的市场利率、银行利率、政府信用状况和社会资金供求状况等因素来确定的。

1）市场利率

在市场经济国家，市场利率是制约公债利率的主要因素。市场利率一般是指证券市场上各种证券的平均利率水平。一般情况下公债利率应保持与市场利率大体相当的水平，这样才能使公债具有一定的吸引力，才使投资者购买公债有利可图，也才能使公债得到顺利发行。如果公债利率高于市场利率，不仅会增加财政的利息负担，还会出现公债券排挤其他证券，或拉动市场利率上升，不利于证券市场和经济的稳定；而公债利率低于市场利率太多，则会使公债失去吸引力，影响公债的正常发行。

2）银行利率

在我国的经济生活中，起主导作用的是银行利率，而银行利率又是由国家制定的，国家制定利率水平，考虑了利息负担占成本和利润的适当比重，并体现国家经济政策的要求。市场利率在银行利率基础上受资金供求状况的影响而有所浮动。因此，我国公债利率的确定主要是以银行利率为基准，一般应略高于同期银行存款的利率水平。

3）政府的信用

公债利率在很大程度上受制于市场利率或银行利率，但两者并非是完全一致的，因为政府信用也是影响公债利率的一个重要因素。公债不同于私债，公债以国家信誉为担保，一般而言，国家的信用保证性强于私人信用，政府的信誉越高，公债的吸引力就越大，公债就有可能在利率较低的情况下，顺利销售出去，正因如此，有些国家发行的债券虽然利率略低于市场利率，但发行并不困难。当然，如果公债利率低于市场利率的差距过大，即使政府的信用再高，也难以吸引社会游资，也会出现发行不畅。

4）社会资金的供求状况

社会资金的供求状况也是影响公债利率的一个重要因素。若社会资金比较充裕，闲置资金较多，公债利率可以适当降低；若社会资金十分短缺，公债利率必须相应提高。否则，有可能使国家承受不必要的利息支出，或是使公债的发行不畅。

在正常情况下，政府确定公债利率就是以上述几个方面的因素为依据的，但是，有时政府为实现某种特定的经济政策，会选择较高或较低的公债利率，以诱导社会资金的流向，刺激或抑制生产与消费，因此，国家的宏观经济政策也是影响公债利率的重要因素。利用公债利率的升降调节证券市场运行和资金运转，已成为各国政府实现宏观经济管理的重要手段之一。

10.3.2 公债的发行方式

公债的发行除涉及发行价格和发行利率等发行条件的确定外，还涉及公债的发行方式，即国家通过什么样的方式将公债出售到认购者手中。公债的发行主要有六种方式：固定收益出售方式、公募拍卖方式、连续经销方式、直接销售方式、综合方式以及强制摊派方式。

1. 固定收益出售方式

固定收益出售方式，是一种在金融市场上按预先确定的发行条件发行公债的方式。其特点是认购期限较短，发行条件固定，推销机构不限，主要适用于可转让的中长期债券的发行。在金融市场稳定的条件下采取这种方式是比较有利的。政府可据此预测市场容量，确定公债的收益条件和发行数量，也可灵活选择有利的推销时间。但在金融市场利率易变或不稳定的情况下，采用这种方式就会遇到一定困难，主要是政府不易把握市场行情并据此确定公债的收益条件及发行数量；即使勉强确定，也极有可能与市场行情不适应，难以保证公债发行任务的完成。

2. 公募拍卖方式

公募拍卖方式也叫公募招标方式，是指在金融市场上通过公开招标发行公债的方式。其主要特点是：发行条件通过投标确定；招投标过程由财政部门或中央银行负责组织，即以它们为发行(推销)机构；主要适用于中短期公债，特别是国库券的发行。具体的招标或拍卖的方式是多种多样的，主要有以下几种：

（1）价格拍卖，即公债的利率和票面值固定不变，认购者根据固定的利率和未来的金融市场利率走势的预期对公债的价格进行投标。投标价格可以高于债券面值，也可以低于债券面值。推销机构则按价格及购买数额由高到低依次出售，额满为止。

（2）收益拍卖，即固定债券出售价，认购者对债券的利率即投资收益率进行投标。发行机构则根据投标利率的高低，由低到高依次出售，额满为止。

（3）竞争性出价，即由财政部门事先公布债券发行量，发行价格和利率不固定，认购者据此自报愿接受的价格和利率，发行机构按认购者自报的价格和利率，或从高价开始，或从低利率开始，依次决定中标者，一直到完成预定的发行数量为止。

（4）非竞争性出价，即对一般小额认购者或不懂此项业务的认购者，可只报拟购债券的数量，发行机构对其按当天成交的竞争性出价的最高价与最低价的平均价格出售。这种拍卖方法通常只限于认购者在一定额度之内(如美国为 100 美元)的认购者采用。

采用公募拍卖方式发行公债时，常常要附加某些限制性条件。其中主要是规定最低标价(发行价格)和最高标价(发行利率)，低于最低标价或高于最高标价的投标，发行机构不予接受。

3. 连续经销方式

连续经销方式，也称出卖发行法。一般由财政部门委托金融机构、中央银行或证券经纪人在金融市场上设立专门柜台代为经销国债的方式。其特点是经销期限不定，发行条件不定，即不预先规定债券的出售价格和利率，而由财政部门或其代销机构根据推销中的市场行情相机确定，且可随时进行调整。这种方式主要适用于不可转让债券，特别是对居民发行的储蓄债券。其主要优点是可灵活确定国债的发行条件和发行时间，从而确保国债发行任务的完成。缺点是会排挤其他债券如企业债券和金融债券，从而妨碍工商企业民间的筹资活动。实际上，其他方式也同样存在这个问题，只不过连续经销方式表现更为突出。目前只有澳大利亚、丹麦等少数国家采用。

4. 直接销售方式

直接销售方式也叫承受发行法。它是由财政部门直接与认购者举行一对一谈判出售公债的发行方式。主要特点是发行机构只限于财政部门，而不通过任何中介或代理机构；认购者主要限于机构投资者，其中主要是商业银行、储蓄银行、保险公司、各种养老基金和政府信托基金等；发行条件通过直接谈判确定。这种方式主要适用于某些特殊类型的政府债券的推销。

如我国 20 世纪 80 年代以来对银行、保险公司、养老保险基金和待业基金定向发行的财政债券、专项国债和特种国债等，就是采用这种方式发行的。

5. 综合方式

这是一种综合上述各种方式的特点而加以综合使用的公债发行方式。在某些国家的公债发行过程中，有时并不单纯使用上述的任何一种方式，而是将这些方式中的一些特点综合起来，取其所长，结合使用。英国是一个最典型的例子。在英国，公债的发行往往采取先拍卖后连续经销的方式，即最初先将公债以公募拍卖方式出售，由于拍卖期限较短，且附有最低标价规定，难以避免投标数量不足。拍卖余额由英格兰银行(中央银行)负责购入，其后再以连续经销方式继续出售，直到完成预定的发行任务。英国的这种发行方式就是综合了公募拍卖和连续经销两种方式的特点，取长补短，也具有了相当的灵活性。

6. 强制摊派方式

这是一种政府利用政治权力推销国债的方式。其特点是带有强制性，即一旦摊销数额和对象确定，不论认购者是否愿意，都必须如数支付债款，接受债券，因而在形式上接近于税收。这种方式的优点是可为政府迅速地筹措到所需的资金，一般不会发生认购不足的情况。但它的弊端也非常明显，这就是它违背信用经济的基本要求，容易使认购者产生抵触情绪。因此，一般情况下不宜采用。

我国自1981年恢复发行国债之初，基本采取单一的行政摊派方式。这是由当时的客观条件决定的。一是我国发行国债不长，人们对国债的认识不够；二是国债利率低于同期银行储蓄利率，国债券又不能转让流通，限制了人们认购国债的积极性；三是人们的收入水平低。所有这些因素，决定了当时国债的发行只能采取行政摊派这种特殊的方式。1991—1993年，随着国债发行条件的改善，在对部分国债的发行继续沿用行政摊派的同时，开始采用承购包销(固定收益)的发行方式。1994—1995年，则基本上采取单一的承购包销方式。1996年以来，国债的发行基本上是同时采用承购包销、公募拍卖和直接销售方式。基本的结构是：以公募拍卖方式出售可上市国债(记账式国债)；以承购包销方式出售储蓄国债(凭证式国债)；以直接销售方式向社会保障机构和保险公司出售定向国债。

10.3.3 公债的偿还

公债作为一种信用形式，到了偿还期限后，政府就要按照发行时的规定偿还本金并支付利息，因此，公债的偿还包括本金的偿还和利息的支付。本金的偿还数虽然是固定的，但偿还方式是多样的，具体有：分期逐步偿还法、抽签轮次偿还法、到期一次偿还法、市场购销偿还法、以新替旧偿还法等，慎重地选择好偿还方式是公债偿还中的一个重要任务。

1. 还本方式

1）分期逐步偿还法

分期逐步偿还法，即对一种债券规定几个还本期，每期偿还一定比例，直到债券到期时，本金全部偿清。如2年期票面额为10 000元的债券分2次在2年内偿还，每年偿还1/2，持有人可每年从政府收回5 000元，直到2年期限结束后，收回全部本金10 000元。这种偿还方式可以避免到期一次偿还给财政带来的压力，但还本越迟，利率越高，国债偿还的工作量和复杂程度将会因此而加大。

2）抽签轮次偿还法

抽签轮次偿还法，即在公债偿还期内，政府通过定期对债券号码抽签对号以确定偿还一定比例债券，直到偿还期结束，全部债券皆中签偿清为止。我国1981—1984年发行的国库券就采用了这种发行方式。如1981年的国库券，自1986—1990年分5年偿还，每年偿还1/5，政府通过抽签确定各年度应偿还的国库券号码并向社会公布。每年只对本年度中签的那部分国库券进行偿还。这种还本方式的利弊与分期逐步偿还法大致相同。

3）到期一次偿还法

到期一次偿还法，即实行在债券到期日按票面额一次全部偿清。其优点是公债还本管理工作简单、易行，且不必为国债的还本而频繁地筹措资金；缺点是集中一次偿还本金，有可能给财政支付带来较大压力。我国1985年以后发行的国债一般都采取这种还本方式。

4）市场购销偿还法

市场购销偿还法，即政府在债券期限内通过定期或不定期地从证券市场上买回一定比例的债券，买回后不再卖出，以致在这种债券到期时，已全部或绝大部分被政府所持有，从而债券的偿还已变成一个政府内部的账目处理问题了。这种偿还方式只适用于可转让债券。其中由于各国中央银行进行公开市场业务活动，大量买卖短期债券，因此，市场购销偿还法就成为短期债券还本的主要方式。其长处是给投资者提供了中途兑现的可能性，并会对国债券的价格起支持作用。其短处是只限于可转让国债，而且对国债流通市场有较高的要求。

5）以新替旧偿还法

以新替旧偿还法，即通过发行新债券来兑换到期的旧债券，以达到公债偿还的目的。采用这种方式的目的是为了缓解兑付高峰、国家财政资金紧缺与债务集中偿还的矛盾。我国 1990 年、1991 年对到期国债券曾采取过这种转换债的方式偿还。具体做法是：继续沿用原来的债权凭证(或收款单)，按新公布的转换债利率，采取推迟偿还、分段计息的做法。这种偿还方式，严格来说，政府并没有按期偿还国债，不利于维护政府的债信，因此不宜经常采用。

2. 付息方式

正如上面所述，公债的偿还除了包括本金的偿还外还包括利息的支付。虽然公债还本一般不列入财政支出，但把公债利息的支付列入财政支出却是世界各国的通行做法。由于公债在发行时已经规定了利息率，每年应付的利息支出是固定的，政府在公债付息方面的主要任务，便是对付息方式，包括付息次数、时间及方法等做出相应的安排。公债的付息方式大体上可以分为两类：按期分次支付法和到期一次支付法。

1）按期分次支付法

按期分次支付法，即将债券应付利息，在债券存在期内分为几次(如每一年或半年)支付，一般附有息票，债券持有者可按期剪下息票兑付息款。这种方式往往适用于期限较长或在持有期限内不准兑现的债券。这是因为，在较长期限内，如能定期支付一定数额的利息，不仅可以激发投资者认购公债的积极性，也可以避免政府债息费用的集中支付，使债息负担均匀分散化。

2）到期一次支付法

到期一次支付法，即将债券应付利息同偿还本金结合起来，在债券到期时一次支付。这种方式多适用于期限较短或超过一定期限后可随时兑现的债券。这是因为，在较短的期限内，债券的分次支付成为不必要。如在债券到期时将息款连同本金一次支付，则可大大简化公债付息工作，对债券持有者来讲也是可以接受的。

由于付息方式的不同，政府每一年度应付的利息和实际支付的利息并不完全一样。通常情况下，应付额会大于实付额而形成一笔利息上的债务。因此，在公债付息工作中，政府往往要通过恰当地选择付息方式，安排好应付额和实付额之间的关系，以期与财政状况和经济形势的需要相适应。

10.4　公债的规模

10.4.1　公债规模的含义

公债规模是一个国家的政府举借公债的数额及其制约条件。公债规模包括两方面的内容：一是公债的负担；二是公债的限度。分析公债的规模必须对这两方面进行分析，以正确确定在一定时期内，国家发行公债的数量及其与国民经济有关指标的关系。

1. 公债的负担

公债的发行会产生多方面的负担，各国的经济实践已经充分表明，公债的负担可以从以下几个方面来进行分析。

1）认购者即债权人的负担

公债作为认购者资金使用权的让渡，这种让渡虽是暂时的，但由于在公债偿还之前，认购者不再拥有资金的使用权，对他的经济行为会产生一定的影响，所以公债发行必须考虑认购者的实际负担能力。

2）政府即债务人负担

政府借债是要偿还的，到期要还本付息，尽管政府利用公债获得了经济利益，但偿债却体现为一种支出，借债的过程也就是政府公债负担的形成过程，所以，政府借债要考虑自身的负担能力，也即偿还能力，只能量力而行。

3）纳税人负担

不论公债资金的使用方向如何，效益高低，还债的资金来源最终还是税收，国家债务最终是由纳税人负担的。

以上是分析公债形成当前的社会负担。实际上，公债负担在一定条件下还会向后推移，即公债负担向后代转移，如果公债的偿还期较长，或者以新债还旧债并不断扩大债务规模，就会形成一代人借的债由下一代人偿还和负担的问题。如果转移债务负担的同时为后代人创造了相应的财富，这种债务负担的转移是可以接受的；如果留给后代人的只有债务，没有相应的财富，必然影响后代人的生产和生活。

2. 公债的限度

由于公债会形成社会负担，如果规模过大，超过各方面的负担能力，会对财政和社会经济的正常发展带来极大的负面影响，可能引发财政危机甚至经济危机，所以公债必须有一定的限度。公债的限度一般是指国家债务规模的最高额度或指公债适度规模问题。所谓债务规模包括三层含义：一是历年发行公债的累积余额，即历年发行的公债中尚未偿还的数额，也叫公债余额；二是当年发行的公债总额；三是当年到期需还本付息的债务总额。

公债规模要受多种因素制约。首先，公债规模受认购者负担能力的制约，认购者负担能力的高低是决定公债规模的主要因素。公债的应债资金来源，从国民经济总体看就是国内生产总值，国内生产总值即为认购者整体的应债来源；其次，公债规模要受政府偿债能力的制约，政府用于归还债务本息的资金来源是财政收入；最后，公债的使用方向、结构和使用效益也是影响公债规模的重要因素。公债规模是否适度，还要从公债的最终使用来考察。如果公债的使用方向、结构安排合理，促进了社会效益和经济效益的提高，自然会提高认购者的应债能力，也会产生一种“内生”的偿债能力，从而自然也就提高了公债的规模。相反，如果公债使用效益低下，甚至存在大量浪费现象，则公债规模自然越小越好。

10.4.2　衡量公债规模的指标

如上所述，公债限度是指公债规模的最高额度或公债的适度规模，也就是说，公债规模存在一个适度的问题。如果公债规模失控，不但难以发挥其应有的积极效应，反而会给国家财政和社会经济的正常运转带来消极影响。一般来说，量度公债规模的指标主要有公债负担率、偿债率、债务依存度等。

1. 公债负担率

公债负担率，是指当年公债发行额或公债余额占GDP的比重。用公式表示为

公债负担率＝当年公债发行额或公债余额/当年国内生产总值×100%

该项指标表示政府债务存量规模与国民经济活动规模的关系，反映政府举债对国民经济的影响程度。债务负担率较高说明政府的借债行为对国民经济活动的影响较大，增发公债的潜力有限；而债务负担率较低，则说明社会应债能力较强，公债规模可以适当扩大。一般认为，公债负担率低于60%，国民经济是可以承受的，没有超过认购者总体的负担能力，表现在公债发行过程比较顺利。

2. 偿债率

偿债率，是指当年的公债还本付息额占当年财政收入的比重。用公式表示为

偿债率＝当年公债还本付息额/当年财政收入总额×100%

该项指标表明预算年度的财政收入中有多大份额需用于偿付到期债务本息，该指标直接反映政府偿债能力的大小。一般认为，该指标不超过10%为正常。

3. 债务依存度

债务依存度，是指当年公债发行额占当年财政支出的比重。用公式表示为

债务依存度＝当年公债发行总额/当年财政支出总额×100%

该项指标用以表示在当年政府预算中，公债收入占财政支出的比重，其中财政支出包括债务还本付息支出，它反映财政支出对债务的依赖程度。当公债发行量过大，债务依存度过高时，表明财政支出过多依靠债务收入，这必然对未来的财政平衡构成潜在威胁。该指标的国际警戒线为15%～20%。

10.5　公债的经济效应和政策效应

10.5.1　公债的经济效应

1. 公债的投资扩张和挤出效应

公债具有筹集建设资金的功能，为政府投资支出的扩张提供支撑。实际上，公债筹资除少数情况外，一般都用于增加财政投资支出。通过公债筹资，使政府在资源配置上具有更强的能力，尤其对完善基础设施、调整经济结构、促进重点领域和重要产业的发展，能

产生明显的效果。公债不仅能将社会闲散资金集中起来重点运用，同时还会产生“引致效应”，即为民间部门投资提供更多的机会并引导资金流向。如运用公债资金建设的公共项目，将会改善相关区域的投资环境，增加投资机会，降低投资风险。

公债筹资的另一方面是会产生挤出效应。公债的挤出效应是指公债的发行导致民间部门可借贷资金的减少，引起资本投资的减少。其形成机制为：当政府通过举债扩大其支出规模时，将使部分原可支撑民间部门投资的资金发生转移，在货币供给量不变的情况下，一方面增加了货币需求，另一方面减少了市场即期资金供给量，市场利率水平相应抬高，从而产生对民间部门投资的“挤出”。公债挤出效应的大小，在不同的经济条件下存在很大差异。首先，挤出效应的大小取决于政府举债时的市场投资意愿、投资机会、资金供求状况、利率变动趋势等因素。当市场投资需求不旺、闲置资金较大、利率趋于下滑时，政府债务融资对利率的影响较小，挤出效应也较小；相反，政府债务融资对利率的影响较大，挤出效应也较大。其次，公债的挤出效应在很大程度上受到中央银行货币政策的影响。对公债挤出效应的分析通常以货币供给量不变为前提，而现实生活中货币供给量会随中央银行货币政策的调整而发生相应变化。因此，当公债发行规模扩大时，只要经济尚未达到充分就业状态，其挤出效应会因同期中央银行货币政策的松动而有所减弱。实际上，在存在挤出效应的情况下，公债发行的利弊还取决于对其机会成本的评估，当公债投资效益高于市场平均效益时，即使存在对民间投资的挤出，公债发行仍是有利的，相反则是不利的。

2. 公债的财政效应

在现代经济中，总体上看，财政支出具有稳定和持续增长的特征，而经济的发展则具有一定的波动性，因此，在年度中要使正常的财政支出与收入完全匹配几乎是不可能的，这时，公债作为财政收入的补充形式，就具有保证特定时期财政支出需要的重要作用。实际上，公债是弥补财政赤字、平衡财政预算、缓解财政困难的最可靠和迅速的手段，当国家财政一时支出大于收入，面临短期困难时，如果通过增税来满足需求，一则要通过一系列法律程序，手续较为烦琐，周期较长；二则增税将带来长期性影响，并会产生经济扭曲。而通过发行公债尤其是短期的国库券，则程序简捷，能够满足急时之需，并避免消极影响。所以，各国无不把举债作为弥补年度财政收支缺口的主要手段。从长期看，公债融资还是筹集国家建设资金的重要方式。特别对于发展中国家，一些投资大、建设周期长的项目，如能源、交通、环保等基础设施，往往是制约国民经济发展的“瓶颈”，对这类项目企业和个人可能无力投资或因风险太大而不愿投资，这就需要国家来承担投资建设的重任，否则，经济发展就缺乏持续的推动力。国家积累建设资金，税收无疑是重要手段，但是，任何国家都不可能依靠单一的税收方式去完成积累建设资金的任务。在市场经济条件下，运用各种信用方式筹集建设资金，是有效、便捷和不可缺少的。一般来说，公债筹资较之银行吸纳储蓄，具有信誉高、风险低、稳定性强等特点，从而它以独特方式为国家积累建设资金开辟了道路。

公债要用未来的财政收入来偿还，因而以借债方式满足当前支出需要实际上是对未来收入的提前支用，或者说支取未来的税收。由于这一性质，公债筹资还会引起收入再分配效应。首先，公债会改变当代人之间的收入分配关系。公债不仅要还本，还要付息，在币值不变的情况下，公债购买者会增加收入，多买者多受益，少买者少受益，不购买者则无相应的利益。由于为支付公债利息而征收的税款在负担的分布上与利息的收益者之间不可能是一致的，因而会产生收入再分配效应，并且，一般说来，收入高者多购买，收入低者少购买或不购买，这种再分配效应倾向于扩大收入分配差距。其次，公债产生代际之间的分配关系。在将公债偿还责任向下代人推移的情况下，就会产生公债究竟是给后代人造福还是加重后代人负担的问题。

3. 公债的货币信用效应

公债是政府以税收为偿还保证而举借的债，因而具有较高的信用水平。公债的债权人在失去原有的货币资金使用权后，可以用公债作担保或抵押取得银行贷款或向其他主体拆借资金。这样，公债就成为一种极为重要的信用工具，被广泛应用于信贷活动中，其结果，必然是加速资金周转，导致货币投放和信用规模的扩张。

另一方面，由于公债较高的信誉和一般来说高于普通存款的实际利率，会对投资者产生较强的吸引力，从而使部分已在银行体系中运转的资金转而流向公债，这将导致银行的资金来源相应减少，对金融系统原有的信贷平衡产生冲击，要求银行相应调整其信贷规模和结构。

10.5.2 公债的政策效应

公债具有刺激经济、拉动需求以调控宏观经济平稳运行的效应。当经济处在低谷时，经济增长速度下降，社会失业率上升，政府要采取扩张性的财政政策对经济进行调节，其中重要的手段是通过增加公债发行，扩大财政支出，以提高社会总需求水平和资源利用效率，使经济尽快走出困境。实施扩张性财政政策一般与增加公债发行量相联系，它实质上是以预算收支赤字和增加政府债务负担为代价，谋求经济的稳定和持续增长。在这种情况下增发公债，应当说有利于政府长期目标的实现，因为在经济低谷时若固守财政平衡的观念，实际上是放弃了财政应有的职能，不仅使财政平衡的水平下降，而且不利于未来正常收入的增长，最终财政收支也难以保持平衡。当然，在一般情况下，公债发行规模过大，也可能导致需求过度膨胀，引发物价上涨。

从货币政策的运用看，公债还是中央银行实现一定货币政策目标的操作对象。当商业银行把公债当做流动性较强的金融资产时，中央银行在金融市场上通过公开市场业务，买进或卖出公债，可以十分有效地调节商业银行的资金，进而影响商业银行的贷款和投资，调控社会货币供应量，起到刺激或抑制社会总需求的作用。

本章小结

财政收支在量上进行对比有三种结果，即财政平衡、财政结余和财政赤字。从世界各国预算执行的实际来看财政赤字更为普遍。财政收支完全相等，往往只是财政收支对比的一种理想状态，是预算编制和执行的参照准则。因此，在实践经济生活中对财政平衡不可以作绝对的理解，略有结余或略有赤字视为基本平衡。

财政赤字是实际中更常见的，它有两种计算口径，根据计算口径的不同及与经济运行状况的关系不同等标准，赤字又分软赤字、硬赤字、预算赤字、决算赤字、周期性赤字与结构性赤字等不同的类型。在财政的实践中，用以弥补财政赤字的措施有多种，其中最可行也最常用的是发行公债。

公债是国家或政府通过发行债券或直接借款等方式向国内外举借的债务，它是国家取得财政收入的一种方式。公债产生于奴隶社会，到资本主义社会得到了迅速的发展。

公债的发行主要包括两个基本问题：发行条件和发行方式。发行条件主要是发行价格和发行利率的确定；发行方式主要有固定收益出售方式、公募拍卖方式、连续经销方式、直接销售方式、综合方式以及强制摊派方式。公债的偿还包括还本方式和利息支付方式。

公债具有弥补财政赤字、筹集建设资金和调节经济的功能。但公债的利用不仅会给认购者、政府财政、纳税人带来一定的负担，还会出现公债负担的代际转移。因此，必须注意公债的适度规模。一般来说，量度公债规模的指标主要有公债负担率、偿债率、债务依存度等。

公债在运行中会产生扩张和挤出投资等经济效应与刺激经济、拉动需求以调控宏观经济平稳运行的政策效应。

阅读资料

我国财政结构性赤字及其存在理由

2003 年财政部开始主动提出减少财政赤字，全年赤字额为 3 197.68 亿元，比 2002 年减少了 100 亿元。2004 年我国经济出现局部过热，中央采取了一系列行政和经济的手段加以抑制，财政也积极配合，提高了土地转让收费标准，增加了房产交易税等，但当年赤字几乎没有减少，赤字额为 3 191.77 亿元。2005 年，中央明确提出要实行稳健的财政和货币政策，全年赤字 2 999.5 亿元，仅比上一年减少了 192.27 亿元。而与此同时，财政收入每年增加的绝对数很大，2003 年总收入 12 483.83 亿元，2004 年总收入 15 110.27 亿元，2005 年总收入 17260.49 亿元，年均增幅两千多亿元。2006 年以后财政收入每年增加更加迅速，至 2013 年，全国财政收入已达 129 143 亿元。但即使这样，财政还是有数额不小的赤字，2006 年至 2012 年，全国赤字规模分别是 2 749 亿元、2 000 亿元、1 800 亿元、9 500 亿元、1 万亿元、8 500 亿元和 8 000 亿元，2013 年为 1.2 万亿元，增幅达 50%。人们因此关注这样一些问题：赤字为什么存在，要持续多长时间？如何防范赤字的长期化？

结构性问题带来结构性赤字

财政赤字分为周期性赤字和结构性赤字。当一国经济步入低潮，出现了通货紧缩和较高失业率的时候，政府就要发债，实行扩张性财政政策拉动经济增长，此时的赤字是周期性的赤字。而解决某些社会、经济问题，应对突发事件或因财政自身结构性问题而出现的赤字就是结构性赤字。结构性赤字对应的是结构性问题，比如，目前美国经济连续 3 年稳定增长，美联储连续 13 次加息，但是由于伊拉克战争，美国连续出现预算赤字，这就是结构性赤字。自然灾害、战争是一种结构问题，维持过高的福利（如欧洲）以及要对大量低收入的人进行补助都是社会结构问题，要解决这些问题往往导致赤字。

我国目前出现的赤字不是因为战争或自然灾害，而是源自中国社会、经济和财政的结构转型过程中支出形成的压力。我国面临着“改革、发展、稳定”三大任务，只有同时兼顾三个方面，才能度过历史的“机遇和挑战并存”的“转型”时期，这决定了财政支出的特定结构。

(1)“改革”要求有超常的“增量”财力支持。十六届五中全会通过的“十一五”规划建议对未来五年社会经济进行了部署，中央经济工作会议和全国财政工作会议又对2006年改革进行了具体安排。改革直接触及经济社会运行中一系列核心领域和深层问题。政府行政改革、垄断行业改革、汇率机制改革、就业、社会保障、教育、医疗和“三农”问题等，都被摆到突出位置。改革部署力度之大、内容之全面、涉及范围之广是空前的。部分改革项目在改革成功以后肯定会减少财政支出，但是目前却付出改革成本，比如行政事业单位改革，特别是乡镇一级控制编制等，要解决人员分流问题，必须有一定的支出，其他如国有企业改革，要解决社会事业剥离问题等。部分改革就是直接增加支出，比如农村义务教育、新型合作医疗以及新农村建设等，都要有新的支出。这些支出数量大，时间比较集中，是原支出基础上新增加的支出，也是超过一般财政收入可支持的超常支出。

(2)“稳定”要求支出、“存量”结构不能作大调整。财政部门努力地调整支出结构，但是在相关条件不具备时不能有大的调整。有人说，这些年的财政支出，是用“存量保稳定，增量搞改革”，这个说法有一定的道理。“存量”在这里是原来形成的支出基数，“增量”是原来基数以后的新增支出。首先，不能大幅度调整支出结构，将原有财力调换到改革和发展需要新支出方面来。我国财政支出的现有结构中确实有一些不合理的地方，比如财政负担人员过多等，但是很难通过快速地、大幅度地调整现有支出结构，将财力用于新增支出方面去，达到缓解支出压力的目的。当然，保存量不是不改革，特别是如政府行政经费增加快、有收费权的事业单位的收费和经费管理松懈等，都是要改革的。其次，从稳定角度看，存量不仅不能动，甚至还要增加投入。因为一些新的支出也与稳定有关。比如城市失业人口生活保障和贫困人口的就业、生活、住房等问题的解决等就要加大支出。另外，还要解决社会出现的新的基本安全问题，比如保障能源安全、粮食安全、环境安全和卫生安全等，国家都要有一定的投入。

(3)“发展”要求财政保持一定的建设投资量。从经济和社会发展方面看，也要求财政有“增量”投入。我国处于经济发展中，基础设施等投入本来就不足，中小城市迅速发展中的基础设施尤其需要加大投资。同时，要实现经济增长方式的转变、科技进步和能源节约等，财政还要投入，通过财政资金的杠杠作用引导和带动更多的社会资金投入。2000—2004年我国经济建设的支出占财政总支出的比重分别为36.18%、34.24%、30.26%、28.04%、27.85%，由于我国财政支出统计数中未含社会保险支出，如把社保支出计算进去(即大口径财政支出)，则这一比重分别仍然可达到31.5%、29.9%、26.1%、24.1%、24%。2004年经济建设事务支出达到7 933.3亿元，虽然国债投资没有增加，但经济建设总支出仍然远远高于发达国家的平均数的8.8%，2005—2006年我国经济建设的支出占财政总支出的比重分别为27.46%、26.56%。此外，经济建设中基本建设的比重也很高。2004年有3 437.5亿元，占经济建设支出的43.3%。虽然不是扩张性财政政策时期，但是基本建设支出仍然很大，体现了我国的“发展阶段支出特征”。由于建设投入需要量很大，而社会事务支出需求也很大，因此财政必须发债。这个债就体现为建设债(经常性项目不允许发债)。

(4)新旧负担并存的支出特征。转型期是从“旧”走向“新”的过渡期，对财政来说，旧负担未减，新负担激增。比如上述的经济建设的支出就是新旧并存的支出。农村问题就是“旧”向“新”转型时出现的特殊性问题，也是财政的特殊性责任。西方国家对农民有很高的补贴，但无论如何，发达国家农民只占总人口的很小比例(美国为2%)，所需要的补贴也只占财政支出的较小比例。而中国农民要占总人口的大部分，对他们给一点补助，就会占财政支出的较大比例。商品市场经济使低效率的小农开始分化，数量巨大的农村剩余劳动力开始出现，因此今后相当一段时期，财政对“三农”支出所占的比例将不断上升。在转型期间，城市失业人口、贫困人口不是一般地出现，而是较大数量地出现。社会保障性支出也因此较完成转型的其他国家要多。社会保障支出在西方国家中的比重很高，平均达到38%，如果加上医疗、住房和交通补助等，比重达到54.6%，而我国社会保障和就业支出在2013年仅有9.4%，随着社会保障体系建设的完善，可以预计，在未来几年内我国的社会保障支出将有很大的提高。

(资料来源：吕旺实．绝对主义与现代财政的起源．中国财政．2006(7)：29-31；中国金融年鉴(2000-2013)；中国人民银行网站等)

复习思考题

一、概念题

财政赤字　预算赤字　公债　固定收益出售方式　公募拍卖方式公债负担率　偿债率　债务依存度

二、单项选择题

1. 政府以债务人的身份，依据信用原则取得的财政收入是(　　)。

A. 税收　　B. 规费收入
C. 国有资产收益　　D. 公债收入

2. 公债的发行主体是(　　)。

A. 银行　　B. 国家　　C. 企业　　D. 认购人

3. 中期公债是指(　　)。

A. 3～5年的公债　　B. 2年以上、5年以下的公债
C. 1年以上、10年以下的公债　　D. 5～10年的公债

4. 在弥补财政赤字的措施中，最可靠的是(　　)。

A. 运用财政结余　　B. 发行政府债券
C. 增加税收　　D. 向银行透支或借款

5. 由财政部门直接与公债认购者举行一对一谈判出售公债的发行方式，称为(　　)。

A. 固定收益出售方式　　B. 公募招标方式
C. 连续经销方式　　D. 直接销售方式

6. 国家出售公债可以(　　)货币供应量和总需求。

A. 增加　　B. 减少　　C. 稳定　　D. 加速

7. 内债的应债主体主要是(　　)。

A. 一国的国民收入　　B. 一国的企业单位和居民个人
C. 政府机构　　D. 外国投资者

8. 一般由财政部门委托金融机构、中央银行或证券经纪人在金融市场上设立专门柜台代为经销国债的方式，称为(　　)。

A. 连续经销方式　　B. 固定收益出售方式
C. 公募招标方式　　D. 综合方式

三、多项选择题

1. 根据赤字与经济运行状况的关系不同，赤字分为(　　)。

A. 硬赤字　　B. 周期性赤字
C. 结构性赤字　　D. 预算赤字

2. 公债的发行价格有(　　)。

A. 平价发行　　B. 溢价发行

C. 折价发行　　D. 贴现价发行

3. 财政收入中的公债收入包括(　　)。

A. 发行公债和国库券　　B. 发行金融债券

C. 向外国政府借款　　D. 向国际组织借款

4. 以公债筹措和发行的地域为标准，公债可分为(　　)。

A. 内债　　B. 外债　　C. 自由公债　　D. 强制公债

5. 政府可选择使用的公债偿还方式主要有(　　)。

A. 一次清偿法　　B. 抽签偿还法

C. 市场购销法　　D. 以新替旧法

6. 影响公债利率的因素有(　　)。

A. 市场利率　　B. 银行利率

C. 政府信用状况　　D. 社会资金供求状况

7. 公债主要运用于以下方面：(　　)。

A. 弥补财政赤字　　B. 进行公共项目投资

C. 行政管理支出　　D. 调节宏观经济的运行

8. 以下哪些是世界各国发行公债采取的方式？(　　)

A. 固定收益出售方式　　B. 公募招标方式

C. 连续经销方式　　D. 直接销售方式

四、简答题

1. 如何理解财政收支平衡？
2. 公债有何功能？
3. 简述公债的种类。
4. 简述公债的偿还。
5. 公债一般会产生哪些负担？

五、论述题

1. 影响公债利率水平的因素主要有哪些？
2. 论述公债的经济效应。

六、案例分析题

根据我国近年来有关的经济数据，见表 10－1，分别计算公债负担率、偿债率和债务依存度指标填入表 10－2 中，并根据计算结果对我国的公债规模进行分析。

表 10－1　1995—2012 年我国有关的经济数据　　单位：亿元

年份	公债发行额	GDP	债务还本付息支出	财政收入总额	财政支出总额
1995	1 549.76	58 478.1	882.96	6 242.2	6 823.72
1996	1 967.28	67 884.6	1 355.03	7 407.99	7 937.55

续表

年份	公债发行额	GDP	债务还本付息支出	财政收入总额	财政支出总额
1997	2 476.82	74 462.6	1 918.37	8 651.14	9 233.56
1998	3 310.93	78 345.2	2 352.92	9 875.95	10 798.18
1999	3 715.03	82 067.5	1 910.53	11 444.08	13 187.67
2000	4 180.10	89 468.1	1 579.82	13 395.23	15 886.5
2001	4 604.00	97 314.8	2 007.73	16 386.04	18 902.58
2002	5 679.00	105 172.3	2 563.13	18 903.64	22 053.15
2003	6 153.53	117 390.2	2 952.24	21 715.25	24 649.95
2004	6 879.34	136 875.9	3 671.59	26 396.47	28 486.89
2005	7 042.00	184 937.4	3 923.37	31 649.29	33 930.28
2006	8 883.30	216 314.4	975.39	38 760.20	40 422.73
2007	23 483.28	265 810.3	1 052.90	51 321.78	49 781.35
2008	8 615.00	314 045.4	1 305.09	61 330.35	62 592.66
2009	16 229.20	340 902.8	1 491.28	68 518.30	76 299.93
2010	17 881.90	401 512.8	1 844.24	83 101.51	89 874.16
2011	15 397.91	473 104.0	2 384.08	103 874.43	109 247.79
2012	14 362.26	518 942.1	2 635.74	117 253.52	125 952.97

（数据资料来源：中国统计年鉴（2005－2013）．中国：中国统计出版社；广发证券网，http：//www.gf.com.cn/）

表 10－2　1995—2012 年我国公担率、偿债率和债务依存度

年份	公债负担率	偿 债 率	债务依存度
1995			
1996			
1997			
1998			
1999			
2000			
2001			
2002			
2003			
2004			
2005			

续表

年份	公债负担率	偿 债 率	债务依存度
2006			
2007			
2008			
2009			
2010			
2011			
2012			

第11章

政府预算

教学目标

通过本章的学习，了解政府预算的形成与性质，掌握政府预算的原则、分类，政府预算的编制、执行及决算等重要内容，并对我国预算制度改革有明确的认识。

教学要求

知识要点	能力要求	相关知识
政府预算概述	(1) 能够理解政府预算的概念、形成和基本性质 (2) 能够掌握编制政府预算所遵循的原则 (3) 能够认识我国的政府预算体系框架	(1) 政府预算的概念、形成和基本性质 (2) 编制政府预算的原则 (3) 我国的政府预算体系
政府预算分类	能够把握不同种类的政府预算	(1) 中央预算与地方预算 (2) 单式预算与复式预算 (3) 增量预算与零基预算
政府预算的编制、执行和政府决算	(1) 能够掌握我国政府预算的编制程序 (2) 能够掌握政府预算的执行内容 (3) 能够对政府决算有所了解	(1) 政府预算的编制 (2) 政府预算的执行 (3) 政府决算
我国的政府预算改革	(1) 能够正确认识编制部门预算的意义 (2) 能够把握我国的国库集中支付制度	(1) 部门预算 (2) 国库集中收付制度

引 例

请关注以下内容：

(1) 政府预算，是一个国家对其在一个财政年度内的收支状况所做的计划。

(2) 政府预算与一般预算不同，主要表现在政府预算是具有法律效力的文件，预算的相关内容都在预算法的规范下进行，我国现行的预算法是1995年1月1日起实施的《中华人民共和国预算法》。

(3) 政府预算应遵循完整性、公开性等原则，例如，我国财政部每年都要在年初的全国人民代表大会上，作关于过去的一年中央和地方预算执行情况及新的一年中央和地方预算草案的报告，通过相关媒体公布于众。

(4) 政府预算要经过编制、审批、执行和决算这四个基本程序。

(5) 我国的政府预算在支出方面正在不断地进行改革：先后编制部门预算，实行政府采购制度和国库集中支付制度。

政府预算，是在一个国家范围内由各级政府编制的、经立法机关审批、反映政府一个财政年度内的收支状况的计划。与一般预算不同，它是具有法律效力的文件，我国现行政府预算管理的法律规范是1995年1月1日起实施的《中华人民共和国预算法》。政府预算要经过编制、审批、执行和决算程序。本章主要阐述我国政府预算的相关内容。

11.1 政府预算概述

11.1.1 政府预算及其产生

1. 政府预算的概念

政府预算也被称为“国家预算”，是指在一个国家范围内由各级政府编制的、经立法机关审批、反映政府一个财政年度内的收支状况的计划。它是各级政府的基本财政收支计划。它的功能首先是反映政府的财政收支状况。从形式上看，政府预算就是按一定标准将财政收入和支出分门别类地列入特定的表格，通过收支对照表的形式表现出来，可以使人们清楚地了解政府的财政活动；从内容上看，政府预算反映政府集中支配的财力的来源、规模和使用方向；从作用上看，通过政府预算所确定的财政收支规模与结构，又从财力上决定了政府活动的范围、方向和国家政策。

2. 政府预算的产生

政府预算并不是与国家及其政府同时产生的，而是伴随着资本主义生产方式的出现而出现的。作为政府的基本财政计划，政府预算制度最早产生于英国。在14—15世纪的英国，封建贵族阶级日趋没落，新兴资产阶级的力量逐步壮大，并成为政府财政收入的主要提供者，为了取得财政上的支配权，新兴资产阶级同封建贵族展开了长期的斗争，他们要求政府的各项收支必须事先编列计划，并经过议会审查通过后才能执行，财政资金的使用要受议会监督。最终他们的要求得以实现。而在欧美其他国家政府预算制度的确立相对较晚。到了20世纪，世界上几乎所有的国家都建立了政府预算。

资本主义生产方式的出现是财政预算产生的社会经济条件，也是财政预算产生的根本原因。只有在新兴资产阶级作为一股强大的政治力量出现在历史舞台以后，王室财政与国家财政才有可能彻底分开，也才有可能通过议会控制国家的全部财政收支，编制财政计划。因此，预算制度既是政治民主化进程的一个结果，也是实现政治民主化的基本手段。

加强财政管理是财政预算产生的另一个动因。随着社会生产力的发展和政府职能的扩展，财政分配规模日益扩大，不仅财政收支项目增多，而且收支之间的关系日益复杂化。财政收支的复杂化，客观上要求加强对财政活动的计划和管理，要求制定统一的财政预算制度。因此，预算制度既是管理技术科学化进程的一个结果，也是推进财政管理技术科学化的基本手段。

我国从新中国成立以来就开始编制政府预算。政府预算是政府集中和分配资金、调节社会经济生活的主要财政机制。

11.1.2 政府预算制度的基本性质

与一般预算不同的是，政府预算是具有法律效力的文件。作为政府预算基本内容的级次划分、收支内容、管理职权划分等，都是以预算法的形式规定的。预算的编制、执行和决算的过程也是在预算法的规范下进行的。政府预算编制后要经国家立法机构审查批准后方能公布并组织实施；预算的执行过程受法律的严格制约，不经法定程序，任何人无权改变预算规定的各项收支指标，通过预算的法制化管理使政府的财政行为置于民众的监督之下。

国家预算法是政府预算管理的法律规范，是组织和管理政府预算的法律依据。我国为使政府预算的组织和管理走向规范化，加强预算管理的民主和法制建设，于1994年3月22日经第八届全国人民代表大会通过《中华人民共和国预算法》，并于1995年1月1日起实施。《中华人民共和国预算法》是一部综合性的预算法，共设11章79条，对国家预算总原则、管理职权、预算收入范围、预算编制、预算审查和批准、预算执行、预算调整、决算监督和法律责任等事项做出了全面的规定。

政府预算也是政府调节经济和社会发展的重要工具。在市场经济条件下，当市场难以保持自身均衡发展时，政府可以根据市场经济运行状况，选择适当的预算总量或结构政策，用预算手段去弥补市场缺陷，谋求经济的稳定增长。

11.1.3 政府预算的原则

政府预算原则是一国预算立法、编制及执行所必须遵循的原则。预算原则是伴随着现代预算制度的产生而产生的，并且随着社会经济和预算制度的发展变化而不断变化。早期的预算原则比较注重控制性，即将预算作为监督和控制政府的工具，而后随着财政收支内容的日趋复杂，开始强调预算的周密性，即注重研究预算技术的改进；自功能预算理论发展后，政府预算的功能趋于多样化，由此，预算原则又更注重发挥预算的功能性作用，即正确合理地运用预算功能来实现国家的整体利益。

现代预算制度产生后，各国预算学者对预算原则进行了一系列的探索。目前被多数国家广为接受的一般性预算原则，主要包括如下内容。

1. 完整性

这就是要求政府的预算包括政府全年的全部预算收支项目，完整地反映政府全部的财政收支活动，不允许有预算外的其他财政收支。

2. 统一性

这就是要求预算收支按照统一的程序来编制，任何单位的收支都要以总额列入预算，不应当只列入收支相抵后的净额。统一性的原则实际上就是要求各级政府都只能编制一个统一的预算，不要以临时预算或特种基金的形式另外编制预算。

3. 年度性

所谓年度性是指政府预算的编制、执行以及决算，这一完整的工作程序是周期性进行的，通常为一年。要求政府预算按年度编制，预算中要列明全年的预算收支，并进行对比。不容许预算收支上有跨年度的规定。这里的一年是指预算年度，预算年度指预算收支的起讫时间，它是各国政府编制和执行预算所依据的法定期限。预算年度有历年制和跨年制两种形式：历年制是按公历计，即每年的 1 月 1 日起至 12 月 31 日止。如我国及法国等国的预算年度均采用历年制。跨年制是指一个预算年度跨越两个公历年度，主要考虑与本国立法机构的会期、预算收入与工农业经济的季节的相关性，以及宗教和习俗等因素。如英国、日本、印度等国家将预算年度定为本年的 4 月 1 日至次年的 3 月 31 日；美国则将预算年度定为本年的 10 月 1 日至次年的 9 月 30 日。

4. 可靠性

这就是要求编制预算中，正确地估计各项预算收支数字，对各项收支的性质必须明确地区分。

5. 公开性

所谓公开性是指各级政府预算及决算不仅要经过各级权力机关审批，还须向社会公众全面公开。即预算属于公开性的法律文件，其内容必须明确，以便于社会公众了解、审查政府如何支配纳税人的钱，并监督其使用。

11.1.4 我国的政府预算体系

一国的预算是由各级政府的预算组成，而各级政府的预算是由该级政府所辖的公共部门预算组成，相互之间有复杂的预算资金往来关系。因此，政府预算体系是指由各级政府的预算以及各级政府的公共部门预算组成的一个体系。

根据《中华人民共和国预算法》的规定，我国政府预算组成体系是按照一级政权设立一级预算的原则建立的。我国宪法规定，国家机构由全国人民代表大会、国务院、地方各级人民代表大会和各级人民政府组成。与政权结构相适应，并同时结合我国行政区域的划分，政府预算由中央预算和地方预算组成，地方预算由省(直辖市、自治区、计划单列市)、市、县(市、自治县)和乡(镇)预算组成，因此，我国的预算体系由五级预算组成。具体如图 11.1 所示。

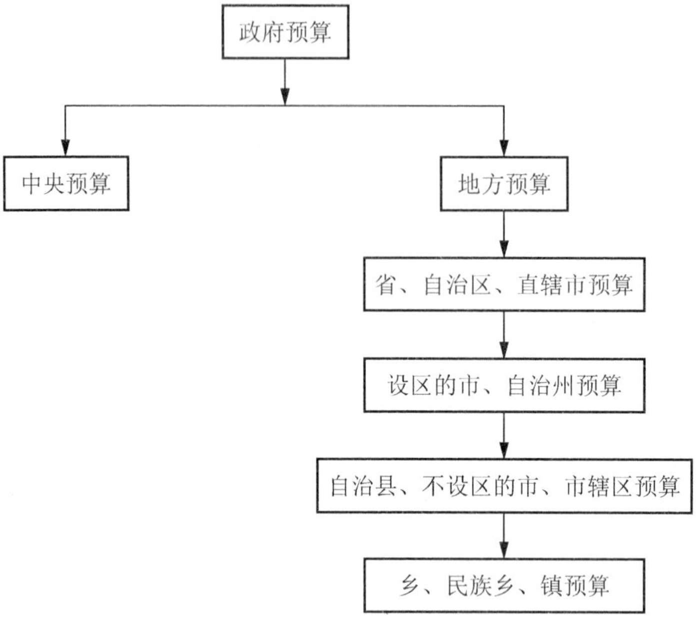

图 11.1　我国的政府预算体系

11.2　政府预算分类

随着社会经济生活和财政活动逐步复杂化，政府预算逐步形成包括多种预算形式和预算方法的复杂系统。从预算的名称看，有单式预算、复式预算、零基预算、增量预算、中长期预算、项目预算、行动预算、绩效预算、国民经济预算、充分就业预算等，对这些五花八门的预算进行科学、合理的分类，是进一步认识和研究政府预算的前提。根据不同的划分标准，主要有以下种类。

1. 按预算编制的形式分类

按预算形式的差别分类，政府预算可以分为单式预算和复式预算。

单式预算，是指国家财政收支计划通过统一的一个计划表格来反映；复式预算，则指国家财政收支计划通过两个以上的计划表格来反映，一般分为经常预算和建设预算(或债务预算)。

复式预算虽对预算安排和预算分析有一定意义，但编制和实施比较复杂。我国曾一度编制复式预算，目前已不再编制，但在基本收支预算外，还编制国有资本经营预算、社会保险基金预算、政府性基金预算等。

2. 按预算的编制方法分类

按预算编制方法分类，政府预算可以分为增量预算和零基预算。

增量预算，指计划财政年度的预算分项支出数是以上年度各该项支出数作为基数，考虑新的财政年度的经济发展情况加以调整确定的。它的要点是：逐项确定支出预算，以各项支出上年度的支出数为依据，以人员经费的保障为重点。这种预算安排方法的初衷是控制支出规模，但最终结果则可能是平均分配资金，难以保证重点，导致支出规模的日益膨胀。

零基预算，是指计划财政年度预算分项支出指标的确定只以对社会经济发展的预测和对当年各部门新增任务的审核为依据，不考虑以前财政年度各项支出的基数。从理论上看，零基预算是完全重新编制年度预算，如同编制一个新的预算一样，但也不能简单地理解为一切从头开始，丝毫不考虑上年的基础。零基预算的明显优点是有利于优化支出结构，提高预算效率，控制预算规模，但要求具备科学的预测和评估方法以及统一的标准，否则也可能失之谬误。

3. 按预算分级管理的要求分类

按预算分级管理的要求分类，政府预算可以分为中央预算与地方预算。

所谓中央预算，是指中央政府的财政收支计划，它是由中央各部门(含直属单位)的预算及地方向中央的上解收入、中央对地方的返还或补助数额组成。中央预算在政府预算中占主导地位。

地方预算，是指地方政府的财政收支计划，包括本级各部门(含直属单位)的预算及下级政府向上级政府上解收入，上级政府对下级政府的返还或补助的数额。地方预算负有组织实现大部分政府预算收入的重要任务，在政府预算中居于基础地位。

4. 按预算收支的平衡状况分类

按预算收支的平衡状况分类，政府预算可以分为平衡预算和差额预算。

平衡预算是预算收入基本等于预算支出的预算形式。预算收支之间的对比关系，不外乎有三种情况，即：收支相等，收大于支，支大于收。人们习惯上将收支相等，称为平衡；收大于支，称为结余；支大于收，称为赤字。这三种情况在编制国家预算计划时均有可能出现，但在预算执行及决算中，可能出现的只能是两种情况：或者是结余，或者是赤字。因此，在实际工作中，略有结余或略有赤字的预算也被视为平衡预算。

差额预算是预算收入大于或小于预算支出的预算形式。这里所说的差额预算是指收支差额较大，并且这种差额被作为编制国家预算的一种政策加以执行的预算形式。差额预算按其收支对比的具体情况可以分为两种：一是盈余预算，即收入大于支出的预算；二是赤字预算，即支出大于收入的预算。

11.3 政府预算的编制、执行和政府决算

预算的基本程序有四个阶段：编制、审批、执行和决算。在预算形成与执行的过程中，财政部门是编制预算、预算拨款和预算监督管理的政府职能机构。

11.3.1 政府预算的编制

预算编制是整个预算工作程序的开始。

1. 两种预算编制程序

国际上有两种预算编制程序，一种是自上而下型(top-down)，即先由行政部门负责人，如总统或市长等确定预算的总额度及大致分配情况，各预算部门在这个框架内编制预算；另一种是自下而上型(bottom-up)，即预算部门先行编制自己的预算，然后由财政部门进行汇总和调整的预算编制方法。前者的优点是便于政府进行宏观控制，但由于难以了解部门具体情况而导致预算不够细致甚至不符合部门要求。美国里根政府时期曾经采用这种预算程序，最终因为难以准确掌握部门预算信息而停止。相比之下，自下而上型则能够相对准确和细致地反映部门要求，是符合预算具体性的最佳程序。当然，这一程序也有一定的缺点：容易产生部门预算最大化的倾向。因此在预算赤字巨大的情况下，不宜采用这种预算程序。

2. 我国“两上两下”的自下而上型预算编制程序

目前，中央部门预算编制的程序可归纳为“两上两下”，即：①上报收支建议数。每年第三季度，中央和地方各部门在预计本年全年收支完成数的基础上，填制计划年度收支建议数表格报送财政部。②下达预算收支指标。财政部根据党和国家的方针、政策以及国民经济和社会发展计划指标，参照各地区、各部门上报的预算收支建议数，进行综合平衡，拟定主要预算收支指标，由国务院批准下达。各地区、各部门依照国家下达的各项预算收支指标，结合本地区、本部门的国民经济发展情况，参照所属单位和地区的预算收支建议数，经过切实的核算，拟定预算和财务收支指标，逐级下达。③上报预算草案。中央各部所属行政事业单位根据上级下达的指标，自下而上地编制单位预算和财务收支计划草案，呈报主管部门审查汇编后，送财政部。各省(市、自治区)所属各单位和各县(市)总预算，根据省(市、自治区)下达的指标，自下而上地逐级汇编单位预算和总预算草案，报经省(市、自治区)汇编后送财政部。④下达政府预算。财政部对中央各部门的单位预算草案和各省(市、自治区)总预算草案进行审核，然后汇编成政府预算草案报请国务院审查，最后提请全国人民代表大会审批，在人代会正式批准政府预算后，财政部门在规定的时间内批复各个部门的预算。

11.3.2 政府预算的执行

政府预算的执行是指各级政府依照立法机构批准的预算方案，组织筹集预算收入、安排和使用预算支出的活动与过程。预算执行是预算目标的实现过程，也是整个预算工作程序的重要环节。其内容包括：组织收入、拨付支出及预算调整等。这些都必须按照法律和有关规定的程序进行。在我国，各级预算由本级政府组织执行，具体工作由本级财政部门负责。

1. 组织预算收入

预算收入的执行是预算收入的实现过程。预算收入的征收部门，依照法律、行政法规的规定，及时、足额征收预算收入，并按财政体制的规定划缴到各级政府的财政金库。国库收到预算收入后，要按财政体制规定的预算级次和收入划分，将固定收入分别划入各级政府的预算收入日报表，将共享收入按比例分别划入各级政府的预算收入日报表，同时将入库款项分别划解入各级国库。

2. 拨付预算支出

预算支出的执行是支出目标的实现过程。预算管理部门和政府所属的相关公共部门是支出执行的主体。财政部门要按预算计划、规定用途、工作进度和交易合同发出支付命令，国库要根据财政部门支付命令及时、足额拨款，以保证政府部门履行其职能。

3. 预算调整

预算调整，是指经过批准的各级政府预算，在执行过程中因实际情况发生变化需要改变原预算安排的行为。因为，政府财政预算毕竟是一个收支计划，在实际执行的过程中，由于各种情况的变化，会影响预算的平衡，为实现预算执行过程中的平衡，或者为了保证预算执行的平稳运行，财政部门要不断地按规定进行预算调整。预算调整是预算执行中的一项重要程序。预算调整根据其调整的幅度不同分为全面调整和局部调整。

1）全面调整

全面调整，是在国家对原定的国民经济和社会发展计划做出较大调整时，财政预算相应进行的大调整，它实际上是重新编制预算。显然，政府预算的全面调整并不是经常和随意的，我国《预算法》对此做了严格的规定，要求各级政府对于必须进行的预算调整，包括全面调整和局部调整，应当编制预算调整方案。中央预算调整的方案必须提请全国人民代表大会常务委员会审查批准。县级以上各级地方政府预算的调整方案必须提请本级人民代表大会常务委员会审查批准；乡(民族乡、镇)政府预算的调整方案必须提请本级人民代表大会审查批准。未经批准，不得调整预算。

2）局部调整

国家预算局部调整是对国家预算作局部变动，主要有四种情况：

(1) 经费流用。指在不变动预算支出总额的前提下，预算科目间进行的经费调剂。

(2) 动用预备费。按照《中华人民共和国预算法》的规定，各级政府应设置预备费，各级预备费的动用，应经同级人民政府批准。

(3) 预算的追加和追减。在原核定预算总额以外，增加预算收入和支出数额，称为追加预算；在原核定预算总额以内，减少预算收入和支出数额，称为追减预算。预算的追加和追减须经同级人民代表大会常务委员会批准。

(4) 预算划转。由于行政区划或企事业单位隶属关系的改变，使预算的隶属关系也发生改变，应将原预算划归新的领导部门或接管单位。

11.3.3 政府决算

决算是整个预算工作程序的总结和终结。政府决算是经法定程序批准的年度预算执行结果的会计报告。财政部应在每年的第四季度编制决算草案的原则、要求、方法和报送期限，制发中央各部门决算、地方决算及其他有关决算的报表格式。

各级政府、部门、单位在每一预算年度终了后，应当清理核实全年预算收入、支出数字和往来款项，做好决算数字的对账工作，编制决算草案，并在规定期限内报送。决算数字应当以经过核实的基层单位的会计数字为准，不得以估计数字代替，不得弄虚作假。

财政部根据中央各部门决算草案汇总编制中央决算草案，报国务院审定后，由国务院提请本级全国人民代表大会常务委员会审批。县级以上财政部门根据本级各部门决算草案汇总编制本级决算草案，报本级政府审定后，由本级政府提请本级人民代表大会常务委员会审批。乡、民族乡、镇政府根据财政部门提供的年度预算收入和支出的执行结果，编制本级决算草案，提请本级人民代表大会审批。

11.3.4 我国的政府预算改革

改革开放以来，为了加强预算管理，提高支出效益，中央和地方各级财政部门以及其他预算支出部门进行过不少探索，采取过多种办法，也取得了一定的成效，但都没有从根本上解决问题。近年来，全国人大常务委员会、国务院、财政部连续推出关于支出管理的几项重大改革，首先是编制部门预算，随后又实行政府采购制度、实行国库集中支付制度。政府采购制度在第3章已经阐述，在此不再赘述，以下仅对编制部门预算、实行国库集中支付制度作详细论述。

1. 部门预算

1）部门预算的含义

部门预算是由政府各部门编制，经财政部门审核后，报立法机关审议通过，反映部门所有收入和支出的预算，即部门所有的收支都通过部门预算的形式反映出来，一个部门一本预算。部门预算是市场经济国家普遍采用的预算编制方法。

过去，我国向人民代表大会提交的是收入按类别、支出按功能的汇总预算。人民代表大会批准预算后，财政部门和有预算分配权的部门分别将有关预算批复到各个部门，各部门再将预算批复到所属预算单位，部门没有一本完整的预算。为此，1999年财政部提出了细化预算、编制部门预算的设想，于当年9月20日下发了《关于改进2000年中央预算编制的通知》，提出从2000年起，试编部门预算，由此拉开了政府预算改革的序幕。2000年，中央部门所有的一级预算单位都试编了部门预算，其中教育部、农业部、科技部及劳动和社会保障部4个部门的部门预算提交全国人大审议。部门预算改革提出了大预算原则，将预算内收支、预算外收支、基金预算收支全部纳入部门预算编制范围。预算编制初步细化，预算编制时间得到提前，预算工作的主动性得到加强。

2001年中央部门预算的编制，在时间上进一步提前，内容上也进一步细化，并选择10个中央部门实行定员定额和项目管理的试点。同时扩大了向全国人大报送部门预算的范围，由上一年的4个部门增加到26个部门，在细化预算批复内容，统一、规范预算批复格式等方面也做了很大改进。提前完成了对各中央预算单位的预算批复。

2）部门预算的内容

部门预算包括以下几个方面的内容。

（1）从编制程序看，部门预算是汇总预算，它是基础预算单位编制，逐级审核汇总形成的。具体编制时，由基础预算单位根据本单位承担的工作任务、部门发展规划以及年度工作计划测算编制，经逐级上报、审核按单位或部门汇总形成。

(2) 从编制范围看，部门预算涵盖了部门或单位所有的收入和支出，不仅包括财政预算内资金收支，还包括各项预算外资金收支、经营收支以及其他收支；既包括一般预算收支，还包括政府性基金收支，体现了“大收入、大支出”的原则，做到一个部门一本预算。

(3) 从支出角度看，部门预算包括部门或单位所有按支出功能分类的不同用途的资金，无论是基本建设经费，还是各项事业费，或是其他经费，全部按规定的格式和标准统一汇总编入一本预算，可以全面地反映一个部门或单位各项资金的使用方向和具体使用内容。

(4) 从细化程度看，部门预算既细化到了具体预算单位和项目，又细化到了按预算科目划分的各支出功能。经部门或单位汇总后，预算既反映了本部门所有收支预算总额，还反映了收支按单位和项目的具体构成情况，以及单位及项目的收支按支出功能分类的具体构成情况。

(5) 从合法性看，部门预算必须在符合国家有关政策、规定的前提下按财政部门核定的预算控制数编制，预算在呈报上级部门前，必须经单位领导同意；财政总体预算在上报人大前必须报经政府批准；人大按法定程序批准年度预算后，由财政部门将预算批复到部门，部门再逐级批复到基层预算单位。

按国家现行的部门预算分类方法，部门预算由一般预算和基金预算构成，两类预算之下又分为收入预算和支出预算。其中，一般预算收入包括财政预算拨款、预算外收入、其他收入；一般预算支出包括基本支出和项目支出。

3）编制部门预算的意义

(1) 编制部门预算，有利于提高国家预算的透明度，全面体现国家预算的公开性、可靠性、完整性和统一性原则，避免预算编制和执行中人为的随意性，防止“暗箱”操作，加强廉政建设。

(2) 编制部门预算，使预算编制和执行的程序和流程制度化、规范化和科学化，从而提高预算管理水平，有利于财政部门控制预算规模和优化支出结构，有利于使用资金的部门和单位合理使用财政资金，充分发挥财政资金的效益。

(3) 编制部门预算，使预算细化到部门、项目，有利于各级人大履行立法监督职能，有利于审计部门履行财政审计职能，社会各界也可以清晰地了解预算的编制与执行情况，发挥社会监督作用。

(4) 编制部门预算，也是贯彻落实“依法治国”方针和规范政府行为的重要措施，以实现依法理财、依法行政。

2. 国库集中收付制度

1）国库集中收付制度的含义

国库集中收付制度，又称国库单一账户制度，是建立、规范国库集中收付活动的各种法令、办法、制度的总称，是对财政资金从征收、入库、拨付、使用、银行清算，直至资金到达商品供应商和劳务提供者账户全过程的监控制度。作为财政预算执行的关键性制度，它是市场经济国家普遍采用的一种财政资金收支管理制度。

2）国库集中收付制度的基本内容

（1）收入、支出集中管理。建立国库集中收付制度就是通过对财政资金的集中管理，实现对财政预算收入、支出全过程的有效监督和控制，保证财政资金使用规范、合理、安全、高效。一是实行预算内外资金统管的综合财政预算，建立国库集中收入制度。综合财政预算是指统一编制、管理、统筹安排各单位预算内、外和其他收支的预算管理办法。二是实行财政支出集中支付，建立国库集中支付制度，提高财政资金使用效益，保障其安全和完整。

（2）财政集中开设账户，即国库单一账户。建立国库单一账户应取消各预算单位及其他相关部门在商业银行开设的各种账户，将这些资金集中于财政部门在中央银行开立的国库单一账户，并按资金性质开设国库分类账户，各项收支都通过该账户处理。

（3）设立相关配套措施。构建国库集中收付制度是一项难度颇高的系统工程，因此需要相应措施的配套，否则难以达到预期目标。这些相关配套措施包括国库管理制度、预算编制方法、政府收支分类、政府采购、行政事业单位财务会计制度等。

3）国库集中收付制度的基本特征

国库集中收付制度具有以下特征：国库集中收付是政府经济行为，是政府的财政管理活动；集中收付的对象是财政性资金，包括预算内收入、预算外收入和其他财政性资金；集中收付的中介是国库及其指定的代理银行；具有集中统一性，即财政资金统一在国库开立单一账户，财政支出按实际发生数由财政部门统一集中办理支付；具有资金可控性，即财政部门直接对每一笔财政资金进行严格的监督和控制，防止其被挤占挪用。

4）国库集中收付制度的优点

建立国库集中收付制度，对建立规范的、有效率的财政预算具有重要意义。

（1）有助于加大预算管理力度。与国库集中收付制度相对的是分散支付制度，也就是将预算确立的各部门、各单位年度支出总额按期拨付到其在商业银行开设的账户上，由各部门和单位自主使用。该制度的一个突出问题是用款者何时使用，是否按规定使用，财政部门难以实施有效的控制和监督，容易发生各种截留、挪用、浪费财政资金的现象。实施国库集中收付制度，财政部门可以对财政资金流向、流量进行全程监控，进一步规范支出管理。

（2）有助于提高预算管理效率。实施国库集中收付制度，财政资金集中在国库单一账户，财政支出也由该账户直接拨付给商品或劳务供应者，从而在根本上改变了财政资金层层下拨、分散支付、环节多、在途时间长、支付程序烦琐、工作效率低下的局面，达到节约劳动、提高工作效率的目的。

同时，实施国库集中收付制度，能保证财政部门及时、准确、全面掌握财政资金运行信息，为政府制定相应政策以实施宏观经济调控提供有效的依据，提高决策效率。

（3）有助于提高资金使用效率。实施国库集中收付制度，财政收入直接缴入国库单一账户，有助于杜绝收入缴库过程中普遍存在的拖欠挤占现象，解决财政收入不能及时、足额入库的问题，使实际未支出的大量财政资金不再沉淀在各预算单位各自在商业银行开设的账户中，而是统一集中在国库单一账户内。政府财力较以往充裕，资金调度更灵活。同时可以减少短期国债的发行量及国债利息支出，降低财政运行成本，提高财政资金使用效率。

(4) 有利于防止腐败行为的滋生，加强廉政建设。在分散收付制度下，大量资金分散在各个单位，财政资金使用情况的透明度低，又缺乏有效的监督制约机制，极易滋生腐败行为。实施国库集中收付制度，资金运作过程透明度高，制约机制完善，政府可以对财政资金的使用情况实施有效监督，从而防止腐败行为的滋生蔓延，促进了有关单位的廉政建设。

5）我国实行的国库集中支付制度

我国过去实行的国库支付制度是一种分散支付制度，也就是将预算确定的各部门和各单位年度支出总额按期拨付到各部门和各单位在商业银行开设的账户，由各部门各单位分散支付使用。这种支付制度存在以下缺陷：第一，缺乏严格的预算约束和预算监督机制，容易滋生腐败和寻租等违法和违纪行为；第二，财政资金周转过程中的沉淀资金分散于各部门和各单位，不利于充分发挥财政资金的使用效益；第三，不利于预算管理制度的全面改革，比如，编制部门预算和实行政府采购制度的改革要求与国库支付制度相互配套，如果仍实行分散支付制度，就不可能真正实现前两项改革有关提高财政支出效益的目标。

国库集中支付制度，就是对预算资金分配、资金使用、银行清算及资金到达商品和劳务供应者账户的全过程集中进行全面的监控制度。它的要点是：一是财政部门在国库或国库指定的代理银行开设统一的账户，各单位在统一账户下设立分类账户，实行集中管理，预算资金不再拨付给各单位分设账户保存。二是各单位根据自身履行职能的需要，可以在经批准的预算项目和额度内自行决定所要购买的商品和劳务，但要由财政部门直接向供货商支付货款，不再分散支付。三是除某些特殊用途外，购买商品和劳务的资金都要通过国库直接拨付给商品和劳务供货商。集中支付制度并不根本改变各部门、各单位对预算资金的支配权和使用权，但由财政部门集中掌握预算资金的支付权，从而可以考核资金的使用是否符合规定而决定是否给予支付，防止滥收滥支的违纪现象，提高资金使用效益。将采购资金直接由国库拨付给商品和劳务供货商，不再通过任何中间环节，财政部门则可以掌握资金的最终流向，杜绝在预算执行中克扣、截留、挪用等现象，有利于反腐倡廉。

我国国库制度改革的最终目标，是借鉴西方国家实行的“国库单一账户制度”，即实行集中收付制度。目前由于国库收入制度改革的条件尚不成熟，本着先简后繁的原则，第一步先实行集中支付制度，而后再实现国库集中收付制度。

本章小结

政府预算也被称为“国家预算”，是指在一个国家范围内由各级政府编制的、经立法机关审批、反映政府一个财政年度内的收支状况的计划。它是各级政府的基本财政收支计划。它的功能首先是反映政府的财政收支状况。从形式上看，政府预算就是按一定标准将财政收入和支出分门别类地列入特定的表格，通过收支对照表的形式表现出来，可以使人们清楚地了解政府的财政活动；从内容上看，政府预算反映政府集中支配的财力的来源、规模和使用方向；从作用上看，通过政府预算所确定的财政收支规模与结构，又从财力上决定了政府活动的范围、方向和国家政策。

政府预算并不是与国家及其政府同时产生的，而是伴随着资本主义生产方式的出现而出现的。资本主义生产方式的出现是财政预算产生的社会经济条件，也是财政预算产生的根本原因，而加强财政管理是财政预算产生的另一个动因。我国从新中国成立以来就开始编制政府预算。

与一般预算不同的是，政府预算是具有法律效力的文件。政府预算也是政府调节经济和社会发展的重要工具。我国目前是按照1995年1月1日起实施的《中华人民共和国预算法》的规定进行预算编制、执行和决算的。

编制、组织政府预算必须遵循一定的指导思想，即必须遵循完整性、可靠性、统一性、公开性和年度性等原则。

一国的预算是由各级政府的预算组成的一个体系，在这个体系中，依不同的标准对其进行分类，则分出中央预算、地方预算、单式预算、复式预算、增量预算和零基预算等不同的预算类型。

政府预算的运作程序有四个阶段，即编制、审批、执行和决算。预算编制是整个预算工作程序的开始，即从无到有编制年度财政收支计划。我国政府预算的编制，一般是自下而上和自上而下相结合进行的。政府预算编制中的另一个重要环节即审议和批准，政府预算草案经过立法机构审议和批准后，才正式成立政府预算，具有法律效力的政府预算才可付诸于实际行动，进入到执行阶段，即组织预算收入、拨付预算支出以及在执行过程中根据实际情况发生变化的需要对预算依法进行全面调整或局部调整。在每一预算年度终了后，编制预算的各级政府、各部门、各单位，要按照国务院规定的时间进行预算决算，即编制年度政府预算执行结果的会计报告。决算是整个预算工作程序的总结和终结。

改革开放以来，为了加强预算管理，提高支出效益，中央和地方各级财政部门以及其他预算支出部门进行过不少探索，采取过多种办法，也取得了一定的成效，但都没有从根本上解决问题。近年来，全国人大常务委员会、国务院、财政部连续推出关于支出管理的几项重大改革，首先是编制部门预算，随后又实行政府采购制度、实行国库集中支付制度。

阅读资料

中央严管"三公经费"倒逼《预算法》修订

2012年7月11日，财政部公布了《关于2011年中央决算的报告》，2011年中央本级"三公经费"(公务招待、公车及因公出国)财政拨款决算支出93.64亿元；同时，财政部还公布了2012年中央本级"三公经费"财政拨款预算为79.84亿元，比2011年中央本级"三公经费"决算减少13.8亿元。7月9日，国务院公布《机关事务管理条例》(下称"条例")，规定将严控"三公经费"规模和比例。各级人民政府应当定期公布公务接待费、公务用车购置和运行费、因公出国(境)费等机关运行经费的预算和决算情况。对于超预算、超标准开支"三公经费"情节严重的，"条例"规定由任免机关或者监察机关对责任人员给予降级或撤职处分。

对照《预算法》与"三公经费"相关的条文，"条例"显得明确、严格得多，法律专家认为"条例"可能会倒逼正在修订中的《预算法》对"三公经费"作出更为明晰的界定，减少各级政府部门在"三公经费"的使用上有钻空子的机会。

倒逼修法

"条例"规定，县级以上人民政府应当将"三公经费"纳入预算管理，严格控制"三公经费"在机关运行经费预算总额中的规模和比例。除此之外，自2012年10月1日起，县级以上各级人民政府应当依照国家有关政府信息公开的规定建立健全机关运行经费公开制度，定期公布公务接待费、公务用车购置和运行费、因公出国(境)费等机关运行经费的预算和决算情况。

“作为行政法规的‘条例’对于‘三公经费’纳入预算作出规定，对于正在修改中的《预算法》是一个利好，它将倒逼《预算法》完善对于‘三公经费’的相关规定。”参与《预算法》修改工作的中国政法大学财税法研究中心主任施正文说，“三公经费”超标难以遏制的重要原因是《预算法》中相关规定的缺失。

1994年全国人大通过的《预算法》，对国家预算总原则、管理职权、预算收支范围、预算编制等事项作出了规定。但是限于当时从计划经济体制向市场经济体制过渡的条件限制，该法的许多内容还比较粗糙，操作性也不够强。

在法律界，现行《预算法》存在的漏洞被认为是造成各级政府预算编制粗糙的一个重要因素，现在各级政府的预算编制往往只有一个框架性的总数，公众看不懂，更无法监督。例如，在一些政府部门的资金中，只列出“基础建设经费”、“科技经费”等大而笼统的科目，涉及具体的使用情况，公众很难知晓。

《预算法》修改的一个重要的任务，就是要科学设置预算科目，力争把政府建设经费、购置办公物品等经费一项一项列清楚，便于监督审计。

虽然《预算法修正案(草案)》(二次审议稿)中的规定涉及“三公经费”问题，比如，公共预算支出按照其经济性质分类，包括工资福利支出、商品和服务支出、基本建设支出和其他支出，但是，该草案中并未涉及“三公经费”的概念，也未对“三公经费”预算、决算问题作出明确规定。

法律界人士表示，现在比《预算法》法律位阶低的“条例”已经规定了“三公经费”纳入各级政府预算，如果正在修改中的《预算法》不对此作出规定，将会形成法律之间的冲突。

执行难题

虽然“条例”的出台被媒体寄予了厚望，希望能凭借此“条例”遏制“三公经费”泛滥之势。但是，学界对“条例”的实施前景持审慎态度，有了法律规范还不够，更重要的还是执行落实到位。

实际上，在“条例”出台之前，相关法律法规也对“三公经费”的规范使用作出了很多规定。

2006年10月，中共中央办公厅、国务院办公厅发出了《党政机关国内公务接待管理规定》的通知，其中第十条规定，接待单位应当严格按照接待标准提供住宿、用餐、交通等服务，不得超标准接待，不得用公款大吃大喝，不得组织到营业性娱乐、健身场所活动，不得以任何名义赠送礼金、有价证券和贵重礼品、纪念品，不得额外配发生活用品。

自2008年5月1日起施行的《政府信息公开条例》规定，县级以上各级人民政府及其部门的财政预算、决算报告，属于主动公开的政府信息内容。但是很少有政府部门主动公开此项信息。

一直以“公民申请”方式推动政府部门预算公开的吴君亮认为，虽然根据《政府信息公开条例》，“三公经费”属于主动公开的政府信息的内容，但是从中央部委到地方各级政府的“三公经费”都是一笔糊涂账，公众无法获悉详情。

2008年5月，《政府信息公开条例》实施后，吴君亮曾向数十个政府部门发出了查看预算报告的申请，最终只有深圳市政府满足了他的要求。

由于缺乏透明的政府预算、决算过程，公众很难了解“三公经费”在使用过程中的具体问题，往往只是对数据产生置疑。北京大学法学院教授王锡锌认为，“三公经费”问题无法根治的原因，不是无法可依，而是有法不依。

2012年全国“两会”前，九三学社中央拟向全国政协十一届五次会议提交提案《关于遏制公款吃喝的建议》，提案列举的数据显示，全国“三公经费”仅公款吃喝一项，每年就高达3 000亿元。提案建议，将公款吃喝、公车私用、公款旅游等“三公浪费”纳入《刑法》调节范畴；“三公经费”等行政成本，纳入政绩考核范畴，决定官员仕途。而北京大学法学院教授王锡锌估算“三公经费”的数额为9 000亿元。

而根据财政部的汇总，2010 年中央行政单位、事业单位和其他单位“三公经费”支出合计 94.7 亿元，与前述 3 000 亿元和 9 000 亿元差距甚远。

追责待强化

尽管《政府信息公开条例》第三十五条规定，行政机关违反本条例的规定，由监察机关、上一级行政机关责令改正；情节严重的，对行政机关直接负责的主管人员和其他直接责任人员依法给予处分；构成犯罪的，依法追究刑事责任。但是，实践中，只要没有涉及官员个人腐败问题，极少有政府工作人员因“三公经费”问题受到处罚。

“条例”中规定，有违反本条例规定的情形的，由上级机关责令改正，并由任免机关或者监察机关对责任人员给予警告处分；情节较重的，给予记过或者记大过处分；情节严重的，给予降级或者撤职处分。机关事务管理人员滥用职权、玩忽职守、徇私舞弊或者贪污受贿的，依法给予处分；构成犯罪的，依法追究刑事责任。

按照财政部的要求，从 7 月 19 日起有关中央部门将向社会公开 2011 年部门决算，并同时公开“三公经费”和住政经费等有关数据。在此之前，财政部已经着重强调了 2012 年中央本级“三公经费”预算比 2011 年“三公经费”决算减少 13.8 亿元。

熟悉“三公经费”管理的人士表示，2011 年中央部门首次公开“三公经费”后，现在各个部门的压力很大，与走招标程序的政府采购不一样，“三公经费”很多都是糊涂账，笼统的数据很容易引起公众不满。

（资料来源：http://money.163.com/12/0713/23/86BSDlE600253BOH.html，有删改）

复习思考题

一、概念题

政府预算　单式预算　复式预算　增量预算　零基预算　部门预算　预算年度　国库集中收付制度

二、单项选择题

1. 财政的范畴随着历史的发展而发展，其中政府预算最早出现于(　　)。

A. 奴隶社会后期　　B. 封建社会前期

C. 封建社会后期　　D. 资本主义社会早期

2. 要求政府的所有财政收支都要反映在预算中，不得隐瞒、造假账，不得有预算以外的财政收支，这是哪一原则对预算的要求？(　　)

A. 公开性　　B. 可靠性　　C. 完整性　　D. 统一性

3. 财政收支计划指标是在以前财政年度的基础上，按新的财政年度的经济发展情况加以调整之后确定的预算，该种预算称为(　　)。

A. 增量预算　　B. 复式预算　　C. 单式预算　　D. 零基预算

4. 国家的基本财政计划称为(　　)。

A. 经济计划　　B. 政府预算　　C. 收支方案　　D. 政府决算

5. 单式预算和复式预算的划分标志为(　　)。

A. 预算的形式　　B. 预算的分级管理

C. 预算内容的分合关系　　D. 预算的组成环节

6. 决定中央预算预备费动用的权力属于(　　)。

A. 全国人民代表大会　　B. 国务院

C. 财政部　　D. 全国人大常委会

7. 我国的预算体系由几级预算组成?(　　)

A. 中央和地方两级预算　　B. 中央、省、市三级预算

C. 中央、省、市、县四级预算　　D. 中央、省、市、县、乡五级预算

8. 以下哪项不属于预算的局部调整?(　　)

A. 科目之间的经费流动　　B. 动用预算外资金

C. 预算的追加与追减　　D. 预算的划转

三、多项选择题

1. 目前为世界大多数国家所接受的政府预算原则包括(　　)。

A. 公开性　　B. 可靠性　　C. 完整性　　D. 统一性

E. 年度性

2. 以预算形式的差别为依据，政府预算可分为(　　)。

A. 增量预算　　B. 复式预算　　C. 单式预算　　D. 零基预算

3. 以内容上的差别为依据对政府预算进行分类，政府预算可分(　　)。

A. 增量预算　　B. 复式预算　　C. 单式预算　　D. 零基预算

4. 政府预算的基本程序有哪几个阶段?(　　)

A. 预算编制　　B. 预算审批　　C. 预算的执行　　D. 预算决算

5. 编制部门预算的意义表现为(　　)。

A. 细化了预算　　B. 提高政府预算透明度

C. 加强了对政府预算的监督　　D. 促进财政法制建设

6. 我国政府预算收入的执行部门有(　　)。

A. 税务机关　　B. 海关

C. 财政机关　　D. 各企事业单位

7. 以预算分级管理的要求为依据对政府预算进行分类，政府预算可分为(　　)。

A. 中央预算　　B. 地方预算　　C. 复式预算　　D. 单式预算

8. 下列选项属于国库集中支付制度要点的有(　　)。

A. 财政部门开设统一的账户

B. 各预算单位在统一账户下设立分类账户

C. 各预算单位可以在经批准的预算项目和额度内自行决定所要购买的商品和劳务

D. 预算单位购买商品的资金可由购买单位直接支付给商品供应商，无须经过国库划拨

四、简答题

1. 政府预算有哪些分类?

2. 简述国库集中收付制度的优点。

3. 什么是预算调整?

4. 局部调整包括哪些内容？
5. 简述政府预算执行的内容。

五、论述题

1. 试述政府预算编制的原则。
2. 试述编制部门预算和实行国库集中支付制度的基本内容。

六、案例分析题

1. 案例资料：

我国的零基预算改革

何谓零基预算？我国的传统预算模式是一种基数预算，每一年的预算决策都是在上一年预算拨款的基础之上增加一定的数额，预算基数的形成和增量的决定都主要依赖于政治上的讨价还价。由于基数的存在，使得公共预算很难进行资源的再分配，从而降低了资源的配置效率。从理论上讲，零基预算要求政府支出机构每年都为它的全部预算进行辩护，预算基数不再理所当然地成为下一个预算年度进行预算决策的基础。因此，这种预算模式被称为零基预算。

零基预算改革。从1993年开始，我国的一些地方政府开始试验零基预算。进入20世纪90年代后期，中国开始进行预算改革，主要包括部门预算、国库集中收付和政府采购改革。在部门预算改革中，零基预算被视为一种最佳的预算编制模式。2000年以来在地方一级开展的部门预算改革为零基预算的全面实施创造了条件。因为部门预算改革要求政府预算以部门为基础进行编制，而且强调将预算外资金纳入各个部门的预算。

零基预算对于政府的预算过程有积极的影响。

首先，根据零基预算的逻辑，开始砍掉一些构成原来预算基数的支出项目，例如，失去了政策依据的专项经费、领导人批条子形成的专项经费、一次性的专项经费、不属于本级政府事权范围内的支出。其次，在专项经费领域建立项目库有助于零基预算的有效实施，而且对于各个支出部门预算要求的形成构成了某种制约，使得支出部门不能再像以前那样随意申报专项经费甚至“编造”项目来套取经费。

零基预算改革的局限性。首先，目前我国的部门预算主要是通过下控制数的办法来控制部门的预算编制，零基预算并没有发展成一个基本的预算框架。在控制预算框架内，零基预算主要用于专项经费决策。我国目前的部门支出主要分为三类：人员经费、公用经费和专项经费。零基预算主要适用于专项经费。“人员经费按实际，公用经费按标准，专项经费按排序”。在公用经费不足的情况下，支出部门为了确保部门的正常运转，通常会从专项经费中挪用经费来弥补公用经费的缺口(称为“吃专项”)，这极大地限制了零基预算的效果。

其次，零基预算在我国的实施还面临着一些政治和行政体制上的制约。①目前我国的某些地方政府政府职能和目标不明确，很难对预算进行真正意义的排序。②预算分配权上的分散。某些专项经费的分配权仍然掌握在财政部门之外的一些部门手里，仍然没有纳入部门预算改革的框架。这就意味着，某些专项经费实际上是不受零基预算过程影响的。③我国地方政府预算中领导人批条子、打招呼影响预算决策的现象仍然继续存在，各种非正式预算制度盛行。政治权力的非正式安排将会干扰零基预算的排序过程和排序结果，从而使得零基预算无法真正进行科学的排序。④体制上的制约还体现在公费医疗体制的改革没有与部门预算改革相配套。对于某些人员年龄结构偏大的部门来说，公费医疗支出已是一个相当大的负担，在经费不足的情况下，“吃专项”就是不可避免的。

2. 分析问题：

请对此案例进行分析，并思考零基预算在我国未来的实施前景。

第12章

财政政策

教学目标

通过本章的学习，了解财政政策的概念、财政政策目标和财政政策工具的内容，理解财政政策乘数，掌握财政政策与货币政策的协调配合的必要性和模式。

教学要求

知识要点	能力要求	相关知识
财政政策的基本概念	(1) 能够识别财政政策的目标和工具 (2) 能够比较分析自动稳定的财政政策和相机抉择的财政政策 (3) 能够比较分析扩张性财政政策、紧缩性财政政策和中性财政政策	(1) 财政政策的定义 (2) 财政政策的功能 (3) 财政政策目标 (4) 财政政策工具 (5) 财政政策的类型
财政政策的传导与效应	(1) 能够分析我国财政政策效应偏差 (2) 能够计算税收乘数、政府购买性支出乘数和政府转移支付乘数	(1) 财政政策的传导机制 (2) 财政政策效应偏差 (3) 财政政策乘数
财政政策与货币政策的协调配合	(1) 能够区分财政政策工具与货币政策工具 (2) 能够比较分析财政政策与货币政策的区别 (3) 能够运用相关理论分析我国目前财政政策与货币政策的配合模式	(1) 货币政策的概念 (2) 货币政策目标 (3) 货币政策工具 (4) 货币政策传导机制 (5) 财政政策与货币政策协调配合的必要性 (6) 财政政策与货币政策的配合模式

引　例

2012年中央经济工作会议确定，要继续实施积极的财政政策和稳健的货币政策。对此，中国农业银行首席经济学家向松祚解读道，12月4日的政治局会议上，其实也强调了几个关键词，就是说要保持宏观经济政策的连续性和稳定性，同时要提高宏观经济政策的有效性和针对性。

财政部科研所副所长刘尚希表示，虽然外围货币政策保持宽松，但对明年国内经济来说，通胀不是主要的问题，一方面是经济增长速度下降，另一方面美国的QE3和QE4政策效应不会马上传导到国内，未来GDP七上八下的增长将常态化。

会议强调“实实在在的增长”，意味着GDP目标将进一步淡化并下调。刘尚希进一步解释道，目前的政策取向关注的是调整结构和转变经济增长方式，而不再单纯关注经济增长速度的高低。只要没有出现经济下滑的趋势，就没有必要采取扩张的财政政策。

请关注以下问题：

(1) 财政政策的功能有哪些？

(2) 财政政策的类型有哪些？

(3) 财政政策的目标与工具分别有哪些？

(4) 财政政策如何与货币政策协调搭配？

(5) 我国为何要实行积极的财政政策和稳健的货币政策？

财政政策是通过财政收支及其对比状况对经济所产生的影响实现的。财政政策包括政策目标、政策手段和政策传导。不同的政策手段又有不同的特点和作用机制。但单一的政策手段是难以达到政策目标的，必须相互配合协调。要有效发挥财政政策作用，达到事半功倍的效果，还需要了解影响财政政策效力的因素。同时，财政政策要与货币政策相互配合，共同发挥对国民经济的调节作用。

12.1　财政政策概述

12.1.1　财政政策的概念

1. 财政政策的含义

财政政策是一国政府为实现一定的宏观经济目标而调整财政收支规模和收支平衡的指导原则及其相应措施的总称。财政政策体现在财政收支、预算平衡以及国家公债等财政工作的各个方面，因此，财政政策实际上是由税收政策、国债政策、支出政策以及收支平衡政策等构成的一个完整的政策体系，本质上属于上层建筑。

现代意义上的财政政策是在20世纪30年代资本主义世界的经济大萧条时期开始制定并执行的。在1929—1933年的世界经济危机发生之前，西方国家遵从古典经济学派的自由市场经济理论，对宏观经济运行奉行“自由放任”政策。大危机的发生，粉碎了自由经济的梦想，“凯恩斯革命”应运而生。凯恩斯主张赤字财政，用政府投资弥补私人投资的不足以消除非自愿失业。此后，尽管在西方理论界对凯恩斯理论存在一定的争议，但政府应对宏观经济进行有效的干预却成为各国政府的共识。第二次世界大战结束后，所有市场经济国家无一例外地采纳了凯恩斯理论，财政政策是其中必不可少的政策手段。随着人们观念的转变，政府的政策目标由充分就业这个单一目标向物价稳定、经济增长、国际收支平衡等多重目标转化；政策手段也由税收扩展到了预算、支出、公债、补贴等。政府普遍通过财政政策来管理总需求，从而实现政府对经济运行的全面调节。

2. 财政政策的功能

财政政策作为国家或政府的经济管理手段，主要有四个方面的功能。

1）导向功能

财政政策的直接作用对象是财政分配和管理活动，而这种分配和管理关系到人们的物质利益，从而左右着人们的经济行为。财政政策的导向功能主要是对个人和企业的经济行为以及国民经济的发展方向有引导作用。它的导向功能主要表现在：①配合国民经济总体政策和各部门、各行业政策，提出明确的调节目标。例如，在某一时期，宏观经济政策目标是稳定经济发展，为实现这一总目标，财政政策就要确定抑制通货膨胀的目标。②财政政策不仅规定什么应该做、什么不应该做，同时还通过利益机制，告诉人们怎样做更好。例如，政府为了增加社会投资规模，就要刺激私人投资欲望。当这一政策出台后，投资者可能就要利用这一政策(当然正好符合这一政策目的)，这时，财政政策可提供较多的方式以便投资者选择，如加速折旧、免税期、投资税收抵免、盈亏相抵、补助等。

2）协调功能

财政政策的协调功能主要表现在对社会经济发展过程中的某些失衡状态的制约、调节能力，它可以协调地区之间、行业之间、部门之间、阶层之间等的利益关系。财政政策之所以具有协调功能，首先是由财政的本质属性决定的。财政本身就具有调节职能，它是在国民收入分配过程中，通过财政的一收一支，改变社会集团和成员在国民收入中占有的份额，调整社会分配关系。例如，转移支出政策是为了协调个人之间的收入水平，以达到公平收入目的；又如合理负担政策旨在公平税负，使纳税人在平等的基础上展开经济竞争。其次是财政政策体系的全面性和配套性为其协调功能的实现提供了可能性。在财政政策体系中，支出政策、税收政策、预算政策、补助政策等，从各个方面协调人们的物质利益关系，只要实现相互配合、相互补充的优化配置，就能发挥政策的整体效应。

3）控制功能

财政政策的控制功能是指国家或政府通过财政政策对人们的经济行为和宏观经济运行的制约与促进，实现对整个国民经济发展的控制。例如，对个人所得征收超额累进税，是为了防止收入分配上的两极分化。

财政政策之所以具有控制功能，主要是由政策的规范性决定的。无论财政政策是什么类型的，都含有某种控制的因素在内。它们总是通过这种或那种手段，旨在让人们做某些事情，不做某些事情，或者继续从事他们本来不愿从事的活动。

4）稳定功能

财政政策的稳定功能是指政府通过财政政策，调整总支出水平，使货币支出水平恒等于产出水平，实现国民经济的稳定发展。例如，在资源没有被充分利用时，政府通过增加支出使其达到充分就业的水平；而在通货膨胀时，政府通过将总支出减少到总供给与总需求相等的水平，抑制经济过热。

12.1.2 财政政策目标

财政政策目标就是财政政策所要实现的期望值。首先，这个期望值受政策作用范围和作用强度的制约，超出政策功能所能起作用的范围取值是政策功能的强度所不能达到的，目标也无法实现。其次，这个期望值在时间上具有连续性，在空间上具有一致性要求。通常基本财政政策是一个在较长时期内发挥作用的财政政策，也称为长期性财政政策。一般性财政政策(或称中短期财政政策)则是在一个特定时期内发挥作用的政策，财政政策目标从时间上取值具有连续性特征，它要求中短期政策在导向上与基本财政政策保持一致。微观财政政策、中观财政政策与宏观财政政策的划分，总量调节的财政政策与结构调节的财政政策的划分，则是从财政政策作用空间上来进行的分析，财政政策目标从空间上取值，具有层次性特征，它要求各层次财政政策目标取值方向在总体上一致。这就是人们通常讲的保持财政政策的连续性与一致性，也是政策目标确定的一般性要求。再次，政策目标作为一种期望值，它的取值受社会、政治、经济、文化等环境与条件的限制，并且取决于民众的偏好与政府的行为。因此，政策目标的确定不是一个随心所欲的过程，而是一个科学的、民主的选择或决策过程。

财政政策的政策目标与财政职能不同，由于不同时期的社会经济发展战略和目标是不同的，政策目标自然也有所差别，但也可以归纳出几个一般性的政策目标。财政政策的一般政策目标主要有以下几种形式。

1. 经济的适度增长

适度增长的含义，在我国当前就是落实“五个统筹”，全面贯彻科学发展观。第一，保持平稳较快地增长。我国仍是一个生产力低下的国家，必须要有一个较快的增长速度，同时要注重增长的质量和效益，加快经济结构的战略性调整；要进一步扩大国内需求，调整消费与投资的关系，增强消费的推动力；要保持社会供求总量的基本平衡，避免经济的大起大落。第二，加快经济增长方式的转变。我国土地、淡水、矿产资源和环境状况对经济发展构成严重的制约，必须把节约资源作为基本国策，发展循环经济，保护生态环境，建设资源节约型、环境友好型社会，促进经济发展与人口、资源、环境相互协调，实现可持续发展。第三，提高自主创新能力。把增强自主创新能力作为科学技术发展的战略基点和调整产业结构、转变增长方式的中心环节，特别是提高原始创新能力、集成创新能力和引进消化吸收再创新能力。第四，促进城乡区域协调发展。把“三农”问题作为当前工作的重中之重，推进社会主义新农村建设，促进城镇化健康发展；落实区域发展总体战略，形成中东西优势互补、良性循环的区域协调发展机制。第五，加强和谐社会建设。以人为本，切实解决关系人民群众切身利益的现实问题，注重经济与社会的协调发展，保持社会安定团结。为促进经济的适度增长，财政政策必须在经济增长的基础上保持财政收入的适度增长，优化支出结构。当前要加大“三农”的投入，促进城乡协调发展；加大教育、卫生、科技和社会保障等各项社会事业的投入，促进经济与社会协调发展；加大转移支付力度，促进地区的协调发展。

2. 物价水平的基本稳定

这是世界各国均在追求的重要政策目标，也是财政政策稳定功能的基本要求。物价相对稳定，并不是冻结物价，而是把物价总水平的波动约束在经济稳定发展可容纳的空间。物价相对稳定，可以具体释义为：避免过度的通货膨胀或通货紧缩。在采取财政措施时，必须首先弄清导致通货膨胀或通货紧缩的原因，如果是由于需求过旺或需求不足造成的，则需要调整投资性支出或通过税收控制工资的增长幅度；如果是由结构性摩擦造成的，则必须从调整经济结构着手。总之，物价不稳，对于我们这样一个资源相对短缺、社会承受能力较弱的发展中国家来说，始终是经济发展中的一大隐患。因此，在财政政策目标的选择上必须予以充分的考虑。

3. 提供更多的就业和再就业机会

在西方国家大量工人失业产生了严重的社会问题和政治问题，降低失业率，实现所谓充分就业，是政府制定政策时要首先考虑的问题，失业率也成为衡量宏观经济的重要指标。失业率和上述两个政策目标即经济增长和价格水平是紧密联系的。现实生活中，人们要求经济增长率要高，失业率要低，但高产出、低失业会抬高物价和工资水平，通货膨胀率趋向上升，因此，经济增长率、失业率和通货膨胀率往往是制定经济政策的两难选择。西方经济学提出潜在GDP(或GNP)和自然失业率的概念。潜在GDP是指在保持价格稳定情况下所能产出的最大产出量，即国民经济按潜在产出能力运行时，产出水平高，失业率低，而且价格稳定。潜在GDP也称为充分就业产出量，意思是说，在这个产出水平上达到了充分就业。但充分就业水平并不意味着不存在失业，在充分就业水平条件下存在的失业称为自然失业率。自然失业率是与潜在GDP相对应的失业率，是价格和工资水平处于均衡状态的失业率，也是经济运行中可以维持的最低失业率。据测算，美国20世纪80年代后期的自然失业率在5%～6%之间。

我国的劳动力就业市场除具有市场经济的一般规律以外，还具有较强的经济转轨期的特征，主要是国有企业改制的下岗职工和农村富余劳动力向城市转移对就业市场带来巨大的压力。因此，采取各种措施缓解就业再就业的压力、控制失业率，是当前宏观经济政策的一项重要任务。国家财政建立以职工基本生活保障、失业保险和城市居民最低生活保障为内容的“三条保障线”制度，支持下岗职工上岗培训和农民工的技术培训，实行有利于再就业的税收政策，支持劳动密集型中小企业的发展等，对缓解就业再就业的压力发挥了重要作用。

4. 收入的合理分配

“吃大锅饭”的平均主义分配，抑制了劳动者的生产积极性，不利于经济的发展；收入分配不合理，贫富悬殊，又不利于社会经济的稳定。在社会主义市场经济下，同资源配置机制一样，应使市场分配起基础作用，同时实施政府的宏观调控。收入分配既要有利于充分调动社会成员的劳动积极性，同时又要防止过分贫富悬殊，因此，在政策的导向上存在着公平与效率的协调问题，当社会成员的收入差距过大时，必须重视社会公平，使全体人民共享改革发展成果。通过税收调节缩小收入分配的差距，建立完善的社会保障体系和最低生活保障体系等，是实现收入合理分配目标的有效措施。

5. 社会生活质量逐步提高

经济系统的最终目标是满足社会全体成员的需要，需要的满足程度不仅取决于个人消费需求的实现，而且取决于社会公共需要的实现。这种社会公共需要的满足综合表现为社会生活质量的提高，比如公共安全、环境质量、基础科学研究、普及教育和公共卫生等水平的提高都标志着社会生活质量的提高。财政政策把社会生活质量的提高作为政策目标之一，是因为提高社会生活质量，仅靠市场是远远不够的，还必须依靠政府部门提供足够的高质量的社会公共物品。

12.1.3 财政政策工具

财政政策工具是财政政策主体所选择的用以达到政策目标的各种财政手段。政策主体通过直接控制政策工具来实现预期目标。它是财政政策的主要构成要素，对财政政策目标的实现起推进和保证作用。财政政策工具主要有税收、公债、公共支出和政府投资等。

1. 税收

税收作为一种政策工具，主要通过宏观税负率确定、税负分配体现出来。宏观税负率的确定是财政政策实现调节目标的基本政策度量选择之一。宏观税负率是税收总额占国民收入的比重，它体现了一国在一定时期内总的税收水平，反映了政府对财力的集中程度和动员资源的能力。宏观税负率的高低还意味着民间部门经济的收缩与扩张。宏观税负率高，则民间部门经济的产出相应地减少，社会总需求也随之下降，对物价水平的过快上涨起到明显的抑制作用。同时，较高的宏观税负率，使得政府向社会成员提供公共产品的能力大大增强，这将有利于社会生活质量的逐步提高。

税负的分配也是根据既定的财政政策目标进行的。在宏观税负率确定之后，政府对经济的调节主要是通过税种选择和制定差异税率来实现的。对工薪所得实行累进办法计征个人所得税以及对收入畸高的人群加成征税，有利于社会公平，促进社会和谐；对不同产业、地区、行业施以不同的税率安排，体现了国家的产业政策，有利于引导资源流向，优化资源配置，促进经济适度增长。另外，在政府税收初次分配的基础上，由市场机制作用完成的税负转嫁，最终会实现税负的再分配。两个层次的税负分配，对于收入的变动、民间部门的生产经营活动，以及各经济主体的储蓄、投资和消费等行为均产生重大影响。

2. 公债

作为一种财政信用形式，公债是国家有偿筹集财政资金的重要手段，也是政府财政实施宏观调控的重要政策工具。公债的调节作用，主要体现在三种效应上：一是“挤出效应”——由于公债的发行，使民间部门的投资或消费支出下降。二是“货币效应”——公债发行引起货币供求变动。它一方面可能使部分“潜在货币”变为现实流通货币，另一方面则可能把存于民间部门的货币转移到政府部门或由中央银行购买公债增加货币的投放。三是“收入效应”——由于公债本息主要依靠增加税收来偿还，而公债持有人在公债到期时，不仅收回本金，而且得到利息报偿。因此，公债既可以从分配领域调节社会供求结构，也可以从流通领域调节货币供应量和商品供应量，进而实现宏观调控目标。

3. 公共支出

公共支出主要指政府满足纯社会公共需要的一般性支出，它包括购买性支出和转移性支出两大部分。购买性支出包括商品和劳务的购买，它是一种政府的直接消费支出。政府购买性支出直接形成社会总需求，对经济稳定增长具有决定性作用。转移性支出是政府通过“财政收入→国库→政府支出”过程将部分财政资金以社会福利或政策补贴等方式无偿转移给微观经济主体。在经济萧条时，政府通过增加公共支出，直接增加社会总需求，刺激经济增长，提高就业率。当社会总需求膨胀时，政府可以减少购买性支出和转移性支出，抑制经济过热。同时，政府在安排购买性支出时，可以适当调整资本的支出结构，以达到调整产业结构的目的；在安排转移性支出时，还可以配合价格、税收和工资等杠杆，弥补市场调节经济的不足。

4. 政府投资

政府投资主要指财政用于资本项目的建设支出，它最终将形成各种类型的固定资产。考虑到国民经济基础产业的“瓶颈”制约状况，政府投资所产生的效应就不局限于自身的投资收益。作为一种诱发性投资，它可将“基础瓶颈”制约所压抑的民间部门的生产潜力释放出来，并使国民收入的创造达到一个较高的水平。这就是政府投资在“基础瓶颈”条件下所产生的“乘数效应”。政府投资作为政府对需求管理的重要手段，在经济萧条或繁荣时，可通过乘数效应迅速扩大或缩小社会总需求，从而实现经济稳定增长目标。在市场经济条件下，政府投资的项目主要是指那些具有自然垄断特征、外部效应大、产业关联度高、具有示范和诱导作用的基础性产业、公共设施以及新兴的高科技主导产业。政府的投资能力与投资方向对产业结构、技术结构、资源结构的形成和调整起关键性作用。

12.1.4 财政政策类型

根据财政政策在调控经济活动上所起的作用不同，其类型可以从两个角度来划分：一是根据财政政策调节经济周期的作用；二是根据财政政策在调节国民经济总量方面的不同功能。

1. 自动稳定的财政政策和相机抉择的财政政策

按照财政政策调节经济周期的作用来划分，它包括自动稳定的财政政策和相机抉择的财政政策。

(1) 自动稳定的财政政策。自动稳定的财政政策，是指这种政策本身具有内在的调节功能，能够根据经济波动情况，无须借助外力而自动地发挥稳定作用。财政政策的自动稳定性主要表现在两个方面：一是税收的自动稳定效应。税收体系，特别是公司所得税和累进的个人所得税，对经济活动水平的变化反应相当敏感。如果当初政府预算是平衡的，税率没有变动，而经济活动出现不景气，国民产出就要减少，这时税收收入也会自动下降；如果政府预算支出保持不变，则由税收收入的减少而使预算赤字发生，这种赤字具有一种内在的扩张力量，会“自动”地抑制国民产出的继续下滑。二是公共支出的自动稳定效应。经济学家们一致认为，对个人的转移支付支出是普遍的“自动稳定器”。转移支付支出，是指政府为维持居民的最低必要生活水平而提供的失业救济金和最低生活保障金等福利性支出。当国民经济出现衰退时，就会有一大批居民享有失业救济金和低保收入，从而可以使总需求不致猛然下降；当经济繁荣来临时，失业者可重新获得工作机会，政府就可以停止失业救济和低保支出，从而可以抑制总需求过旺。

（2）相机抉择的财政政策。相机抉择的财政政策，是指政府根据一定时期社会总供求矛盾的具体表现，为消除经济波动，灵活选择适当的财政政策，以实现经济稳定增长、总供求平衡和充分就业等宏观经济目标。其特点是不能自动地对社会总供求关系实施调节，其作用的发挥须借助于人们对客观经济形势的分析判断和适时选择。一般来说，这种政策是政府根据当时的经济形势，采取不同的财政措施，以消除经济过热或经济萧条，是政府利用国家财力有意识干预经济运行的行为。

2. 扩张性财政政策、紧缩性财政政策和中性财政政策

按照财政政策在调节国民经济总量方面的不同功能，把财政政策分为扩张性财政政策、紧缩性财政政策和中性财政政策。

（1）扩张性财政政策。扩张性财政政策是指通过财政收支规模的变动来增加和刺激社会的总需求，在总需求不足时，通过扩张性财政政策使总需求与总供给的差额缩小以至平衡。扩张性财政政策的载体主要是增加财政支出和减少税收，两者相比，前者的扩张效应更大一些。财政支出是社会总需求的直接构成因素，财政支出规模的扩大会直接增加总需求，增加支出的乘数效应大于减税的乘数效应。减税政策可以增加民间的可支配收入，在财政支出规模不变的情况下，也可以扩大社会总需求。同时，减税的种类和方式不同，其扩张效应也不同。流转税的减税在增加需求的同时，对供给的刺激作用更大，所以，它的扩张效应主要表现在供给方面。所得税尤其是个人所得税的减税，主要在于增加人们的可支配收入，它的扩张效应体现在需求方面。在增加支出与减税并举的情况下，扩张效应虽然更大，但可能导致财政赤字，从这个意义上说，扩张性财政政策等同于赤字财政政策。

（2）紧缩性财政政策。紧缩性财政政策是指通过财政收支规模的变动来减少和抑制总需求，在国民经济已出现总需求过旺的情况下，通过紧缩性财政政策可以消除通货膨胀，达到供求平衡。实施紧缩性财政政策的手段主要是减少财政支出和增加税收。减少支出可以降低政府的消费需求和投资需求，增加税收可以减少民间的可支配收入，降低民间消费需求和投资需求。所以，无论是减支还是增税，都具有减少和抑制社会总需求的效应。如果在一定经济状态下，增税与减支并举，财政盈余就有可能出现，在一定程度上说，紧缩性财政政策等同于盈余财政政策。

（3）中性财政政策。中性财政政策是指财政收支活动对社会总需求的影响保持中性，既不产生扩张效应，也不产生紧缩效应。在一般情况下，中性财政政策要求财政收支保持平衡。在经济政策理论中，一般把通过增加盈余或减少盈余以及增加赤字或减少赤字的形式表现出来的财政政策称为非均衡财政政策，而以收支均衡的形式表现出来的财政政策称为均衡财政政策。均衡财政政策的主要目的在于力求避免预算盈余或预算赤字可能带来的消极后果。但是，预算收支平衡或均衡财政政策并不等于中性财政政策。因为通过支出结

构的调整和税收政策的调整，同样可以对经济发挥调节作用，而且平衡预算本身也具有乘数效应。

12.2 财政政策的传导与效应

12.2.1 财政政策的传导机制

财政政策的实施存在着如何从政策工具变量到政策目标变量的转变过程，这一过程需要特定的传导媒介使政策系统与经济环境进行信息交流，并通过传导媒介的作用，把政策工具最终转化为政策目标变量(即实现期望值)。也就是说，财政政策传导机制就是财政政策在发挥作用的过程中，各政策要素通过各种媒介体相互作用形成的一个有机联系的整体。财政政策发挥作用的过程，实际上就是财政政策工具经过某种媒介体的传导转变为政策目标变量(期望值)的复杂过程。

最为重要的媒介体是收入分配、货币供应与价格。财政政策主要是通过引起上述媒介体中间变量的改变来达到预期目标的。

1. 收入分配

政策工具变量的调整对个人收入分配的影响主要体现在，改变个人实得货币收入或使货币收入者的实际购买力发生变化。前者主要通过对居民个人征税，使其税后收入减少；通过显性或隐性的财政补贴，使居民个人的实际收入增加。后者主要通过货币的升值或贬值来进行调节。居民个人收入的变化影响其储蓄与消费行为，并影响劳动者的生产积极性，在一定程度上还可能导致劳动者在工作与闲暇之间重新做出选择。

政策工具变量调整对企业利润分配的影响则主要体现在企业税后利润的分配上。利润是企业追求的主要目标，税后利润的多少，直接影响到企业的生产行为和投资行为。国家可以对不同产业、不同行业分别制定相适应的税收政策，以引导企业的投资方向，从而实现资源优化配置的财政政策目标。

总之，在总供求波动的背后，主要是收入因素变动的影响，而收入变动是由利益分配格局调整的结果。财政政策工具正是通过对利益的调整来实现政策目标值的。

2. 货币供应

如果不考虑财政政策对货币流通速度与货币存量结构变化的影响，我国的财政赤字具有货币扩张效应。理由是：①我国过去的赤字口径是把公债计入收入后总收入与总支出的差额，这种类型的赤字又叫“硬赤字”。硬赤字的弥补，只能通过向银行透支或借款解决。②如果中央银行能压缩商业银行的贷款规模，在提供财政借款时，不打破年度信贷总规模，那么财政性货币发行不会发生，而事实上这是做不到的。这是因为：其一，赤字额是年终结算时才能最终知道，而库款的支拨是在预算执行中就已拨出，当赤字发生时，增加的货币已进入流通领域。其二，新的年度预算能否通过压缩信贷规模促使货币回笼，在一般情况下难以做到。要想在原有信贷规模基础上压缩各商业银行的信贷规模，是比较困难的。强制压缩可能引起一系列调整。

3. 价格

许多财政政策工具的作用是通过价格体现出来的，或者是与价格相互作用共同发挥调节作用的。长期以来，我国产业部门间的利润率存在着巨大的差异。调整产业结构从某种意义上讲就是调整利益结构。部门与行业间利润率的差别，除了受成本变动等因素影响外，主要与价格政策有关。价格不合理往往是制约基础工业发展的最关键的因素。

12.2.2 财政政策的传导效应

财政政策传导效应即财政政策作用的结果，政策是否有效主要看政策执行的结果。一般来说，政策实施能达到预期的目标即为有效；反之，则为效果不佳或无效。但要做出政策是高效还是低效的判断，则不仅要看政策执行的结果，还要分析为达到目标而付出的代价。为此，我们有必要首先讨论政策效应的评价问题。对某项财政政策效应的优与劣做出客观评价，是政策研究中一个十分重要的问题，它可以为决策者的科学决策提供依据。然而，对某项财政政策的效应作准确的评价又是一项十分困难的工作。因为财政政策作用的结果有积极的一面，也有消极的一面，尽管政策的制定者总是在寻求最佳的政策效果，努力减轻或消除消极效果的影响，但是客观经济运行过程的复杂性，使政府的预期与实际很难完全相符。

政府为推行某项政策所付出的研究费用、执行费用和补偿费用构成了该项政策的“成本”，而某项政策实施所产生的积极作用则可视为该项政策的“效益”。这样，对政策有效性评价可以通过政策成本与政策效益的对比分析来进行。即当政策效益大于政策成本时，政策的有效性程度高，反之则低。政策效益实际上也就是政策目标值的实现。一般来说，政策目标值是根据客观经济运行需要规定的，实现政策目标值，财政政策就会产生积极的作用。政策研究费用与执行费用可以用货币单位直接计算，困难在于，对某项政策实施所产生的消极影响难以完全用货币计量，实施某项政策而需给受损者的必要补偿费用或由此带来的社会效益损失难以准确度量。比如，政府为平衡预算，实施一项增税政策。当个人所得税增加时，减少了个人收入，可能使一部分人的劳动生产积极性受影响；当企业所得税增加时，减少了企业的税后利润，也可能降低部分企业的投资热情。对于一个社会来说，这种损失究竟有多大，是难以准确估算的。因此，政策效应评价的关键是在政策效益既定的前提下，确定政策成本最低者为优。上述分析可以归结为一个简单的逻辑表达式：

$$\text{政策的有效性}=\frac{\text{政策的积极作用(实现政策目标产生的效果)}}{\text{政策研究费用}+\text{政策执行费用}+\text{补偿费用(或效率损失)}}$$

这一逻辑表达式说明了分析政策的有效性的思路，即如同分析财政支出效益一样，必须从成本与效益的对比中做出判断。当然，政策的成本与效益分析较之一般企业的经济效益与成本的比较分析更为复杂。

12.2.3 财政政策效应偏差问题

1. 财政政策效应偏差的含义

财政政策效应偏差是指财政政策在实施过程中实际效应与预期效应之间发生了背离。政策效应偏差大致可以分为两大类：一类是政策实施过程中必然发生的偏差——自然偏差；另一类是政策实施过程中人为因素造成的偏差——人为偏差。

2. 财政政策实施的时间周期

财政政策实施的时间过程一般可分为四个阶段：政策出台阶段、政策完善阶段、政策成熟阶段、政策蜕化阶段。政策出台阶段和政策蜕化阶段的自然偏差可能较大，政策效果较差。原因在于：新出台的政策本身尚不完善，旧政策的历史惯性的干扰，人们对新政策不适应，新政策的作用机制尚未有效运转，与其他经济政策耦合上存在时滞。与此相对应的是，在政策完善阶段和政策成熟阶段的政策效果较好。需要注意的是，一项全国性的财政政策的制定，所依据的是一定时期全国社会经济发展的总体状况，由于区域发展的不平衡，从全局范围内所认定的政策问题，在局部地区并不一定都存在，或者存在的程度有差别，而且即使是同一政策问题，从全局或局部来看也有许多不同的原因。因此，一项带有全局性的财政政策在其实施过程中，就会形成政策实际效果的地区差别。

3. 纠正财政政策效应偏差的具体措施

在现实中，财政政策效应的自然偏差与人为偏差往往相互交叉。这就需要我们进行仔细的研究和分析，针对不同种类的政策效应偏差，采取不同的措施。具体来说：①必须重视对政策分析中人的利益动机的研究。政策分析中的人包括政策主体和政策对象，他们都是在一定利益驱动下从事某项社会活动的，而经济利益关系的变动则是导致政策效应偏差的最深刻根源，因此，要减少人为因素造成的政策效应偏差，首先必须从经济利益这个核心入手，调整利益分配格局。②必须重视对政策行为规范的研究，建立规范的政策行为机制。其一是通过法律手段明确当事人的权益和责任，从而约束当事人的行为；其二是建立一套符合社会主义市场经济需要的价值判断标准，从观念或道德方面形成一种自我约束机制。③必须注重对决策的科学化与民主化的研究。所谓决策的科学化是指从政策的制定到贯彻执行都应尊重客观规律，以严谨的科学态度和科学方法对待政策问题。所谓决策的民主化是指在决策的过程中充分考虑人民的意愿，通过民主集中制的程序把群众的意愿转变为政府的政策主张。

12.2.4 财政政策乘数

财政政策乘数是指财政政策变量变动作用于社会总需求，从而引起国民收入(GDP或GNP)扩张或收缩的倍数。

依据经济学关于国民收入的决定方程式推导出财政政策乘数。

国民收入的决定公式为

$$Y=C+I+G \tag{12-1}$$

式中，Y代表国民收入，C代表消费支出，I代表私人投资支出，G代表政府购买性支出。其中

$$C=C_a+bY\mathrm{d} \tag{12-2}$$

式中，C_a代表消费函数中的常数。也就是说，人们即使在短期没有收入也要消费，这可能就需要动用原有资产(如储蓄)或借债等。b代表边际消费倾向，Y_d代表可支配收入，即扣除税收(T)后的收入。

$$Y_d = Y - T \tag{12-3}$$

把式(12-2)、式(12-3)代入式(12-1)，可得

$$Y = C_a + b(Y - T) + I + G$$

$$= C_a + bY - bT + I + G$$

$$(1-b)Y = Ca - bT + I + G$$

$$Y = \frac{C_a - bT + I + G}{1-b} \tag{12-4}$$

根据以上公式，我们就可以求得简单的财政政策乘数。

(1) 税收乘数。求式(12-3)对 T 的导数，即可求得税收乘数：

$$\frac{\partial Y}{\partial T} = \frac{-b}{1-b} \tag{12-5}$$

税收乘数表明的是税收的变动(包括税率、税收收入的变动)对国民产出(GNP)的影响程度。它的特点和作用是：①税收乘数是负值，说明税收增减与国民产出呈反方向变动；②政府增税时，国民产出减少，减少量为税收增量的 $b/(1-b)$ 倍。假定边际消费倾向 b 为0.8，则税收乘数为−4。可见，若政府采取减税政策，虽然会减少财政收入，但将会成倍地刺激社会有效需求，有利于民间经济的增长。

(2) 购买性支出乘数。求式(12-3)对 G 的导数，即可求得购买性支出乘数：

$$\frac{\partial Y}{\partial G} = \frac{1}{1-b} \tag{12-6}$$

购买性支出乘数表明的是购买性支出的变动对国民产出(GNP)的影响程度。它的特点和作用是：①支出乘数是正值，说明购买性支出的增减与国民产出呈正方向变动。②政府增支时，国民产出增加，增加量为支出增量的 $1/(1-b)$ 倍。假定边际消费倾向为0.8，则购买性支出乘数为5。③同税收乘数相比，支出乘数大于税收乘数，这说明，增加财政支出政策对经济增长的作用大于减税政策。

(3) 平衡预算乘数。政府在增加税收的同时，等量增加购买性支出，维持财政收支平衡，平衡预算乘数就是衡量这种变化对国民产出的影响是怎样的。计算公式如下：

$$\frac{\partial Y}{\partial T} + \frac{\partial Y}{\partial G} = \frac{-b}{1-b} + \frac{1}{1-b} = 1 \tag{12-7}$$

平衡预算乘数说明，即使增加税收会减少国民收入，但若同时等额地增加支出，国民产出也会等额地增加。换言之，即使实行平衡预算政策，仍具有扩张效应，它的效应等于1。

12.3 财政政策与货币政策的配合

12.3.1 货币政策概述

1. 货币政策的含义和特征

1) 货币政策的含义

货币政策是中央银行为实现特定的经济目标，运用政策工具调节和控制货币供应量，

进而影响宏观经济的方针和措施的总称。

货币政策的主要内容包括货币政策最终目标、货币政策中介目标、货币政策工具以及货币政策传导机制等。这些要素紧密联系，构成货币政策的有机整体。

2）货币政策的特征

与其他宏观经济政策相比，货币政策具有以下几个特征：

(1) 货币政策是一项宏观经济政策。货币政策的最终目标实际上也是宏观经济政策目标，以需求管理为核心的货币政策是一种总量调节和结构调节相结合，且以总量调节为主的经济政策。

(2) 货币政策是调节社会总需求的政策。货币政策通过利率、货币供应量等来调节社会总需求，社会总供给的变化则是作为总需求变化的结果而产生的，它是一种直接调节总需求、间接调节总供给的政策。

(3) 货币政策的间接性。除特殊情况外，货币政策一般不采用直接的行政控制措施，而主要是运用经济手段，通过市场机制作用，影响经济活动主体的行为来实现对社会总需求的调节。

2. 货币政策的最终目标

1）货币政策最终目标的内容

货币政策目标又称货币政策最终目标，是一国的中央银行据以制定和实施货币政策的依据，它与一国宏观经济目标保持一致。货币政策最终目标包括物价稳定、经济增长、充分就业、国际收支平衡。

(1) 物价稳定。物价稳定就是保持物价总水平在短期内不发生剧烈波动，其实质是稳定币值。币值不稳定有两种表现，一是出现通货膨胀，二是出现通货紧缩。抑制通货膨胀和避免通货紧缩是物价稳定的货币政策目标不可分割的两个方面。

(2) 经济增长。经济增长是指一个国家商品和劳务及生产能力的增长，即国内生产总值的增长保持合理、较高的速度。经济增长是提高人民生活水平、增进社会福利、增强国家经济实力的物质保障。一国为了保持经济持续增长，必须有效地利用各种资源，并为增加生产潜力而进行投资。货币政策作为国家干预经济的重要手段，有责任保持国民经济的长期稳定增长。

(3) 充分就业。充分就业是指凡有工作能力并愿意工作者，都能在合理的条件下找到适当的工作。非充分就业表明存在社会资源特别是劳动力资源的浪费、失业者生活质量的下降，并导致社会的不稳定。在引起失业的众多原因中，与货币政策直接相关的是总需求不足而造成的失业。中央银行要实现充分就业的货币政策目标，就要通过货币政策的操作，消除由于总需求不足而造成的失业，促进资源的充分利用和经济的较快增长。

(4) 国际收支平衡。国际收支平衡是指一定时期内(通常指一年)，一国对其他国家或地区的全部货币收支持平。平衡国际收支，就是采取各种措施，纠正国际收支差额，使之趋于平衡。因为国际收支失衡，无论是逆差还是顺差，都不利于本国经济的发展。但由于逆差的危害更大一些，各国调节国际收支失衡的主要目标是减少以至消除逆差。货币政策的目标之一，就是通过本外币政策的协调，实现国际收支的平衡。

2）货币政策目标之间的统一性与矛盾性

（1）货币政策目标之间的统一性。

① 充分就业与经济增长之间的统一性。充分就业与经济增长之间通常存在正相关关系，充分就业意味着资源的充分利用，意味着企业有较高的投资积极性，进行设备更新以提高生产率，从而有利于经济增长。可见，充分就业与经济增长之间关系密切，经济增长是充分就业的前提；反过来，充分就业又促进了经济增长，而经济增长又能提高就业水平。

② 物价稳定与经济增长之间的统一性。物价稳定是经济增长的基础，只有稳定物价，才能为经济的持续、稳定增长提供良好的货币金融环境；经济增长又是物价稳定的物质基础，只有经济增长，才能不断增加有效供给，实现供求平衡，从而保持物价稳定。

③ 国际收支平衡与经济增长的统一性。当经济较快增长时，国家经济实力也能相应增长，这会在扩大出口的同时减少进口，必然有利于国际收支平衡。同样，国际收支平衡有利于汇率的稳定，也有利于国内物价的稳定，并促进经济增长。

（2）货币政策目标之间的矛盾性。

① 稳定物价与充分就业之间的矛盾。失业率与物价上涨之间存在着此消彼长的关系。也就是说，一个国家要减少失业或实现充分就业目标，必然要增加货币供应量，以此刺激总需求的增长。而增加货币供应量或增加总需求，在一定程度上将引起物价总水平的上升。相反，要降低物价水平，就要缩减货币供应量，以此抑制社会总需求的增加。而社会总需求缩减，又将导致失业率的上升。

② 稳定物价与经济增长的矛盾。稳定物价与经济增长是货币政策目标的核心内容，但短期内这两个目标往往存在着矛盾。例如，在经济衰退时期需要采取扩张性货币政策，以刺激需求、促进经济增长，但这常常造成流通中的货币数量大于与经济增长相适应的货币需求量，导致物价上涨；相反，在经济扩张时期，为了抑制通货膨胀，保持物价稳定而采取紧缩性货币政策，减少货币供应量，这又往往会阻碍经济增长。可见，物价稳定与经济增长之间有一定的矛盾。

③ 稳定物价与国际收支平衡的矛盾。一般说来，当一国出现通货膨胀时，说明总需求超过了总供给，使得本国的物价水平高于外国的物价水平，从而使得国内出口商品的价格和进口紧俏商品的价格等都高于外国商品的价格，这样，必然使得国内出口减少，进口增加，从而增加本国的贸易逆差，或者减少本国的贸易顺差，对本国的国际收支状况产生不利的影响。相反，当本国物价稳定时，如果其他国家出现了通货膨胀，则会使本国的物价水平相对地低于其他国家的物价水平，从而使得本国的出口商品价格相对地低于其他国家的商品价格，这样，必然使得本国的出口增加，进口减少，增加本国贸易顺差。只有在各国都维持大致相同的物价稳定程度，并且贸易状况不发生大的变动，这样稳定的物价目标和平衡国际收支目标才能同时并存，如果这两个条件不能具备，稳定物价目标和平衡国际收支目标就随时可能出现矛盾。

④ 经济增长与平衡国际收支的矛盾。一般说来，要促进国内经济增长，就要增加投资，提高投资率。在国内储蓄不足的情况下，必须借助于外资。这种外资的流入，必然带

来国际收支中资本项目的差额。国际收支出现逆差，通常要压缩国内的总需求，随着总需求的下降，国际收支逆差可能被消除，但同时会带来经济的衰退；国内经济衰退，通常采用扩张性的货币政策，随着货币供应量增加，社会总需求增加，受到刺激的经济可能增长，但也可能由于进口的过快增加而导致国际收支失衡。

货币政策目标内容之间存在着互补性，但各目标之间又有矛盾性。处理货币政策目标之间的冲突，要求中央银行一要统筹兼顾，力求协调；二应视经济环境的需要而突出重点。各国政治经济环境在不断变化，货币政策目标重点的选择也会发生变化。

3. 货币政策的中介目标

货币政策中介目标，也称中间目标，是指受货币政策工具作用、影响货币政策最终目标实现的一系列传导性金融变量指标。中央银行在实施货币政策之前，首先要确定最终目标，但这只是一个基本指导思想，央行不可能直接控制和实现诸如物价稳定、充分就业等目标，它只能借助于货币政策工具，通过若干个中间环节的传导才能实现最终目标。在此过程中，央行应及时了解政策工具是否得力，估计政策目标能否实现，这就要通过观测和调节它所能控制的一些具体的指标来影响实际经济活动，从而间接地达到其最终目标。这些能为央行直接控制和观测的指标，就是中介目标。

1）利率

短期利率，尤其是银行同业拆借利率，经常被选作货币政策的近期指标。银行同业拆借市场作为货币市场的基础，其利率是整个货币市场的基准利率，中央银行通过调控银行同业拆借利率就可以改变货币供应量，进而影响长期利率。而长期利率作为远期中介指标与最终目标具有强相关性：长期利率对投资有着显著的影响，对不动产及机器设备的投资尤其如此，因此，长期利率与整个社会的收入水平直接相关。

中央银行可以很方便地得到有关银行同业拆借利率的变动情况，当中央银行根据既定的目标认为有必要改变现有的利率水平和结构时，就通过相应的公开市场操作及再贴现率的具体规定，调控同业拆借利率，以贯彻其政策意图。举例来说，假如中央银行打算提高同业拆借利率，以缩减货币供应量，它就通过公开市场卖出债券，以减少银行准备金，增加准备金压力。此时商业银行为弥补准备金的不足就会增加在同业拆借市场上的融资，从而导致同业拆借利率的上升。同业拆借利率作为货币市场的基准利率又会进一步引起金融市场利率的上升，并最终影响到货币供应量，乃至整个经济活动，从而实现宏观调控目的。

利率作为中介目标，具有较好的可控性、可测性和相关性。但是也存在以下两个方面的不足：一是中央银行所能控制的是名义利率，而对经济有实质影响的是实际利率；二是利率对经济的作用力度还受货币需求的利率弹性大小的影响。

2）货币供应量

将货币供应量作为中介目标，首先就存在指标口径的选择问题：是现金，还是M1、M2，这些指标随时反映在央行和金融机构的资产负债表中，即可测性很好，但是哪一个指标与社会总需求更相关，则很难比较，特别是当金融创新导致金融资产结构发生变化时，选取不同的指标口径作为中介目标将会影响到货币政策的效果。货币供应量的可控性如何，主要取决于央行对基础货币的控制能力及该国货币乘数是否相对稳定：如果一国的货币体制能够确保基础货币的供应，并且货币乘数相对稳定或者能够被准确预测，这时将货币供应量作为中介目标就具有良好的可控性；如果该国的货币体制对基础货币的控制能力较弱，并且货币乘数缺乏稳定性，则货币供应量就不具有可控性。

当经济景气时，信贷需求增加，银行体系都减少超额准备，扩大信贷，引起货币供应量增加；反之，当经济萧条时，银行增加超额准备，紧缩信贷，使货币供应量减少，也就是说，货币供应量作为内生变量是顺循环的。但同时，货币供应量的变动作为政策变量是逆循环的，因此，该指标具有较好的抗干扰性，中央银行比较容易区分政策性影响和非政策性影响。

3）基础货币

基础货币是流通中的现金和商业银行准备金的总和，它构成了货币供应量伸缩的基础。中央银行可以通过控制现金发行、买卖证券、再贴现等方式来调节基础货币，进而影响总需求。因为它的数量一目了然，也易于调控，完全可以满足可测性和可控性的要求，所以不少国家把它视为较理想的近期指标。

4）超额准备金

超额准备金是商业银行的全部准备金扣除法定准备金后剩余的部分，中央银行的三大政策工具都是通过影响超额准备金的水平而发挥作用的。超额准备金的变化，可以较好地反映经济运行状况。比如，当超额准备金过多，往往反映经济主体对货币资金的需求不足，经济比较萧条；反之，当超额准备金减少，则反映资金需求旺盛，经济趋于景气。但是超额准备金往往取决于商业银行的意愿和财务状况，主动权在商业银行，中央银行的调节是有限的。

4. 货币政策工具

货币政策工具是中央银行为实现货币政策目标而采取的措施和手段。根据其作用范围和运用方式的不同，货币政策工具可分为一般性政策工具、选择性政策工具、直接信用控制和间接信用指导。

1）一般性货币政策工具

一般性货币政策工具是对货币供应总量或信用总量进行调节和控制的政策工具，主要包括法定存款准备金率、再贴现率和公开市场业务，俗称货币政策的“三大法定”。

（1）法定存款准备金率政策。它是中央银行规定存款货币银行吸收的存款必须缴纳一定比率的准备金的要求。法定存款准备金制度的建立为存款货币银行派生存款规定了一个量的界限。法定存款准备金率的调整直接影响存款货币银行创造派生存款的能力，从而影响货币乘数。当中央银行提高法定存款准备金率时，存款货币银行法定准备金增加，超额准备减少，存款货币创造能力降低；反之亦然。法定存款准备金率是中央银行调节货币供应量、实施货币政策的强有力工具。

我国存款准备金率的历次调整情况：2003 年上调 1 次，至 7%；2004 年上调 1 次，至 7.5%；2006 年上调 3 次，至 9%；2007 年上调 10 次，至 14.5%；2008 年上调 5 次，至 17.5%，下调 3 次，至 15.5%；2010 年上调 6 次，至 18.5%；2011 年上调 6 次，至

21.5%；2011 年 6 月 20 日，大型金融机构存款准备金率为 21.5%。

（2）再贴现政策。它是中央银行通过提高或降低再贴现率的办法，影响存款货币银行从中央银行获得再贴现贷款，进而影响超额准备，达到调节货币供应量、实现货币政策目标的一种政策措施。再贴现政策一般包括两方面的内容：一是调整再贴现率；二是规定向中央银行申请再贴现的资格。再贴现率的升降会影响存款货币银行从中央银行融资的成本，从而影响它们的贷款量和货币供应量。

（3）公开市场业务。它是指中央银行在金融市场上公开买卖有价证券，用以调节基础货币和货币供应量的一种政策手段。如果实行扩张的货币政策，中央银行可以通过在公开市场上购进有价证券，投出基础货币，从而增加货币供应量。如果实行紧缩的货币政策，中央银行则通过出售有价证券，收回基础货币，从而减少流通中的货币供应量。

2）选择性货币政策工具

选择性货币政策工具是指中央银行针对某些特殊的经济领域或特殊用途的信贷而采取的信用调节工具。主要包括消费者信用控制、证券市场信用控制、不动产信用控制和优惠利率等。

3）直接信用控制

直接信用控制是中央银行用行政手段或其他方式对金融机构的信用活动进行直接控制，主要包括信用配额管理、利率上限控制、流动性比率管理等。

4）间接信用指导

间接信用指导是中央银行采用非直接的控制方法，对信用变动方向和重点实施间接引导。主要包括窗口指导和道义劝告。

5. 货币政策的传导机制

货币政策的传导机制是指中央银行运用货币政策工具影响中介目标，进而实现货币政策最终目标的传导途径与作用机理。中央银行货币政策的传导主要通过两条基本途径：商业银行和金融市场。货币政策的传导顺序一般是先由中央银行作用于商业银行和金融市场，再由商业银行、金融市场作用于企业、居民等经济活动主体，最后由各经济主体作用于各种宏观经济变量。

至于在传导过程中哪一种变量起主要作用，凯恩斯学派和货币学派有着不同的观点。凯恩斯学派认为，当货币政策变动时，货币供应量增加，导致货币资产收益率下降；经济单位以货币买进债券，债券价格上涨，利率下降，这又会通过资本收益率的上升使投资以乘数方式增加，引致总需求增加，使总收入上升。这个传导过程可表示为：货币政策工具→货币供应量↑→利率↓→投资↑→总支出↑→总收入↑。在整个传导机制发挥作用的过程中，主要环节是利率。货币学派则更强调货币供应量在整个传导机制上的直接效果。他们认为，增加货币供应量在开始时会降低利率，银行增加贷款，货币收入增加，物价上升，从而导致总支出增加，引致总收入上升，直到物价上涨将多余的货币量完全吸收掉为止。其传导过程可表示为：货币政策工具→货币供应量→总支出→总收入。

6. 货币政策的类型

根据货币政策对社会总需求的影响不同，货币政策可分为扩张性、紧缩性和中性三种类型：

（1）扩张性货币政策。扩张性货币政策也称为“松”的货币政策。它是指通过增加货币供应量，降低利率以扩大社会总需求的政策。扩张性货币政策的功能在于增加货币供应量，刺激社会总需求。其实施条件是社会总需求不足，有效供给过剩。扩张性货币政策所采用的措施主要包括：一是降低法定存款准备金率，以增大货币乘数，增加货币供应量；二是降低再贴现率，以降低商业银行向中央银行融资的成本，刺激投资需求；三是在公开市场操作中买进有价证券，增加基础货币供应量。此外，必要时可采取诸如放松消费信用控制和证券市场信用控制等措施来刺激社会总需求。

（2）紧缩性货币政策。紧缩性货币政策又称为“紧”的货币政策。它是指通过减少流通中的货币量以收缩社会总需求的政策。紧缩性货币政策的功能在于减少货币供应量，抑制社会总需求。其实施条件是社会总需求过剩而总供给不足。紧缩性货币政策所采用的主要措施包括：一是提高法定存款准备金率，以减小货币乘数，减少市场上的货币供应量；二是提高再贴现率，以提高商业银行向中央银行融资的成本，促使市场利率上升，抑制投资需求和消费需求；三是在金融市场上卖出有价证券，减少基础货币供给，以降低货币供应量。此外，在必要时可采取直接金融管制或间接干预措施。

（3）中性货币政策。中性货币政策也称为平衡性货币政策。这种货币政策的功能在于保持社会总需求与社会总供给的同步增长。其实施条件是社会总需求与社会总供给处于基本平衡状态。中性货币政策对社会总供求关系只起维持作用，不起调节作用。

12.3.2 财政政策与货币政策的协调配合

1. 财政政策与货币政策协调配合的必要性

为了实现经济总量平衡的目标，财政政策与货币政策组合方式灵活多样，在具体的操作中，准确的形势判断是财政政策与货币政策能够成功协调配合以维护经济平稳增长的首要条件。财政政策与货币政策协调配合的内容也是全方位的。

第一，政策目标上的配合与平衡。就总量目标而言，财政与货币政策的最终目标应该是一致的。但从短期看，当经济面临某种冲击时，它对产出、通胀率和就业的作用方向并不是一致的，此时，宏观经济政策在稳定产出、通胀率和就业上存在平衡问题。在这种情况下，恰当的政策配合，就可能会实现低失业、低通胀的经济增长，促进全社会的福利最大化。

第二，政策方向的配合。由于财政、货币政策具有不同的作用机制和特点，可能出现财政、货币政策效果的相互抵消。例如，当经济出现“滞胀”时，刺激经济增长的财政政策会增加通货膨胀的压力，货币政策在抑制通货膨胀时又会阻碍经济增长。它们之间的配合就是要避免这种现象。可见，在宏观调控中，必须构建一个有效的财政货币政策组合。

第三，政策工具的配合。财政、货币政策都是通过一定的政策工具来实现的。财政政策可选择的工具有：公共投资、税收、财政补贴、转移支付等。货币政策可供选择的工具有存款准备金制度、再贷款和再贴现和公开市场操作等总量控制工具，以及窗口指导、房地产信用比率控制等选择性政策工具。财政货币政策在其工具的选择上也应相互搭配，不仅财政政策工具和货币政策工具要相互配合，而且财政、货币政策内部的各种工具之间也要相互配合。

第四，政策力度的配合。政策力度是指政策对其调控对象作用力的大小，不同政策工具的作用力度是不同的。从具体政策工具来看：财政政策中，预算政策的“自动稳定器”功能对稳定经济的力度较强，但对调节经济总量来说，力度则较小，如果采取补偿性的财政政策，人为地通过预算政策来调节经济的话，预算政策的力度就会较大；货币政策中，法定存款准备金率的变动对经济总量的调控力度一般较强，准备金率的变动会直接影响商业银行的准备金结构和货币乘数的变化，从而引起银行信贷和货币总量成倍地变化，而公开市场业务的力度则要小一些。它是微调的货币政策工具。

第五，政策时间的配合。时间配合一是指政策选择的时机；二是指政策的持续期。解决财政货币政策的时间问题的难点在于政策时滞的确定和政策持续时间的把握。二者的配合在时间问题上应注意对宏观经济运行态势的考察，在准确判断宏观经济运行态势的基础上，科学选择财政、货币政策的组合，同时需要对财政、货币政策工具时滞的长短进行仔细研究，根据需要选择时滞长短相匹配的政策工具组合。

2. 财政政策与货币政策的配合模式

按照政策效应的松紧程度来划分，财政政策与货币政策均可划分为扩张性、紧缩性和中性三种。在实践中，不同类型的财政政策与货币政策的配合模式有九种：紧缩性财政政策和紧缩性货币政策，紧缩性财政政策和扩张性货币政策，紧缩性财政政策和中性货币政策，扩张性财政政策和紧缩性货币政策，扩张性财政政策和扩张性货币政策，扩张性财政政策和中性货币政策，中性财政政策和扩张性货币政策，中性财政政策和紧缩性货币政策，中性财政政策和中性货币政策。下面就其中四种典型的政策配合模式作一说明。

(1) 扩张性财政政策和扩张性货币政策。一方面，利用扩张性财政政策通过减少税收和扩大政府支出规模来增加社会总需求；另一方面，利用扩张性货币政策通过降低法定存款准备金率、降低利率来扩大信贷支出规模，增加货币供给。两者配合使用的结果，必然使社会总需求扩大。在社会总需求严重不足、失业率较高、经济萧条的情况下，这种政策组合可以刺激经济快速增长，扩大就业，但又可能带来通货膨胀、经济过热的危险。因此，这种政策组合不宜长期使用。

(2) 紧缩性财政政策和紧缩性货币政策。在经济增长速度过快以至于引起经济关系紊乱和严重通货膨胀的情况下，通过增加税收、削减政府支出规模等措施，限制消费与投资；同时，在货币政策方面，通过提高法定存款准备金率，提高利率来压缩信贷支出规模，减少货币供应量，以抑制社会总需求，使经济过热有所降温，有效抑制需求膨胀和通货膨胀。但这种政策组合可能引起经济增长的急刹车。长期使用，还会引起社会总需求不足、失业率上升和经济停滞的后果。

（3）紧缩性财政政策和扩张性货币政策。紧缩性财政政策可以减少政府支出，降低巨额财政赤字对经济运行产生的负面影响；而扩张性货币政策则旨在扩大社会总需求，提高就业率，促使经济适度增长。在具体实践中，过于扩张性的货币政策会引起社会总需求的快速膨胀，有可能引起物价水平的过快上升。

（4）扩张性财政政策和紧缩性货币政策。在经济增长放缓、失业率较高、通货膨胀率较高，但同时产业结构和产品结构的矛盾比较突出的情况下，采用扩张性财政政策通过增支减税等手段，有助于缓解结构性矛盾，提高就业率；而紧缩性货币政策通过提高利率和法定存款准备金率等措施，减少货币供应量，抑制通货膨胀。这种政策组合的目的在于保持经济适度增长的同时，尽可能避免通货膨胀。不过，该政策组合的持续使用，可能会累积大量的财政赤字。

本章小结

财政政策是一国政府为实现一定的宏观经济目标而调整财政收支规模和收支平衡的指导原则及其相应措施的总称，具有导向功能、协调功能、控制功能、稳定功能。它包括财政政策目标和财政政策工具等内容。按照财政政策调节经济周期的作用来划分，它包括自动稳定的财政政策和相机抉择的财政政策。按照财政政策在调节国民经济总量方面的不同功能，可分为扩张性政策、紧缩性政策和中性政策。

财政政策的实施就是通过特定的传导媒介使政策系统与经济环境进行信息交流，并通过传导媒介的作用，把政策工具最终转化为政策目标变量。最为重要的媒介体是收入分配、货币供应与价格。财政政策作用的结果称为财政政策效应。评价财政政策效应要从政策执行的结果和达到政策目标的成本两个方面着手进行分析。财政政策在实施过程中可能会出现政策效应偏差，这就需要我们针对具体的政策效应偏差采取不同的措施。财政政策乘数是指财政政策变量变动作用于社会总需求，从而引起国民收入扩张或收缩的倍数。它包括：税收乘数、政府购买性支出乘数、政府转移支付乘数。

货币政策是指中央银行为实现特定的经济目标，采用各种工具控制和调节货币、信用、利率等变量，进而影响宏观经济运行的方针和措施的总称。它包括货币政策目标、货币政策工具等内容。货币政策与财政政策之间既存在着一定的置换关系，又具有一定的相互矛盾性，要求我们在政策运用时要注意二者的协调配合。财政政策与货币政策的典型配合模式有：扩张性财政政策和扩张性货币政策、紧缩性财政政策和紧缩性货币政策、紧缩性财政政策和扩张性货币政策、扩张性财政政策和紧缩性货币政策。

阅读资料

我国2011年实施的财政政策

财政政策是政府实施宏观调控的重要工具之一。财政政策主要通过税收、补贴、赤字、国债、收入分配和转移支付等手段对经济运行进行调节，是政府进行反经济周期调节、熨平经济波动的重要工具，也是财政有效履行配置资源、公平分配和稳定经济等职能的主要手段。

改革开放以来，财政作为国家宏观调控的重要手段之一，针对各个时期国民经济发展的起伏变化，相继选择了不同的财政政策，在保障国民经济平稳持续发展中功不可没。而且，财政政策的调控手段和方式也发生了显著变化，逐渐放弃了以行政手段为主的直接调控，形成了适应市场经济体制的、以经济手段为主的间接调控体系。

公共财政主要是满足公共需要、提供公共物品、服务公共利益，要努力做好财政工作，保障和改善民生。在公共财政框架下，财政对“三农”、教育、医疗、社保等公共服务领域的投入逐年增加。

60年来，全国财政支出规模从1950年的68亿元，扩大到2008年的6 026万亿元，2009年预算安排7.62万亿元，增长了1 120倍。最大的变化是，财政运行模式由计划经济时期的生产建设财政，逐步转变为社会主义市场经济条件下的公共财政。

“十一五”时期，全国公共财政总收入30.3万亿元，年均增长21.3%。全国公共财政用于教育、医疗卫生、社会保障和就业方面的支出分别达到4.45万亿元、1.49万亿元和3.33万亿元，比“十五”时期分别增长了1.6倍、2.6倍和1.3倍。2010年全国公共财政收入达到8.3万亿元。《国家中长期教育改革和发展规划纲要(2010—2020年)》提出了“到2012年国家财政性教育经费支出占国内生产总值的比例达到4%”的目标。

2011年3月20日，财政部部长谢旭人在中国发展高层论坛2011年会上阐述了我国当前财政政策和财税体制改革的总体思路。他说，作为“十二五”开局之年，2011年我国将从完善财政体制、推进预算管理制度改革、深化税制改革三方面进一步深化财税体制改革。2011年将调减营业税，将部分容易产生环境污染、大量消耗资源的产品以及部分高档消费品纳入消费税的征收范围，提高个人所得税工薪所得费用扣除标准。

2011年5月4日，国务院常务会议研究部署进一步推进财政预算公开工作。会议强调必须进一步推进财政预算公开，建立健全公开机制，扩大公开范围，细化公开内容，不断提高依法行政、依法理财水平。

2011年7月，为推动地方政府加强生态环境保护和改善民生，充分发挥国家重点生态功能区转移支付的政策导向功能，中央财政正式设立国家重点生态功能区转移支付。

税收风险报告：中国税负水平高于中上等收入国家。

2010年12月10—12日，中央经济工作会议在北京举行。会议指出，2011年将以加快转变经济发展方式为主线，实施积极的财政政策和稳健的货币政策。

房地产调控及房产税

2010年1月10日，国务院办公厅发出《国务院办公厅关于促进房地产市场平稳健康发展的通知》(国办发[2010]4号)。

2010年4月，国务院印发《国务院关于坚决遏制部分城市房价过快上涨的通知》(国发[2010]10号)，房地产市场出现了积极的变化，房价过快上涨的势头得到初步遏制。

2011年1月26日，国务院常务会议研究部署进一步做好房地产市场调控工作。1月27日，国务院办公厅发出《国务院办公厅关于进一步做好房地产市场调控工作有关问题的通知》。

2011年1月28日起，重庆市试点向个人房产征收房产税，对重庆市主城9区内存量增量独栋别墅、新购高档商品房、外地炒房客在重庆购第二套房征收房产税，税率为0.5%～1.2%。

2011年1月28日起，上海市开展对部分个人住房征收房产税试点，对上海居民家庭新购第二套及以上住房和非上海居民家庭的新购住房征收房产税，税率因房价高低分别暂定为0.6%和0.4%。

2011年2月16日，北京市出台了包括限购升级、加快保障房建设、加强金融税收管理等极为严厉的楼市调控措施——《北京市人民政府办公厅关于贯彻落实国务院办公厅文件精神进一步加强本市房地产市场调控工作的通知》。

2011年3月16日，发展改革委发布《商品房销售明码标价规定》，规定从5月1日起施行。5月12日，国家发展和改革委员会公布通知，房地产开发企业违反明码标价规定未实行“一套一标”，每套处

5 000元罚款。构成价格欺诈的，责令改正，没收违法所得，并处违法所得5倍以下罚款；没有违法所得，处5万元以上50万元以下罚款。

2011年4月20日，国务院常务会议决定，中央财政增加安排180亿元，用于公共租赁住房和廉租住房建设、城市棚户区改造及相关基础设施配套补助。3月16日，发展改革委发布了《商品房销售明码标价规定》，明确这项规定从2011年5月1日起施行。

个人所得税

个人所得税是以个人(自然人)取得的应税所得为征税对象而征收的一种税。在我国，个人所得税制度经历了一个从无到有、不断发展的过程。

1980年9月，我国《个人所得税法》正式颁布，征税对象包括中国公民和中国境内的外籍人员。但由于规定的免征额较高(每月或每次800元)，而国内居民工资收入普遍很低，因此绝大多数国内居民不在征税范围之内。

1994年，我国颁布实施了新的《个人所得税法》，初步建立起内外统一的个人所得税制度。其后，随着经济社会形势的发展变化，国家对个人所得税制进行了几次重大调整。

2011年3月1日，国务院常务会议讨论并原则通过《中华人民共和国个人所得税法修正案(草案)》。会议认为，为加强税收对收入分配的调节作用，进一步减轻中低收入者的税收负担，有必要对个人所得税法进行修改，提高工资薪金所得减除费用标准，调整工资薪金所得税率级次、级差，并相应调整个体工商户生产经营所得和承包承租经营所得税率级差。会议决定，《中华人民共和国个人所得税法修正案(草案)》经进一步修改后，由国务院提请全国人大常委会审议。

2011年4月20日，《个人所得税法修正案(草案)》将9级超额累进税率修改为7级，个人所得税工资薪金所得减除标准，即免征额由每月2 000元上调至每月3 000元。

2011年6月30日，第十一届全国人民代表大会常务委员会第二十一次会议第六次修正《中华人民共和国个人所得税法》，起征点为3 500元。

公共服务

2011年4月20日，国务院常务会议决定，中央财政增加安排123亿元，用于新农保试点补助。增加安排后，2011年新农保覆盖地区范围将从原计划的40%提高至60%，从7月1日起实施，城镇无收入居民养老保险试点工作同步推进。

2011年7月，财政部研究制定出《2011年中央对地方均衡性转移支付办法》，明确均衡性转移支付的构成、资金的分配原则及分配办法等，推动公共服务均等化进程。

政府采购

2011年7月1日始，根据财政部印发的《关于进一步推进中央单位批量集中采购试点工作的通知》，中央单位采购的台式计算机和打印机，原则上全部纳入2011年批量集中采购试点范围，各主管部门要组织好批量采购计划汇总报送工作，集中采购机构要做好批量集中采购的招标等工作。

车船税

2011年2月25日，第十一届全国人民代表大会常务委员会第十九次会议通过了《中华人民共和国车船税法》。6月15日，国务院法制办公布《中华人民共和国车船税法实施条例(征求意见稿)》，征求社会各界意见。

（资料来源：http：//biz. xinmin. cn/cjds/2010/12/03/8097424. html，有删改）

复习思考题

一、概念题

财政政策　财政政策乘数　自动稳定的财政政策　货币政策　中性财政政策

二、单项选择题

1. 相机抉择的财政政策发挥作用时，须具备的条件是(　　)。

A. 累进征收为主的税收制度

B. 与社会成员收入累退挂钩的社会保障制度

C. 对客观经济形势的正确分析和判断

D. 完善的宏观政策调控手段

2. 降低利率属于(　　)。

A. 扩张性货币政策　　B. 扩张性财政政策

C. 紧缩性财政政策　　D. 紧缩性货币政策

3. 在货币政策的最终目标中，成正向变化关系的是(　　)。

A. 物价稳定与充分就业　　B. 充分就业与经济增长

C. 经济增长与国际收支平衡　　D. 经济增长与物价稳定

4. 提高宏观税负率属于(　　)。

A. 紧缩性财政政策　　B. 扩张性财政政策

C. 中性财政政策

5. 现阶段我国实行的财政政策是(　　)。

A. 积极的财政政策　　B. 稳健的财政政策

C. 紧缩性财政政策

6. 当失业率和通货膨胀率较高，同时经济结构性矛盾比较突出的情况下，应采取的政策配合模式是(　　)。

A. 紧缩性财政政策与扩张性货币政策

B. 紧缩性财政政策与紧缩性货币政策

C. 扩张性财政政策与紧缩性货币政策

D. 扩张性财政政策与扩张性货币政策

7. 下列选项中，不属于财政政策工具的是(　　)。

A. 税收　　B. 公债　　C. 政府投资　　D. 利率

三、多项选择题

1. 财政政策的功能主要包括(　　)。

A. 导向功能　　B. 管理功能　　C. 协调功能

D. 控制功能　　E. 稳定功能

2. 根据财政政策在调节国民经济总量方面的不同功能，财政政策可分为(　　)。

A. 自动稳定的财政政策　　B. 相机抉择的财政政策

C. 扩张性财政政策　　D. 紧缩性财政政策

E. 中性财政政策

3. 货币政策的中介目标是(　　)。

A. 货币供给量　　B. 银行超额准备金

C. 基础货币　　D. 长期利率

E. 利率

4. 下列选项中，属于财政政策传导媒介的是(　　)。

A. 收入分配　　B. 货币供应　　C. 税收　　D. 公债

E. 价格

5. 财政政策的目标主要有(　　)。

A. 物价相对稳定　　B. 社会和谐

C. 收入公平分配　　D. 经济稳定增长

E. 社会生活质量逐步提高

6. 财政政策效应自然偏差较大的阶段是(　　)。

A. 政策出台阶段　　B. 政策完善阶段

C. 政策成熟阶段　　D. 政策蜕化阶段

7. 纠正财政政策偏差的措施主要有(　　)。

A. 必须加强财政政策研究，努力减少人为偏差

B. 必须重视对政策分析中人的利益动机的研究

C. 必须重视对政策行为规范的研究，建立规范的政策行为机制

D. 必须重视对决策的科学化与民主化的研究

四、简答题

1. 如何理解财政政策的乘数效应?
2. 简述财政政策的传导机制。
3. 简述财政政策与货币政策的配合模式。
4. 实现财政政策目标的工具有哪些?

五、论述题

1. 如何理解我国现阶段实行的稳健财政政策?
2. 试述财政政策与货币政策协调搭配的必要性。

六、案例分析题

财政政策的经济背景模式与财政政策目标选择

1. 案例资料：

政府在运用财政政策对宏观经济进行调控时，首要的任务是研判所面对的经济背景模式。理查德·A. 马斯格雷夫在《比较财政分析》中针对财政政策的宏观作用，分析了两种不同的经济背景模式：一种

是凯恩斯主义模式。即“在发达经济中，当总需求水平低得无力购买充分就业产出时，凯恩斯主义的失业问题就会出现……补救的办法都是在于提高需求的政策措施上，这种需求既可以是私人的(通过货币扩张或税收减少)，也可以是公共的(通过增加公共支出)”。二是古典主义的模式。在低收入国家，“就业不足(不同于凯恩斯主义的失业)的存在可能完全是因为它无力对劳动进行支付。资本存量很小，劳动生产率从而工资率都非常低……只有通过增加资本存量才能增加就业，而且财政政策只有在能够完成使命的条件下才是有效的。”同时，他在分析了财政政策在高收入经济和低收入经济之间的差异的不对称性后指出：“在低收入经济中经济增长的基本问题是一个供给问题而且并不适合以需求扩大的简单办法来加以解决。”

2. 分析问题：

政府应怎样根据经济形势的变化来确定财政政策目标?

参考文献

[1] 陈共．财政学[M]．7版．北京：中国人民大学出版社，2012.

[2] 马海涛，温来成，姜爱华．财政学[M]．北京：中国人民大学出版社，2012.

[3] 王志伟．宏观经济学[M]．武汉：武汉大学出版社，2014.

[4] 盖锐，倪翔南．金融学概论[M]．2版．北京：高等教育出版社，2013.

[5] 刘怡．财政学[M]．2版．北京：北京大学出版社，2010.

[6] 王福重．财政学[M]．北京：机械工业出版社，2008.

[7] 安秀梅．财政学[M]．北京：中国人民大学出版社，2006.

[8] 王玉帅．《财政学》学习指导书．北京：中国人民大学出版社，2012.

[9] 中国统计年鉴（2013）[M]．北京，中国统计出版社，2013.

[10] 孙树菡，朱丽敏．社会保险学[M]．2版．北京：中国人民大学出版社，2012.

[11] [美]大卫·N. 海曼，张进昌．财政学理论在当代美国和中国的实践应用[M]．北京：北京大学出版社，2011.

[12] 储敏伟，杨君昌．财政学[M]．3版．北京：高等教育出版社，2010.

[13] 倪翔南，盖锐．税收理论与实务[M]．2版．北京：清华大学出版社，2008.

[14] 童星，曹信邦，刘伟忠，杨文健．社会保障学[M]．北京：科学出版社，2007.

[15] 郭庆旺，赵志耘．财政学[M]．北京：中国人民大学出版社，2002.

[16] 李嘉明．财政与税收[M]．重庆：重庆大学出版社，2002.

[17] 陈工，林致远，杨志勇．财政学[M]．武汉：武汉大学出版社，2005.

[18] 邓子基．财政学[M]．北京：高等教育出版社，2005.

[19] 刘玲玲．公共财政学[M]．北京：清华大学出版社，2002.

[20] 张启春．公共财政学教程[M]．北京：中国经济出版社，2004.

[21] 寇铁军. 财政学教程[M]. 大连：东北财经大学出版社，2006.

[22] 张馨. 财政学[M]. 北京：科学出版社，2006.

[23] [美]哈维·S. 罗森. 财政学[M]. 北京：中国人民大学出版社，2000.

[24] 朱柏铭. 公共部门经济学[M]. 杭州：浙江大学出版社，2003.

[25] 王国清，程谦．《财政学》重难点·案例·综合练习解析[M]．成都：西南财经大学出版社，2003.

[26] 王骐骥．《财政学》学习辅导与试题解答[M]．武汉：武汉大学出版社，2000.

[27] 刘佐. 中国税制概览[M]. 北京：经济科学出版社，2002.

[28] 王歧海. 降低行政成本：中国政府机构改革的一个重要主体[M/OL]. 《中国机构》杂志电子版，http：//www. chinaorg. cn，2004.

[29] 董德刚，宋玉文. 国家财政政策与文化产业的发展[M/OL]. 中国网，http：www. chinaorg. cn，2002.

[30] 中华人民共和国财政部网站，http：//www. mof. gov. cn/index. htm.

北京大学出版社本科财经管理类实用规划教材（已出版）

财务会计类

序号	书　名	标准书号	主　编	定价	序号	书　名	标准书号	主　编	定价
1	基础会计（第2版）	7-301-17478-4	李秀莲	38.00	27	公司理财原理与实务	7-81117-800-5	廖东声	36.00
2	基础会计学	7-301-19403-4	窦亚芹	33.00	28	审计学	7-81117-828-9	王翠琳	46.00
3	会计学	7-81117-533-2	马丽莹	44.00	29	审计学	7-301-20906-6	赵晓波	38.00
4	会计学原理（第2版）	7-301-18515-5	刘爱香	30.00	30	审计理论与实务	7-81117-955-2	宋传联	36.00
5	会计学原理习题与实验（第2版）	7-301-19449-2	王保忠	30.00	31	会计综合实训模拟教程	7-301-20730-7	章洁倩	33.00
6	会计学原理与实务（第2版）	7-301-18653-4	周慧滨	33.00	32	财务分析学	7-301-20275-3	张献英	30.00
7	会计学原理与实务模拟实验教程	7-5038-5013-4	周慧滨	20.00	33	银行会计	7-301-21155-7	宗国恩	40.00
8	会计实务	7-81117-677-3	王远利	40.00	34	税收筹划	7-301-21238-7	都新英	38.00
9	高级财务会计	7-81117-545-5	程明娥	46.00	35	基础会计学	7-301-16308-5	晋晓琴	39.00
10	高级财务会计	7-5655-0061-9	王奇杰	44.00	36	公司财务管理	7-301-21423-7	胡振兴	48.00
11	成本会计学	7-301-19400-3	杨尚军	38.00	37	财务管理学实用教程（第2版）	7-301-21060-4	骆永菊	42.00
12	成本会计学	7-5655-0482-2	张红漫	30.00	38	政府与非营利组织会计	7-301-21504-3	张　丹	40.00
13	成本会计学	7-301-20473-3	刘建中	38.00	39	预算会计	7-301-22203-4	王筱萍	32.00
14	管理会计	7-81117-943-9	齐殿伟	27.00	40	统计学实验教程	7-301-22450-2	裘雨明	24.00
15	管理会计	7-301-21057-4	形芳珍	36.00	41	基础会计实验与习题	7-301-22387-1	左　旭	30.00
16	会计规范专题	7-81117-887-6	谢万健	35.00	42	基础会计	7-301-23109-8	田凤彩	39.00
17	企业财务会计模拟实习教程	7-5655-0404-4	董晓平	25.00	43	财务会计学	7-301-23190-6	李柏生	39.00
18	税法与税务会计	7-81117-497-7	吕孝侠	45.00	44	会计电算化	7-301-23565-2	童　伟	49.00
19	初级财务管理	7-301-20019-3	胡淑姣	42.00	45	中级财务会计	7-301-23772-4	吴海燕	49.00
20	财务管理学原理与实务	7-81117-544-8	严复海	40.00	46	中级财务会计习题集	7-301-25756-2	吴海燕	39.00
21	财务管理学	7-5038-4897-1	盛均全	34.00	47	会计规范专题(第2版)	7-301-23797-7	谢万健	42.00
22	财务管理学	7-301-21887-7	陈　玮	44.00	48	基础会计	7-301-24366-4	孟　铁	35.00
23	基础会计学学习指导与习题集	7-301-16309-2	裴　玉	28.00	49	信息化会计实务	7-301-24730-3	杜天宇	35.00
24	财务管理理论与实务	7-301-20042-1	成　兵	40.00	50	会计学原理	7-301-24872-0	郭松克	38.00
25	税法与税务会计实用教程（第2版）	7-301-21422-0	张巧良	45.00	51	现代审计学	7-301-25365-6	杨　茁	39.00
26	财务管理理论与实务（第2版）	7-301-20407-8	张思强	42.00					

工商管理、市场营销、人力资源管理、服务营销类

序号	书　名	标准书号	主　编	定价	序号	书　名	标准书号	主　编	定价
1	管理学基础	7-5038-4872-8	于干千	35.00	29	市场营销学：理论、案例与实训	7-301-21165-6	袁连升	42.00
2	管理学基础学习指南与习题集	7-5038-4891-9	王　珍	26.00	30	市场营销学	7-5655-0064-0	王槐林	33.00
3	管理学	7-81117-494-6	曾　旗	44.00	31	国际市场营销学	7-301-21888-4	董　飞	45.00
4	管理学	7-301-21167-0	陈文汉	35.00	32	市场营销学（第2版）	7-301-19855-1	陈　阳	45.00
5	管理学	7-301-17452-4	王慧娟	42.00	33	市场营销学	7-301-21166-3	杨　楠	40.00
6	管理学原理	7-5655-0078-7	尹少华	42.00	34	国际市场营销学	7-5038-5021-9	范应仁	38.00
7	管理学原理与实务（第2版）	7-301-18536-0	陈嘉莉	42.00	35	现代市场营销学	7-81117-599-8	邓德胜	40.00
8	管理学实用教程	7-5655-0063-3	邵喜武	37.00	36	市场营销学新论	7-5038-4879-7	郑玉香	40.00
9	管理学实用教程	7-301-21059-8	高爱霞	42.00	37	市场营销理论与实务（第2版）	7-301-20628-7	那　薇	40.00
10	管理学实用教程	7-301-22218-8	张润兴	43.00	38	市场营销学实用教程	7-5655-0081-7	李晨耘	40.00
11	通用管理知识概论	7-5038-4997-8	王丽平	36.00	39	市场营销学	7-81117-676-6	戴秀英	32.00
12	管理学原理	7-301-21178-6	雷金荣	39.00	40	消费者行为学	7-81117-824-1	甘瑁琴	35.00
13	管理运筹学（第2版）	7-301-19351-8	关文忠	39.00	41	商务谈判（第2版）	7-301-20048-3	郭秀君	49.00
14	统计学原理	7-301-21061-1	韩　宇	38.00	42	商务谈判实用教程	7-81117-597-4	陈建明	24.00
15	统计学原理	7-5038-4888-9	刘晓利	28.00	43	消费者行为学	7-5655-0057-2	肖　立	37.00
16	统计学	7-5038-4898-8	曲　岩	42.00	44	客户关系管理实务	7-301-09956-8	周贺来	44.00
17	应用统计学（第2版）	7-301-19295-5	王淑芬	48.00	45	公共关系学	7-5038-5022-6	于朝晖	40.00
18	统计学原理与实务	7-5655-0505-8	徐静霞	40.00	46	非营利组织	7-301-20726-0	王智慧	33.00
19	管理定量分析方法	7-301-13552-5	赵光华	28.00	47	公共关系理论与实务	7-5038-4889-6	王　玫	32.00
20	新编市场营销学	7-81117-972-9	刘丽霞	30.00	48	公共关系学实用教程（第2版）	7-301-25557-5	周　华	42.00
21	公共关系理论与实务	7-5655-0155-5	李泓欣	45.00	49	跨文化管理	7-301-20027-8	晏　雄	35.00
22	质量管理（第2版）	7-301-24632-0	陈国华	39.00	50	企业战略管理	7-5655-0370-2	代海涛	36.00
23	企业文化理论与实务	7-81117-663-6	王水嫩	30.00	51	员工招聘	7-301-20089-6	王　挺	30.00
24	企业战略管理	7-81117-801-2	陈英梅	34.00	52	服务营销理论与实务	7-81117-826-5	杨丽华	39.00
25	企业战略管理实用教程	7-81117-853-1	刘松先	35.00	53	服务企业经营管理学	7-5038-4890-2	于干千	36.00
26	产品与品牌管理	7-81117-492-2	胡　梅	35.00	54	服务营销	7-301-15834-0	周　明	40.00
27	东方哲学与企业文化	7-5655-0433-4	刘峰涛	34.00	55	运营管理	7-5038-4878-0	冯根尧	35.00
28	市场营销学	7-301-21056-7	马慧敏	42.00	56	生产运作管理（第2版）	7-301-18934-4	李全喜	48.00

序号	书　名	标 准 书 号	主　编	定价	序号	书　名	标 准 书 号	主　编	定价
57	运作管理	7-5655-0472-3	周建亨	25.00	79	企业经营 ERP 沙盘应用教程	7-301-20728-4	董红杰	32.00
58	组织行为学	7-5038-5014-1	安世民	33.00	80	项目管理	7-301-21448-0	程　敏	39.00
59	组织设计与发展	7-301-23385-6	李春波	36.00	81	公司治理学	7-301-22568-4	蔡　锐	35.00
60	组织行为学实用教程	7-301-20466-5	冀　鸿	32.00	82	管理学原理	7-301-22980-4	陈　阳	48.00
61	现代组织理论	7-5655-0077-0	岳　澎	32.00	83	管理学	7-301-23023-7	申文青	40.00
62	人力资源管理（第 2 版）	7-301-19098-2	颜爱民	60.00	84	人力资源管理实验教程	7-301-23078-7	畅铁民	40.00
63	人力资源管理经济分析	7-301-16084-8	颜爱民	38.00	85	社交礼仪	7-301-23418-1	李　霞	29.00
64	人力资源管理原理与实务	7-81117-496-0	邹　华	32.00	86	营销策划	7-301-23204-0	杨　楠	42.00
65	人力资源管理实用教程（第 2 版）	7-301-20281-4	吴宝华	45.00	87	企业战略管理	7-301-23419-8	顾　桥	46.00
66	人力资源管理：理论、实务与艺术	7-5655-0193-7	李长江	48.00	88	兼并与收购	7-301-22567-7	陶启智	32.00
67	人力资源管理教程	7-301-24615-3	夏兆敢	36.00	89	统计学（第 2 版）	7-301-23854-7	阮红伟	35.00
68	政府与非营利组织会计	7-301-21504-3	张　丹	40.00	90	广告策划与管理：原理、案例与项目实训	7-301-23827-1	杨佐飞	48.00
69	会展服务管理	7-301-16661-1	许传宏	36.00	91	客户关系管理理论与实务	7-301-23911-7	徐　伟	40.00
70	现代服务业管理原理、方法与案例	7-301-17817-1	马　勇	49.00	92	市场营销学（第 2 版）	7-301-24328-2	王槐林	39.00
71	服务性企业战略管理	7-301-20043-8	黄其新	28.00	93	创业基础：理论应用与实训实练	7-301-24465-4	郭占元	38.00
72	服务型政府管理概论	7-301-20099-5	于干千	32.00	94	生产运作管理（第 3 版）	7-301-24502-6	李全喜	54.00
73	新编现代企业管理	7-301-21121-2	姚丽娜	48.00	95	统计学	7-301-24750-1	李付梅	39.00
74	创业学	7-301-15915-6	刘沁玲	38.00	96	企业文化理论与实务(第2版)	7-301-24445-6	王水嫩	35.00
75	公共关系学实用教程	7-301-17472-2	任焕琴	42.00	97	项目管理	7-301-24823-2	康　乐	39.00
76	现场管理	7-301-21528-9	陈国华	38.00	98	统计学	7-301-25180-5	邓正林	42.00
77	现代企业管理理论与应用（第 2 版）	7-301-21603-3	邸彦彪	38.00	99	统计学原理（第 2 版）	7-301-25114-0	刘晓利	36.00
78	服务营销	7-301-21889-1	熊　凯	45.00	100	人力资源管理原理与实务（第 2 版）	7-301-25511-7	邹　华	39.00

经济、国贸、金融类

序号	书　名	标 准 书 号	主　编	定价	序号	书　名	标 准 书 号	主　编	定价
1	宏观经济学原理与实务（第 2 版）	7-301-18787-6	崔东红	57.00	25	东南亚南亚商务环境概论	7-81117-956-9	韩　越	38.00
2	宏观经济学（第 2 版）	7-301-19038-8	蹇令香	39.00	26	证券投资学	7-301-19967-1	陈汉平	45.00
3	微观经济学原理与实务	7-81117-818-0	崔东红	48.00	27	证券投资学	7-301-21236-3	王　毅	45.00
4	微观经济学	7-81117-568-4	梁瑞华	35.00	28	货币银行学	7-301-15062-7	杜小伟	38.00
5	西方经济学实用教程	7-5038-4886-5	陈孝胜	40.00	29	货币银行学	7-301-21345-2	李　冰	42.00
6	西方经济学实用教程	7-5655-0302-3	杨仁发	49.00	30	国际结算（第 2 版）	7-301-17420-3	张晓芬	35.00
7	西方经济学	7-81117-851-7	于丽敏	40.00	31	国际结算	7-301-21092-5	张　慧	42.00
8	现代经济学基础	7-81117-549-3	张士军	25.00	32	金融风险管理	7-301-20090-2	朱淑珍	38.00
9	国际经济学	7-81117-594-3	吴红梅	39.00	33	金融工程学	7-301-18273-4	李淑锦	30.00
10	发展经济学	7-81117-674-2	赵邦宏	48.00	34	国际贸易理论、政策与案例分析	7-301-20978-3	冯　跃	42.00
11	管理经济学	7-81117-536-3	姜保雨	34.00	35	金融工程学理论与实务（第 2 版）	7-301-21280-6	谭春枝	42.00
12	计量经济学	7-5038-3915-3	刘艳春	28.00	36	金融学理论与实务	7-5655-0405-1	战玉峰	42.00
13	外贸函电（第 2 版）	7-301-18786-9	王　妍	30.00	37	国际金融实用教程	7-81117-593-6	周　影	32.00
14	国际贸易理论与实务（第 2 版）	7-301-18798-2	缪东玲	54.00	38	跨国公司经营与管理（第 2 版）	7-301-21333-9	冯雷鸣	35.00
15	国际贸易（第 2 版）	7-301-19404-1	朱廷珺	45.00	39	国际金融	7-5038-4893-3	韩博印	30.00
16	国际贸易实务（第 2 版）	7-301-20486-3	夏合群	45.00	40	国际商务函电	7-301-22388-8	金泽虎	35.00
17	国际贸易结算及其单证实务	7-5655-0268-2	卓乃坚	35.00	41	国际金融	7-301-23351-6	宋树民	48.00
18	政治经济学原理与实务（第 2 版）	7-301-22204-1	沈爱华	31.00	42	国际贸易实训教程	7-301-23730-4	王　茜	28.00
19	国际商务（第 2 版）	7-301-25366-3	安占然	39.00	43	财政学	7-301-23814-1	何育静	45.00
20	国际贸易实务	7-301-20919-6	张　肃	28.00	44	保险学	7-301-23819-6	李春蓉	41.00
21	国际贸易规则与进出口业务操作实务（第 2 版）	7-301-19384-6	李　平	54.00	45	中国对外贸易概论	7-301-23884-4	翟士军	42.00
22	金融市场学	7-81117-595-0	黄解宇	24.00	46	国际经贸英语阅读教程	7-301-23876-9	李晓娣	25.00
23	财政学（第 2 版）	7-301-25914-6	盖　锐	34.00	47	管理经济学（第 2 版）	7-301-24786-0	姜保雨	42.00
24	保险学原理与实务	7-5038-4871-1	曹时军	37.00	48	矿业经济学	7-301-24988-8	李　创	38.00

法律类

序号	书　名	标 准 书 号	主　编	定价	序号	书　名	标 准 书 号	主　编	定价
1	经济法原理与实务(第2版)	7-301-21527-2	杨士富	39.00	6	金融法学理论与实务	7-81117-958-3	战玉锋	34.00
2	经济法实用教程	7-81117-547-9	陈亚平	44.00	7	国际商法	7-301-20071-1	丁孟春	37.00
3	国际商法理论与实务	7-81117-852-4	杨士富	38.00	8	商法学	7-301-21478-7	周龙杰	43.00
4	商法总论	7-5038-4887-2	任先行	40.00	9	经济法	7-301-24697-9	王成林	35.00
5	劳动法和社会保障法（第 2 版）	7-301-21206-6	李　瑞	38.00	10	政治经济学	7-301-24891-1	巨荣良	38.00

电子商务与信息管理类

序号	书　名	标 准 书 号	主　编	定价	序号	书　名	标 准 书 号	主　编	定价
1	网络营销	7-301-12349-2	谷宝华	30.00	4	电子商务案例分析	7-301-16596-6	曹彩杰	28.00
2	数据库技术及应用教程（SQL Server 版）	7-301-12351-5	郭建校	34.00	5	管理信息系统	7-301-12348-5	张彩虹	36.00
3	网络信息采集与编辑	7-301-16557-7	范生万	24.00	6	电子商务概论	7-301-13633-1	李洪心	30.00

序号	书　名	标 准 书 号	主　编	定价	序号	书　名	标 准 书 号	主　编	定价
7	管理信息系统实用教程	7-301-12323-2	李　松	35.00	25	网络营销	7-301-22125-9	程　虹	38.00
8	电子商务概论（第2版）	7-301-17475-3	庞大莲	42.00	26	电子证券与投资分析	7-301-22122-8	张德存	38.00
9	网络营销（第2版）	7-301-23803-5	王宏伟	36.00	27	数字图书馆	7-301-22118-1	奉国和	30.00
10	电子商务概论	7-301-16717-5	杨雪雁	32.00	28	电子化国际贸易	7-301-17246-9	李辉作	28.00
11	电子商务英语	7-301-05364-5	覃　正	30.00	29	商务智能与数据挖掘	7-301-17671-9	张公让	38.00
12	网络支付与结算	7-301-16911-7	徐　勇	34.00	30	管理信息系统教程	7-301-19472-0	赵天唯	42.00
13	网上支付与安全	7-301-17044-1	帅青红	32.00	31	电子政务	7-301-15163-1	原忠虎	38.00
14	企业信息化实务	7-301-16621-5	张志荣	42.00	32	商务智能	7-301-19899-5	汪　楠	40.00
15	电子商务法	7-301-14306-3	李　瑞	26.00	33	电子商务与现代企业管理	7-301-19978-7	吴菊华	40.00
16	数据仓库与数据挖掘	7-301-14313-1	廖开际	28.00	34	电子商务物流管理	7-301-20098-8	王小宁	42.00
17	电子商务模拟与实验	7-301-12350-8	喻光继	22.00	35	管理信息系统实用教程	7-301-20485-6	周贺来	42.00
18	ERP 原理与应用教程	7-301-14455-8	温雅丽	34.00	36	电子商务概论	7-301-21044-4	苗　森	28.00
19	电子商务原理及应用	7-301-14080-2	孙　睿	36.00	37	管理信息系统实务教程	7-301-21245-5	魏厚清	34.00
20	管理信息系统理论与应用	7-301-15212-6	吴　忠	30.00	38	电子商务安全	7-301-22350-5	蔡志文	49.00
21	网络营销实务	7-301-15284-3	李蔚田	42.00	39	电子商务法	7-301-22121-1	郭　鹏	38.00
22	电子商务实务	7-301-15474-8	仲　岩	28.00	40	ERP 沙盘模拟教程	7-301-22393-2	周　菁	26.00
23	电子商务网站建设	7-301-15480-9	臧良运	32.00	41	移动商务理论与实践	7-301-22779-4	柯　林	43.00
24	网络金融与电子支付	7-301-15694-0	李蔚田	30.00	42	电子商务项目教程	7-301-23071-8	芦　阳	45.00

物流类

序号	书　名	书号	编著者	定价	序号	书　名	书号	编著者	定价
1	物流工程	7-301-15045-0	林丽华	30.00	34	逆向物流	7-301-19809-4	甘卫华	33.00
2	现代物流决策技术	7-301-15868-5	王道平	30.00	35	供应链设计理论与方法	7-301-20018-6	王道平	32.00
3	物流管理信息系统	7-301-16564-5	杜彦华	33.00	36	物流管理概论	7-301-20095-7	李传荣	44.00
4	物流信息管理	7-301-16699-4	王汉新	38.00	37	供应链管理	7-301-20094-0	高举红	38.00
5	现代物流学	7-301-16662-8	吴　健	42.00	38	企业物流管理	7-301-20818-2	孔继利	45.00
6	物流英语	7-301-16807-3	阚功俭	28.00	39	物流项目管理	7-301-20851-9	王道平	30.00
7	第三方物流	7-301-16663-5	张旭辉	35.00	40	供应链管理	7-301-20901-1	王道平	35.00
8	物流运作管理	7-301-16913-1	董千里	28.00	41	现代仓储管理与实务	7-301-21043-7	周兴建	45.00
9	采购管理与库存控制	7-301-16921-6	张　浩	30.00	42	物流学概论	7-301-21098-7	李　创	44.00
10	物流管理基础	7-301-16906-3	李蔚田	36.00	43	航空物流管理	7-301-21118-2	刘元洪	32.00
11	供应链管理	7-301-16714-4	曹翠珍	40.00	44	物流管理实验教程	7-301-21094-9	李晓龙	25.00
12	物流技术装备	7-301-16808-0	于　英	38.00	45	物流系统仿真案例	7-301-21072-7	赵　宁	25.00
13	现代物流信息技术(第2版)	7-301-23848-6	王道平	35.00	46	物流与供应链金融	7-301-21135-9	李向文	30.00
14	现代物流仿真技术	7-301-17571-2	王道平	34.00	47	物流信息系统	7-301-20989-9	王道平	28.00
15	物流信息系统应用实例教程	7-301-17581-1	徐　琪	32.00	48	物料学	7-301-17476-0	肖生苓	44.00
16	物流项目招投标管理	7-301-17615-3	孟祥茹	30.00	49	智能物流	7-301-22036-8	李蔚田	45.00
17	物流运筹学实用教程	7-301-17610-8	赵丽君	33.00	50	物流项目管理	7-301-21676-7	张旭辉	38.00
18	现代物流基础	7-301-17611-5	王　侃	37.00	51	新物流概论	7-301-22114-3	李向文	34.00
19	现代企业物流管理实用教程	7-301-17612-2	乔志强	40.00	52	物流决策技术	7-301-21965-2	王道平	38.00
20	现代物流管理学	7-301-17672-6	丁小龙	42.00	53	物流系统优化建模与求解	7-301-22115-0	李向文	32.00
21	物流运筹学	7-301-17674-0	郝　海	36.00	54	集装箱运输实务	7-301-16644-4	孙家庆	34.00
22	供应链库存管理与控制	7-301-17929-1	王道平	28.00	55	库存管理	7-301-22389-5	张旭凤	25.00
23	物流信息系统	7-301-18500-1	修桂华	32.00	56	运输组织学	7-301-22744-2	王小霞	30.00
24	城市物流	7-301-18523-0	张　潜	24.00	57	物流金融	7-301-22699-5	李蔚田	39.00
25	营销物流管理	7-301-18658-9	李学工	45.00	58	物流系统集成技术	7-301-22800-5	杜彦华	40.00
26	物流信息技术概论	7-301-18670-1	张　磊	28.00	59	商品学	7-301-23067-1	王海刚	30.00
27	物流配送中心运作管理	7-301-18671-8	陈　虎	40.00	60	项目采购管理	7-301-23100-5	杨　丽	38.00
28	物流项目管理	7-301-18801-9	周晓晔	35.00	61	电子商务与现代物流	7-301-23356-6	吴　健	48.00
29	物流工程与管理	7-301-18960-3	高举红	39.00	62	国际海上运输	7-301-23486-0	张良卫	45.00
30	交通运输工程学	7-301-19405-8	于　英	43.00	63	物流配送中心规划与设计	7-301-23847-9	孔继利	49.00
31	国际物流管理	7-301-19431-7	柴庆春	40.00	64	运输组织学	7-301-23885-1	孟祥茹	48.00
32	商品检验与质量认证	7-301-10563-4	陈红丽	32.00	65	物流管理	7-301-22161-7	张佺举	49.00
33	供应链管理	7-301-19734-9	刘永胜	49.00					

如您需要更多教学资源如电子课件、电子样章、习题答案等，请登录北京大学出版社第六事业部官网 www.pup6.cn 搜索下载。

如您需要浏览更多专业教材，请扫下面的二维码，关注北京大学出版社第六事业部官方微信（微信号：pup6book），随时查询专业教材、浏览教材目录、内容简介等信息，并可在线申请纸质样书用于教学。

感谢您使用我们的教材，欢迎您随时与我们联系，我们将及时做好全方位的服务。联系方式：010-62750667，wangxc02@163.com，pup_6@163.com，lihu80@163.com，欢迎来电来信。客户服务 QQ 号：1292552107，欢迎随时咨询。